KB267004

대중지성의 시대
–새로운 지식문화사를 위하여

대중지성의 시대

새로운 지식문화사를 위하여

천정환 지음

푸른역사

지식 담론과 일상적으로 조우할 때마다 대부분의 시민과 노동자들은 고개를 갸우뚱거린다. 지식이라는 말의 실체를 붙잡기가 여간 어려운 일이 아니기 때문이다. 나 자신도 그러하다. '지식경제' 란 과연 무엇인가? 소위 '지식인' 이란 어떤 존재이며 '지식인(iN)' 이나 '대중' 과의 차이는 무엇인가? 모든 지식은 가치 있는 것인가? 회자되는 '대중지성' 의 의미는 무엇인가? 이 책은 2000년대 이후에 우리 사회의 화두로 떠오른 이런 의문들에 답해보기 위해 씌어졌다. 오늘날 우리 삶을 둘러싼 앎의 카오스모스Chaosmos[혼돈 속의 질서. 혼돈chaos과 질서 cosmos를 합친 말이다]와 그것이 만들어내는 문화를 이해해보자는 것이 이 책을 쓴 첫 번째 목적이다.

'지식경제' 시대, 그리고 '세계적인 지식 축제'

이명박 정부가 들어서면서 이루어진 정부조직 개편의 결과, '지식경제부' 가 새로 생겼다. '지식경제' 라는 알쏭달쏭한 말을 앞에 단 이 최상위 행정기구는 "산업자원부의 산업, 무역·투자, 에너지정책, 정보통신부의 IT산업정책, 우정사업, 과학기술부의 산업기술 연구 개발 R&D정책, 재정경제부의 경제자유구역기획, 지역특화기획 기능을 통합"해서 신설된 것이라 한다.[1]

지식경제부는 대한민국이라는 나라가 태어날 때부터 있었던 상공부(1948~93)를 조상으로 한 것이며, 동력자원부(1977~93), 통상산업부(1994~98), 산업자원부(1998~2008)의 아들이거나 조카다.[2] 자본주의를 함축하는 평범한 일반명사인 '상공'을 포함해서 부部자 앞에 붙은 '동력자원', '통산산업', '산업자원' 따위의 말들은, 이 정부 조직이 생겨날 때 한국 자본주의가 처해 있던 특정 단계를 표상한다.

모든 것을 '비즈니스 프렌들리business friendly' 하게 바꾸겠다는 10년만의 보수 정권이 한국자본주의의 현황과 과제를 생각하며 떠올린 단어가 바로 '지식경제'인 것이다. 그러나 '지식'과 '경제'를 합친 이 말은 그리 새로운 개념어가 아니다. 이명박 정부의 브레인들이 창안해낸 말도 아니다. 이 말이 미국(또는 일본)에서 수입되어 사용된 것은 이미 10여 년이 넘었다.

2008년 10월 14일부터 16일까지 사흘 동안 서울의 쉐라톤 그랜드 워커힐이라는 '초특급' 호텔에서는 세계적인 "지식 축제"가 열렸다. 이름하여 〈세계지식포럼〉. 한국의 한 경제신문사가 주최하는 이 행사는 벌써 9번째를 맞았는데, 올해에도 3,000명이 넘는 사람들이 참가했다 한다. 3천 명이라니까 누구나 참여할 수 있는 것처럼 보이지만 사실은 전혀 그렇지 않다. 이 행사의 개인 참가비는 275만 원(2,729달러)이었다.[3]

275만 원이면 현재 우리나라에서 평균적인(?) 노동자의 한 달 월급에 해당하는 돈이다(2006년 상장기업 평균 대졸 초임 연봉은 2,900만 원이었다). 별 다섯 개짜리 호텔의 밥을 몇 번 먹여준다 치더라도 너무 비싸다. 과연 이 많은 참가비를 내고 들어야 되는 '세계 지식'은 무엇이며, 그것을 가르치거나 배우러 오는 사람들은 누구일까?

행사를 주최한 신문은 개막 전날 열린 기념 만찬에 참석한 사람들의 면면을 소개했다. "존 하워드 전 호주 총리, 버티 어헌 전 아일랜드 총리, 에스코 아호 전 핀란드 총리, 에릭 매스킨 프린스턴대 교수(노벨 경제학상 수상자), 한승수 총리, 장대환 매일경제신문·mbn 회장 겸 세계지식포럼 집행위원장, 정몽준 공동위원장, 최태원 SK그룹 회장, 박삼구 금호아시아나그룹 회장, 김재철 동원그룹 회장, 류진 풍산 회장, 박용만 두산인프라코어 회장, 이윤우 삼성전자 부회장, 김종훈 통상교섭본부장, 한덕수 전 총리 등"[4]이 그들이었다.

10월 15일 아침 8시부터 넥타이를 맨 신사들이 모인 개막총회가 열리고 TV 채널로 생중계도 되었는데, 이명박 대통령이 개막 축하 연설을 했다. "전 세계 지식인이 한 자리에 모인"[5] 곳이라 그런지, 평소와 달리 그의 입에서 전혀 나올 법하지 않은 "시대의 역설", "제도의 지체" 같은 어려운 말들이 쏟아져 나왔다 한다.[6]

이 "지식 축제"는 "제조업 중심의 산업 경제로는 이제 더 이상 21세기 감성의 시대를 선도할 수 없"기 때문에 새로운 "가치 창조 경제"를 창출할 길을 모색하는 행사라 한다. 또 이 '축제'는 "단순한 컨퍼런스가 아"니라, "세계 각국의 대표적인 지성, 정부 및 비정부기구 대표, 기업대표 등이 대거 참여해 세계 최고의 지식을 공유하는 자리"라고 한다. 새 밀레니엄의 첫해에 열렸던 '제1회 세계지식포럼'의 개최 목적은 "세계 각국 정부, 다국적 기업, 국제단체 등 각 분야 전문가들로부터 21세기를 위한 '지식비전'을 공유"하고 "선진국과 개발도상국 사이에 지식 격차를 줄이는 한편 지식을 통한 발전이 선진국을 따라잡을 수 있는 유일한 방법임을 제시"하는 것이라 했다.[7]

"공유"가 강조되는 축제의 취지의 말은 무척 아름답다. 그러나 참가비나 참석자들의 면면을 보건대, '아무나' 이 지식 축제에 갈 수 있는 건 아닌 듯하다. 이 행사에는 조지 소로스, 김대중, 자크 아탈리 등이 강사로 나선 적이 있으며(2006년), 2005년에는 황우석 박사, 데이비드 킴 리만브라더스Lehman Brothers[최근 금융위기로 가장 먼저 파산한 미국 금융회사] 아시아지역 대표 등이 연사로 나섰다. 뿐만 아니라 마이크로소프트microsoft 빌 게이츠 회장과 전 GE회장 잭 웰치 같은 '거물'이 오기도 했다. 2008년의 경우에도 노벨 경제학상 수상자인 에릭 매스킨을 비롯한 '세계적인' '석학'과 리처드 브랜슨 버진Virgin그룹[버진 레코드를 비롯해 항공사, 모바일, 호텔, 레저, 금융 등 200여 개 계열사를 거느린 대표적인 영국의 글로벌 기업 리처드 브랜슨 회장은 고교 중퇴의 학력으로 글로벌 기업을 일궈낸 '기인'으로 유명하다] 회장, 스콧 무어 야후 Yahoo 수석 부사장, 존 컬버 스타벅스Starbucks 아태지역 사장 등 유명한 글로벌 기업의 CEO들이 나서서 강의를 했다 한다. 특별세션·특별강연·일반세션 등과 함께 이번에는 앙드레김 패션쇼 같은 다채로운 '문화 행사'도 마련되었다 한다.

과연 저 '석학'과 CEO 또는 앙드레김에게 주어진 지식의 값(강사료)은 얼마였을까? 그리고 특별한 사람들이 모인 저 "세계적 지식 축제"의 지식이란 과연 어떤 것일까? 올해의 한 강의가 이를 잘 설명해준다. '미술 투자 포트폴리오', '북한 어떻게 해야 하나?', '메릴린치 부자보고서 발표' 등과 함께 특별세션으로 편성된 그것은 "인도 최고 명상가이자 유럽과 미국의 많은 CEO에게 명상 강의를 해온" 다타트 레야 시바 바바의 명상 강의였다. "넥타이를 풀어헤친" 수강생들이 머리와 마음을 비우고 명상했을 화두가 자못 직설적이다. 그것은 "경계 허문 총체적 지식이 새로운 부와 권력 낳는다"[8]였다.

그들은 '부와 권력을 낳는 총체적 지식'을 습득·명상하기 위해 이 명박 대통령의 연설이 포함된 포럼에 온 것이다. 저 지식은 '돈 되는' 지식이며 '권력을 낳는' 지식이다. 그래서 '미래', 곧 '돈[富]과 권력 의 미래'를 내다보게 하는 지식이다. 다시 말해 전 지구적 자본주의가 어떻게 멈추지 않고 성장하며 진화해갈 것인지, 그리고 그 자본주의 적 성장의 동력이 중국이나 인도 같은 거대 규모의 시장에서 어떻게 움직일 것인지를 말하는 지식이다. 실로 중요한 지식이 아닌가? 그것 을 '아는 것이 바로 힘'이다. 우리가 '먹고 살 길'이 거기 달려 있는지 도 모른다. 그 포럼에 혹시 다녀오셨는지? 안 다녀오셨다면 왜 그러 셨는지?

'지식'이라는 화두

'지식경제' 부와 〈지식포럼〉에서의 '지식'은 오늘날 통용되는 '지 식'이라는 말의 쓰임새 중 한 가지 흐름을 가장 뚜렷이 보여준다. 이 는 한 마디로 '지식이 돈이다'라는 발상과 사고, 그리고 그것의 실행 이다. 현대 경영학이 만들어내고 자본주의 세계 전체로 퍼져간 이른 바 '지식 경제론'과 관련된 이는 원래 미국산 수입품 담론이지만 앞에서 본 것처럼 한국에서도 이미 강력한 '현실'이 되어 있다. 이명박 정부는 뒤늦게 이를 받아들여 '상공'과 '자원'을 대체하는 말로 쓰고 있는 것이다.

'지식—돈' 패러다임의 확산은 어디까지나 경영학의 공헌(?)이다. 현실의 기업 활동에 관한, 그리고 자본주의를 유지·확대하기 위한 지식으로서의 경영학은 신자유주의가 지배하는 온 세계에 영향을 미친다. 그것은 철학과 마르크스주의가 힘을 잃은 오늘날 거의 유일한 '거대담론'이다. 경영학이야말로 이 세계가 어떻게 굴러가서 어떻게 될 것인가를 다루는 종합적 미래학이며, 거기 속한 인간이 어떻게 살 것인가에 이르는 문제까지도 다루는 존재론이다. 직장인들의 머리 위로 쏟아지는 '경제경영서'와 '자기계발서'를 보라.

한국에서도 미국 현대 경영학의 아버지라는 피터 드러커, 지식경제를 미래 '부'의 원천이라 주장한 앨빈 토플러 같은 사람의 책이 널리 읽히고 '지식 경영', '지식기반사회' 같은 말은 상투어가 되어 발길에 채일 정도다. 사회과학계는 이를 받아 안거나 대응하며 국가운영의 담론을 새로 만들거나 '지식기반사회'를 사회과학적 성찰의 대상으로 삼고 있는 듯하다. '지식기반사회' 같은 담론이 단순히 허위적인 이데올로기나 기만만은 아니기 때문에 이에 대한 사회과학자들의 대응은 중요해 보인다.[9]

그런데 '지식경제'와 '지식기반사회' 담론은 경제와 사회과학 담론의 영역에서만 다뤄지지는 않는다. 몇 년 사이에 '지식'이라는 말과 범주 자체가 대중문화에서도 유력한 키워드로 떠올랐다. 〈네이버〉 같은 포털사이트나 〈스펀지〉 같은 소위 인포테인먼트infortainment[정보 information+오락entertainment] 프로그램을 떠올려 보면 된다. 그것들은 한편 모두 '지식'을 기반으로 수익을 올리며, 또한 지식과 소통, 그리고 놀이를 결합하여 의사소통과 정보의 유통 자체를 바꾸고 있다. 인터넷의 공간들, MP3 플레이어·PDA·전자사전, 자동차 내비게이션 등이 모두 그렇다. IT 기술발전과 미디어 테크놀로지의 발전이 지식의 생산과 유통의 경로를 근본적으로 바꾸고, 그 주체도 다르게 한다. '지식'은 문화 전체에서 이전에 없던 새로운 기능과 위상을 갖게 된 것이다.

조금 맥락을 달리해서 인문·사회과학과 자연과학에서도 '지식'은 새로운 화두가 되고 있다. 물론 여기서도 지식 배치의 변화한 조건과 '지식-돈' 패러다임이 배후에서 재빠르게 움직이고 있다. 예를 들어 문화콘텐츠학 같은 새로운 분야는 경영학·공학을 문학·역사학에 결합시킨다고 한다. 그리하여 새로운 문화상품과 '한류'를 선도하는 가치를 창출하고자 한다고 한다. 한 한문학자는 다산 정약용과 18세기 조선 지식인의 앎과 글쓰기에 대한 책에서 '지식경영'이라는 말을 차용했다. 또 '인문경영'이라는 제목이 붙은 모호한 책이 독자들의 주머니를 노리고 있으며 'CEO'들이 새삼 인문학을 공부한다고 한다. 기존 지식체계의 재편의 방향이 어떠해야 하는지를 제대로 가늠할 수 없는 상황에서, 여러 가지 교호 혹은 착종이 자연발생적으로 진행되고 있는 것이다.

인문·사회과학이나 자연과학에서의 상황은 좀 더 혼란스러운 듯 보인다. 분명 세계의 실제적 변화가 학문제도의 변화와 지식문화의 갱신을 요청하고 있으며, 지식인의 위상에 대한 반성도 중요한 화두로 만들었다. '통섭', '복합학', '횡단 인문학'과 같은 새로운 말을 자주 들을 수 있게 됐으며 '지식인의 죽음'이라는 명제도 들려온다.[10]

이 모두는 지식의 배치와 배분에 대한 재조정의 요청이 절실함을 표현하는 것이다. 새로운 세계를 위한 지식을 만들어내고 지식인상을 재정립하려는 흐름도 분명하다. 그러나 그에 대한 반향과 실질적 효과는 아직은 미미하고, 반면 기존의 관성과 고정관념의 저항은 여전히 단단하고 거세다. 특정한 분야 내부에서 기성의 학제學制에 도전하며 새로운 앎을 창출하려는 시도는 종종 격렬한 논쟁을 수반한다. 기성 질서에 이미 푹 젖은 연구자들이나 인접 분야의 학자들과의 대화는 대부분 실패로 끝나버린다. 그러면서 우리는, '선진국'에서 뇌과학·진화심리학·행동경제학 같은 새롭고 통합적인 지식 체계가 형성된다는 풍문이나 일본 학자의 노벨상 수상 소식을 들으며 초조해하고 있다.

그럼에도 새로운 '지식'을 창출하고 낡은 틀을 깨려는 시도는 계속되고 있다. 비록 그 노력과 합의의 수준은 초보적이거나 원론적인 수준에 있을지라도 (자연)과학과 인문·사회과학의 회통을 주장하는 논의가 제기되고 있으며, 새로운 앎의 주체로서 행동할 기본 요령에 대한 논의도 진행되고 있다. 이 책의 시도는 그 같은 노력과 연관되어 있다. 부와 권력이 아니라, 다른 목적을 위해 지식의 공유와 통합적 지식이 필요하다는 것.

앎의 역사에 관한 앎을 위하여

이 책의 또 다른 목표는 이 같은 현재에 대한 문제의식을 기반으로 앎의 문화와 그 복잡계Complex System[여러 구성 요소로 이루어진 집단에서 각 요소가 다른 요소와 끊임없이 상호작용을 하는 체계. 비선형성, 비가역성, 복합적 상호작용, 불확실성, 확률론, 우연성 등이 지배하는 체계다]가 형성되어온 역사를 살펴보자는 것이다. 앎이라는 현상은 단지 지식의 내용이 아니라 물질이며 관계이다. 달리 말해 앎은 의례와 매체, 그리고 제도에 의해 뒷받침되고 지식을 생산하고 소비하는 주체들에 근거한 사회·문화적 현상이다.[11] 이 책에서 말하는 앎은 이데올로기, 표상과 심성 그리고 담론의 구조와 권력 문제, 또한 민족·세대·계급의 문제에 연관된다.[12] 그래서 이 책은 말하자면 '지식의 문화론'이나 '문화사로서의 지식사'[13]에 더 가까운 책이다. 한편 이 책은 '아래로부터의 지성사'를 문제제기 해보고자 하는 시론試論이다. 즉 이 책의 관심은 천재적인 개인과 권력의 시혜가 이뤄온 '지성사'가 아니라, 다양한 다수의 사람이 소유한 지식과 그 앎-문화의 변동에 관한 것이다.

한국 근·현대사를 조금만 살펴보면 배움과 앎에 대한 민중의 열정으로 가득 차 있음을 알게 된다. 그것은 실로 우리 역사의 동력 그 자체였다. 그 엄청난 열정이 어디로부터 비롯되었는지 아직도 정확히 말할 수 없다. 그것은 단지 계층상승을 위한 욕망도 아니고, 이기심의 문화적 구성물도 아니다. 아마도 그 열정은 우리 자신이 인간으로서 갖고 있는 어떤 욕망 자체, 자기애와 진리에 대한 추구와도 결부되어 있는 것 같다.

그리고 이는 결코 한국 '문화사'에 한정된 것도 아니다. 공부와 앎에 관한 민중의 정열과 결합한 사상과 정치는 성공하여 권력을 얻었다. 하지만 언제나 한반도 사람들의 다수는 이 열정 때문에 허덕이고 괴로워해왔다. 그 열정을 채워주지 못하거나 결코 채울 수 없는, 또는 그러하기를 두려워하는 권력과 사회구조가 언제나 그들의 앞을 가로막고 있었기 때문이다. 오늘 우리가 눈앞에서 보는 현실도 바로 그러한 것이다. 학생과 학부모 모두가 무한경쟁과 사교육의 노예가 된 이 무서운 '교육 지옥'은 한국 경제구조가 더 나은 공부와 앎을 향한 열정을 담아낼 수 없는 잘못된 그릇임을, 그리고 공교육의 제도와 이상理想이 함께 파탄 났음을 웅변해주는 게 아닐까. 이 불균형 상태가 초래하는 개개인의 초조와 강박이 공동체를 망치고 있다는 우려도 많다. 이명박 정권의 등장이 그러한 우려를 결정적으로 정당화한다. 초조와 강박은 아무 내용 없는 '실용'과 성과주의가 권력을 갖도록 했다.

그러나 앎과 공부 그 자체를 위한 열망과 투쟁에 들린 한반도 사람들은 우리 역사를 좋은 방향으로 전진시켜 왔고, 앞으로도 그럴 것이라 믿는다. 정지했다고 믿는 순간, 이제는 더 희망이 없다고 생각하는 순간, 창발과 열정은 어디론가부터 피어올라 역사의 수레를 앞으로 밀었다. 이 책을 준비하는 동안, 거짓말처럼 '촛불'[14]이 피어올랐다. 그 거대한 타오름은 우리로 하여금 앎의 문화와 관련된 모든 문제를 재검토하게 한다. 촛불시위의 와중에 널리 퍼지게 된 대중지성 · 집단지성 · 다중 등이 바로 '아래로부터의 앎'의 문화와 관계가 깊은 말들이다. 이 같은 초–현대적인 개념을 참조하면서 지식의 근대사와 그 주체의 역사를 새롭게 음미하고자 했다.

그러나 이 책은 여러모로 불완전한 시도다. 무엇보다도 광대 무비한 앎의 우주를 제대로 관찰할 수 있는 각도와 내공을 도저히 필자 한 사람이 가질 수 없기 때문이다. 이는 필자의 부족함에 관한 변명이면서, 동시에 이 책의 주제 자체이기도 하다. 이 책은 '모름'과 앎의 부분성으로부터 앎의 문제를 제기하는 것이다. 즉 필자가 가장 관심이 가는 지知는 바로 무지無知이며, 이 책의 출발점은 '대중의 무지' 뿐 아니라 특히 소위 '지식인'과 '전문가'의 무지다.

한편 책이 다룬 역사의 대상 시기도 주로 근대적 문자문화가 확산 되고 새로운 이념이 전 조선인을 사로잡기 시작한 근대 초기에 한정 되어 있다. 이런 책을 구상한 것은 졸저 《근대의 책 읽기》가 나오고 난 직후였다. 그 책도 '지식문화사'의 일종이라 간주될 수 있겠지만 독서나 문학 외의 영역에까지 문제의식을 확장해 보고 싶었다. 그러 나 '지식문화사'의 방법이나 전범을 찾기 어려웠다. 또한 대중·지식 (앎)·지식문화 등은 모두 대결하기 어려운 개념이었다. 이 책의 1부 에서는 현대 지식문화의 구도를 말하고 그것이 야기하는 모순을 들어 집합적 지성인 대중지성의 의의를 말하고자 했다. 2부에서는 우리 한 국 근대사에서 앎의 주체성이 어떻게 마련되어 왔으며 그것이 전체적 인 앎의 문화 속에서 어떤 힘과 위치를 점했는지를 살폈다. 국가의 역 할과 앎-주체의 분화가 주요한 착목지점이었다. 부디 이 책의 불완전 함을 또 다른 집합적 지성이 메워주기를 바라는 마음이다.

'앎', 그리고 '대중'

마지막으로 이 책을 시작하기 위해 필요한 개념에 대해 잠시 말하 고자 한다.

이 책에서는 '앎'과 '지식'을 다른 용어로 사용하고자 한다. 앎은 '삶'처럼 우리말 중에 'ㄹㅁ' 받침이 붙는 말들 중의 하나로서, '알다'라는 동사가 '안다는 것', '알고 있음' 등과 같은 명사(형)의 의미를 품게 된 일종의 동명사이다. '앎'은 지식을 통칭하거나 지식의 존재 형태와 지식을 둘러싼 사회·문화적 맥락 및 관계를 가리키는 용어로 사용했으며, '지식'은 좀 더 단순히 지식의 내용 자체를 지시하는 말로 사용하고자 했다. 물론 이 구분은 절대적인 것은 아니며, 구별이 꼭 필요 없는 대목에서 때로 혼용되기도 했다.

근자에 대중지성·다중지성·집합지성(무리지성) 등의 말이 혼용되고 있다. 각각의 말은 서로 유의어이자 동의어면서, 동시에 섬세한 내포의 차이도 갖고 있다. 이 책에서는 고심 끝에 대중지성을 택하였다. 각각은 '지성'을 함께 쓰면서 '대중·다중·집합'이라는 말을 앞에 세우고 있다. 그래서 결국 문제는 '대중·다중·집합'의 차이에 관한 것이다. 특히 '대중'과 '다중'이라는 말의 내포와 외연, 이미지와 용례의 차이가 핵심일 것이다.

이는 다음의 물음과 직접 연관되어 있다. 오늘날 네티즌과 '촛불'의 주체들은 1987년 6월항쟁과 1980년 광주항쟁의 주역들과 서로 다른 존재인가? 비슷한 존재인가? 또는 1960년 4·19민주혁명 또는 1987년 6월항쟁의 주역들은 동학농민전쟁이나 3·1운동의 주역들과 비슷한 존재인가? 다른 존재인가?

공통적으로 그들은 인간다운 자유롭고 평등한 삶을 추구하는 존재이며 모두 자신의 역사 단계에 걸맞은 지적 능력과 지식을 소유·공유하고 있다. 그들은 다수의 복리와 인간적 자유를 윤리의 준거로 삼아 권력에 저항하고 더 나은 세상을 추구한다. 3·1운동의 민중도 촛불시민도 스스로에 의해 열정적으로 만들어진 네트워크에 의해 결집하여, 억압을 타파하고 주체성을 행사하고자 했다. 이런 점에서 1894년, 1898년, 1919년, 1960년, 1980년, 1987년의 민중과 2008년의 촛불시민은 매우 비슷한 존재다. 그들은 또한 자신 속에 서로 같고도 다른 정체성을 지닌, 다중적인 존재들을 포함하고 있다. '그들'이 곧 '우리'이며 '우리'가 '그들'이다.[15]

또한 '그들/우리'가 상대하고 있는 적이 유사하다는 점도 지적되어야 한다. 그 적은 기본적으로 반민주주의와 제국주의에 근거하고 있으며, 비인간적인 경제체제를 통해 지배 권력을 항구히 독점하는 데 자신의 이해관계를 갖고 있다. 그 적은 인간이 아니다. 그것은 이윤의 재생산과 물신숭배 메커니즘의 육화물이며, 전쟁과 지배의 권력에 미혹당한 '인간-동물'의 심연이다. 차라리 그것은 동물보다는 로봇에 가까운 차가운 '질서'다.

한편 그러나, '그들/우리'는 서로 다른 존재이다. 각각이 가진 앎의 내용, 소통의 도구, 노동의 방법, 생활의 양식, 문화적 취향은 완전히 다르다. '그들/우리' 속의 구성도 차이가 있고 네트워크의 방식도 다르다. 이루고자 한 목표에도 섬세한 차이가 있다. 처한 역사적 단계가 다르기 때문이다. '그들/우리'가 처한 역사 단계(이른바 '포스트포디즘, 포스트모더니즘, 탈근대' 등의 용어로써 일컬어지는)는 우리 눈에 특히 새로운 것으로 보인다. 또한 그들의 적들도 다른 지배의 전략을 취한다. 어떻게 동학농민과 1987년의 노동자가 같을 수 있으며, 4·19의 청년과 촛불소녀가 비교될 수 있겠는가?

이 책의 1부와 2부는 각각 다중의 등장이라는 '지금-여기'의 상황과 대중의 등장이라는 근대 초의 상황으로 나뉘어 기술된다. 그로써 양자의 차이와 같음이 대비될 것이다. 그러나 한쪽을 대중, 다른 한쪽을 다중이라 표현하는 것은 그리 적절하지 않아 보였다. 그러한 절충이 대중-다중 사이의 차이와 유사성 문제에 관한 비교적 쉬운 해결의 방법일 수 있겠으나, 그럴 경우 오늘에 있어 감지되는 변화를 특권화하고 그럼으로써 과거의 노력과 진리를 쉽게 폄하하는 논리에 빠져들 수 있다고 보았다. 특히 '아래로부터의 지성사'라는 역설적인 시도를 수행한 이 책에서 '대중'이 저러한 같음과 다름을 동시에 안아 표현할 수 있는 (현재로서는) 적절한 우리말 단어라 생각했다('역사'는 기본적으로 연속성에 대한 감각의 산물이 아닌가?). 오히려 오래 널리 쓰여 온 대중이라는 말에 새로운 함의와 관점을 부여하는 것이 약간 더 신중하고 나은 일이라 생각했다.

이 책의 관점은 '다중'을 말하는 입장들의 아이디어와 논의로부터 자극된 것이다.[16] '오늘의 다(대)중은 과거와 완전히 다른 존재'라 강조하는 것이 '지금-여기'의 과제를 철저히 의식화하여 그야말로 앞으로 나가기 위한 진정성에 기초해 있다는 것도 동의한다. 그러니까 '다중'과 이 책의 '대중'과 그리 다른 명명법이 아니다. 이 책과 가장 반대되는 입장은, 대중이 무지한 존재이며 역사를 만들어가는 것이 소수의 엘리트라는 식의 관념이다. 그리고 특히 대중과 지식인이 처음부터 서로 다른 인종인 양 생각하는 사고방식이다. 근대에 있어서나 현대에 있어서나, 역사를 변화시키는 동력은 대중의 힘으로부터 나왔으며, 우리 모두가 함께 거기 잠겨 있다.

그런데 사실, 오늘날의 대중(다중)과 근대의 대중 사이의 이 같음과 다름의 변증법, 다시 말해 (불)연속성과 차이(와 반복)는 사실 널리 인식되고 있다. 지난 봄과 여름에 '촛불'의 새로움 앞에 얼마나 많은 해석이 바쳐졌던가? 그러면서도 '촛불'은 계속 저 먼(?) 과거의 4·19혁명과 비견되거나 6월항쟁과 직접 비교·분석되기도 했다. 또한 시·공간을 초월하여 1968년이라는 '과거'의 세계적인 '새로운' 저항에 유비되기도 했다.

지금 당장 진행 중인 역사과정에 대해 어떤 분석이 옳은지 단언하기 어렵지만, '촛불'이 새로움이라는 데는 털끝만큼의 의심도 없다. 전통적인 의미의 민중이나 '노동계급'과는 다른 문화와 생활의 주체들과, 인권과 민주주의에 대한 전례 없이 새로운 감각을 가진 세대가 '촛불'을 이끌었다. '촛불'은 신자유주의 시대의 문화—정치의 전환이 어떤 이슈와 주체로써, 또 어떤 방법과 네트워크를 통해 일어날 수 있는지를 실증한 세계사적인 사건이라 해도 된다. 세계적으로 유명한 '투쟁 경력'을 가진 한국의 '7080' 민주화 세대들도 '촛불'을 통해서 큰 문화적 충격을 받고 민주주의를 다시 학습했다. 그러나 '우리' 속에도 문화적 비동시성은 있었고 오래된 것(그러면서도 진정한 것)의 힘도 여전했다. 근대적 이념과 그 역사로부터 이탈한 신자유주의적인 새로움(소위 '실용주의')을 갖는 것으로 착각을 불러 일으켰던 권력은, 사실 여전히 박정희나 전두환 시대의 '전통'에 의지하고 있었다. 그래서 어느 순간 '촛불'의 '새로움'은 머뭇거리거나 낡은 데에 다시 의지하기도 했다. '촛불'이 상대해야 한 권력의 낡고도 강한 힘과 '전통'이 보이지 않는 족쇄로 작용한 것이다. 또한 '촛불'이 지닌 '차이와 반복'은 기본적으로 우리가 처한 상황의 복잡성에 기인한다고 할 수 있다. 좀 안일하게 말하면, '지금—여기'가 근대성과 탈근대성이 교차하고 국민국가와 세계체제가 서로 밀고 당기고 상호 의존하는 힘이 착종되어 있는 상황이기 때문이라 할 수 있다.

'촛불'은 우리가 처한 문화적 (비)동시성의 장면을 상당히 세세히 드러냈던 것이다. 그 세세한 차이와 공통성을 생각하는 데 이 책이 기여하기를 빈다. 요컨대 대중지성은 다중지성의 유의어이자 '집합적 지성'의 다른 이름이며, '연대'·'소통' 같은 오래된 말의 새로운 버전이다.

대중이나 대중지성을 말하는 것은 과거의 대중주의나 민중주의를 주장하거나 과거의 그것을 부활시키고자 하는 것이 아니다. 그렇게 할 수도 없다. 또 '대중'의 개념 속에 숨거나 도피하려는 것도 아니다. 대중지성에의 주장은 선도적인 싸움, 고독한 성찰, '계몽'의 필요, 개인의 창발성, 예술적 도약을 부정하는 것이 전혀 아니다. 오히려 바로 그러한 것들이 지금 당장 필요함을, 또한 그것들이 겸허하게 행해지고 새롭게 '사회화'할 것을 제의하는 것이다. 그것을 소위 '전문', '고급' 그리고 자기와 타자를 동시에 소외에 빠뜨리는 선민의식에서가 아니라, 전쟁과 지배 외에 다른 것을 알지 못하는 국가이성이나 근대의 '간지奸智'에 맞서서, 삶을 위하여, 연대 속에서, 행할 것을 제안하는 것이다. 또한 더 많고 더 질 좋은 지식과 교육, 자기와 타자에 대한 동시 긍정, 새로운 노드nod가 되어 싸울 필요를 제기하는 것이다. 앞으로도, 언제든 어디서든, '촛불' 그 이상의 것이 필요하다. 과연 누가 노드가 되거나 뇌관이 될 수 있을까? 그저 더 많이 아는 자가 아니라, 앞으로 더 많이 연대하고 소통하는 자다. 더 많은 소통이 더 많고 질 높은 앎이다.

언제나 '함께' 공부하고 생각을 나누는 가운데 필자가 가진 얼마 안 되는 지식도 가다듬어져왔다. 이 자리를 빌려 한국의 근대와 그 문화에 대해 같이 토론하고 연구하는 한기형, 권보드래, 윤해동, 허수, 이용기, 황병주, 류준범, 윤대석, 김백영, 이경돈, 황호덕, 전우형, 이영아, 김지미 선생에게 감사의 뜻을 전한다. 그리고 이 책은 박헌호, 김현주, 이승희, 이혜령, 장영은 선생과 함께 근대 초의 지식과 표상 체계에 대해 토론한 결과물이기도 하다. 구갑우, 류준필, 박경신, 최태원, 김건우, 정홍경, 이선엽 선생은 언제나 '지금−여기'의 삶과 앎의 현실에 대한 중요한 가르침을 베풀어준다. 조정환, 주일우, 하승우, 김현철 선생은 이 책에서 다루는 문제들에 대한 중요한 지적 자극을 제공해준 분들이다. 아울러 〈푸른역사〉와 편집자 정호영 선생께도 깊은 감사의 말씀을 올린다.

2008년 11월
천정환

차례

3장 앎의 주체: 대중과 대중지성

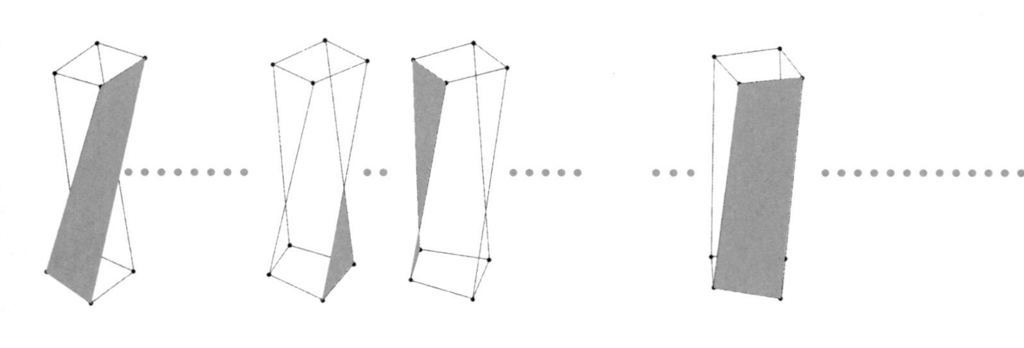

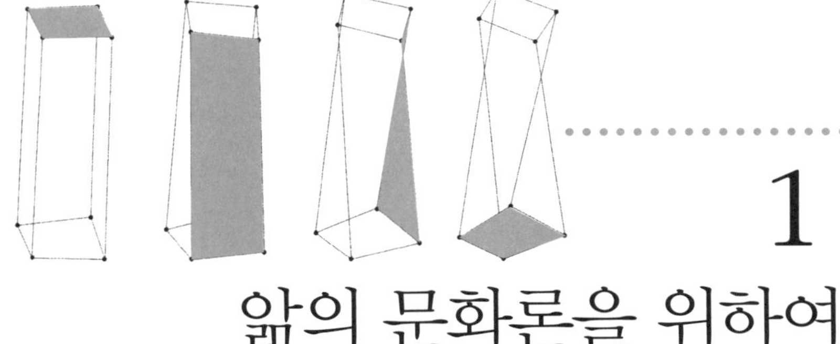

1

앎의 문화론을 위하여

Chapter. ONE

현 단계 지식의 패러다임, 어떻게 읽을 것인가 ·

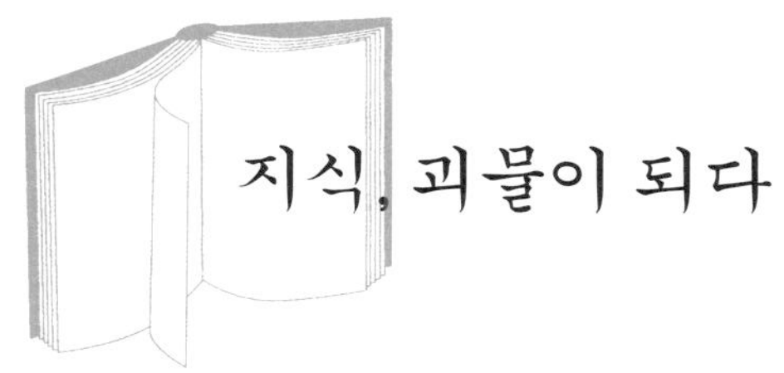

지식, 괴물이 되다

지식경영 패러다임의 등장과 흐름

〈들어가며〉에서 말한 대로 '비즈니스 프렌들리'한 지식 개념은 1990년대 중반 이후 미국과 일본의 경영학에서 새롭게 '개발'된 것이다. 이는 경영학적 '혁신innovation'과 깊은 연관이 있다. 미국 경영학자인 피터 드러커Peter Drucker나 레스터 서로우Lester C. Thurow, 일본 학자 노나카 이쿠지로野中郁次郎 등이 '지식혁신론'의 선구자로 꼽힌다. 기업이 인간의 결합이라는 측면에 새삼스럽게 주목한 이들 경영학자는, 개별 조직과 구성원들이 모두 지식의 소유자이며 운영자라는 점에 착안했다. '기업의 구성원이 보유한 지식을 어떻게 이전과 다르게 결합하고 배치하여 생산과 경영에 투여할 것인가'를 기업 경영의 성패를 좌우하고 기업을 혁신할 수 있는 관건이라고 본 것이다.[1] 경영자의 경험과 정보, 생산 현장과 중간 관리자들의 노하우, 그 관리의 구조적 체계가 바로 기업이 보유한 '지식'들이고, 기업은 그것을 관리 · 조직하는 새로운 방식을 만들어내야 새로운 이익을 만들

피터 드러커

지식 사회의 도래와 지식노동자의 역할을 적극적으로 언급, '신경제'의 방향을 제시한 것으로 평가받는 경영학자. 미국 현대 경영학의 아버지로 일컬어지고 있다.

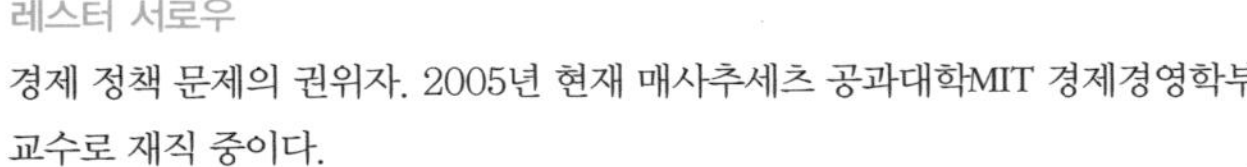

레스터 서로우

경제 정책 문제의 권위자. 2005년 현재 매사추세츠 공과대학MIT 경제경영학부 교수로 재직 중이다.

노나카 이쿠지로

경영전략 분석으로 전미全美 최고저술상을 수상한 적이 있으며 현재 히토쓰바시대학 대학원 국제기업전략 교수 및 캘리포니아대학 지식학부 연구위원으로 재직하고 있다.

어낼 수 있다는 발상이다.[2]

자본주의 기업은 끝없는 경쟁과 이윤 추구의 운동 속에 있기 때문에 멈추어 있어서는 안 된다(불행히 자본주의 국가도 그러하다). 무조건 앞으로만 나아가야 하고 확대 재생산되어야만 한다. 지식경영 패러다임은 그러한 자본주의 기업의 속성 중에서, 인간 결합과 그 결합의 매개를 지知로부터 찾아낸 패러다임 전환이었다. 이 같은 기업 조직에 대한 지식론은 산업을 선도하는 몇몇 독점대기업에서 산업 전체로 곧 퍼져 나갔다. 그리고 정부와 사회 전체의 개량 문제로까지 확대되었다.

소위 '혁신'이다.[3] 즉 'reformation'이 아니라 'innovation'이다.

2000년대 이후 '정부혁신'[4] 같은 말이 우리나라에서도 많이 회자되고 있다. 여기에서 '혁신'이란, 한 마디로 이윤과 효율을 극대화하기 위한 조직의 '재구성'이라 정리할 수 있을 것이다. 정부가 자본주의적으로 운영된다는 것과, 정부가 자본주의를 위해 혹은 기업가를 위해 운영된다는 것은 미묘한 차이가 있다. 지식경영 패러다임, 정부혁신 담론은 전자에 근거한 것이다. 예컨대 노무현 정부 시절에는 정부가 더 이상 전통적인 의미에서의 국민국가의 통치체가 아니라 "기업, 시민사회, 세계체제 등을 중개·중재하여 공공서비스를 조직하는 네트워크"[5]의 일종이라는 아이디어가 힘을 얻기도 했다. 정부가 그야말로 '자본주의적으로' 운영되기 시작했으며, 이 같은 흐름이 모든 공공기관과 학교에까지 번져가고 있다.

세계자본주의가 경제성장의 동력을 3차 산업(서비스 산업)과 IT경제에서 찾아냄으로써 지식 패러다임은 확산되기 시작했다 한다. 각각 다른 뿌리와 맥락을 가진 지식패러다임-3차 산업-IT경제는 합체하면서 새로운 괴물이 되었다. 지속적으로 확대된 3차 산업과 새롭게 개척된 IT·소프트웨어 산업이 앎의 '장소'와 배치를 변화시켰고, 자본과 국가에게 '굴뚝산업' 중심의 경제체제와는 다른 '지침'과 지식을 찾도록 했던 것이다. 그 결과 '지식기반사회'가 도래했고, "세상의 모든 지식 네이버"도 탄생했다.

'지식기반사회'는 주류 경제학과 경영학에 의해 새롭게 전유된 사회 담론이다. 심지어 농경사회와 산업사회에 뒤이은 새로운 문명의 단계로까지 칭송된다.[6] 그러나 사회과학자 홍성태는 이 '지식'을 하나의 거대한 핑계이자 가상이라고 폭로한다.[7] '지식기반사회'의 지식

개념이 앎의 권력적 속성을 잊게 하거나 자본주의의 적대적 본성을
감춘다는 것이다. 무엇인가 엄청난 변화가 일어난 것은 사실이지만,
이를 '근본적인 변화'라는 식으로 말하는 데에 동의할 수 없다는 것
이 요점이다. 실제로 새로운 '문명文明'은커녕 세계자본주의 체제와
국민국가는 전 세계의 디지털화나 '월드 와이드 웹WWW(World Wide
Web)'과 같은 변화에도 불구하고 어두운 착취 체제로서 아직까지는
잘(?) 유지되고 있다. 또한 전통적 제조업뿐 아니라 농업·광업과 같
은 1차 산업의 중요성도 여전하다.

확장되면서 모호해진 개념, 지식

1990년대부터 '지식'은 기본적으로는 제조업이 아닌 산업, 즉 IT산업
을 위시한 인터넷 기반 경제의 무형 인프라라는 함의를 갖기 시작했다.
그리고 이후 그 용례가 무한히 확대되었다. '지식경영·지식경제'뿐 아
니라 '지식노동자' 같은 말도 잇따라 생겨났다. 지식노동자는 실물 도
구를 사용하지 않고 각종 소프트웨어를 다루는 기획·편집자, 컴퓨터
프로그래머, 소프트웨어 개발자, 오퍼레이터 같은 사람을 뜻한다. 블루
칼라와 화이트칼라에 빗대어 '골든칼라golden collar'라는 별칭도 쓰인
다. 이들은 이른바 '비물질노동'[8]에 종사하는 사람들이라 할 수 있다.
혹자는 우리 모두가 지식노동자화되고 있다고 주장한다. 컨테이너
트럭을 모는 화물연대 노동자는 '지식노동'자인가? 앨빈 토플러는
그렇다고 말한다. 그에 의하면 미국의 트럭운전사들은 "운전대의 컴
퓨터에 의존해서 운전"하며 "또한 저변의 지식 또는 자료와 정보를 산

출하고 조작하며 전달”한다. 그래서 “그들은 지식노동자로 분류되지
않았을 뿐 사실상 비정규 지식노동자”[9]라는 것이다. 토플러의 말에 따
르면 지식노동과 지식노동자가 아닌 것이 없다. 산간벽지에 사는 농민
도 기상과 작물의 상태를 수시로 파악해야 하고, 심지어 작황과 가격
정보 같은 중요한 지식을 인터넷에서 검색해서 판단의 자료로 삼는다.
각 지역의 〈농업기술센터〉 사이트나 〈농축산물유통정보〉(http://www.
youtonginfo.co.kr) 같은 대형 사이트를 보라. 이렇게 축적된 정보는 다
른 농민들과 공유된다. 이때 농민은 논란의 여지가 없는 지식노동자
다. 심지어 조폭들도 자신들만의 노하우(지식)를 갖고 있고 조폭 사이
트까지 만들어 세계와 소통한다. 그러니 우리 모두가 지식노동자인가?

이를 통해 노동과 지식이 관련된 두 가지 상충하는 점을 확인할 수
있다.

첫째, 지식 개념이 확장되면서 더욱 모호해졌다는 점이다. 모든 것
이 ‘지식’으로 일컬어져, 지식은 인식하고 지각하는 행위와 그 대상이
되는 내용 및 형상, 그리고 수행적인 기능·기술을 모두 포괄할 수 있
는 말이 되는 경향이 있다.

물론 이를 잘못이라고 말할 수는 없다. 그러나 이 같은 방식의 지식
개념의 무한 확장은 여러 가지를 덮고 가린다. ‘모든 것이 지식노동’
이라는 말은 여러 노동들 사이의 구체적인 차이를, 그리고 노동 과정
과 노동력 사용 형태에 개재되어 있는 계급·계층 간 이해관계의 차이
를 무시하는 데 악용될 수 있다. 고전적인 개념의 ‘정신노동과 육체노
동의 차이’는 엄존하고 있으며, 그 사회적 위상의 격차도 여전하다.
육체노동이 생산에서 결정적인 중요성을 갖고 있다는 사실에도 변함
이 없고, 그러한 노동을 수행하는 육체노동자가 여전히 존경 받지 못

하는 존재라는 것도 큰 변함이 없다. 존경은 고사하고 육체노동 수행 과정에서 수시로 생명의 위협에 노출된다. 고도의 로봇기술이 도입된 대공장에서도 어떤 노동자들은 목숨을 걸고 컨베이어벨트나 크레인 위에 올라가야 한다. 건설·토목 노동자나 화학·운수 노동자도 목숨을 걸고 일한다. 모든 것이 키보드 입력과 버튼 조작으로 이뤄지는 지식노동이라면 왜 산업 재해로 목숨을 잃는 노동자가 그렇게 많겠는가? 2007년에 한국에서 산재를 당한 노동자는 무려 90,147명에 사망자는 2,406명이었다. 이 추세는 조금도 나아지지 않고 있다.[10]

자본주의의 새로운 주력이자 노동 형식으로 운위되는 서비스노동 또한 마찬가지다. 서비스노동은 과연 지식노동인가? 대부분의 서비스노동은 직접 육체를 사용하지 않으면 전혀 이루어지지 않는 단순한 노동이다. 서비스노동은 감성을 사용하지만, 기본적으로 손과 발을 사용한다는 것, 그것이 서비스노동을 저평가하는 배경이다.

여전히 많은 인간은 기계처럼 자신의 육체 노동력을 소모하여 일하고 있다. 서로 다른 형태의 '노동'에 종사하면서 말이다. 범람하는 '지식노동론'들은 이러한 지식의 질 문제를 적절히 설명하지 못한다. 특히 토플러나 미국 일부 경영학자의 지식노동에 대한 찬탄은 기본적으로 노동을 존중하는 태도에서 나온 것이 아니다. 그들은 노동에 내포된 사회적 차별에 관심이 없다.

사이트에 접속하고 디지털정보를 검색하거나 정보를 종합하는 일은, 어떤 직업을 가진 사람이 운용하는 지식 전체의 극히 작은 일부에 불과할 수 있다. 이런 지식은 예컨대 농민이 자기 땅과 작물에 관해 가지고 있는 구체적인 앎이나 조폭이 몸으로 획득한 '싸움의 기술(지식)'을 대체하지 못한다. 그런데 이 앎만이 그들을 농민과 조폭으로서

살아남게 한다. '암묵지'는 개인의 육체와 감성·지성에 유기적으로
결합되어 있으며, 육체의 작용이 멈추면 움직이지 않는다.

그러나 둘째, 지식기반경제의 인프라를 구성하는 지식정보의 유통
과 조직 방식이 실제로 사회 전체로 확산되어 사회를 변화시켰으며,
모든 노동과 모든 소통은 이전과는 진정 다른 양식을 취하고 있다는
점이다. 인간의 손노동이 생산에서 차지하는 비중은 점점 줄어들고
있다. 전통적인 의미의 제조업은 여전히 힘든 손노동을 필요로 하지
만, 거기서도 점점 자동화와 로봇화가 진행 중이다. 네그리와 하트 같
은 '좌파'도 고용이나 생산의 비중에서 비물질노동의 헤게모니가 산
업노동을 앞서나가기 시작했다고 말한다.[11]

인터넷과 무선이동통신 같은 매개 수단의 발전은 말할 필요가 없을
정도다. 그에 따라 정보와 지식에 대해 개별자들이 갖는 위치도 분명
이전과 달라졌다. 신문과 책이 개별 인간과 관계 맺는 방식, 그리고
인터넷과 휴대전화가 개별자와 맺는 방식을 비교해보라. 디지털 이동
통신과 테크놀로지가 간섭하지 않는 영역은 없다. 동시에 이 변화들
이 '지식화'나 '지식기반사회'에 영향을 미치고 있기에, 노동의 과정
과 노동의 의미는 분명 이전과 다르다. 결정적인 점은 이 같은 변화가
불가역적이라는 사실이다.

이러한 두 가지 모순된 양상은 동시에 존재하며 '사태의 전체'를
반분하는 듯하다. 우리에게 중요한 것은 양자가 어떻게 복잡한 상충
과 보완의 관계를 맺으며 새로운 변화를 향해 나아가는가, 왜 디지털
미디어와 전반적인 '지식화'가 '근본적인' 사회 변화의 추동력이 되
거나 또는 되지 못하는가(!) 하는 점이다.

지식의 유용성과 위계, 그리고 양날의 칼

결론부터 말하면, 이러한 제반의 과정에서 자본주의는 지식을 더 깊고 강하게 도구화하고 있고, 지식의 유용성과 위계(높낮이, hierarchy)를 아직 '잘' (재)분배하고 있다는 것이다. 여기서 〈세계지식포럼〉을 환기하자.

참가하는 데 200만 원이 넘게 드는 '지식 축제' 에서 제공된다는 지식은 순수하게 공정하거나 '보편적인' 것이 아니다. 아무나 못 듣는 당파적인 지식이며, 세계를 지배하는 힘을 가진 사람들이 지배를 영속화하는 데 필요한 지식이다. 이런 지식은 '소유' 되는 것이며, 앨빈 토플러의 말마따나 '부富' 다. 매겨진 값 270여만 원은 그것을 상징하는 간명한 기호다. 이 값은 '명품' 핸드백이나 옷 따위의 가격이 책정되는 방식과 유사한 방식으로 정해졌을 것이다.

〈세계지식포럼〉은 '지식은 권력(힘)이다' 라는 고전적 명제와 '지식은 돈이다' 라는 신자유주의 시대의 절대 명제를 동시에 잘 보여준다. 세계적 '석학' 과 세계 최고의 금융자본가와 한국 최고의 기업가들이 같이 모여 "세계최고의 지식"에 대해 토론하고 밥 먹는다. 우리는 쏙 빼놓고 말이다(참고로 2006년과 2008년도 이 포럼의 각 분과 세션별 발표 주제를 소개해본다. 〈표 1〉을 보라).

누구나 무언가를 알고 있다. 그러나 앎은 도무지 평등하지 않다. 앎에는 서열과 높낮이가 있다. 어떤 지식을 소유한 사람은 권력과 부를 누리는 반면 그렇지 못한 사람은 가난하고 힘이 없기 때문이다. 왜 법학과나 의대는 30년 전에도, 아니 80년 전에도 인기 학과였으며 지금도 인기학과일까? 당신의 전공은 무엇인가? 혹시 독문학과나 물리학과 같은 '비인기학과' 출신이 아닌가? 당신의 삶은 어떠한가? 오늘날 '비인기학과'에 다니는 대학생의 상당수는 입학하자마자 전과하거나 공무원 시험에 목을 맨다. 또는 '인기학과'의 '부전공' 학생이 된다. 소위 '일류대' 건 '삼류대' 건 마찬가지다. 평범한 개인들에게 삶은 여전히 어렵다. 한평생 먹고 살 길을 찾는 것 자체가 무슨 공부를 할까 하는 문제와 직결되어 있다. 고등학교에서 대학까지의 단 몇 년 만으로 인생 전체를 판가름해야 한다. 정말 이상한 구조가 아닌가?

앎의 위계는 지식들의 내부에서 저절로 만들어진 것이 아니라, 사회구성원이 생각하는 서열이다. 학과의 '인기'는 이런 서열의 세속적 반영이다. 또한 수많은 과목 가운데에서 어떤 과목은 '전공'이고 어떤 과목은 '교양'이다. 그중에서도 '필수'와 '선택'이 따로 있다. 전국민이 치르다시피 하는 대학입학시험 배점을 봐도 그렇다. 이른바 '국·영·수' 과목은 다른 사회, 자연과학 관련 과목보다 배점이 높다. 공무원 시험과 대입에 '국사' 과목을 넣을 것인가 말 것인가 하는 문제는 한참 논란이었다. 영어는 거의 신神이다. '이공계' 대우 문제는 언제나 국가적인 과제였다. '이공계'가 사회적으로 대우를 받지

세계지식포럼

1997년 매일경제신문과 매일경제 TV(MBN)은 '비전코리아VISION KOREA' 라는 범국가적 캠페인을 시작한다. 한국이 초일류국가로 도약하기 위한 국가비전을 제시하려는 목적에서였다 한다. 〈세계지식포럼〉은 이 캠페인의 일환으로 2000년부터 시작되어 현재까지 계속되고 있다. 이제는 명실상부한 아시아 최대의 국제포럼이자 아시아의 다보스포럼(세계경제포럼)이라 불리고 있다 한다.

<표 1> 2006년 세계지식포럼(2006년 10월)과 2008년 세계지식포럼(2008년 10월)의 분과 세션 발표 주제

2006년		2008년	
세션	주제	세션	주제
아시아	중국 I : 중국 비즈니스의 성공 비법	경제전망 2009	고유가, 곡물값의 파고를 어떻게 넘을 것인가? 새로운 협력 모델은 무엇인가?
	중국 II : 중국에 금융 위기가 올 것인가?		올림픽 이후 펼쳐질 도전과 위기는?
	인도 I : 인도의 서비스 산업 따라잡기		India 2009-또 다른 기회가 있는가, 아니면 버블이 엄습하나?
	인도 II : 미지의 인도, 그 안에서 어떻게 비즈니스를 할 것인가?		아랍세계와 아시아-부상하는 아랍인의 힘은?
	동아시아 경제통합	파트너십으로 성장하기	M&A의 새로운 핵, 아시아 기업
	한미 FTA의 미래		불확실성의 시대, 지속 가능한 성장
	아시아 경제 전망 : 아시아, 세계 경제의 동력		파트너와 만들어가는 동반성장
경제성장 (Growth)	미래 가치 : 기업의 지속가능한 발전을 위한 원칙		글로벌 인재 어떻게 육성할 것인가?
	혁신 VS 복잡성 : 고수익 성장을 위한 균형 잡기	금융 불확실성 뛰어넘기	국부펀드의 힘
	창조 경제에서 위기 관리하기		아시아 투자에 있어 위협요소는?
브랜드 (Brand)	창조 경제에서 혁신의 역할과 기술의 영향		Finance CEO 원탁회의-위기의 금융시스템, 대안은 무엇인가?
	아시아에서 글로벌 브랜드 가능한가?		달러의 미래
	창조경제에서는 디자인이 핵심이다		금융불안과 리스크 관리
금융 (Finance)	한국 자본투자시장의 트렌드와 동향	네트워크 혁신	뉴 미디어의 혁신
	금융 영업인력 생산성 두배로 늘리기		IT CEO 원탁회의 -모바일 컨버전스 혁명과 유비쿼터스 사회
	적대적 인수합병 : 독인가 약인가?		웹3.0과 새로운 비즈니스
디지털 (Digital IT)	이노베이션과 아시아		가상경제와 실물경제
		기업의 동반자, 정부	지속 가능한 성장 도시
			부의 창조를 위한 정부리더십
			신흥국가 정부 리더와의 대화
		무영역 사회의 도래	다재능인과의 대화
			만족스런 노후생활을 위한 금융회사 100배 활용하기
			무영역 사회에서 살아남기
			여성리더십 육성과 인재 활용하기
		돈이 된 환경	기후 변화와 비즈니스
			미래의 에너지
			그린 경영이 경쟁력이다

※ 출처: 〈세계 지식포럼〉 홈페이지(www.wkforum.org).

　　2006년과 2008년의 내용이 어떻게 같고 다른지를 비교해볼 만하다.

못했기 때문일 텐데 박정희도 노무현도 과학자를 우대하는 정책을, 아니 과학자를 국가의 '충견' 처럼 만들고 싶어 했다.

다시 〈세계지식포럼〉으로 돌아가 보자. 〈세계지식포럼〉에서 설정한 행사 내용을 보면 오늘날 가장 중요한 지식은 역시 자본주의의 확대 재생산과 '돈의 흐름' 에 관한 지식이다. 2008년 10월에 열린 제9회 〈세계지식포럼〉에서 그것은 금융자본주의가 위기에 봉착한 2009년의 '경제 전망' 자체와 '성장' 의 전략, 미국발 글로벌 금융 위기에 관한 문제, 인도와 아랍의 경제적 부상에 관한 문제, 기후 환경과 에너지 문제, 웹3.0으로 진화하는 네트워크 기술과 국가와 자본의 관계 등으로 구체화됐다.

물론 이는 단지 '돈 문제' 이거나 단순히 '경영학적 지식' 이라고만 말할 수는 없다. 새로운 지정학적 상황과 기술 공학, 환경과 지역의 문제 등을 포함하기 때문이다. 그러나 〈세계지식포럼〉의 분류는 현 시기에는 이런 문제에 관여하는 지식이 가장 실천적이며 유용한, 그리고 '총론적인' 지식임을 보여준다. 나아가 이 지식의 힘이 다른 지식의 자리도 새롭게 배정하고 힘을 나눠 가진다. 이를 관장하는 것은 범세계적으로 작동하는 자본과 강대국의 정치 논리다. 앎의 위계를 결정하는 새로운 힘은 단지 '한국' 의 교육정책과 사회 상황만이 아닌 것이다.

황우석 사태, 지식과 학문의 배치 문제

황우석 사태를 떠올려 볼까 한다. 황우석 사태는 지식과 사회, 과학과 국가, 언론과 대중, 미국과 재벌 등 앎의 정치-문화와 관련하여 생각할 수 있는 모든 것이 연관된 거대한 사건으로서 아직도 완전히 끝나지 않았다. 황우석 박사는 지난 2008년 5월 애완견 복제에 성공하여 다시 세계의 주목을 받았고, 줄기세포 연구 재개를 위해 '치료목적 체세포 핵이식 기술을 이용한 인간배아줄기세포주 수립에 관한 연구' 계획을 보건복지부에 제출했다. 보건복지부는 황우석 박사의 논문 조작과 난자 불법매매 등의 문제를 들어 연구를 승인하지 않았다. 그러자 여전히 활동 중인 황우석 박사 지지자들은 애국가와 태극기를 앞세워 보건복지부에 난입하는 등 서울 한복판에서 격렬한 시위를 벌였다. 이들에게 황우석 박사는 여전히 '국익'의 상징이자 가장 위대한 '대한민국 과학자'다. 한때 11만 명을 상회했던 포털사이트 〈다음〉의 〈아이러브황우석〉 카페 회원은 지금도 9만 명이 넘는다. 또한 불교계는 전국의 사찰마다 '황우석 연구 승인 촉구' 플래카드를 내걸기도 했다.[12]

　황우석 사태는 한국의 사회 모순과 지식문화의 모든 것을 압축적으로 보여주었으며, 그 미래까지 점칠 수 있게 한다. 공식적인 논의의 장에서는 별로 거론되지 않았지만(아마 논리화하기 쉽지 않아서였을 것이다) 황우석 사태가 터진 2005년 겨울, 세간에는 '황우석 팀'의 당사자들이었던 서울대 수의대와 서울대 의대, 한양대 의대 사이의 관계 문제를 거론하는 '말'들이 횡행했다. 이러한 '비공식' 담론들은 한결같이 황우석 팀을 주도한 서울대 수의대와 '수의학'의 비주류성을 거론했다. 내용의 골자는, 서울대 의대의 문신용, 안규리 교수와 황우석 교수 간의 관계를 거론하며 '의대 출신들이 수의대가 뜨는 것을 눈꼴사나와하다가 결국 밟아버렸다'는 식이었다. 이 같은 말들은 특히 서울대 의대 교수가 여럿 포함된 서울대 조사위원회의 발표가 나온 직후 극에 달했다. 예전에 서울대 수의대는 '서울대에 갈 성적은 안 되지만' '서울대 출신'이라는 타이틀을 따기 위해 억지로 가는 학과처럼 여겨졌다고 한다. '서울대 합격자 몇 명'을 학교 성적으로 내세우기 위해 일부 고교의 교사들이 수의학에 관심 없는 학생들을 강권해서 보내는 학과로 간주되기도 했다. 서울대 농대의 일부 학과들도 그랬었다 한다.

지금도 그렇지만 대학 간 서열뿐 아니라 학과 간에도 보이지 않는 서열이 있다. 나아가 고등학교조차 '경기, 서울, 경복, 경남, 경북……' 식의 '전국 서열'이 있던 시절이 있었다. 이때 학교를 다닌 평준화 이전 세대들, 즉 나이 쉰 넘은 한국 사회 주류 '아저씨'들이 특히 이런 담론의 주된 생산자라는 사실을 그 겨울에 몇 번이나 확인할 수 있었다. '황우석이가 전국 몇 등인 대전고에서 몇 등을 했고, 공부를 못해서 수의대를 갔지만……' 식의 말들 말이다. 그러한 인식은 황우석 사태에 관한 여러 음모론에도 반영되어 있었다.

황우석 팀이 논문을 조작하면서까지 '민족주의/국가주의'의 허황된 담론으로 전 국민을 속인 배경에도 이러한 문제는 내재되어 있다. 사회적 '인정'에 목말라 하며 자신들이 충분한 상징권력(존경)을 누리지 못한다는 박탈감에 시달리는 집단은 민족주의/국가주의를 보상기제로 삼을 수 있다. 다시 말해 어떤 사회 집단은 '소외' 때문에 민족주의/국가주의에 더 쉽게 포획된다. 또한 자기 집단 속에서의 지배─피지배 구조를 재생산하기 위해, 혹은 그 집단의 이해관계의 방어를 위해 낡은 민족주의/국가주의의 표상을 가져다 쓰는 것을 당연시할 수 있다.[13] 황우석은 자신이 '대한민국의 과학자'이고 줄기세포 연구가 우리나라를 먹여 살릴 것이라며 대중과 언론을 계속 자극했고, 한때 크게 성공했다. 여기에 늘 '무조건 충성'하는 과학자 집단을 육성하고 싶어 하는 국가도 가세했다.

수의학은 황우석 팀 이전까지는 한국 사회에서 비주류의 분과학문으로 간주되었다. 그러나 황우석 팀은 자본과 국가, 그리고 '국민 전체'의 주목을 받는 첨단의 기술로 지식 사이의 전통적 위계가 변화될 수도 있음을 참으로 '찐하게' 보여주었다. 하지만 황우석 팀은 결국 실패하고 말았다. 그의 수단이 도를 지나쳐버렸기 때문이다.[14] 요컨대 황우석 사태는 단지 과학자에 가해지는 국가주의적 동원과 착취의 기제 문제뿐 아니라 학벌과 같은 한국 사회 미시 민주주의의 문제, 그리고 지식과 학문의 위계 문제와 결부되어 있었던 것이다.[15]

물론 과학자의 존재 형식 문제는 좀 더 복잡하다. 과학자 집단 내지 이공계 출신의 사회적 위상은 그 내부에서 서로 다르다. 그들이 다루는 지식 또한 사회적 유용성 및 '이윤'과 관련해서 언제나 또 다른 차이를 생산하기 때문이다. 실제로 한국의 이공계 출신의 일부는 소외되어 있지 않다. 일부 공대와 의대·한의대 같은 '이공계 출신'은 비교적 높은 소득과 사회적 위신을 누린다. 정통부 장관을 지낸 후 경기지사에 출마했던 모씨의 예에서 보듯 파워엘리트가 되어 지배블록에 참여할 수도 있다. 2006년 한 경제신문이 조사한 한국 대기업 임원 승진자 명단에 의하면 전자공학과·전기공학과 등 '공대' 출신도 상당수였다.[16] 그러나 대부분의 자연대·공대 출신은 권력과 '인정'으로부터 소외되어 있다. 이는 특히 기초과학 같은 이공계 내 '비인기학문'이나 지방대에서 극심하다.

모든 문제를 학벌과 출신으로 판단하는 '아저씨'들의 썩은 인식에는 출신 학교의 '서열'과 전공과목의 위계에 대한 나름의 처절한 개인적 경험이 반영되어 있을 것이다. 그들이 모두 경기고나 서울대 법대·의대를 나온 것은 아니니 말이다. 문제는 이러한 '아저씨'들

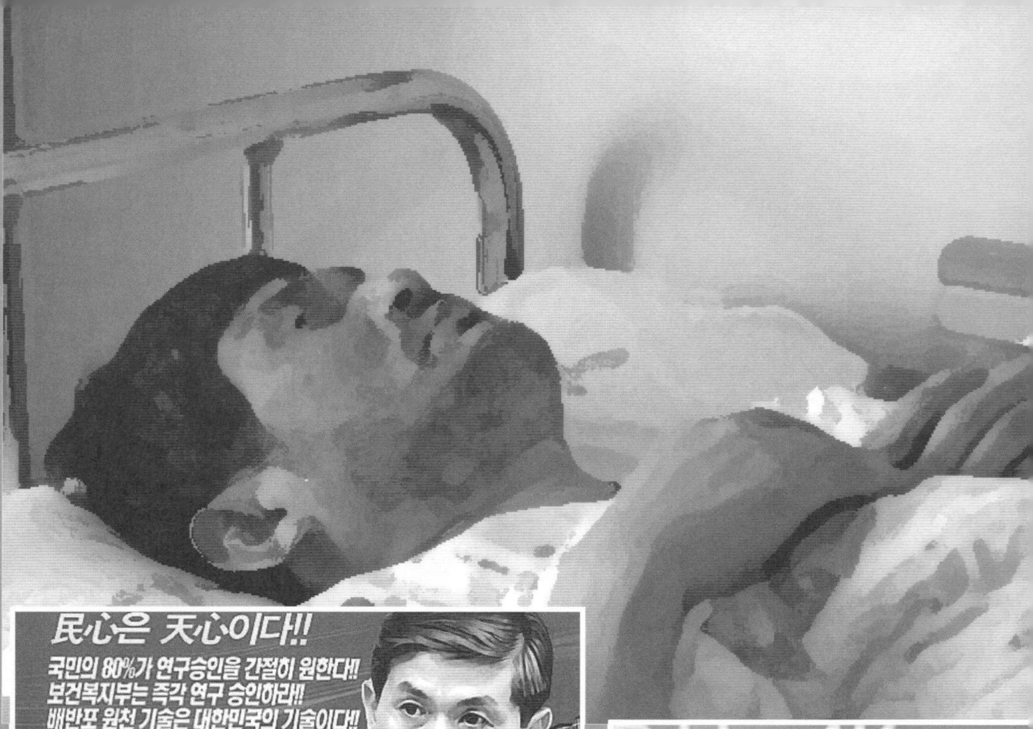

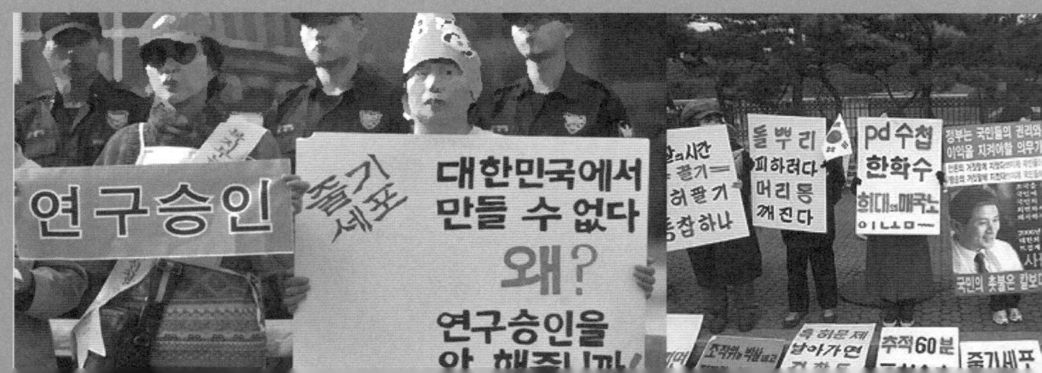

황우석 박사는 인간의 체세포를 복제한 배아 줄기세포 배양에 성공했다는 내용의 논문을 2004년과 2005년 《사이언스》에 발표하면서 한때 'Pride of Korea'라고 불리기까지 한다. 하지만 〈PD수첩〉의 논문 조작 의혹 제기 이후 배아 줄기세포 배양이 허위로 밝혀지면서 《사이언스》는 논문 게재를 취소했고, 서울대는 그를 교수 직에서 파면한다. 한국 사회 전체를 황우석 지지 대 반대의 양 진영으로 분열시켰던 사태는 그러나 4년여가 지난 아직까지 완전히 끝나지 않았다. 황우석 박사의 줄기세포 연구 재개를 둘러싼 논란을 보라. 황우석 지지 자들은 여전히 '황우석 연구 승인 촉구'를 외치고 있다.

의 썩은 인식이 단지 '아저씨'들의 것으로 끝나지 않는다는 데에 있다. 아니 오히려 그러한 인식은 오늘날 대학들의 무차별 서열 경쟁과 취업난으로 인해 형태를 조금만 바꾼 채 더 심하게 재생산되고 있다. '아저씨'들의 썩은 인식이 썩은 젊은이들을 만들어내고 있는 것이다.

앎의 높낮이는 영원하지 않다

두 가지를 분명하게 지적하고 싶다. 첫째, 지식의 이러한 위계가 어떻게, 누구에 의해 정해지는가 하는 문제다. 오늘날 지식의 위계를 정하는 주체는 불행하게도 '돈'이다. '지식-권력' 패러다임('아는 것이 힘이다')은 신자유주의 시대에서 '지식-돈' 패러다임으로 변화했다. 그러나 이 변화는 근본적인 것이 아니다. 이전부터 지식은 권력의 기반이었다. 다만 권력이 창출되는 메커니즘이 바뀌고 있는 것이다. 자본주의 이전 시대에는 돈과 무관한 지식-유용성이나 지식-권력이 존재할 수 있었다. 조선의 선비는 평생 '돈 안 되는' 도학을 공부하고 가르쳤다. 돈은 지식의 목적 자체가 아닌 부수적 결과물이었다. 지식의 추구가 결과적으로 '돈도 되는' 효과를 가졌을 뿐 돈을 위해 지식을 사용하지는 않았다. 그러나 이제 돈과 지식의 관계가 달라졌다. '돈이 되는 지식'이 곧 쓸모 있는 지식인 세상이 된 것이다. '돈 됨'과 '쓸모'는 전혀 구별되지 않는다. 이 '돈'이란 특히 지금 당장 돈 되는 것처럼 보이는 즉각적인 환금성換金性의 환각을 의미한다. 그 결과 지식-돈 패러다임은 '지식경제 시대'의 모토로 그럴 듯

하게 포장되어 신자유주의 시대에 새로운 불평등을 재생산하는 기제
가 되고 있다.[17]

둘째, 그러나 이러한 앎 사이의 위계와 차등이 영원한 것도 절대적
인 것도 아니라는 점이다. 그것은 상대적일 뿐 아니라 시간에 따라 변
화해간다. 앎은 권력관계와 담론의 표현 형식, 그리고 계급·계층·젠
더·지역·시대의 상황을 수반하지 않고는 성립하지 않는 것이기 때
문이다. 장기간에 걸쳐 '공리적·실용적 지식'과 '교양적·도덕적 지
식' 자체가 서로 자리를 교체할 수도 있다. 이전에는 중국 관련 지식
이 오늘날처럼 이렇게 '돈 되는 (것처럼 보이는)' 지식이 될지 몰랐다.
1990년대 초 사회주의 블록이 해체되고 노태우가 '북방외교'를 펼치
고 있었음에도, 중국이 2000년대의 한국을 먹여 살리는 시장이 될 것
이라는 사실을 예측한 사람은 소수에 불과했다. 그러나 이제 인문대
학에서 가장 점수가 높은 학생들은 중문학과에 진학한다. 그리고 북
경과 상해의 '좋은 대학' 모든 학과에 한국 학생들이 있고, 북경 왕징
거리에는 한국 청소년들이 다니는 과외학원이 즐비하다.

10년 뒤, 아니 5년 뒤를 내다볼 수 없는 '눈 뜬 봉사' 상태는 지금도
유지되고 있다. 미래에 대한 정보나 지식은 진학 지도하는 부모나 학교
선생은 물론 학생들 자신도 충분히 갖고 있지 못하다. 그들은 주식시장
의 '개미'들처럼 철이 지나버린, 누구나 알고 있는 정보로만 판단한다.
지식의 유용성을 바라보는 우리의 시야는 너무 좁거나 막연하다. 개인
은 '부의 미래'를 내다볼 수 있는 지식과 정보를 충분히 갖고 있지 못하
다. 사회의 변화 속도는 우리가 앎을 업데이트하고 갱신하는 속도보다
더 빠르다. 반면 우리가 그것에 대해 판단할 수 있게끔 하는 기제는 너
무 빈약하다.

사실 그보다도 우리가 눈 뜬 봉사처럼 되는 이유는 지금 당장의 불안 때문일 것이다. 어떻게 세상이 변해갈 것이며 어떤 분야가 더 돈이 될 것인지에 대해 어렴풋하게나마 알지만, 지금 당장 대학에 합격해야 하고 지금 당장 취직해야 한다는 초조감이 그러한 앎을 실행에 옮기지 못하게 할 것이다. 그러는 사이 개인의 적성이나 공동체의 진정한 필요와는 무관한 공부가 선택된다. 진정한 가치와 '돈 되는 것처럼 보이는' 환금성의 환각을 구분할 수 있는 혜안을 어떻게 하면 얻을 수 있을까?

지식의 생장과 퇴적

지식은 현상적으로는 비가역적인 축적성을 갖는다. 즉 지식은 자꾸 새롭게 생겨나고 쌓여만 가는 것처럼 보인다. 도서관의 책과 논문은 줄어들지 않은 채 계속 쌓이고, 헤아릴 수 없게 많은 책이 매일 쏟아져 나온다. 신문과 인터넷은 감당하기 힘들 만큼 많은 정보와 지식을 운반하고 있다. 이를 반영하여 '줄기세포', 'DMB', '나노과학' 등의 신조어도 끝없이 새로 만들어진다. 30년 전에는 이름조차 찾기 힘들었던 '생명공학'이나 '여성학' 같은 학과는 중요 학과 중 하나로 자리매김했다. 이러한 신조어나 학과들은 새로운 지식이 벌써 나름의 체계와 형식을 갖출 만큼 많이 축적되었다는 것을 보여준다.

그러나 중요도가 줄고 줄어 완전히 망각된 지식도 있다. 예컨대 연금술과 같은 지식은 오랜 기간 중세 유럽에서 대단히 중요한 지식의 하나로 대접받았지만 지금은 쓸모없는 것이 되어 버렸다. 조선의 17

대 임금 효종이 죽고 난 뒤 우리 조상들 중 일부인 유생 집단은 상복을 1년 입는 것이 맞나, 3년 입는 것이 맞나 하는 문제를 놓고 목숨을 걸고 서로 싸웠다. 나라 전체를 혼란에 빠뜨릴 정도였던 유교 의례에 대한 심오한 지식은 그러나, 지금은 해당 분야를 연구하는 극소수의 전공자 이외에는 누구에게도 중요하지 않은 문제가 되었다. 주산·부기 등을 주로 배우던 상업고등학교[商高]도 보라. 2000년대가 되자 인터넷고·정보고 같은 새로운 종류의 학교로 바뀌었다. 도서관에 매일매일 석박사 학위 논문들이 쌓여가지만 앎은 이처럼 쌓이기만 하는 것이 아니라 없어지기도 한다. '사회적으로' 그러하다.

이러한 지식의 위계 변화는 분야와 지식의 성격에 따라 서로 다른 시간에 걸쳐 진행된다. 바로 내일 무용한 것이 되는 지식도 있고,[18] 한 사회의 구조 자체가 변화하는 것과 궤를 같이 하며 재배치되는 지식도 있다. 우리나라에서 법대와 의대가 각광받는 인기 학과가 된 것은 1920년대부터다. 자본주의적 사회관계가 모든 것을 지배하기 시작하고, 유교 이데올로기가 해체되어 의료업이 더 이상 중인의 일이 아니게 되면서 그렇게 변화했다. 1960~80년대의 본격적인 근대화 시기에 두 직종은 최고의 인기를 누렸다. 지금도 그러한가? 미국식 법학전문대학원과 의학전문대학원에 가기 위해 젊은이뿐 아니라 중늙은이들도 난리가 났다고 한다. 과연 '전문대학원' 체제는 이 상태를 좋은 방향으로 변화시킬 수 있을까? 그렇지 못할 것이라는 전망이 더 우세하다.

또한 지식의 변화는 작디작은 우리 두뇌의 용량을 훨씬 넘는 범위에서 진행된다. 어떤 변화가 본격적으로 시작되기도 전에 혹은 그것을 알아차리기도 전에, 우리는 짧은 인생을 마감해야 할지도 모른다.

그런데 흥미로운 것은 저 '돈 되는', 그리고 세계를 지배하기 위한 저 275만 원 짜리 지식의 상당 부분이 공짜로 제공되고 있다는 점이다. 지금 당장 세계지식포럼 웹사이트에 들어가 보라. '중국에서 사업에 성공하는 비법'과 '인도 서비스업의 현황'에 대한 일반세션 발표 내용을 다운받을 수 있다. 조지 소로스, 자크 아탈리건 등 '석학'들이 '특별강연' 했던 내용도 확인할 수 있다(물론 대부분 영어로 되어 있고 100퍼센트 내용이 다 제공되지 않는 경우도 많다). 그들이 했던 주장의 핵심이 무엇인지를 좀 더 자세히 알고 싶다면 서점에 가보라. 금방 주문해서 사볼 수 있다. 비싸야 2만 원 정도일 것이다. 275만 원을 지불하지 않고서도 '미래의 부'를 창출할 지식들을 속속들이 공부할 수 있다는 것이다. 레스터 서로우나 피터 드러커의 책은 좀 어렵지만 1만 몇 천 원이다. 앨빈 토플러의 《부의 미래》도 '경영'과 무관한 인문학자나 다른 분야의 시민들도 읽어봐야 할 책이라는데, 1만 몇 천 원에 이미 '절찬리 판매 중'이다. 2006~7년 미국과 한국을 포함한 전 세계에서 베스트셀러가 된 《시크릿》이라는 책은 "수 세기 동안 단 1퍼센트만이 알았던 부와 성공의 비밀"[19]을 온 천하에 알려준단다! 그런데 《부의 미래》보다 훨씬 싸다. 도서관에 가보니 부자 되는 비법을 알려주는 수십 가지 책들이 있다. 이 책들을 공짜로 빌려준단다. 이런 쓰레기성 책 말고 〈구글〉이나 〈다음〉에서도 진지한 경영학 책과 논문을 공짜로 볼 수 있게 해 뒀다.

그렇다면 275만 원이나 내고 특급호텔에 가서 비싼 밥 먹은 사람들은 뭔가? 더 싸게 그 지식을 얻을 수 있다는 정보를 놓친 바보들인가?

또는 '귀족 마케팅'에 속아 넘어간 허영에 들뜬 부자들인가?

소위 '지식경제 시대'를 맞아 '지식-돈', '지식-권력'은 새로운 국면에 처해 있다. 서로 완전히 모순된 것처럼 보이는 두 힘이 동시에 작용하고 있는 것이다.

첫째, 인터넷과 뉴미디어 덕분에 세계의 모든 사람이 세계의 모든 지식을 공유할 수 있다. '대중'은 세상의 지식을 분점하고 있고 나아가 지식 생산의 주체로 나서고 있다. 블로그와 UCC 선풍은 그 절정처럼 보인다. 《타임Time》지는 2006년 '올해의 인물'로 정보화 시대의 새로운 주역인 '네티즌 당신YOU'을 정했다고 한다. 어떤 사람들은 이와 같은 새로운 현상의 긍정적인 면에 초점을 맞추어, 인터넷의 시민과 그들의 '집단지성'이 세계를 좋은 방향으로(!) 바꿀 거라 주장했다. 안토니오 네그리로부터 한국의 웹 전문가 김국현에 이르기까지, 집단지성과 관련된 수 없이 많은 낙관론이 월드 와이드 웹

■ 앨빈 토플러의 《부의 미래》

■ 《시크릿》

'2006년 올해의 인물'로 '네티즌 당신YOU'를 선정한 미국 시사주간지 《타임》의 표지. "예, 당신입니다. 당신이 정보 시대를 통제합니다. 당신의 세계에 오신 것을 환영합니다"라는 문구가 새로운 지식 생산 주체로 등장한 대중의 현 위치를 알려주고 있다.

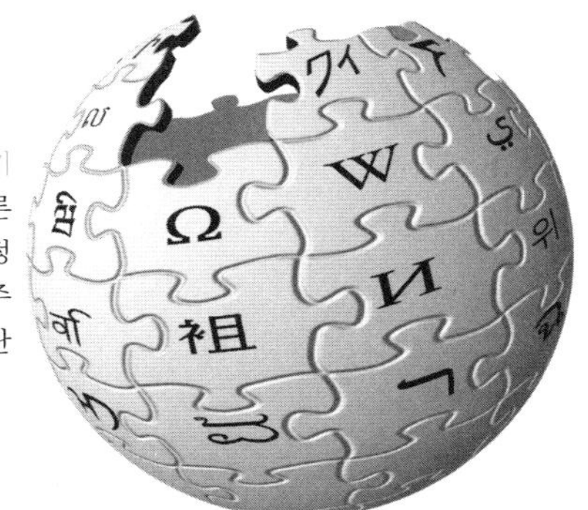

'우리 모두의 백과사전'을 모토로 내건 인터넷 백과사전 위키피디아Wikipedia. 수많은 네티즌들이 참여, 지속적으로 토론하고 잘못된 정보를 걸러낸다. 이 같은 집단적·자율적 자정을 통해 2007년 9월 현재 253가지 언어로 모두 820만 건의 주제어가 올라 있는 거대 지식창고로 성장했다. 그야말로 '집단지성'의 본보기 자체다.

초창기부터 '웹 2.0' 시대라는 지금까지 이어지고 있다.

실제로 세상은 앎의 공유 그리고 그것을 가능하게 한 매개체로 인해 많이 바뀌었다. 만약 〈브릭BRIC〉의 네티즌들이 아니었더라면, 또 그것을 퍼 나른 네티즌들이 아니었다면 황우석 사태는 어떻게 되었을까? 〈아고라〉가 없었다면 한국 민주주의는 어떻게 되었을까? 점점 늘어나는 마니아들과 점점 꼬리가 길어지는 '롱테일long tail[파레토 법칙에 의한 80:20의 집중현상을 나타내는 그래프에서는 발생확률 혹은 발생량이 상대적으로 적은 부분이 무시되는 경향이 있었다. 그러나 인터넷과 새로운 물류기술의 발달로 인해 이 부분도 경제적으로 의미가 있을 수 있게 되었는데 이를 '롱테일'이라고 한다(위키피디아)]'도 희망적이다. 인류사에 유례가 없는 앎의 민주주의 시대를 살고 있다 해도 과언이 아닐 정도다.

둘째, 그러나 앎의 소유에 관한 불평등은 더욱 악화되고 있다. 위의 낙관론과 긍정론은 한쪽 면만을 본 것이다. 이는 포스트모던 시대의 앎의 성격에 대한 결정적인 오해를 불러일으킨다. 앎의 공유가 더욱 확대되어 진정으로 민주화되고 평등한 사회를 누릴 수 있다는, 어쩌면 치명적인 오해 말이다. 과연 세상은 좋아지고 있는가? 한번 비관적으로 말해본다. 네티즌의 집단지성은 훌륭하지만 전혀 세계를 좋은 방향으로 바꾸지 못할 것이다. 아무리 애를 써도 지식이 독점되고 가진 자와 권력자들을 위해서만 쓰이는 문제를 막지 못한다. 왜 변리사가 가장 돈 많이 버는 직업이겠는가? 왜 국가정보원이 산업기밀보호를 자신의 주요 업무로 하겠는가? 지적재산권 체제는 끄덕도 없다.

핵심은 지식의 가치다. 진정으로 가치 있는 것은 절대 공유되지 않는다. 약간이라도 가치가 있다 싶으면 철저하게 값이 매겨진다. 진짜 가치 있는 것에는 억만금이 매겨져 있다. 여전히 세상에는 공짜가 없다. 싼 것은 언제나 비지떡이다. 〈네이버〉나 〈구글〉에서 다뤄지고 공유되는 지식은 위대하고 때로는 감동적이기까지 하다. 그러나 허기만 겨우 면하게 해주는 비지떡일 가능성이 훨씬 더 높다. 〈세계지식포럼〉 웹사이트에 올라있는 아카이브들도 그런 경향이 있긴 하지만 말이다.

오히려 싼 지식이 너무 많이 공유된 탓에 진짜 돈 되는 것은 가려져 있다. 바로 우리 자신이 문제다. 말도 안 되는 댓글뿐 아니라 미니홈피와 블로그에 올린 정보들도 대부분 매우 빈약한 것들이다. 그런데 바로 그 쓰레기성 정보들 때문에 정말 중요한 지식과 정보가 뭔지

헷갈린다. 그러는 사이에 그들은 나를 지배한다. 심지어 저 많은 허섭스레기들을 잔뜩 늘어놓고 디카[디지털 카메라]나 들고 놀도록 만든 바로 그것이 바로 차별과 불평등을 은폐하기 위한 음모인지도 모른다(빌 게이츠도 자기 자식에겐 컴퓨터를 하루에 45분만 쓰게 한다고 한다).[20] 당장 인터넷과 TV를 끄고, 책에 대해 생각해봐야 하는 이유가 여기에 있다.

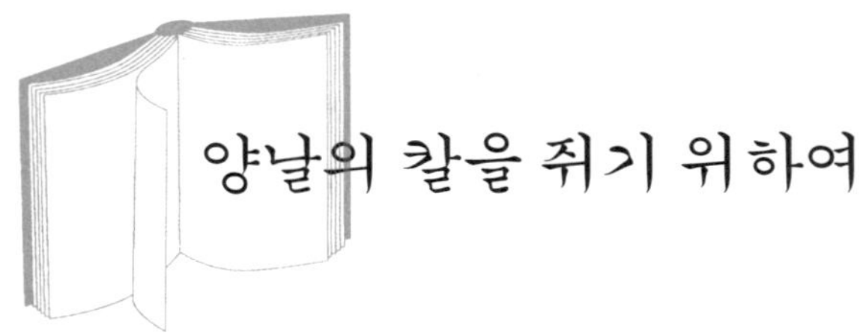

양날의 칼을 쥐기 위하여

앎의 평등을 위한 조건

어느 쪽이 옳은가? 또는 더 옳은가? 웹을 위시한 앎의 새로운 도구이자 장場이 가진 이러한 양가성과 모순은 민주주의와 대중 현상에 관한 중요한 성찰의 대상이다. 또한 개입해야 하는 상대다. 오늘날 일상의 모든 이데올로기 투쟁과 사회적 사태는 거기에서 시작되고 폭발한다. 2002년의 대선과 2005년의 황우석 사태는 이미 오래된 예다.

네티즌과 그들의 '집단지성'이 세계를 변화시킬 것이라며 긍정적인 전망을 피력하는 낙관론은 미디어와 소통의 가능성 자체에 보다 주목한 것이며, 비관론은 현실 자체의 복합적 차원에 더 강조점을 두고 있다. 일견 대립되는 것처럼 보이는 양자 중에 어떤 것이 더 현실에 맞는지 재기는 어렵다. 또한 어느 쪽을 선택하여 손을 들어주더라도 충분하지 않다. 양자 모두 진실의 한 면을 보여주기 때문이다. 그러나 사실 어느 쪽이 더 옳은가를 묻는 것은 한가한 일이다. 중요한 점은 양자가 비록 보는 각도는 서로 다르지만, 궁극적으로는 대립되지 않을 수 있다는 사실이다. 비관론과 낙관론은 새로운 실천에 의해 종합되어야 한다. 우리는 두 가지에 다 눈 뜨고 있을 수밖에 없다.

　우선 강조하고 싶은 것은 앎의 가치를 결정짓는 현실의 사회적 관계다. 앎은 단지 지식의 내용만이 아니다. 물질이고 관계다. 반복되지만 앎은 의례와 매체 그리고 제도에 의해 뒷받침되고 지식을 생산하고 소비하는 주체들에 근거한 사회·문화적 ‘현상’이다(이론·전문지식·정보·교양·상식 등 서로 다른 앎들의 이름은 여러 종류의 지식이 서로 다른 맥락에서 성립하고 서로 다른 기능을 수행함을 보여준다). 앎의 현실화는 전적으로 현실의 힘과 관계에 의해서다. 머릿속에 든 대단한 지식들도 실행 가능한 조건 속에 놓이지 않으면 아무 소용없고 힘없는 지식일 뿐이다. 다시 말해서 위안화 환율이 어떻게 될지 또는 중국 정부의 경제 정책이 어떻게 바뀔지를 지금 인터넷서 검색하거나 나름대로 공부해서 알아낼 수는 있겠지만, 그 지식을 당장 필요로 하는 돈이나 힘으로 바꿀 수는 없다.

　연 천만 원씩이나 되는 등록금을 내고 대학에 다녀야 하는 이유가 뭔가?[21] 만약 지방 출신이라면 연 2천만 원은 써야 서울에 있는 대학을 다닐 수 있다. 대학에서 가르치는 지식을 다른 곳에서는 전혀 배울 수가 없나? 그런 지식도 분명히 어딘가에서 더 싸게 구매할 수 있다. 그러나 천만 원 중에는 대학 졸업장 값과 대학을 졸업한 후 장래에 맺어야 하는 인맥과 관계에 대한 가격이 포함되어 있다. 대학 졸업장 값에 대해서 어떤 태도를 취해야 할까? 한국뿐 아니라 미국이나 일본 같은 나라들도 학벌사회이고 어느 대학을 나왔는가 하는 것으로 사람을 평가하는 경향이 있다. 이런 측면에서 보면, 소위 ‘명문대’의 졸업장 값이 더 비싼 이유가 이해된다. 역설적으로, 동문회가 더 잘되는 대학일수록, 즉 동문 간의 유대가 끈끈하고 ‘패거리 의식’이 강해 직장이나 사회에서 파벌을 더 쉽고 단단하게 형성하는 대학일수록 더 많은 등록금을 받아야 한다. 참으로 흥미롭게도, 실제 대학 서열에도 이런 비–학문적, 반–지성적 관행이 반영되어 있다.

요컨대 어떤 경우 우리는 '충분한' 지식을 가진 것으로 생각하기 쉽지만, 만일 관계론적 측면에서 지식을 활용할 수 있는 또 다른 지식을 모른다면 그리고 그것에 접근할 수 있는 위치에 있지 않다면 그 지식은 아무 것도 아니다(물론 가장 나쁜 경우는 아예 중국 정부의 환율 정책 변화가 내 삶과 어떤 연관을 맺는지 판단할 기초 지식이 없는 경우일 것이다). 저들은 그래서—집에서 편하게 인터넷이나 책으로 사 봐도 될 것 같은 지식 자체가 아니라—앎의 실현 조건을 사기 위해 275만 원을 내고 특급호텔로 달려간 것이다. 또 리셉션에 참석해서 밥도 먹어야 했을 것이다. '돈 되는' 앎이 진짜 현실의 부나 권력으로 실현되기 위한 '관계' 가 바로 거기에 있기 때문이다. 이 '관계' 를 더 철저히 보장하기 위해 '지식재산기본법' 같은 틀이 새로 만들어진다.

'현실 자체' 를 바꾸지 않고 지의 평등은 불가능하다. 그러나 현실을 바꾸는 싸움은 지를 통한, 지적인 싸움이다.

감시와 공유, 어떻게 할 것인가

앎의 차이를 일컫는 이름은 여러 가지다. (자연)과학과 인문학 사이의 차이를 뜻하는 '두 문화two cultures' 도 있고, 오래된 상투어인 '엘리트와 대중' ('지식인과 대중')도 있다. '특허' 와 '지적재산' 같은 것도 앎의 차이를 표시하는 도구다. '디지털 격차', '정보 격차' 는 오늘날에 생겨난 새로운 지식의 생산 및 소유의 차이를 말하는 용어다. 이러한 말들은 지식과 관련된 차이의 다양한 양상을 보여준다는 점에서 의미가 있다. 그러나 중요한 것은, 실제로 지배regime와 권력이 수행되는 곳에서는 언제나 지적 차이가 확실하고 그 차이가 지배의 도구가 된다는 사실이다.

현대 자본주의는 특정 지식에 대한 배타적 소유를 인정하는 경제 체제다. 지적재산권은 그러한 권리를 표시하는 가장 대표적인 이름이다. 당분간 이 권리 전체를 부인하기는 어렵다. 앎이 사적 소유의 원리에 종속되어 있기 때문이다.

지배 세력은 언제나 더 많은 지식과 정보의 양을 배타적으로 보유하려 한다. 특히 국가는 독점적인 지위를 가지고 공동체와 그 구성원에 관한 지식을 생산·관리한다. 국가와 결부된 권력 중 일부는 공동체가 함께 해야 할 의사결정이나 판단에 필요한 지식과 정보를 모두 공개하지 않으며, 자기에게 유리한 정보와 지식만 제공하려 하거나 지식을 왜곡하기도 한다. 아예 그 접근권을 차단하기도 한다. '알 권리'가 민주정치를 위해 필수불가결하며 최대한 인정되어야 하는 이유가 바로 여기에 있다. 국가의 지식 작용은 언제나 '감시'의 대상이어야 한다. 앎의 격차에 대한 저항과 공유의 노력도 늘 현실의 변수로 존재해야 한다. 현실에서 공유되고 있는 지식 자체와 공유의 도구들 또한 긍정되어야 함은 물론이다.

그러나 사실 감시라는 개념은 근본적으로는 소극적인 것이다. 감시는 오히려 차이가 지식의 생산 단계에서부터 결코 제어되지 못한다는 것을 의미하기 때문이다. 차이 자체가 생산되는 것은 거의 불가항력적이라는 말이다. 그럼에도 감시는 필요하다. 생산 단계에서의 차이를 줄이기 위한 노력이 곧 교육 불평등·양극화를 저지하기 위한 싸움이다. 그 중요성에 대해서는 따로 언급할 필요가 없어 보인다. 대학입시와 고등교육 제도를 둘러싼 모든 싸움은 이와 관련되어 있다. 3불 정책이나 '공교육 정상화'는 결코 전부는 아니지만 교육 불평등을 저지하는 바리케이드의 하나임은 분명하다. 유럽의 몇몇 나라들에서처럼 자격만 갖춘다면 누구나 원하는 대학에 다닐 수 있어야 한다. 그러나 한국에서 이는 더 먼 미래의 일이 되고 있다. 한국의 대학이 공공성을 잃은 채 점점 더 사기업화되고 있기 때문이다. 그럼에도 이명박 정부는 '자율화'라는 명목으로 이익단체에 대학 교육 정책을 이관해버렸다.

또한 학교 바깥에 있는 지식 생산과 유통의 장을 더 개척해야 하고, 교육 불평등을 완화하고 역전시키기 위한 방책을 고민해야 한다. 한편으로는 교육의 공공성을 회복하기 위해 노력하고, 다른 한편으로는 시민적 지식 네트워크와 지식공유운동을 더욱 강력하게 만들어야 한다. 필요한 지식 전수와 훈련이 결코 학교에서 다 이루어질 수 없는 상황이기 때문에, 그리고 지식의 요구가 학교 교육이 끝난 뒤에도 필요하기 때문이다. 이러한 운동은 공유되어 있지 않은 고급 지식이나 공동의 삶에 필요한 중요한 앎을 절대로 공개하지 않으려는 정부나 기업을 겨냥해야 한다.

인문학의 사회화를 위하여

이와 같은 정보·지식 격차와 무관한 것으로 간주되는 앎의 '공동경비구역' 같은 것이 있다. '교양·상식·시민윤리' 등과 같은 앎이다. 이 앎을 생산하는 영역은 주로 인문학 분야다. 하지만 보편적일 것이라는 불편부당성의 환각과 달리 인문학에도 계급계층의 질서는 선명하게 아로새겨져 있다. 사회적 관계 속에서 결정되어온 만큼 인문학 역시 계급계층의 질서를 확대 재생산하는 쪽으로 기여하고 있다.

오늘날의 인문학을 이해하는 데 중요한 것은 인문학이 보편 학문이 아니라 근대 학문의 한 분과라는 사실이다. 더욱이 인문학의 어떤 부분은 이미 '나쁜 의미의' 문헌학 또는 훈고학이 되었다. 죽은 문헌의 자구와 남이 써놓은 글의 주석달기에만 매달리고 있는 것이다. 물론 주석달기 자체가 하나의 학문이며, 그러한 기술과 작업도 어렵고 중요하다. 한국에는 이조차 태부족이다. 그러나 나쁜 의미의 인문학의 훈고학화 경향에서 '인간'은 설 자리를 잃어버린다. 마치 특정 자연과학과 공학의 분야가 그러하듯 인문학에서도 '세계'와 '인간'이 저절로 지워져버린다. 일반적으로 정밀한 방법론이 계발되거나 자율적 학문 체계의 역사가 오래됐을수록 저절로 이렇게 되는 경향이 커진다.

대부분의 인문학도 아주 작고 전문적인 지식을 다루며 상당수의 인문학자도 작은 문제에 매달려 평생을 살아간다. 그래서 '인문학'이라 편하게 뭉뚱그리면서 '인문학이야말로 인간과 세계가 나아갈 방향에 대해 이야기하는 학문이다'는 식의 명제를 이야기하면 정상적인 인문학자들은 당황할 것이다. 나 자신도 그렇지만 오늘날의 인문학 전공 지식 자체로는 이 세계와 인간에 대해 도무지 할 말이 없기 때문이다. 고작 할 수 있는 일은, 매우 앙상한 원론을 읊조리거나 오래된 문헌에서 찾아낸 말을 중얼거리는 것이다. 또는 한국 사회의 건강한 시민이라면 누구나 할 수 있(어야 하)는 평범한 말을 비범한 진리인 양 강조하는 정도일 것이다.

인문학 스스로 폐쇄성을 자기방어의 기제로 삼기도 했다. 인문학이 사회의 주변 영역으로 밀려나자 오히려 자발적으로 문을 걸어 잠그기도 했다. 《사이언스*Science*》에 실리는 자연과학 논문에 비하면 인문학 '논문'은 그래도 공통의 기호와 보편적인 언어를 사용한다. 그럼에도 불구하고 해당 전공자가 아니면 무슨 말을 하는지 점점 알 수 없게 되어간다. 물론 그럴수록 더욱 인문학의 본연(?)에서 멀어져간다. 학회가 늘어나고 학술지가 많아질수록 오히려 인문학이 점점 인간으로부터 멀어지고, 자본과 국가에 더욱 종속되는 것이 한국의 현실이다. 인문학의 제분야가 자기 방어벽을 치는 데 급급했던 사이, 인문학적 사유는 생물학적 혹은 경영학적 사유에 잠식당했다. 그 결과 반복적으로 외쳐지는 '인문학의 위기' 담론에도 불구하고, 기존의 한국 인문학이 사회 전체와 공동체 구성원들에게 의미 있는 앎의 체계로서 인정받기란 매우 어려운 지경에 이르렀다.

그러나 이러한 한국 인문학의 '현실'과 달리 인문학적 사유와 일부 인문학 지식은 여전히 가치 있는 고급한 지식이다. 그러하기에 더욱, 고전적 '문사철'을 기본으로 하는 근대 인문학과 교양 개념에 대한 철저한 성찰과 갱신이 요청된다. 하지만 어떤 인문학자들은 이를 두려워한다. 인문학을 사회화하고 사회의 많은 사람들에게 나눠주기를 꺼린다. 인문학이 사회 공통의 부富라는 것을 숨긴다. 이 와중에 어떤 인문학적 지식은 부와 권력을 보완하고 더 돋보이게 하는 액세서리가 되어간다. 일부 인문학자는 여기에 적극적으로 가담한다.

물론 정반대로, 인문학을 사회에 돌려줌으로써 공통의 정신적 부를 위해 쓰려는 노력도 있다. 사회에서 가장 소외되고 천대받는 사람들을 위한 인문학은 그 예가 된다. 《희망의 인문학》 같은 책에서 표명된 정신이야말로 인문학 본연을 보여주는 것이라 할 수 있겠는데, 한국에서 몸소 이를 실천하는 사람들도 있다. 만약 인문학이 여전히 필요한 지식 체계라면 인문학은 스스로를 하방下放하여 다시 사회화되어야 한다.

　민주주의의 조건은 앎의 평등이다. 앎의 위계는 언제 어디서나 생산될 수밖에 없다. 따라서 필요한 일은 환금성이나 지배가 아닌, 앎의 가치를 평정評定하는 다른 기준을 마련하여 세워나가는 일이며, 그 방법론을 고민하는 것이다.

지식의 분화와 통합은 어떻게 진행되는가.

지식 분화와 그 결과들

앎은 복수複數다

여러 철학자와 지식사회학자들이 지식의 종류와 형태에 대해 논했다. 마이클 폴라니는 '형식화된 명시적 지식'과 '개인적·암묵적 지식'이 있다고 했으며, 호스퍼스와 레러는 지식을 '능력지·익숙지·명제지'로 나누었다.[1] 귀르비치는 기능에 따라 '지각적·사회적·일상적·기술적·정치적·과학적·철학적' 지식 등 7개 종류의 지식이 있다고 했다.[2] 김필동은 조직화·추상화 수준에 따라서는 '민속적·체험적 지식'과 '이론적·학문적 지식'으로, 유용성에 따라서는 '공리적·실용적 지식'과 '교양적·도덕적 지식'으로 구분될 수 있다고 했다.[3] 특히 지식을 '공리적·실용적 지식'과 '교양적·도덕적 지식'으로 구분하는 것은 매우 오래되고 보편적인 일이다.[4,5]

우리에게 우선 중요한 것은 지식이라는 말 자체가 이미 여러 다른 입장에 근거한 철학적 사유에 근거해서 다르게 사고된다는 사실, 그리고 지식이 복수複數라는 사실이다. 서로 다른 형태의 지식은 서로 다른 공간에서 형성되고 서로 다른 쓰임새를 갖는다. 우리가 일상적

으로 사용하는 학문·과학·이론·전문지식·교양·상식·취미·정
보·이데올로기 등의 단어들도 서로 다른 지식의 형태와 쓰임을 지칭
하고 있다.[6] 이 글에서 다루는 것은 이론적·과학적 지식의 성립과정
과 그 철학적 요건이라기보다 그러한 지식이 사회 전체와 맺는 관계
방식과 문화를 재구조화하는 사회적 힘에 대한 것이다.

지식의 발전 방향

크게 보면 근대 이후 지식은 두 가지 방향으로 발전해왔다. 첫째는
끝없는 분화와 전문화다. 근대의 지식 체계는 사회 전체와 모든 개인
에게 강요되는 자본주의적 노동 분업을 반영하며, 정치·경제·사회 /
문학·역사·철학·예술 / 자연과학과 기술·공학 / 법학 / 의학 등으
로 끝없이 분화해왔다.

도대체 몇 가지의 학문 연구 분야가 있을까? 〈한국학술진흥재단〉의
분류표에 의하면 한국에 존재하는 학문 분야는 약 4,230여 개다(2008
년 1월 현재). 이 4,000여 개의 학문 분야 가운데 인문학에서 가장 큰 영
역이라 할 수 있는 영어영문학(중분류)에는 26개 분과가 있다. 그중 영
시(소분류)는 17~8세기 영시, 19세기 영시, 현대 영미시 등 3개 분과가
따로 있다. 공학 가운데 큰 학문 영역인 전자·정보통신공학(중분류)에
는 70개의 분과가 있고 그중 반도체학은 반도체공정·반도체재료 등 6
개 하위 분과가 있다. 비교적 작은(?) 분야라 할 수 있는 가톨릭신학(중
분류)에는 기초신학·교회신학 등 16개 분과가, 기생충학(중분류)에는
기생충병리학·기생충역학 등 15개 분과가 있다.[7] 물론 이 '학문' 분

야들은 결코 지식의 전체가 아닌, 일부를 보여줄 뿐이다.

앞으로도 지식의 분야와 분과는 더욱 늘어날 것이다. 이처럼 분화한 앎은 자율적인 장場의 구조와 질서를 만들어낸다. 개별 영역 고유의 사고·논리·언어의 체계를 만들며 각각 제도화된다. 학회를 만들고 학회지를 창간하여 '작은 권력'을 나누어가진다. 그리고 점점 서로 소통하지 않게 된다. '소통 불가능함'은 개별 지식 체계의 발전 결과일 뿐 아니라 '자율적' 존재방식을 위한 요건이기도 하다.[8]

그러나 이와 정반대되는 경향도 동시에 존재한다. 바로 학문 내외부의 통합의 움직임이다. 먼저 학문 내부에서의 동력부터 살펴보자. 새로운 지식은 어떻게 생성되어 분화하는가? 장의 폐쇄성이 갖는 억압적 질서 자체가 장의 논리를 뛰어넘고 개별 지식의 한계를 초과하는 자연발생적인 움직임을 형성한다. 분화는 자연발생적인 지의 축적·확장에 대한 인위적인 경계 만들기이기 때문이다. 개별 영역의 전문지식도 다른 장의 지식을 참조하고 모방함으로써만 생명력을 유지할 수 있다. 예컨대 문학이론은 정신분석학의 발전을 통해서 분화·발전해왔고, 철학과 분화된 이후에도 그 영향을 받지 않을 수 없었다. 즉 가까운 인접 영역뿐 아니라 멀리 떨어진 다른 영역의 지식도 지속적으로 상호작용한다.

한편 지식의 전문화·세분화에 작용하는 또 다른 힘은 지식세계의 외부에서 온다. 그 힘은 개별적 장의 논리와 폐쇄성을 넘어서게 한다. 지식들을 통합하고 지식 자체의 원리와 무관하게 뭉치도록 만든다. 자본주의 세계질서와 국민국가가 바로 그 주요한 힘이다. '민족'과 '사회'라는 공통의 삶 자체가 공통의 앎을 기반으로 성립된다. 완전히 분화된 전문적 지식조차 반드시 이데올로기와 표상으로 번역된 형태로만 '사회화' 된다. 앎의 개별 영역 바깥에 있으면서 앎의 통합에 개입하고 그 수준을 결정하는 이 힘은 '정치' 와 문화적 공통 감각, 이데올로기에 근거하고 있다. 표상화·사회화된 지식 혹은 '번역된 지식' 이 상식·교양·이데올로기 등이다. 이렇게 통합된 지식은 개인을 국민이나 계급계층의 소속자 등을 '주체' 로 호출하며, 앎의 '자율성' 을 제한한다. 이 문제를 좀 더 자세히 살펴보자.

지식 분화의 문제점

2007년 11월 한 국내신문에 매우 흥미로운 기사가 하나 실렸다. "저명한 과학저널 《사이언스》가 과학 소통(커뮤니케이션)의 새로운 변화를 모색하는 '실험' 을 시작했다"는 것이다.[9] 《사이언스》는 황우석 박사의 조작 논문 사건으로 국내에도 잘 알려진 '세계 유수' 의 과학 전문 학술지다. 《사이언스》가 시도하는 새로운 실험이란 "연구논문과는 별개로 저자들한테 논문을 좀 더 쉽게 풀어 설명하는 '저자의 요약문' 을 따로 받아 싣고 과학자 독자들의 호응을 조사하기로" 한 것이다. "저자의 요약문은 논문의 내용이 무엇이며 결론이 무엇인지 다시 풀어 쓴 것"인데, 《사이언스》가 이렇게 할 수밖에 없는 이유가 바로 이 책의 주제와 깊은 관련이 있다. "과학 연구가 점점 더 세부 주제로 파고들고 약칭과 기호들이 어느 때보다 더 많이 쓰이면서 보고서와 연구논문의 전문적이고 난해한 언어를 관련 분야의 사람들조차 이해하기 힘들게 됐다"는 것이다. 여기에서 말하는 관련 분야의 사람이란, 나 같이 '무식한' 과학 문외한이나 고등학교만 졸업한 노동자가 아니다. 상당 기간 과학을 공부해온 전문 과학자들이다.

이 기사는 전문지식의 분화 양상과 그 결과를 잘 압축해서 보여준다. 개별 지식이 완전히 자율적인 체계와 논리구조, 나름의 표현 언어를 지니게 되면서 해당 분야의 소수 전문가가 아니면 아무도 무슨 말인지조차 알 수 없게 된 것이다. 사실 이는 너무 흔한 사례인지도 모르겠다.

'소칼의 장난'

미국 물리학자 소칼은 1997년, 포스트모던 철학자들에게 반감을 품고 그들이 얼마나 무식한가를 증명하기 위해 일을 벌였다. 먼저 소칼은 철학자나 인문학자들이 보는 문화이론 잡지인 《소셜 텍스트*Social Text*》에 〈경계의 침범: 양자 중력의 변형해석학을 위해서〉라는 엉터리 논문을 게재했다. 포스트모던 철학, 페미니즘, 생태주의 등의 논리를 뒤섞어 자연과학을 논한 이 논문은 심사를 거쳐 게재에 성공했다.

'심사'와 '게재'는 오늘날 학문적 지식에 대한 가장 탁월하게(?) 제도화된 검증 방법으로 간주된다. 이는 대학원 박사과정 이상의 '전문' 지식을 배우고 생산하고자 하는 모든 영역의 사람들에게 적용되는 방법이다. 또한 '심사'와 '게재'는 제도화된 지식의 권위를 창출하는 방법으로도 간주된다. '심사'는 복수의 동료 전문가들이 '논문'을 검토하여 독창적이고 새로운 또 객관적이고 논리적인 지식을 담고 있는지 익명으로 상호 검사하는 과정이기에 피어리뷰peer review라고도 한다.

그러나 이 과정은 온전하지도 객관적이지도 않다. 허점이 수없이 많다는 뜻이다. 동경대 총장인 일본 학자 고미야마 히로시는 실제로 실험을 통해 전문적 지식의 세계가 얼마나 심한 소통 불가능 상태에 있는지, 그리고 이런 심사 제도가 지식의 가치를 검증하는 데 얼마나 무용한지를 증명한 적이 있다. 고미야마는 실험에서 과거 3년 동안 12종류의 권위 있는 학술지에 게재되었던 논문을 제목과 저자명만 위조해서 재투고했다. 그러나 논문을 읽은 37명의 전문가들 중 해당 논문이 어딘가에서 투고된 적이 있다는 사실을 찾아 낸 사람은 겨우 3명뿐이었다. 37명 중 3명, 이는 전문가의 말과 지식을 같은 영역 안에 있는 다른 전문가가 제대로 이해하고 판단할 수 있는 확률지표다. 고미야마는 여기에서 한 발 더 나아간다. "서로 다른 영역의 전문가가 서로를 이해할 확률은 공중에 던진 바늘 두 개의 끝이 충돌할 확률"[10]이라는 것이다.

소칼도 바로 이런 점을 이용했다. 소칼은 다시 약 2주 후 《링구아 프랑카*Lingua Franca*》라는 과학 저널에 〈물리학자가 문화연구로 실험한다〉는 논문을 기고했다. 《소셜 텍스트》에 실었던 자신의 논문 〈경계의 침범〉이 아무런 가치 없는 엉터리 논문이며 말장난에 불과했다는 것을 스스로 폭로하기 위해서였다. 이는 미국-프랑스 학계 간 감정적인 대립으로까지 비화하는 등 큰 논란을 야기했다.

'소칼의 장난Sokal's Hoax' 이라 불린 이 시도는 여기에 그치지 않았다. 이후 소칼은 단행본까지 출간했는데, 한국에도 번역된 이 책의 제목은 《지적 사기》(원제는 *Fashionable nonsense : postmodern intellec-tuals' abuse of science*)다. 소칼은 이 책을 통해 라캉, 크리스테바, 들뢰즈, 가타리, 보드리야르, 이리가라이, 폴 비릴리오 등 영향력이 큰 프랑스 '석학' 들이, 물리학·수학 등의 자연과학의 개념들을 잘못 알

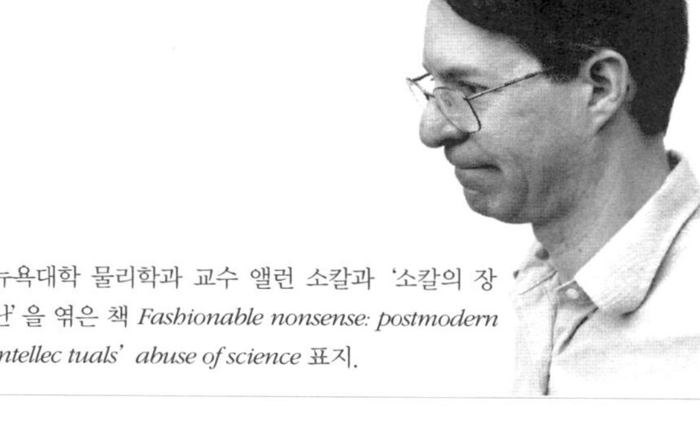

뉴욕대학 물리학과 교수 앨런 소칼과 '소칼의 장난'을 엮은 책 *Fashionable nonsense: postmodern intellec tuals' abuse of science* 표지.

고 있거나 자신들의 '피상적인' 논리를 포장하는 데에 함부로 오용하고 있다고 폭로했다. 정신분석학의 대가이자 오늘날 가장 '잘 나가는' 철학자 슬라보예 지젝의 지적 스승인 자크 라캉은 소칼이 보기에는 순 엉터리다. 그는 허수의 개념조차 이해하지 못한다. 그러면서 정신분석학과 수학을 말도 안 되게 연결시켜 '사기스러운' '세속적 신비주의'를 선동하고 있다. 또한 카오스, 극한, 양자역학 등의 개념을 현학적으로 원용한 들뢰즈와 가타리의 견해도 논리적으로 허점투성이다. 페미니스트 철학자 이리가라이, 포스트모던 문화이론가로 명성 높은 보드리야르 등도 마찬가지 신세를 면치 못한다. '석학' 대접을 받는 현대의 철학자와 인문학자들의 '무식'을 물리학자가 통렬하게 폭로하고 조롱한 셈이었다.

실제로 라캉, 크리스테바, 들뢰즈, 가타리, 보드리야르, 이리가라이, 폴 비릴리오는 물리학과 수학의 기본 개념들을 '제대로' 이해하지 못했을 것이다. 왜 그들은 그런 무지와 오해에 빠져 있을 수밖에 없었을까? 이것이 바로 '두 문화'의 적나라한 실상인가? 그러나 그렇다고 해서, 소칼의 의도대로 이들의 '무식'은 과연 증명된 것일까?

'소칼의 장난'은 오히려 지식의 생산과 소통 구조의 현대적 한계를 잘 보여주는 사례다. 현대의 앎이란 그런 것이다. 무식은 라캉과 들뢰즈에게만 해당되지 않는다. 수천 권의 책을 읽은 '고상한' 문학가가 '무식하게도' 국악이나 민법 체계를 하나도 이해하지 못하지만 유식한 줄 착각하며 살 수도 있고, 보드리야르나 크리스테바 같은 '석학'들뿐 아니라 전 세계의 인문·사회과학자들 상당수는 자연대나 공대 1학년 정도면 이해할 수 있는 기본 수학 개념도 모르고 있을 것이다.

그런데 중요한 점은 이 사태가 그렇게 통렬히 인문학자들을 비웃은 소칼 자신을 비껴간 것은 아니라는 사실이다. 소칼은 본래 자연과학에 대한 본격적인 연구를 수행하지 않았던 앞서의 인문학자들뿐 아니라, '인식론적 상대주의'를 신봉하는 과학사학자, 과학사회학자, 과학철학자 등도 비판했다고 한다. 과학학을 전문적으로 연구한 이들 학자들이 보다 '미묘한subtle' 방식으로 과학을 오용했다는 것이다. 그러나 한국의 과학철학자인 이상욱은 소칼의 이러한 논지가 설득력이 없다고 논박한다. 가장 큰 이유는 소칼이 별 문제의식 없이 사용하고 있는 개념들이 많은 경우 한 가지 이상의 의미를 함축하는 까다로운 개념들이기 때문이라 한다.[11] 소칼 자신의 앎 또한 불완전하고 불투명한 것이며, 자신이 전문적으로 공부해서 익히지 않은 다른 학문 분야에서 만들고 사용되는 개념을 오용하거나 단순하게만 이해했다는 말이다.

지식의 세계가 분화해갈수록 온전성을 지닌 듯한 전문지식은 극소수만의 소유물이 되거나 아무도 이해할 수 없는 공허한 환상이 된다. 반면 특정 분야를 넘어 사회에서 흘러 다니는 지식은 정확하지도 체계적이지도 않은 불완전한 앎이다. 지식을 구속하고 있는 이 소통 불가능함과 불완전함의 거대한 두 개의 벽 앞에서 우리는 어떤 태도를 취해야 할까?

소통의 문제

이와 유사한 사례가 우리 역사상 가장 거대한 '지적 사기' 사건이었던 황우석 사태에서도 나타났다. 아래 인용문을 보자.

세계 석학들이 인정한 연구가 '가짜'라고 생각하는 것도 놀랍거니와, 방송 전문가가 과학세계를 헤집고 다닌 과욕과 무지를 어떻게 이해할 수 있으랴. 'PD수첩'의 담당자는 DNA가 나선형이라는 정도는 알겠지만, 그것이 어떻게 생명의 신비를 뿜어내는지 취재만 하면 다 밝힐 수 있다고 자신했는가? ……

더 심각한 것은 대학의 '사회적 사망'이다. 이 사건은 대학에 대한 사회적 신뢰의 기초를 정면으로 부정했다는 점에서 매우 불길하다. 담당 PD가 의혹을 확신했다고 치자. 그렇다면 지적 생산의 경비대인 학계로 과제를 건넸어야 했다. 왜 과학의 문외한인 그가 직접 실험 가운을 입고 나섰는가? 황우석 교수를, 연구팀을, 나아가 대학의 연구기능을 점검하고 직접 결과를 내고 싶었는가? 'PD수첩'의 행위는 탱크를 앞세워 대학을 점령했던 군부정권보다 더 '군부적'이다. 군대는 적어도 연구실 외곽에 진을 쳤지만 'PD수첩'은 연구실 내부까지 과감하게 진입했다. 연구자, 실험결과, 시료, 방법 등을 일일이 점검했으며, 성과가 가짜가 아니냐고 다그치기까지 했다.[12]

위 글은 황우석 사태 초기에 서울대의 어느 교수가 한 일간지에 기고한 글이다. '합리적인(?)' 보수 논객으로 활동 중인, 권위 있는 사회학자라는 이 교수는 위와 같이 현란하고도 준엄한 문체로 "과학의 문외한"인 'PD'가 "세계 석학들이 인정한 연구"를 검증할 수 없다고 주장했다. 그러나 우리가 아는 대로 그 복잡한 지적 사건의 승리자는 과학의 문외한인 '일개 PD'였다.

근대 이후의 앎의 분화가 야기하는 희비극과 폐해를 이보다 더 극적으로 드러내주는 경우가 또 있을까? 저 교수는 과연 '지식인'인가? 혹은 '전문가'인가? 국내 유수 대학의 교수이며 아마 해당 분야에서 뛰어난 업적을 가지고 있을 그 교수(전문가)가 '줄기세포' 문제 자체에 관하여, 혹은 자연과학의 지식이 《사이언스》 같은 '권위지'를 통해 '인정'되는 구조에 대해 가진 파악이 '개떼 같은' 네티즌의 그것보다 과연 나은 게 있었는가?

더 나쁜 것은 이 교수는 '과학'뿐 아니라 '(탐사)저널리즘'에 대해서도 '무지'했다는 것이다. 그는 문제의 PD가 내부고발자인 또 다른 '과학자'의 내부 제보에 의해 취재를 시작했을 것이며, 취재과정에서 또 다른 '전문가'들의 증언에 힘 입어 의혹에 다가갔을 것이라는 기본적인 사실을 짐작하지 못하거나 빠뜨렸다. 또는 모르는 것처럼 했다. '정치적 선동'을 위해 그랬을 수도 있다. 황우석 사태는 단지 '과학 부정'[13] 사건이 아니라 이데올로기적 사건이자 정치적 사건이었기 때문이다. 《조선일보》 등 일부 보수언론은 황우석 사태를 좌우의 문제로 호도하기도 했다.

황우석 교수의 '사기' 행각이 얼마나 대단했는지 "세계 석학"(이라는 권위의 자원을 가진 《사이언스》)조차 '포토샵'에 속았고, 격벽이 둘러쳐진 지식 세계의 정보를 총합하여 '정책'으로 만들어내야 하는 정부도 속았다. 심지어 황우석이라는 '연구 책임자' 자신조차 줄기세포 배양 상태를 파악하지 못해 자신의 '공동연구원'에게 속았다. 그러니 저 교수만 바보가 된 것은 아니라 말할 수 있겠다. 저 교수의 '무지'는 예외가 아니며 매우 일반적인 일이다.

'전공' 분야의 너머로 가면 교수도 '몽매한 대중'의 일원에 불과하다. 넓을 박博자 '박사'는 오늘날 매우 무색한 말이다. 한 다리만 건너면 '인접' 학문 분야의 기초 상식에도 완전히 무지하다. 나는 노암 촘스키라는 진보적 지식인의 이름을 9·11 이전부터 들어보기는 했다. 하지만 그가 '변형생성문법'이라 중요한 언어학 이론을 기초했다는 사실은 국어국문학과의 박사 학위를 받고 난 뒤에도 관심을 끌지 못했다. 변형생…… 뭐시기? 그게 뭔데? 그래서 뭐 어쨌다는 건데? 이뿐만이 아니다. 나는 '열역학 제2법칙'이 뭔지 모른다. 자연과학에 대해 고등학생 수준에도 못 미치는 이해를 갖고 있는 것이다. 그러면서 버젓이 '지식인' 행세를 하고 있다. 그렇다고 나의 무지에 분기탱천한 자연과학도나 공학도들에 의해 교양인의 자격을 박탈당할 것이라는 염려를 해본 적도 없다. 뻔뻔스럽게도. 그럼에도 소위 '지식인'이라는 다른 분야의 누군가가 한국 리얼리즘 문학의 최고봉인 이기영의 《고향》 같은 소설을 읽어본 일이 없거나 들어본 적도 없다는 사실에 대해서는 혼자 '무식한 존재들'이라며 혀를 차기도 한다.

황우석 사태의 배후: 사회적 복잡성과 지식의 자율성

거대한 혼란을 초래한 황우석 사태의 배후에서 결정적인 역할을 한 것은 그가 특정한 영역(체세포 복제 배아 줄기세포 기술)의 첨단적인 지식을 보유했다는 점, 그리고 남보다 앞서 있는 또 다른 특정 영역의 앎(동물 복제 기술)을 자원으로 동원하여 특정 영역의 지식을 신비화했다는 사실이다. 황우석은 자신이 가진 새롭고 '세계적인' 수준의 이 두 가지 지식을 이용하고 또 다른 영역의 서로 다른 앎(의학에서 동원된 면역학, 산부인과학 등)을 결합하여 도전하기 어려운 또 다른 아성을 구축하고자 했다. 세계적인 의학자라는 문신용 교수든, 《사이언스》의 편집진이든 이 새로운 지식을 모두 장악하고 있는 사람은 없다. 황우석 박사 스스로도 그러했다. 결국 그 앎은 인접 분야의 사람들도 잘 이해하기 어려운 영역에 이른다. 나아가 다른 분야의 사람들에게는 거의 '신비'의 영역으로 여겨지기까지 한다. 난치병 환자를 줄기세포로 치료하고, 거대한 '국익'을 창출할 것이라는 과장은 이 같은 신비를 조성하기 위한 적절한 포장이었다. 그래서 '황우석교'와 기상천외한 음모론도 생겨났을 것이다.[14]

이런 현상과 관련하여 과학철학자인 랭던 위너Langdon Winner가 참고할 만한 설명을 한 바 있다. 랭던 위너의 전제는 '사회적 복잡성social complexity'이 엄청나게 확대된 오늘날의 자본주의 사회다. 사회적 복잡성이 너무 커져버린 상황에서 사람들은 전혀 이해할 수 없는 지식에 직면하게 된다. '전문가적 무지'의 차원을 넘어, 그 누구라도 전체에 대한 일관되고 합리적인 상을 형성하기 어려운 지경에 이른 것이다. 사람들은 이해하기 어려운 수많은 사실을 합당한 증거 없이

‘신앙’처럼 그냥 받아들이고, 또 그래야 한다. 어떤 사건이든지 음모론이 등장하는 이유도 이런 데 있다. 오늘날과 같은 기술사회에서 아주 작은 부분들만이 과학적으로 온전히 이해될 수 있기 때문이다. 그 나머지는 각자 알아서 해야 한다. 인간의 개입 없이 스스로 관성에 의해 발전하는 이 같은 자율적 기술autonomous technology이 과학기술에 대한 신비화를 초래한다.[15]

이는 과학기술이 정치권력과 사회권력의 도구나 시녀가 되고 그 발전이 정치권력에 의해 결정된다는 비판적 과학론(일명 도구주의)을 넘어서는 사유와 실천이 필요한 이유를 가르쳐준다. 왜냐하면 과학기술이 정치권력의 도구에 그치지 않고 그 자체가 활동성을 가지기도 하기 때문이다. 과학기술은 단순한 도구 이상이다. 오히려 스스로 사회를 결정하는 면을 갖고 있다. 또한 과학기술은 분야별로 세세하게 분립해서 ‘작은 권력’을 소유한다. 권력을 가진 그것들은 각자의 영역에서 다른 분야가 침범하지 못하도록 격벽을 둘러치고 성주가 된다. 각각의 성주들은 나르시시즘과 ‘자율성’을 갖게 되어 사회 전체를 보지 못하게 된다. 사회와의 관련성도 점점 약화된다. 결국 극도로 분화된 지식과 과학기술은 자기 영역 내에서 자기 확신을 증폭시킴으로써 그 자체가 하나의 총체적 실체이며 중립적인 것처럼 보이는 환각을 만들어낸다.

‘황우석 사태’는 오늘날의 지배 권력이 스스로의 권력과 위치를 강고하게 재생산하는 계기로써 ‘새로운 지식’을 사용한다는 것을 실증했다. 오늘날 자본-권력은 ‘불확실성’으로부터 ‘불안’을 끌어내며, ‘불안’을 가치화하여 복종을 이끌어내는 것을 주요한 전략으로 한다. ‘새로운 불확실성’이면서 ‘복종’을 끌어낼 수 있는 소재의 개발은 자

지식복잡계의 연상도
나무 줄기와 뿌리 그림은 지식복잡계의 구조를 연상하게 한다. 뻗어나가며 서로 얽힌 개별적인 뿌리가지는 서로 소통되지 않는 지식의 개별 영역들이다. 그러나 그들은 큰 줄기나 전체 나무(국가나 세계)의 영향을 받는다. 또 다른 나무와 벌레들로 지식의 숲은 가득 차 있을 것이다. 죽은 잔가지와 낙엽은 시간의 변화에 따라 사장되거나 '없어진' 지식과 유사하다(80쪽의 그림도 참조하라).

본–권력에게 너무 중요하다. 이 불안은 자주 민족주의/국가주의와 결합한다.[16] IMF 경제위기 이후 고용불안과 노후에 대한 불안은 상시화된 자본–권력의 지배기제가 되고 있다. 특히 생명과학기술은 IT 같은 다른 분야의 과학기술과 달리 자칫 신비에 빠질 수 있는 본질적인 문제, 즉 생명에 결부된 가치와 욕망을 건드린다는 점에서 좀 더 근원적인 불안을 만들 수 있었다.[17]

근대의 앎이 어떻게 철저히 분화되어 왔는지를 이해하기 위해서는 마르크스와 베버로 거슬러 올라가야 한다. 특히 마르크스는 《자본론》에서 기계제 대공업이 만드는 사회·문화적 효과에 대해 설명하면서 앎의 문제가 생산관계 전체와 계급관계의 문제임을 일깨워 준 바 있다. 뿐만 아니라 마르크스의 설명은 근대의 지식 체계 전체에 대한 설명의 단초를 던져주기도 한다.

기계제 대공업 속의 분업 구조에 속한 노동자는 자기가 수행하는 개별 노동 외에는 생산 과정에 대해 알지 못한다. 근대의 노동자(프롤레타리아)는 수공업이나 공장제 수공업manufacture 단계의 직인職人이나 장인匠人과 전혀 다른 지식을 갖게 되는 것이다. 직인이나 장인은 자기가 만드는 물건의 생산 과정 전체를 알고 있으며, 또한 사회적으로는 절대 공개하지 않는 자신만의 지식인 '비법'을 갖고 있다. 그러나 프롤레타리아는 이와는 류가 다른 앎인 '숙련' 또는 '비숙련'을 갖게 된다. '숙련' 혹은 '비숙련'이라는 앎은 자본에 의해 가동되는 기계적 생산 공정이 인간적 노동이나 주체성에 완전히 우선하고 우위에 서는 것을 보여준다. 기계제 대공업의 생산 과정은 각 세부 공정을 완

찰리 채플린Charles Spencer Chaplin의 〈모던 타임즈Modern Times〉(1936)
이 영화는 마르크스가 지적한 기계제 대공업 하에서의 노동 분업 문제를 상징적으로 보여준다. 컨베이어 벨트 공장 노동자 찰리(찰리 채플린)는 하루 종일 나사못 조이는 일을 한다. 단순 작업의 결과 눈에 보이는 모든 것을 조여 버리는 강박에 빠지고 정신이 이상해져서 급기야 정신 병원까지 가게 된다. 하지만 병원 퇴원 후 공장에는 이미 자신을 대신하는 다른 노동자가 들어와 있다. 전체 생산과정 중 극히 일부와 관련된 지식만을 습득할 수 있는, 그 결과 다른 노동자로 쉽게 대체될 수 있는 노동자의 잉여인간화 양상의 탁월한 묘사다.

전히 그 자체로서 파악하며 그것을 구성요소들로 분해한다. 생산하는 인간의 손이 그 새로운 과정을 수행할 수 있는가라든가 개별 인간이 그 전체 제작의 과정을 다 알 수 있는가라는 문제는 더 이상 고려 대상이 아니다.

그 결과 노동자들은 그야말로 생산의 미세한 '부분' 에 관한 지식만 가지게 된다. 그래서 그들은 자본에 의해 쉽게 처분되고 사회공간을 유동하는 잉여인간이 된다. 대공업의 끝없는 발전은 노동자들을 끝없이 사회 생산의 다른 부문으로 이동시킬 수 있다. 이러한 사정은 생산 수단을 노동자들이 소유하지 못했다는 것과도 밀접한 연관이 있다.[18] 이를 농부가 농사에 대해 갖는 지식의 성격과 비교해보면 잘 알 수 있다. 자본주의의 생산은 점점 대규모화되고 복잡한 사회적 연계망 속에 놓이기 때문에 이는 비단 공업과 공업노동자에게만 아니라 정신 노동자의 경우에도 적용될 것이다. 설사 그가 '숙련'된 기술을 가진 노동자라 하더라도 그가 지닌 지식은 끝까지 단순하고 반복적인 노동을 위해서 쓰일 것이다.

노동자의 생산관계에서의 이러한 지위는 개별 노동자가 갖는 지식의 부분성뿐 아니라, 사회 성원 전체가 갖는 지식의 부분성의 근간을 이룬다. 이는 공업의 발전 원리일 뿐 아니라 전체 자본주의 사회의 원리다. 개별 주체들이 '전체'에 대한 지식으로부터 끝없이 소외되게 만드는 핵심이다. 이에 비해 개별 공장이나 혹은 그 이상의 단위에서 생산 과정을 이해하거나 해당 산업의 구조와 경쟁 체제를 알고 있어야만 하는 자본가와 경영자를 생각해보라. 그들은 기술 문제뿐 아니라, 훨씬 많고 중요한 지식을 다뤄야 한다. 그 지식은 '이윤의 실현'에 관한 것이다. 경영학이 세상에서 가장 중요한 학문처럼 되고, 건설회사 사장이 대통령이 될 만한 이유가 있다. 그러나 이 지식은 '이윤의 추구'와 효율 외의 모든 것을 수단화하고 고사시키는 치명적인 독성을 갖고 있다.

한편 마르크스가 20세기 말 경영학의 지식경영론·지식혁신론[19]을 선취한 점은 흥미롭다. 기계제 대공업은 근대 이전의 생산관계가 만드는 앎의 체계와 전혀 다른 앎의 사회적 상황을 만들어낸다. 대공업 체제는 장인이 보유한 '비법' 등 공장제 수공업 단계에서 지식이 처

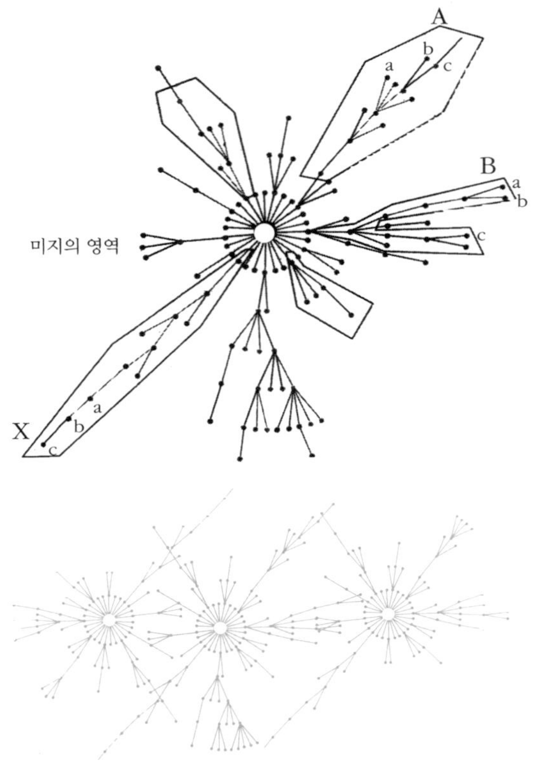

지식복잡계의 평면도

a, b, c……와 같은 선분의 끝점들이 개별적 전문지식이다. 이들은 A, B, C…… 등과 같은 지식(학문)의 중 영역 또는 대영역에서 자라나온 것이다.

비어 있는 중앙의 동심원은 공통의 앎 영역으로서 교양과 상식, 이데올로기와 같은 앎을 의미한다. 원으로부터 멀어질수록 앎의 공통성은 엷어지고 자율성을 갖게 되어 전혀 소통하지 않게 된다. 이 선과 점에 의해 연결되지 않은 공간은 미지의 영역이다. 통섭은 A와 B, 또는 아무 관련이 없는 것처럼 여겨졌던 A와 X의 접촉과 통합을 의미한다.

아래 그림에서 지식의 복잡-구성체는 다른 지식의 복잡-구성체(이를테면 국가)와 연결되어 있다. 이러한 연결은 시간적이며 또한 3차원적이다.

놓은 장막과 같은 것을 완전히 찢어버린다. 즉 대공업은 생산의 사회적 성격을 구현함으로써 앎의 생산에서도 획기적인 전기가 된다. 생산의 요소 및 부분들과 그 전체에 대한 지식을 새롭게 결합하고 대규모로 생산함으로써 앎을 극단적으로 사회화한다. 공산품을 만들기 위한 모든 비법은 공개되어 있고, 그 결과가 바로 일상적으로 소비되는 대공장의 기성품들이다. 즉 끝없이 갱신되는 생산수단 자체가 사회적 앎의 물질화다. 또한 대공업은 단속적斷續的으로 '앎의 사회화'의 변증법을 구현한다. 예를 들어 라디오 만드는 법이라든지, 자동차 만드는 공정 자체는 완전히 공개되어 있다. 그러나 이는 결코 어떤 개인에게 귀속되어 있지 않다. 예컨대 벤츠 자동차의 신형 엔진을 만드는 공정이라든가 아이팟iPod MP3의 헤드 만드는 법 등은 당분간은 결코 공개되지 않는다. 그러나 곧 이들 지식의 대부분은 다른 회사와 전체 사회로 공유된다. 또 다른 몇 가지 핵심적인 '차이'를 남겨둔 채 말이다.[20]

그러나 이 '차이'가 너무 중요하다. 그것이 상대적 잉여가치를 생산하기 때문이다. 다시 말해 상대적 잉여가치의 생산은 기술혁신에 의해서만 가능하다. 공학이 근대 과학의 '꽃'으로 격상된 것은 이런 이유에서다. 상대적 잉여가치를 생산하기 위한 연구 개발R&D에 자본주의는 목숨을 건다. 그것을 만들지 못하는 기업은 곧 무너진다. 이윤과 결부된 '차이'가 과학과 기술을 끝없이 발전시킨다는 사실은, 미국이나 일본과 같이 최고도로 발전한 자본주의 국가가 얼마나 많은 돈을 과학기술에 투자하고 있는지를 봐도 알 수 있다.

앎의 새로운 통합을 위하여

외부 없는 무지: 표상화된 앎

소위 전문가가 자기 분야 이외의 지식에는 몽매할 수밖에 없는 현상에 이미 '전문가적 무지'라는 용어가 부여되어 있다. 그러나 우리는 좀 더 나아가야 한다.

사회 공통의 공간에서 만들어지고 유통되는 앎과 대학원이나 연구소 같은 곳에서 다뤄지는 '전문 지식'들 사이에는 차이가 있다. 전문적인 학문 기관에서 만들고 다루는 정밀하고 이론적인 지식은 '과학'이고, 공동의 앎 그리고 다수 인간의 앎은 일종의 "B급" 지식이다. 그것이 교양이거나 상식이거나 이데올로기다. 언제나 이 앎은 '진짜'와 다른 것처럼 보인다. 예컨대 '공통의 앎'에서는 이광수의 《무정》이 '최초의 근대소설'이기도 하고 '줄기세포가 난치병을 치유하'기도 한다. 그러나 '전문가(지식인이 아님)'들은 언제나 다르게 알고 있(는 것으로 여겨진)다.

하지만 이러한 구분과 사고방식이 바로 한 개의 작은 고정관념이자 '상식'일 뿐이다. 자족감에 빠진 어떤 전문가들과 '지식인'들은 '대중'이 무지해서 또는 저널리즘이 천박하기 때문에 그런 '잘못된' 지식을 갖고 있고 또 유통시킨다고 생각한다. 그러나 이야말로 앎의 구조에 대한 '무지'의 소산이다.

중요한 것은 '잘못된' 지식이 계속 생겨난다는 점 혹은 지식이 계속 '잘못되는 것'을 절대로 막을 수가 없다는 점이다. 앎은 '순수하게' 앎으로 존재하지 않고 사회적 실천과 일상 속에서 존재하기 때문이다. 즉 지식은 표상되어 계속 사람들 사이에 흘러 다니기 때문에 오해와 오류를 끝없이 만들어낸다. 도서관이나 논문 속에만 보관된 죽은 지식에는 오류가 생겨나지 않는다. '표상화된 앎'의 외부는 없다. 서로 다른 용도를 갖는 복수의 앎은 언어와 표상을 통해 늘 상호 침투한다.

표상表象(representation)이란 무엇인가? 생각과 지식이 그저 머릿속에 머무르지 않고 외부로 나와서 물질적 공간에 흩뿌려질 때, 또 반대로 머리 외부에 있는 현실이 막 머릿속으로 입력될 때, 인식은 옷을 입게 된다. 옷을 입지 않은 생각이란 존재하지 않는다.[21] 옷 중 인간에게 가장 잘 알려져 있는 것은 언어다. 언어를 통한 인간의 사고 자체가 대상을 표상으로 포착하는 작용이다. 인식의 옷과 표현 전체가 표상이다. 주관이 자기동일성에 입각하여 "외적 감각을 수용하고 포착하고 통일하는 작업"[22] 자체와 그렇게 나타내어진 것이 표상이다.[23] 쉽게 말하면 표상은 뭔가를 생각하기 위해서 마음속에 언어와 형상을 떠올리는 작용, 그리고 어떤 사상事象을 나타내기 위해 뭔가 구체적인 대체물을 제시하는 일을 가리킨다.[24] 비유를 포함하는 모든 문학적 언어와 구체적인 형상을 통해 추상적인 관념과 사실을 표시하는 것, 즉 이미지·아이콘·그림·도표 같은 표현과 사고의 도구들은 가장 대표적인 표상 형식이다. 모든 문학작품과 회화·영화·건축·무용·음악 등의 예술은 이 표상의 덩어리들이다.[25]

한편 '학적'이거나 '전문적'인 지식과 표상화된 공통의 앎 사이에는 사실의 진위를 넘어서는 중요한 차이가 있다. 두 앎은 성립되는 조건과 방법이 다르며 사용되는 용도도 다르다. 공통의 앎은 윤리와 이데올로기가 숨 쉬는 시공간 경험에 의해 획득되고 전수되는 것이며, 정전(교과서)과 (민족)국가에 의해 보증된다. 이에 반해 전문지식과 학적 지식은 좁다란 아카데미즘의 틀 안에서 논증되고 인정받는다.[26] 바깥 세계와의 연관은 매우 약하다. 그러니까 '줄기세포가 난치병을 치료한다'든가 '이광수의 《무정》이 최초의 근대소설'이라는 잘못된(≒부정확한) 앎은 '사실' 자체나 이론적 합리성과 다른 용도를 갖고 있다.

앎은 사실이나 존재 자체가 아니다. 모든 앎은 번역되고 표현되는 과정을 통해서만 '사회적으로' 존재한다. 번역되고 표상되는 과정에서 필연적으로 변형이 일어날 수밖에 없다.[27] 이 같은 표상 작용을 앎의 '물질화' 혹은 '사회화'라 간주할 수 있을 것이다. 하나가 아니라 여러 가지인 표상 형식이 앎의 형태를 서로 다르게 한다. 과학·이론·교양·정보·이데올로기·상식·담론·사상 등과 같은 말은 바로 앎의 옷들, 즉 그 형식들의 이름이다. 이 서로 다른 지식의 형식은 '서사'를 포함한 언명(기호화)의 다른 형식만을 가리키는 것은 아니다. 형식은 '내용의 침전물'이다. 다시 말해 앎의 형식 속에는 권력관계와 담론의 표현 형식, 그리고 계급·국가·젠더·지역의 '상황(맥락)'이 담겨 있다.

그래서 앎은 투명하지 않다. 이는 아마 '진리'나 '진실'이 그 성립 조건에 의지하며, 진실이 단순한 '하나'가 아니라는 데서 기인할 것이다. 서로 다른 앎들의 이름은 여러 종류의 지식이 서로 다른 구조와 맥락에서 성립하고, 서로 다른 기능을 수행함을 지시한다. 정보와 교양, 과학과 상식은 모두 앎의 일종이되, 다른 데서 탄생해서 다른 용도로 쓰인다.

우리가 알고 있는 것은 서로 같지만 다르고, 다르면서도 같다. 한국인이나 일본인이나, 남자건 여자건 'E=mc²' 같은 명제 앞에서는 똑같다. 그러나 핵무기를 만들 수 있는 지식 앞에서 미국과 북한은 다른 입장이다. 어떤 지식들 앞에서 우리와 일본인은 전혀 다르다. 또한 남자의 앎과 여성의 앎이 다르다. 그리고 우리는 18세기의 지식인인 박지원과는 무엇인가를 많이 다르게 알고 있다.

이는 단지 자연과학과 인문사회과학의 차이 때문에 빚어지는 일이 아니다. 우리는 우리끼리 한국인이라는 어떤 '유적 존재'로서 일본인들에 비해 더 비슷한 지식을 가지고 있다. 남자라는 인간 집단은 여성이라 명명되는 존재에 비해 서로 더 비슷한 표상체계를 가지고 있다. 또한 200년 전의 인류와 비교할 때 현대인은 모두 비슷한 앎을 소지하고 있다.

표상 작용에 근거해서 성립하는 개별자들의 사유가 가진 공통성은 앎의 문화와 사회를 사고하는 데 있어 가장 중요한 계기로 기능한다. 우리는 폴라니가 말한 '암묵지'와 같은 개인적인 지식을 갖고 있을 뿐 아니라 공통된 지식도 갖고 있다. 내가 소유한 앎의 일부는 내 스스로만의 경험과 사고 작용에 근거한 것이지만, 그 나머지는 전적으로 내 주변의 사람들과 소속되어 있는 공동체의 앎과 공유하는 것이다.[28]

앎의 공통성이 성립될 수 있도록 하는 힘은 과연 무엇인가? 사회의 지배적 언어와 지배적 경험과 감각이다. 집단적 경험과 집단적 기억, 집단적 무의식도 그런 힘의 일부다. 인간의 사유 자체가 이미 표상 작용이기 때문에 공통경험과 공통언어에 의한 표상 작용[29] 을 사회문화적 표상 작용이라 할 수 있다.

지식은 '문화정치culture politics'에 의해 변형된다. 예컨대 '단군이 (고)조선을 건국했다'는 지식은 한반도 사람이면 남북한을 막론하고 '사실'이라 믿고 있는 지식이다. 이 지식은 13세기의 승려 일연이 쓴 신화로부터 추출된 것일 뿐이다. 그러나 《삼국유사》에 처음 기록되어 있는 이 '사실'은 점점 '사실'로 증명(?)되어 온 것이다. 그것이 '사실'이라는 증거는 미미했다. 그럼에도 이 '사실'은 일제강점기의 사학자와 종교인에 의해 '한민족'을 창안하는 데 동원됐다. 그리고 급기야 1993년 북한에서 단군릉이 고고학자들에 의해 평양 교외에서(!) 발견되고, 단군 부부의 유골까지 출토되었다. 유골의 연기가 5011년이라는 것까지 '정확히' 밝혀졌다. 그런데 이러한 북한의 발굴을 대부분의 남한 사학자는 믿지 않는다. 그렇다고 나서서 단군 건국설을 부정하지도 않는다. 왜 그럴까? 한국의 각급 학교 입구에는 단군상이 서 있다. 단군을 둘러싼 지식이 남북한이 공유하는 근대 민족주의에 의해 발명되고 확정되어 왔다는 점을 상징적으로 보여주는 이 광경에서 그 이유를 추론할 수 있을 것이다.

역사학이나 사회과학의 지식은 특히 사회적 맥락과 이데올로기의 영향을 크게 받는다. 인문학이나 예술학의 지식은 이데올로기와 함께 권위적 해석의 지배를 받는 경향이 크다. 반면 자연과학이나 공학적 지식은 훨씬 더 객관적인 것처럼 보인다. 이들은 보다 보편적인 기호와 논리 체계를 갖추고 사회의 맥락과 독립해서 존재하는 듯하다. 대신 이들 지식은 수용자의 지적 능력 때문에 변형되는 경향이 많다. 지식이 번역되는 과정은 지식 수용자의 지적 능력과 지식 전파자의 정치적 필요, 그리고 문화적 전통 등이 개입하는 과정이다.

문화적 표상 작용

사회적인 표상 작용 자체를 쉽게 이해하기 위해서는 새로운 단어와 개념이 등장한 뒤 점차 확산되어 결국 어떤 집단과 공동체에 속한 모든 이가 아는 지식(의 일부)이 되는 과정을 생각해보면 된다.

‘민주주의’ 같은 단어와 그 단어가 함축한 지식을 생각해보자. 이 단어에는 정치학을 위시한 사회과학과 인문학 제 분야의 지식이 결부되어 있다. 〈두산백과사전〉을 보니 ‘민주주의’ 항목은 개요 외에 ‘발전’, ‘자유민주주의’, ‘공산권’, ‘개발도상국’ 등으로 나뉘어 서술되어 있다. 그리고 ‘공산당선언, 권리청원, 그리스사, 그리스의 정치사상, 대의제, 대중민주주의, 데모크라티아, 독재, 마그나카르타, 미국, 미국독립선언’ 으로 시작해서 ‘직접민주제, 토리당, 휘그당, 프랑스혁명, 풀뿌리민주주의’ 등으로 끝나는 수십 개의 참조 항목과 ‘자본주의, 자유주의, 군주제, 군중, 기본적 민주주의, 팔머스톤, 레닌, 과두제, 정치사상, 정치제도, 시민의식, 시장, 밀, 몽테스키외, 마르크스’ 등의 ‘역참조항목’ 을 거느리고 있다. 민주주의라는 지식을 설명하기 위해 얼마나 많은 다른 지식이 필요한가? 특히 서구 정치사 · 정치사상사와 관련된 주제어들이 그야말로 서로 네트워크를 이루면서 ‘민주주의’ 의 함의를 채우고 있음을 알 수 있다.

그러나 백과사전이 채 거론하거나 담지 못한 지식들도 많다. 우리는 서구 정치사나 사상사를 몰라도, 또 백과사전식으로 관련 태그(표제어 또는 키워드)들을 차분히 나열하며 개념적인 설명을 할 수 없어도 민주주의가 무엇인지, 자신의 경험과 우리 역사(집단 기억)를 통해서 그것을 알고 있다. 그러한 지식 또한 복잡하고 다기하다. 그것은 이미지와 표상, 선악에 대한 윤리적 판단도 함께 결부된 것이다. 말하자면, 이승만의 '일민 민주주의'와 박정희의 '민족적 민주주의', 그리고 '조선민주주의인민공화국'의 '민주주의'가 가진 차이와 공통성을 우리는 몸으로 배웠었다. 또한 그런 과거가 아니라도 현재의 정치 상황에서, '이명박 정권의 제 정책이 왜 한국 '민주주의'의 위기를 초래하는가?'와 같은 어려운(?) 질문을 당한다 하더라도, 그것에 대해 판단할 자신의 직관과 경험의 자료들을 갖고 있다.

그런데 오늘날 초등학생도 다 알고 있는 이 개념을 18세기의 천재이자 석학이었다는 정약용은 알았을까? 단 한 번이라도 이 단어를 발음해봤을까? 민주주의라는 말은 1890년대에 한반도에 소개되고 그 함의가 알려지게 됐지만, 1920년대가 되어야 우리말로 된 대중매체에 본격적으로 등장한다. 그나마 그리 자주 쓰이는 단어가 아니었고 '데모크라시'와 병용되기도 했다. 그런데 해방이 되자 비로소 '민주주의'는 모든 사람이 날마다 입에 올리다시피 하는 단어가 되었다. 그렇게 해야 할 정황이 그때서야 조선 민중 전체에게 '너무 늦게' 찾아온 것이다. 또한 비근한 예로 '빨갱이' 같은 단어를 생각해보자. '빨갱이'는 단련을 받아 우리 사회 속에 정착한 언어로서, 자기 나름의 역사를 지니고 있다. 이미지뿐 아니라 복잡한 서사도 갖고 있다. 한국 사회의 계급관계와 정치를 든든한(?) 배경으로 가지고 있기까지 한다.[30] 또는 '이순신'이나 '청계천'이라는 3음절 단어가 상징하는 바와 그에 관한 복잡한 서사 및 지식을 생각해보라. 예를 든 모든 말들은 모두 한국 사회 속에서만 의미와 표상 작용을 가지는 것으로서, 한국 역사가 만들어낸 상징 질서와 이데올로기를 매개로 성립된 것이다.

그러니까 개념어뿐 아니라 담론화된 지식은 기본적으로 '표상적 지식'이다. 표상과 근대의 앎은 뗄 수 없이 서로 연관되어 있다. "표상은 근대의 앎을 이루는 복합적인 '기능-작용-의미-표상-감각'의 고리 가운데 있다." 무엇에 대한 사회적인 이미지가 없다는 것은 표상의 체계를 형성하지 못하고 있다는 것이고 표상의 체계가 아직 그 사회의 상징질서 속에 들어와 있지 않다는 것이다.[31] 개념어를 비롯한 어휘들이 성립하는 과정은 한 사회의 앎과 표상체계의 변화과정이다.[32]

덧붙여, 여기에서 우리는 앎의 물질화나 사회화에 있어 수사修辭가 매우 중요함을 알 수 있다. '빨갱이'가 지닌 강력한 시적 기능이 아니라면 이 말은 보통명사가 되지 못했을 것이다. 저 단어들에 사용된 음소들은 단어의 뜻을 보증하고 강화한다. 문학이나 예술은 사회적 표상체계의 중대한 한 형식으로서 정치 담론이나 저널리즘과 마찬가지로 앎을 대중화하고 다른 지식으로 변형해내는 중요한 기제라는 점을 알 수 있다.

요컨대 어떤 표기체계와 상징적 이미지 그리고 속류화된 언술, 즉 표상이 이데올로기와 망탈리테를 표현하기 위해 동원되는가 하는 것은 전체 사회의 의식의 변화와 실제 운동의 강밀도를 가늠하는 척도가 될 수 있다. 이데올로기는 표상과 망탈리테, 그리고 '윤리'의 작용 없이는 작동하지 않기 때문이다. 언어의 대중적이며 일반적인 용례야말로 사회적 앎이 탄생하고 변화해가는 것을 가늠하게 하는 유력한 척도다.[33]

전문가 혹은 '지식인'과 '대중'의 구분은 이론적인 것이 될 수 없다. 표상을 통해서만 상호침투해서 만들어지는 공통의 앎이 있기 때문이다. 가장 세밀하고 작게 구획된 전문지식이 진眞으로 존재한다는 사실이 오히려 '앎의 대중화 현상'의 '외부'가 없다는 사실을 보증한다.

이러한 앎과 무지의 구조를 아는 것은 무한한 중요성을 가진다. 모든 것을 아는 것은 불가능하다. 그래서 누군가가 '지적' 권위를 갖게 된다. 그런데 '권위'의 햇빛이 있는 바로 그 그늘 아래에 치명적인 무지가 독버섯처럼 자라나고 있다는 중요한 사실을 잊지 말아야 한다. 그리고 그 무지를 누군가가 이용해먹으려 한다는 사실도 잊어서는 안 된다. 정당한 지적 권위와 더불어 긴급하게 필요한 것은 지적 연대다. 따라서 우리는 소칼처럼 타 분야의 '무식'을 '고발'하는 데 시간을 보내지 말고 다른 발상을 해야 한다.

과학사학자 주일우는 이와 관련해서 중요한 발언을 한 적이 있다. 그는 《지적 사기》 논쟁의 경우에서의 인문·사회과학자들뿐 아니라, 과학·기술 지식에서 영감을 얻어 새로운 창조 작업에 몰두하는 예술가들도 사실은 거의 대부분 과학·기술 지식에 대한 무지와 '오해'에 기초해 있다는 점을 보여준다. 그러나 주일우는 권위적인 소칼과는 반대로 접근한다. 그에 의하면, 어떤 분야에서 오랜 세월 충분한 훈련을 받지 않고서는 그 분야의 온전한("A급"에 해당하는) 지식을 갖출 수 없다. 그런데 대부분의 경우 지식과 학문 또 예술과 학문 분야 간의 소통은 불완전해 보이는 "B급 지식"들 사이에서 일어난다. 그래서 "B급 지식들 사이의 소통을 눈여겨보아야 한다". 나아가 분야 사이에 그어진 경계선의 위치를 바꾸면 "B급 지식들이 모여 A급 지식이 될 수도 있다". 경계선을 옮기는 것이 중요하다면 "다른 분야의 지식에 주눅 들 일도 없다".[34]

그래서 앞의 서울대 교수의 글 중 가장 위험한 포인트는 PD의 '침해'가 "대학의 '사회적 사망'"이라는 언술이다. 그 교수는 저널리즘이 '전문가'들의 영역인 '진리'에 대해 의심을 품고 심지어 연구과정까지 취재했다 해서 '사망'이라고까지 말한다. 또한 대학에 대한 박정희·전두환의 침해보다 더 나쁜 것이라 과장한다. 대학 스스로가 '황우석'을 막지 못해 초래된 위기임에도 그러한 사실은 외면한 채, 다른 '영역'에 있는 자들에 의해 추문이 알려지는 '위기'에만 주목한 것이다. 그렇다. 대학은 위기다. 대학은 사회와 어느 정도 가까워야 하나? 대학의 지식은 무엇을 위해 생산되어야 하나? 누가 대학을 제어하고 감시할 것인가?

요컨대 이는 앎의 다양한 연대에 관한 건강한 가능성을 거꾸로 대학이라는 지적 권위에 대한 침탈로 해석한 사례다. 대학과 과학의 '지적 권위'에 대한 신비주의가 엿보인다. 내지는 신비주의를 선동한다. 대학과 과학이, 언론이나 '사회'와 완전히 격리될 수 있다고 생각하는 저 입장이야말로 위험하다. 그는 대학은 오로지 오염되지 않은 권위 있는 앎을 생산·유통한다는 착각을 갖고 있으며, 대학 이외의 영역에서도 앎을 생산·취급할 수 있고 그 앎들이 서로 교호한다는 사실을 몰각한 것이다.

또한 저런 입장은 대부분의 '진리'의 '수립'이 우연에 의해, 편파적인 입장을 가진 주체들의 개입에 의해, 여러 종류의 권위와 권력의 복잡한 작동에 의해, 때론 지저분한 '타협'에 의해 이루어진 것이라는 사실을 망각하게 한다. 앎은 투명하지 않다. 그래서 '사기'를 가능하게 한다. 그 사기가 단지 자기 분야 내부에서 끝날 경우에는 상관없으나, 황우석 사태처럼 '국가' 전체와 '국민의 혈세'가 결부될 때에는 다른 문제가 된다. 즉 황우석 사태는 '사회화'된 앎의 문제가 곧 정치 문제라는 것을 보여준다. 이런 맥락에서 지知의 연대는 정치적 연대가 될 수 있다.

통섭, '통합적' 앎의 요청

이 책에서 말하는 통섭은 에드워드 윌슨이 주창한 방식의 통섭, 즉 자연과학 중심의 학문 통합 방법이 아니라 지식 간 통합과 소통, 경계를 넘는 지식의 교호 일반을 일컫는다는 점을 미리 말해둔다.

푸코의 《지식의 고고학》을 빌지 않더라도, 삶의 궁극적인 원리에 비추면 제도와 제도에 근거한 앎은 일종의 가상에 불과하며 억압의 근원이다. 이에 관한 근원적으로 성실하고 '착한' 고발이 있다. 이를테면 '통섭'을 주장해온 최재천은 "진리는 우리가 만들어 놓은 학문의 경계·사고의 경계를 전혀 상관하지도 않고 존중하지도 않는다"[35]고 말한다. 아주 당연한 말이다.

그런데 문제는 그리 간단하지 않다. 제도는 오늘의 '객관'이자 조건이기 때문이다. 뿐만 아니라 제도의 실정성은 실제로 사람들의 상상력과 심지어 그들의 생 전체를 언제 어디서건 구속할 수 있다. 그러니까 통섭은커녕 작은 '학제 간 연구'도 제대로 할 수 없는 것은 단지 자기 지식의 영역 내에서 나르시시즘적인 '작은 권력'을 누리고 행사하는 많은 골목대장들과 각양각색의 순수주의자들 때문만은 아니다. 인간의 인식 자체가 '영역의 매트릭스'로 되어 있고 근대의 앎 자체가 그러하다고 볼 수 있는 것이다.

그러나 이런 '현실'에 대한 변호는 그다지 위안이 되지 못한다. 앞에서 본 대로 우리는 심각한 한계에 봉착해 있다. 오히려 원로들이 외친다. '인문대, 자연대, 사회대로 나뉜 문리과 대학을 다시 복원해 학생들이 인문·사회과학과 자연과학을 두루 접할 수 있도록 할 것'(소광희), '학문의 전문성은 아주 중요하지만, 지나치면 학문이 왜소해지고 무엇보다 오류나 자기도취, 시대착오에 빠진다'(도정일), '20세기가 전문가의 시대라면 21세기는 통합의 시대다'(이어령)라고.[36] 흥미로운 역설이 아닌가. 그들 '원로' 세대가 한국의 지식 생산의 체계를 만들어 냈기 때문이다. 어쨌든 저렇게 앎의 '통합'과 '횡단', 즉 '통섭'은 이미 새로운 당위가 되고 있다. 황우석 사태는 이를 좀 더 앞당겨 주었다.

과학기술(테크놀로지)과 기계는 '현대'를 만들어내고 이끌어가는 가장 중요한 동력이다. 미래도 과학기술과 기계가 만들어갈 것이다. 홍성욱의 말대로 그것은 바로 '생산력이며 또한 문화'[37]다. 정치와 경제, 전쟁과 평화, 삶 전체가 과학기술과 기계에 의존해 있다. 내가 생산하여 당신이 읽는 이 문자도, 그리고 그러한 문자를 통한 소통도 기계와 IT기술에 의해서만 가능하다. 어떻게 말해도 그 힘을 '충분히' 묘사하기란 쉽지 않다. 자본주의와 현대국가 자체가 그 힘에 의존하고 있기 때문이다.

따라서 과학기술에는 그것이 공동체와 인간을 위해 쓰이게끔 만들, 어떤 장치 혹은 카운트파트가 반드시 필요하다. 현재의 한국 인문학이 그러한 역할을 할 수 있을까? 지금 상태로는 어려워 보인다. 심지어 어떤 인문학자는 말도 안 되는 추상적인 고지高地에서, 과학기술과 기계를 비난하거나 무시한다. 과학이나 기술공학 혹은 기계문명을 '인간성 황폐'의 이유로 꼽는 것. 얼마나 오랜 시간 반복되어온 '상투어' 인가? 물론 과학기술에 대한 비판의 근거로 동원되는 생태학적 근본주의나 '느림'의 원리는 또 다른 논의거리임에 분명하다. 그러나 대부분의 상투어는 위선적인 논리적 치장과 현실의 문화에 대한 빈곤한 이해를 엄폐하기 위해 그것들을 악용한다.

과학기술과 '기계'를 둘러싼 상황은 매우 긴급하다. 그것은 문화 전반을 지배하는 힘일 뿐 아니라 새로운 '정치적·문화적 권력'이 되어 어딘가로 질주해나가고 있다. 그러나 이에 대한 한국 인문학의 지식과 태도는 어떠한가? 과학기술에 대해 비평하여 그것이 무엇인지 알려줄 수 있고 평가하여 제어하거나 북돋울 능력이 어딘가에서 반드시 생겨나야 한다.[38] 이와 관련하여 과학학의 위상이 높아지고 인문학 내부에서도 새로운 시도가 있기는 하지만, 갈 길은 너무 멀어 보인다.

특히 한국 인문학에는 '통섭'을 위한 준비가 전혀 이루어져 있지 않다. 다시 말해 통합적인 앎을 위한 훈련과 역사가 전무하다시피 하다. 물론 1970년대까지의 문리대 제도나 80년대의 마르크스주의적 교양은 통섭을 향한 작은 거멀못 같은 것이었다. 그러나 둘 다 너무 오래된 추억이다. 현 시점에서는 경영대가 문리대를, 경영학이 마르크스주의를 대신하고 있다.

그럼에도 불구하고 몇몇 예외적인 인물들과 학과가 '횡단'과 '통섭'을 실제로 시도하거나 실천하고 있다. 외톨이나 이단이 되는 것을 각오하고 그렇게 하고 있다. 남들보다 더 부지런하고 몇 배는 더 열정적이어야 가능한 일이다. 짐작컨대 비용도 분명 많이 들 것이다. 그러나 그들은 행하고 있다. 통섭이 격자 안에서 비슷한 것을 반복하며 소통하지 않는 것보다 훨씬 많은 긴장을 주는, 새롭고 문제적인 방식이기 때문이다.

통섭의 구체적 방법에 우선하여, 일단 통섭해야 한다는 당위를 강조해서 말할 수밖에 없다. 연구자·지식 생산자들의 태도와 의식 자체가 지식생산의 중요한 조건이기 때문이다. 학제와 기존 질서를 넘어서자는 연구자·지식 생산자들의 의지 및 합의 자체가 새로운 지식 생산을 위한 중요한 문화적 배경이 된다. 이런 점에서 한국 인문학은 자신의 무지와 무능에 대해 더 솔직해질 필요가 있다.

통섭의 조건과 방향

통섭은 다른 분야의 지식을 인용·원용하는 것 이상이다. 그것은 새로운 지식의 창출이다. 따라서 어떤 논리적 방법으로 하는가라는 물음이 당연히 제기된다. 이에 답하는 것은 간단하지 않다. 이는 '누가 그것을 하는가? 어떤 방향으로 하는가?'와 같은 큰 문제와 바로 연관된다.

최재천과 에드워드 윌슨 같은 생물학자들은 '문과·이과', 즉 자연과학과 인문사회과학의 통합 자체를 자신들의 중요한 학문적 과제로 생각한다. 이러한 '큰 통섭'은 궁극적으로 '지식의 대통합'으로서 추구해야 할 바다. '큰 통섭'은 새로운 인간론의 발견이나 세계 해석의 패러다임 창출과 연관된다. 하지만 문제는 인간론의 방향이며 교통이 이뤄지는 원칙이다. 그래서 이와 관련하여 이미 윌슨의 《통섭》 자체의 방법론에 대한 비판이 이루어졌다.[39] 비판의 공통된 주요 요지는 생물학적 환원주의에 관한 것이었다. 특히 한국 철학자들은 윌슨류의 통섭이 생물학에 대한 인문사회과학의 종속, 그리고 제지식의 생물학적 환원을 함의하는 것으로 간주한다. 이처럼 아직 어떤 통섭인가 하는 문제에 대한 일관된 합의는 없다. 이는 다음과 같은 다른 문제들을 야기한다.

첫째, 학문 간의 횡단과 융합이 이뤄질 때 전체를 아우르는 통섭의 원칙 수립이 과연 가능한가? 흔히 '종속적 통섭이 아닌 대등한 통섭'[40]을 말한다. 하지만 통섭은 특정 학문 분야나 현실의 필요에 의해 제기되기도 한다. 따라서 온전하고 '대등한 통섭'이란 불가능한 것이 아닌가? 월슨처럼 생물학주의에 근거하면서 '통섭'을 주장하는 것은 하나의 시도로서는 인정받을 만하다. 그것을 오류나 한계로 평가하는 것은 별도의 문제다. 인문학자들 중 생물학주의에 입각한 월슨의 통섭 논리를 마음 편히 받아들일 사람은 극히 적을 것이다. 인간이 지닌 동물과의 유사성에 대한 착목이 생태주의적 통찰과 유관하다 해도 그러하다.

둘째, 왜 어떤 영역이 횡단과 '통섭'을 주도하는가의 문제는 또 다른 논의의 대상이다. 왜 생물학주의가 오늘날의 '통섭'을 주도하는(것처럼 보이는)가? 최재천의 말에 의하면 최근 하버드대학 경제학부에 임용된 교수들은 모두 생물학과 경제학이 결합된 새 분야인 신경경제학과 행동경제학 전공자들이라 한다. 왜 생물학은 1990년대 이후의 미국에서 큰 권력을 갖게 되었을까? 사회생물학과 진화심리학 등 새로운 진화주의는 우리 문화에도 영향을 미치고 있는가? 신자유주의와 생물학주의는 어떤 관련이 있을까? 통섭은 정치적인 것이다. 그리고 '두 문화'는 동등하지 않다. 비스듬하게 병렬되어 있는 '두 문화'의 양상을 구체적으로 읽는 일은 어렵고 중요한 과제다.

셋째, 국가의 역할이 또 다른 논제가 된다. 국가는 지식문화 전체를 조정할 수 있는 힘을 갖고 있기 때문이다. 예컨대 〈한국학술진흥재단〉은 2000년대 이후 한국의 지식문화와 대학 사회를 바꾸는 데 결정적인 견인차 역할을 해왔다. '학진'의 여러 사업은 '학제 간 연구'를 지향해 왔는데, 그 성과와 한계를 짚는 일은 중요한 작업이 될 것이다. 그것이 제도와 '횡단' 의 문제를 더욱 중층화하기 때문이다. 제도 속에서, 제도를 통해서, 제도를 넘어서야 한다는 역설이 어떤 실효를 거두며 지식 생산 문화를 바꿔왔는지 평가해야 한다. 과연 인문학과 국가의 관계는 어떠해야 하나?

따라서 통섭은 단지 몇 가지 공적 제도와 학제를 바꾸는 문제만이 아니다. 어느 특정한 자연과학 분야가 다른 인문·사회과학적 사유를 전유·포섭한다고 해서 되는 것도 아니다. 통섭은 다수여야 한다. 진정한 의미의 통섭은 지식의 위상과 기능, 주체에 대한 사고를 달리하는 문제와 연관되어 있다. 그렇게 함으로써 앎의 근대적 체제를 갱신하는 데 있다. 이는 삶과 앎의 관계를 다시 설정하는 문제다. 누구에 의해 그렇게 되어야 하나? 기성의 학제와 전문가주의를 뛰어넘을 수 있는 몇몇 뛰어난 학자들이 아니라, 무언가 다른 힘들이 더 필요하다.

지식의 전문화와 세분화를 막을 수는 없다. 지식 자체가 스스로 진화·세포 분열하기 때문이다. 각 분야의 지식이 가진 자율적 체계 자체를 허물기도 어렵다. 완전히 갈가리 쪼개져 자율성을 가진 것처럼 존재하는 앎은 세계를 지배하는 '배후의 힘' 이다. 그리고 끝없이 '지식과 권력' 및 '지식과 자본' 의 결탁이 시도된다. 지식은 사회적이며 공통적인 것이지만 그 소유와 운용은 사유화되어 있다. 지식이 모두를 위해서 공평하고 올바르게 쓰일 수 있도록 하기 위해서는 앎의 공통 주체를 세워나가야 한다. 개별 분야의 지식생산자·지식노동자의 자생적인 노력과 더불어 집단적 지성의 능력과 연대가 필요하다. 그래서 통섭은 대중지성과 통한다.

Chapter. THREE

앎의 주체 : 대중과 대중지성

앎의 새로운 주체, 대중

국가, 집합적 지적 주체

국가 또한 지식의 공평하고 올바른 사용을 위해 필요한 요소 가운데 하나다. 가장 강력한 집합적 지적 주체가 바로 국가(정부)이기 때문이다. 국가는 주권의 안보와 인민에 대한 통치, 계급 간 이해관계의 조절을 위해 존재하는 모든 지식과 정보를 관리·운영한다. 그것이 바로 행정이고, 정책 수행이며, 복잡한 입법·사법 권력의 행사 과정이다. 근대국가 자체가 지식국가이며 정보국가다.[1] 20세기 이후 과학기술의 발전도 국가에 의존하게 되었으며,[2] 인문학과 예술의 발전도 국가의 사업 중 하나로 편입되었다.

이러한 상황에서 황우석 사태는 우리의 국가와 과학의 문제뿐 아니라, 국가와 지식 전반의 문제를 다시 생각하게 해주었다. 황우석 사태에 대한 한국 정부의 행태는 실망스러운 것이었다. 노무현 정부는 황우석을 '띄워' 자기의 약한 지지기반을 넓히고자 했다.[3] 정부는 검증의 틀을 마련할 생각은 꿈에도 못한 채, 황우석 팀에게 체세포복제줄기세포 연구를 독점할 수 있는 권력을 주었다. 황우석 팀은 엄청난 연구비를 정부로부터 지원받았다. 정부는 사태를 정확히 파악할 능력도 없으면서 황우석 박사와 그 연구 성과를 이용해먹기에 바빴다. 그래서 문제가 터져 나온 뒤에도 적절한 조치를 전혀 취할 수 없었다. 정부 자체가 황우석 박사에게 속았다. 국회와 행정부 모두 그랬다.

황우석 사태의 본질을 황우석(과학권력)―국가―(국가주의적이며 선정적인) 언론의 '3각 동맹'이 벌인 일이라 파악한 논자들이 많았다.[4] 이는 타당한 면을 갖고 있다. 그러나 원래 무지를 기초로 장사를 하는 언론은 그렇다 쳐도 국가조차 동맹은커녕 진정 아무 것도 '몰랐다'는 사실 또한 사태의 본질을 구성하는 요소 중 하나다. 그래서 '3각 동맹론'은 진실의 일부만을 보여준다.

황우석 사태에 관련된 국가와 언론은 단지 '조중동'이나 노무현 정부라는 특정 대상의 문제를 넘어 근대적 앎의 생성과 유통 문제와 관련된 국가와 언론 자체의 양가적인 본질을 보여준다.

한번 극단적으로 말해보면 국가는 피치자의 무지에 기초해서만 유지되고, 언론은 무지를 팔아먹고 산다. 계급·계층의 적대 위에 세워지는 국가의 중립성은 절대 믿을 수 없는 환각 같은 것이다. 교과서의 지식과 공교육은 제대로 된 지식 전수가 아니라, 굴종하는 신민을 키우기 위해 존재한다. 신문과 TV를 통해 얻을 수 있는 지식과 정보 중에서 정확하고 유용한 것은 단 하나도 없다. 매체는 학문 영역에서 생산된 정밀한 지식을 전혀 제대로 전달하지 못한다(기자들이 무식해서가 아니라 앞서 말한 대로 앎의 번역 과정 자체가 그러하기 때문이다. 사회적 표상화는 매체에서 사용되는 언어와 학문 영역에서의 언어를 서로 다르게 한다). 정보도 마찬가지다. 정보의 가치는 시간과 결부된 경우가 많기 때문에, 이미 널리 보도된 순간 그 정보는 이미 정보로서의 가치를 잃어버린다. 우리는 대중매체를 통해 사태의 본질과 지식의 알맹이가 사라진 그림자만을 겨우 볼 수 있을 뿐이다.

그럼에도 완전히 쪼개져 결코 통합될 수 없이 세분화된 앎의 확대는 반대의 경향과 늘 함께 존재한다. 다시 말해 현대의 삶은 앎의 분화뿐만 아니라 통합된 앎도 요청한다. 그것은 수천 개의 영역과 분화된 장의 논리를 통합하는 공통적 지식·정보다. 통용되는 '정치·경제·사회·문화·군사·국제' 등과 같은 대영역의 이름은 이러한 통합과 분화의 양방향을 동시에 보여준다.

그래서 역으로, 국가와 언론은 공통의 앎을 형성하는 데 가장 중요한 역할을 수행한다. 국가가 만드는 공교육 체계에 의해 민중은 '국민화' 된다. 직업과 '전문' 을 떠나 우리가 아는 다른 분야의 앎은 거의 대부분 언론과 국가가 소개해준 것이다. 신문과 TV, 교과서와 교양과목의 목록이 공통된 앎을 제공한다. 아카데미와 대학에서 만들어진 전문지식과 학문은 대중매체를 통해 번역되고 사회화된다. 국가는 자신의 교육정책과 일상의 행정을 통해, 또한 언론은 '여론' 을 만드는 기능을 통해 사권私權과 무지에 대항한다.

이처럼 앎의 통합의 요구는 지배와 저항의 양면에 다 걸쳐 있다. 권력은 앎의 통합에 적극적으로 기능할 수 있다. 자율화하는 앎이 국가와 지배체제를 위협하지 못하게 하고, 앎을 지배의 도구로 활용하기 위해서다. 문제는 역관계에 달려 있다. 앎의 통합에 개입하는 힘과 위계는 한 사회와 세대의 교양과 상식의 성격과 수준을 결정한다. 교양이나 상식과 같은 통합된 앎은 공통의 감각과 이데올로기에 근거하는 것이다. 그리고 통합된 앎은 다시 개인을 국민이나 계급계층의 한 구성원으로 재생산한다.

교양·상식·이데올로기 등을 둘러싼 앎의 통합에 관한 싸움은 지금-여기에서 벌어지고 있다. 교과 과정과 교과서의 내용을 두고 벌어지는 싸움을 보라.

대중·대중지성의 탄생

근대의 개별자들은 국민국가와 자본주의에 의해 주체로 규정된다. 그들은 그야말로 개별자로 고립된 삶을 살면서 동시에 도시와 같은 공동체 속에서 집단적으로 생활해야 한다. 현대의 개인은 국민으로서, 가족으로서, 직업인으로서, 타인의 삶과 끝없이 교통하며 인간으로서 '일반 의무'를 이행해야 한다. 이를 위해서는 정말 많은 지식이 필요하다. 예를 들어 27세의 한국인이 가지고 있는, 또 가져야 할 지식은 얼마나 많을까? 초중고와 대학에서 수없이 많은 교과목을 통해 여러 분야의 부정확하고도 기초적인 지식을 배우고 익혀왔다. 학교를 졸업하면 특정한 직업의 필요에 의해 세밀하고 전문적인 지식을 다시 익혀야 한다. 또한 '성인'이라는 개별 주체로 살기 위해 삶에 필요한 제반의 법률·세제 등의 지식을 따로 습득해야 한다.[5]

앎의 분화는 지식의 내용 문제만이 아니라 앎의 주체에 관련된다. 앎의 분화는 근대적 학교제도와 미디어의 형성에 의해 촉진되고, 계급·계층의 분화에 의해 완성되고 확대 재생산된다. 어느 한쪽에만 앎과 지식 생산의 도구가 독점되어 있고 다른 한쪽에는 앎 자체가 없을 경우 진정한 의미의 지식 주체의 분화란 있을 수 없다. 따라서 앎의 분화와 관련하여 근대가 다른 시기와 결정적으로 '다른 상황'은

‘대중’의 존재 또는 ‘대중이라는 현상’이다.

그야말로 ‘낫 놓고 기역자도 모르던’ 무지렁이들도 뭔가를 읽고 알기 시작했다. 근대에 들어서며 비로소 ‘거의 모든’ 사람이 교육의 주체이자 대상이 되었다. 학교에 다니게 되면서 문맹을 면할 수 있었다(물론 아직도 아시아·아프리카 국가의 민중 중에는 문맹자가 많다). 모두가 신문과 방송, 텔레비전과 영화와 같은 근대 미디어 앞에 노출되게 되었다. 그럼으로써 사회에는 커다란 공통의 앎-공간이 생겨났다. 인류사가 시작된 이래 처음 있는 현상이었다.

영국에서는 1800년에 단 1퍼센트 정도의 사람들이 일간지나 일요신문을 읽었다. 그러나 약 150여 년이 지난 뒤 90퍼센트가 신문을 읽게 되었다. 영국 학자 레이먼드 윌리엄스는 이를 가리켜 ‘장구한 혁명The Long Revolution’이라 불렀다.[6] 한국에서는 어떤가? 잘 알려진 대로 1930년에는 전체 조선인의 11퍼센트만이 온전한 문해력을 갖고 있었으며, 농촌지역 문맹률은 90퍼센트를 훨씬 넘었을 것으로 추정된다.[7] 여성은 1.2퍼센트만이 책을 읽을 수 있었다. 또한 보통학교 졸업자의 20퍼센트 정도만 중등학교에 진학했다. 지금은 어떠한가? 1948년에 초등학교 졸업자의 20퍼센트 정도가 중등학교에 진학했으나, 지금은 무려 80퍼센트 이상의 고졸자가 대학에 간다. 그야말로 ‘압축혁명’이 아닌가? 이 압축혁명은 단지 한국에서만 일어난 것이 아니다. 러시아와 중국, 그리고 ‘제3세계’의 모든 지역에서 비슷한 변화가 일어났다.

앎의 문화에 일어난 이러한 보편적이면서 격렬한 변화, 그 변화가 탄생시킨 새로운 존재, 그들의 앎을 과연 무어라고 불러야 할까? 이 글에서 말하는 대중과 대중지성은 그러한 존재와 그 앎과 밀접한 관계가 있다.

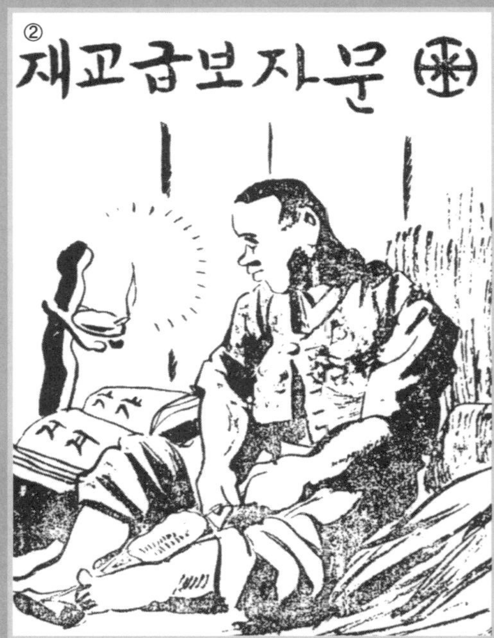

① 1930년 7월 10일 발행된 《한글원본》(조선일보사).

② 1936년 12월 13일 발행된 《문자보급교재》(조선일보사).

③ **해방 직후 북한에서 실시한 문맹퇴치운동 사진.** 두 할머니가 다른 학생들과 함께 공부를 하는 모습이 문맹
  퇴치를 위한 국가적·개인적 노력을 상징적으로 보여준다. 미국 메릴랜드 국립문서보관소.

④ **해방 후의 문맹퇴치 포스터.** 1947년 12월 1일~1948년 3월 31까지의 기간이 명시되어 있다. 미국 메릴랜드
  국립문서보관소.

대중의 양면성

대중은 획일적인 덩어리mass가 아니라, 거대하고 다기한 '복합적 주체성'을 의미한다. 대중은 그 자체로 논란을 불러일으키는 개념이다. 잘 정의한다 해도 불충분하거나 사변적인 것이 될 수밖에 없다. 가장 큰 이유는 대중이 복합적이고 유동적인 주체이며, '실체'가 아닌 '현상'이기 때문이다. 대중은 그 자신 속에 서로 다른 지향과 정체성을 지닌 계급·계층의 소속원들을 포함하고 있다. 즉 '대중'이라 명명된 덩어리 안에는 부르주아와 쁘띠부르주아, 노동계급과 농민, 여성과 남성, 어린이와 청(소)년과 노인이 모두 존재한다. '대중으로서' 행동할 때, 지배 분파와 피지배 분파는 뒤섞인다. 요컨대 대중은, E. P. 톰슨이 노동계급에 대해 말한 것처럼, 유동하는 흐름이다.

대중은 특정한 계급계층이나 세대, 인종의 '주체'들과 동일하게 간주되어서는 안 된다. 대중은 정체성으로서 기능하지 않는다. 즉 개별자들은 '국민'이나 '여성', '노동자', '흑인' 등의 경우와 달리 자신을 '대중'과 동일시하지 않는다. 이런 점에서 대중은 수용하고 행동한다는 의미에서는 '주체'이지만 단지 '현상'이기도 하다. 대중 현상에 일관성이 없(어 보이)는 이유는 바로 이런 점 때문이다. 따라서 대중을 '어떠어떠한' 사람들로 간주하는 사고방식은 대중의 실체를 파악하는 데 아무런 도움이 안 된다. 일반적인 대중론의 가장 큰 한계는 대중을 일정하고도 구체적인 사회적 신분을 가진 사람들로 대상화하는 데 있다.

대중은 한편으로는 복합적 존재이며, 다른 한편으로는 '자기참조적' 존재 현상이다. 다시 말해 '현상으로서 대중'의 가장 중요한 특징 중 하나는 행동과 인식을 복제하여 자기 증식한다는 점이다.

역사를 만들어가는 주체로서, 민주주의의 행위 주체로서 대중은 '대중의 죽음'을 꾀하는 자본과 권력에 맞서야 한다. 우리에게는 그러한 경험이 있다. 4·19혁명, 6월항쟁, 촛불시위 등이 바로 그것이다. 이 생생한 역사적 사례를 토대로 본연적 다양성을 잃지 않도록 해야 한다. 이것이 근대 지식이 요구하는 바다.

4·19혁명
1960년 4월 19일 군대와 대치하고 있는 시위대의 모습.

6월항쟁
1987년 6월 9일 시위 도중 전경이 쏜 최루탄에 맞아 숨진 이한열 열사의 장례식(7월 9일) 때 서울시청 앞을 가득 메운 100만 인파.

미국산 쇠고기 수입 반대 촛불시위
2008년 6월 6일 미국산 쇠고기 수입 협상 문제를 둘러싸고 벌어진 촛불시위 모습.

이는 대중이라는 현상의 매우 중요한 일면으로서, 현대인이 처한 삶의 유사성과 매스미디어가 창출하는 동시성에 의해 뒷받침된다. 그래서 대중 여론이나 '상식' 같은 집단적인 앎이, 그리고 대중 동원과 같은 집단행동이 나타나는 것이다.

고병권이 말한 대로 대중이 어떤 위력에 의해 본연적 다양성을 잃어버리고 획일적인 양상을 띠는 것을 곧 '대중의 죽음'으로 간주할 수 있다.[8] 대중이 하나의 이념이나 우상에 자발성을 양도하는 것, 전쟁과 파괴에 역동성을 동원당하는 것이 '대중의 죽음'이다. '대중의 죽음'을 획책하는 것은 물론 자본과 권력이다. 자본과 권력은 개별자들이 경험하는 삶의 불안과 외부의 위협에 대한 공포를 악용하여 '죽음'을 부추긴다. 파시즘은 가장 비극적인 실례였다. 이처럼 대중의 죽음을 부추기는 힘에 맞서 싸워야 한다. 그러나 '근대성' 속에, 또 대중 자신들 속에 전체를 향한 힘도 내장되어 있다.

대중은 그 자체로 다중적이며 유동적이다. 그러나 또한 대중은 획일적이며 주체성이 없다. 곧 '대중은 양면성을 지닌다'. 이 말은 당연한 상식이다. 우리는 거기에서 한발 더 나아가야 한다. 우리가 곧 대중이다. 대중이 역사를 만들며 대중만이 민주주의를 행한다. 이는 도덕적 언명이 아니라, 근대 지식의 구조와 민주주의의 구조가 강제하는 바다.

우리 자신이 대중이다

그런데 무척 흥미롭게도, 대중이 가진 복잡한 함의에도 불구하고 누구나 대중이라는 말을 알고 있고 누구나 쉽게 사용한다. 나아가 누구나 이 말에 대해 특정한 태도를 가지고 있다. 예컨대 대중문화, 대중가요, 대중민주주의, 대중폭동, 대중매체 등의 말을 생각해보자. '대중'이라는 말이 어떤 언명 속에서 이미 맥락을 갖고 쓰이고 있다는 점은 중요하다. 레이먼드 윌리엄스는 《키워즈Keywords》에서 대부분의 보수주의 사상에서는 '대중'이 경멸의 뉘앙스를, 사회주의 지향의 사상에서는 긍정의 뉘앙스를 지닌다고 했다.[9] 옳다. 보수와 진보 자체가 대중에 대한 태도를 달리 하는 면이 있다. 원래 동아시아에서 불교 용어로도 쓰였던 이 단어는 '평범, 비속, 보통, 서민적' 등의 관형어와 환유적 계열을 이룬다. '평범, 비속, 보통, 서민적'이라는 말이 이미 가치판단을 품고 있기 때문에, 이 모두를 포괄하는 '대중'은 이중, 삼중의 가치정향적 언어가 된다. 그러나 '대중'은 본질적으로 '보편적인 것', '일반적인 것' 그리고 '근대적인 것', '자본주의적인 것'과 그 의미가 연관되어 있다.

오늘날 '대중'은 특정한 태도를 가진 관찰자가 어떤 현상을 가리키면서 자신을 제외한 다른 존재를 대상화하기 위해 쓰는 용어다. 근대의 앎은 현실 그 자체에서 독립한 (것처럼 보이는) 현상에 대한 객관적 관찰의 공간을 만들어낸다. (독자적인) 비평과 관찰, (자율적인) 분석과 해석의 환각을 형성해낸다. 이러한 위치를 갖고 있다고 (스스로) 생각하는 어떤 주체들은 자신(과 몇몇 동료)을 제외한 모두를 상투적으로 '대중'이라 부른다. 즉 대중은 모두에서 자기를 뺀 거대한 차집합의 이름이다.

이 상투적 호명의 효과는 흥미롭다. 자신을 대중에서 분리하는 것은 자신을 현실로부터 분리해낸다. 그리고 자기가 지닌 지식의 일부를 통해 '엘리트'나 '지식인' 혹은 '전문가'라는 존재와 동일시하게 한다. 자기가 가진 지식의 일부는 '전문'적일 수 있지만, 그 외 나머지 모두는 '대중적', '통속적'임에도 그렇게 한다. 이것이 곧잘 '구별 짓기' 하는 허위적인 태도와 연관됨은 두말할 필요도 없다. 이러한 효과와 의식은 역설적으로 인문학과 예술 및 취향의 체계에서는 현실에서의 그들의 소외와 함께 오히려 강화된다. 이는 근대 인문학과 비평의 존재 방식이었다. 그리하여 역설적으로 오늘날 그것은 사멸과 재구성의 갈림길에 서 있는 것이다. 그런데 이는 모든 영역에서 존재하는 효과이며 의식이다. 모든 '전문' 분야는 '대중'과 다른 전문지식을 갖고 있기 때문이다. 과학자들이 인문학자와 '국민'을 뭉뚱그려 뭐라고 부를까? 점잖은 경우 '대중'이라 부를 것이다.

최근의 '광우병 사태'를 두고 한 과학자는 다음과 같이 말한다. '대중'과 '전문가'의 관계가 무엇인지를 잘 보여주는 예다. "두 번째로 시민들의 위해성 인식과정에 대한 이해 부족을 들 수 있다. 대다수 사람들은 위해성을 판단할 때 과학적 근거와 같은 실제적인 위험만을 고려하지 않는다. 전문가들은 위해성을 확률로 따지지만, 대중은 동물적 본능으로 평가한다. 이런 평가가 비이성적으로 비칠 수 있지만, 과학적 근거에도 엄연히 불확실성이 존재하고 사람이 심리적 동물이라는 사실을 생각하면 수긍이 간다."[10] 이 보건학 '전문가'에 의하면 통계적 확률은 합리적인 전문지식이며, 이에 근거하지 않는 모든 사람은 '동물적 본능'으로 사태를 파악하는 '대중'이 된다. 이 경우 나는 대중인데, 당신은 어떤 쪽인가?

대중은 동떨어진 타자가 아니다. 지식의 문제에 집중해서 말한다면, 소칼에 대해서 무지한 라캉과 크리스테바가, 라캉과 크리스테바에 대해서는 거의 모든 공학자가, 공대 1학년 수준의 역학에 대해서는 인문학자 전체가, 수의학자에게는 광우병의 광자도 모르는 이명박 정부의 관료들이 대중이다. 그러니까 바로 나와 당신이 비속하고 무식한 '대중'이 된다.

지식인의 환각

근대가 일구어내는 앎의 체계 속에 '대중-됨'이 있고, '지식인'도 있다. 서구에서는 이미 19세기 중반에 물리학이, 후반에 생물학이 전공자 이외의 사람은 도저히 이해하기 어려운 지식이 되었다고 한다.[11] 전문지식은 깨기 어려운 자기만의 아성을 제도화하기 시작했고, 개인이 자기 분야를 넘어 무엇인가를 제대로 안다는 것이 불가능해졌다. 다방면에서 천재적 재능을 발휘했던 레오나르도 다 빈치나 《백과전서》를 쓴 디드로 같은 르네상스적 인간은 존재할 수 없게 되었다.

대중의 등장에 놀란 19세기와 20세기의 서구 지식인이 과연 세계에 대한 균형 잡힌 전체상을 갖고 있었을까? 그의 앎은 한편으로는 발전한 노동 분업에 의해 파편화되고, 다른 한편으로는 제국주의와 엘리트주의에 의해 오염되어 있었을 것이다. 영국 같은 선발 자본주의 국가나 일본 같은 후발 자본주의 국가에서 의무교육이 확대된 것은 19세기 후반 혹은 20세기 초반의 일이다. 러시아나 중국, 그리고 '제3세계'에는 얼마나 많은 무식자들이 있었겠는가?

요컨대 대중이라는 명명법은 복잡하고 모순된 맥락을 가지고 있다. 세계 전체에서 앎의 분화가 급격하게 진행되고 있을 때, 한편으로는 전근대의 귀족과 그 문화로부터, 다른 한편으로는 새롭게 발전한 근대 지식의 합리적 체계로부터 나타난 중산층 이상의 지식계층이 이러한 명명법의 주인이 되었다. '지식인'과 '대중'의 구별은 사회로부터 거리를 유지하는 독립된 (것으로 간주되는) 지성이 갖는 '전체성'의 환각 그리고 정치와 경제, 정치와 종교 등의 분립으로부터 만들어진 공론장의 환각이 만들어낸 것이다. 물론 이 환각은 단지 환각이나 계급적 자의식만이 아니라, 수없이 많은 문맹자와 제국주의에 의해 발견된 '야만'에 의해 부추겨진 것이다. 또한 앎의 다층적인 불균등 분배를 일부 실제로 반영한 것이다.

공론장은 17세기부터 19세기 전반의 서유럽에 존재한 시민계급, 즉 부르주아의 공적 담화 공간을 뜻한다.[12] 하버마스에 따르면 공론장은 사적 영역과 국가권력의 분리에 의해 생성된 공간으로서 국가와 자율성을 가진 개인들의 완충지대다. 흔히 공론장의 '모델'로 18~19세기 영국과 프랑스의 살롱, 카페, 클럽과 정기간행물이 거론된다. 즉 공론장은 '시민적 합리성'이 발현되는 소규모의 공간이다.[13] 공론장 개념은 시민사회와 공적 영역의 형성과 관련하여 많이 원용된다. 그러나 공론장은 자본주의 초기 단계로부터 시작된 계급투쟁과 대중의 등장이라는 근대의 실제적 양상을 담아내지 못하는 관념적 개념이다. 또한 합리적이고 상호주관적인 담론의 장이란 환상에 가깝다.

하버마스도 19세기에 들어서면서 부르주아 시민의 '합리적' 공간이 더 이상 존재하기 어렵게 되었음을 지적한다. '평등'한 사람들의 '자유'로운 의견 교환은 민주적이지 않고 합리적이지도 않은 홍보나 광고 같은 수단에 의해 대체된다. 정당과 언론도 합리적인 토론보다는 표상과 외양을 주로 사용하고, 이는 곧 책임 있는 '의견'을 압도해버린다. '표상과 외양'의 문제에 이름으로써, 이상적이어야 할 공론장이

치열한 계급투쟁과 '대중'의 등장에 의해 붕괴되고 오염되었다고 이해한 것이다. 그는 '문화를 논하는 공중에서 문화를 소비하는 공중으로'의 전화를 '부르주아 공론장의 붕괴' 과정이라 말한다.[14] 그러면서 이를 '공론장의 재봉건화'라 지칭하며 부정적으로 묘사한다. 이러한 구분은 이상주의적인 논변이 다다르기 쉬운 귀결이라 보인다.

공론장 개념은 무엇보다 (남성) 부르주아 교양인을 의미하는 '시민'을 '여론'과 정치의 주체로 가정하기 때문에 비현실적이다. 로제 샤르티에를 위시한 역사가들이 지적하듯 공론장 개념에 상정된 교양 있는 부르주아의 상 자체가 허구적이며, 역사적으로 부르주아 시민적 주체의 등장은 곧 노동계급을 위시한 대중의 탄생에 잠식되고 교란된다. 프랑스 혁명에서의 상퀼로트나 제4계급의 역할에서 보듯, 이와 같은 잠식은 근대 '민족'의 성립이나 민주주의의 전개에서 거의 필연적인 과정이었다.

따라서 '무식한' 대중의 존재 자체를 민주주의에 관한 사유에 포함시키지 않으면 안 된다.[15] 새로이 등장한 대중은 '공중'이나 '시민'과 결합되어 있다. 분리할 수 없는 존재다. 이런 이유로 공론장 개념은 실재라기보다 '규범적인 개념'에 가깝다.[16] 공론장 개념을 사용하려면 그것을 정보적·표현적·유대적 교류, 즉 공적 의사소통이 행해지는 공간으로, 또는 "주로 대중매체의 회로와 망을 지칭하거나 매체에서 일반의 공적 관심사에 대한 주목을 위해 할애된 시간과 공간"[17]으로 확대해야만 한다. 물론 이때의 공론장은 원래와는 다른 함의를 갖게 된다.[18] 이 광의의 공론장 개념에서의 '대중매체'와 '일반'은 분명 하버마스의 머릿속에 있던 커피하우스 같은 '작고 합리적인 공간'과 '부르주아 시민'과는 다른 존재와 공간이다.

　부르주아 혁명과 민주주의를 향한 행진에서 생겨난 공통의 앎 공간의 범위는 사실 '공론장'이라 불리는 시민적 영역보다 훨씬 크다. 또한 '시민'보다 '대중'은 훨씬 크고 실제적이다. '대중'과 대중지성을 생각하는 것이 공론장과 시민이라는 개념에 뭉뚱그려진 근대 민주주의에 대한 낙관적·낭만적 사유에 비해 훨씬 현실적이다. 이는 '공론장' 개념이 배제시킨 여성, 노동계급, 빈민, 식민지인 등 근대의 하위 주체들 그리고 그들의 존재성을 포함한다. 또한 대중지성 개념은 혁명과 노동운동의 과정에서 형성된 다양한 민중과 하위 주체의 지적·합리적 공간을 환기할 수 있게 한다. 또한 미디어와 권력에 의한 여론 조작, 대중민주주의의 실패, 파시즘의 출현과 같은 부정적이고 불가피한 근대의 주제도 사유할 수 있게 한다.

　3·1운동이나 5·4운동을 가능하게 했던 공통의 앎과 의지의 형성이 과연 하버마스의 '공론장'에서 가능했겠는가? 물론 광의의 '공론장' 개념과 대중지성은 연관된다. 예컨대 '프롤레타리아 공론장'과 같은 개념이 그러하다. 그러나 공론장의 개념을 한정적으로 사용하면서 대중지성의 탄생을 살피는 것이 훨씬 더 실상에 가깝게 다가가는 일이라 생각한다.

대중지성

대중+지성, 근대적 앎의 존재 방식

'배웠다'고 자처하는 사람들 중 몇몇은 대중지성이라는 말에 거부감부터 표한다. '대중'과 '지성'이 결코 결합할 수 없는 말이라 생각하기 때문이다. 오늘날 '대중'은 중졸 혹은 고졸자를 가리키는가? 아니면 학력 인플레가 심한 한국에서는 대졸자도 포함되는가?

다음과 같은 가정을 해보자. 어떤 한국 대학에서 인문학 박사 학위를 받은 사람 A가 있다. 이 대학은 오늘날 신자유주의적 대학 관료들이 좋아하는 《타임스*The Times*》가 선정한 세계 300위 대학 랭킹' 같은 데 이름을 올린 적이 없다. A는 대학의 교수로 살아가며 국가에서 인문학 영역의 연구비를 받아 직업적으로 '논문'을 써낸다. 이처럼 '문필업'이 직업이며 술자리에서 안주 삼아 국가와 세상에 대해 비판하는 것을 좋아한다. 총선에서는 기호1번을 찍었다. 그는 자신이 삶과 세계에 대한 비판적 통찰력을 갖고 있다고 믿는다. 이 사람이 '지식인' 혹은 '엘리트'인가?

소위 '1류 대학' 공대 학부를 나온 사람 B가 있다. B는 연봉이 2억원이며 대기업 핵심부서 정규직으로 일하고 있다. 소설이나 사회과학 서적은 안 보지만 잡지도 읽고 오페라도 보러 다닌다. 신문은 《코리아 헤럴드》를, 방송은 CNN을 본다. 글쓰기가 직업은 아니지만 가입한 인터넷 카페에 경제 정책에 대한 글 올리기를 좋아한다. 그는 자신이 삶과 세계에 대한 비판적 통찰력을 갖고 있다고 믿는다. 이 사람은 '지식인' 혹은 '엘리트'인가? A와 B 중에서 '지식인'에 가까운 사람은 누구일까?

대중지성이라는 말에 혐오를 일으키는 사람들은 대중에 대한 지극한 경멸과 더불어, '지성'에 관한 깊은 존경심을 갖고 있다. 구스타브 르봉이 1897년에 펴낸 《군중심리학》이라든지 오르테가 이 가세트가 1930년에 간행한 《대중의 반역》 등은 20세기 초 대중의 등장(?)에 대한 대표적인 우파적 논의다. 이들 책은 '대중'을 뒤늦게 발견하고 경악에 차 지르는 엘리트주의적 비명의 선구격이다. 1870년의 파리나 1917년의 모스크바에서 만들어진 대중의 자발적 민주적 정치체와 인민권력에 관한 공포가 이런 책을 탄생시킨 근원이었을 것이다. 오르테가 이 가세트는 대중을 '원시인'에 비유한다. '평균인'으로서의 '대중'은 건강하고 강한 건강을 소유했을 수 있지만 역사적 사명감도 없고 오직 생존 기술만을 습득하며 성장하는 존재이며, '지성'이 폐쇄되어 자신만의 견해를 만들 수 없는 존재다.[19] 이들의 글을 보면, '무식한 대중'에 대한 혐오가 얼마나 오랜 시간 동안 지배계급 엘리트의 심리적 위안물로 반복 사용되어 왔는가를 알 수 있다. 문제는 이 책들이 지금도 읽히며 인용되기도 한다는 것이다.

한편 '지성'의 본의는 좋게 해석될 수도 있다. 또 소위 '지성인'과 자신을 동일시하는 것은 지적으로 노력하겠다는 의지가 담긴 좋은

1870년의 파리(위) 바리케이드 위로 프로이센–프랑스 전쟁에서 패한 프랑스 정부의 무능함에 반발, 봉기를 일으킨 프랑스 민중이 보인다.
1917년의 모스크바(아래) 볼셰비키가 주축이 된 적군Krasnaya Armiya이 1917년 11월 7일 케렌스키 임시정부의 마지막 보루 동궁冬宮을 향해 돌격하고 있다.

지적 태도다. 그런데 '지성'은 이 책에서 거론하는 여러 다른 형태의 앎의 명칭처럼 근대에 이르러 새로 만들어진 말이다. 그중에서도 가장 늦게 쓰이게 된 말의 하나다. 《조선왕조실록》, 《비변사등록》 같은 조선시대 문헌에서는 이 말을 찾기 어렵다. 개화기의 학술지나 《개벽》 같은 1920년대 잡지에서는 요즘과는 다른 의미로 쓰였다. 즉 유교철학의 용어로서 인간이 갖추고 있는 선험적·보편적 본성인 '성性을 아는 것'이라는 뜻을 지닌 동명사로 사용되었다.[20] 오늘날 우리가 쓰고 있는 것과 같은 의미의 '지성'은 한국에서 1930년대 이후에 등장한다. 1930년대 이후 비이성적인 전체주의가 발호하면서 '지성'이라는 말이 널리 쓰이기 시작한 것이다. 《동아일보》의 경우 1937년 이후의 기사에서 본격적으로 발견된다. 특히 대표적인 친일 평론가 최재서가 일련의 '지성론'을 연재하고 《문학과 지성》(인문사, 1938)을 출간함으로써 이 말의 조선 보급에 크게 공헌한 것으로 보인다. 최재서 자신의 행적은 '지성'이 얼마나 공허한 것인지를 보여주는 사례 그 자체다. 하지만 어쨌든 '지성'은 역사적으로는 자본주의나 사회주의 모두와 거리를 두는 척 한다는 점에서 자유주의의 '포즈'와 유관하다.

'지성'은 독립적이고 성찰적인 지혜를, '지성인'은 지성을 소지한 채 어느 쪽에도 속하지 못하고 고뇌하는 '지식인'을 연상시킨다. 바로 그렇기 때문에, 지성은 지배의 도구이며 현혹의 낚싯대다. 다른 말과 달리 '성性'자를 쓴 덕분에 현혹은 더 심하다.

요컨대 대중지성에 대한 거부감은 '대중'과 '지성'이라는 일견 모순적인 두 단어가 합쳐짐으로써 야기된 것이다. 다시 말해 그러한 거부감은 근대적 앎의 배치와 모순에 대해 잘못 해석했기 때문어, 혹은 대중의 존재성에 관한 지배 이데올로기의 해석에 침윤되었기 때문에 비롯된 것이다.

우리는 이를 넘어서서, 지성에 다른 의의를 부여함으로써 그것을 구제해야 한다. '대중+지성'은 형용모순이 아니다. 이 말은 원래부터 잠재된 근대적 앎의 한 존재 방식을 새롭게 드러내고, 앎-권력의 고정관념과 통치를 거부하는 전복적 위력을 가리킨다.

대중지성, 다중의 집합적 지성

대중지성은 앎의 내용, 형식 그리고 주체성이라는 세 가지 차원의 계기를 내재하는 개념이다. 이는 현대의 앎이 취하는 필연적인 성격에서 도출된다. 먼저, 대중지성은 현대의 공통 공간에 등장하여 주체성을 부여받는 다중적 주체가 앎을 교육과 미디어를 통해 소지하게 되는 집단적 현상과 그에 의해 성립되는 앎을 가리킨다. 대중지성은 공통의 지성인 한편 '다중'의 집합적 지성이다. 공통적 표상화는 대중지성의 성립에 중요한 요인이다. 상식·교양·이데올로기 등의 앎은 대중지성이 지배적인 앎과 교호·갈등하며 현상하는 앎의 양상들이다. 대중지성은 전문적인 지식과 학적인 지식의 영역, 그 주체와 대립하거나 또는 공존하는 앎이다.

따라서 대중지성은 단지 많은 사람들이 어떤 지식을 소유하고 있다는 뜻도 아니고, '대중'이 가진 '대중적인' 지식을 의미하는 것도 아니다. '대중'을 평균적인 사람들의 무리로 생각하고 '대중지성'을 '그러한 사람들의 지식'으로 풀이하는 것은 '대중지성'에 관한 가장 잘못된 이해다. 기본적으로 대중지성은 현대적인 앎의 주체성을 표현하기 위한 개념이다. 현대의 대중이 근대 이전의 민중과 결정적으로 다른 것은, 민중계급이 앎의 생산도구와 매체를 스스로 보유하고 있고 그것이 지배계급이 소유한 것과 결정적으로 다르지 않다

팀 버너스 리Timothy John Berners-Lee
인터넷 혁명의 선구자. 유럽 핵-입자물리연구소 연구원으로 재직 당시 지리적으로 멀리 떨어진 연구자들 사이에 연구 자료를 공유하고 빠르게 주고받을 수 있는 방법을 고안한 뒤 이를 전 세계를 거미줄처럼 연결한다는 뜻으로 월드 와이드 웹이라 명명했다.

빌 게이츠William Henry Gates III
컴퓨터 대중화의 1등 공신. 1975년 폴 앨런Paul Gardner Allen과 함께 마이크로소프트사를 설립한 뒤, 1981년 컴퓨터 운영체계 MS-DOS를 개발하여 개인용 컴퓨터PC(Personal Computer) 시대를 열었다.

는 데 있다. 가장 기본적이고 1차적인 도구는 문해력과 민중의 (정치적) 자기의식이다. 문해력이 갖는 중요성은 따로 설명하지 않아도 될 것이다.[21] 근대의 민중은 계급민주주의 혹은 대중민주주의의 정치적 주체다. 그들은 그저 수동적인 존재가 아니다. 그들은 주권자라는 민주주의의 원리에 의해 의식화되어 있다. 저항과 불복종, 참여와 여론의 주인으로서 적극적인 정치활동을 한다. 지배권력은 그것을 이용하거나 억압하려 한다. 그 사이에 민중은 주체로서의 자신을 인식하게 된다.

근래 뒤늦게(?) 대중지성(혹은 다중지성)의 의의가 많이 운위되는 이유는, 인터넷과 월드 와이드 웹 등 오늘날 민중이 소지하게 된 앎과 소통 도구의 위력이 막강하기 때문일 것이다. 프랑스의 철학자 피에르 레비Pierre Levy는 사이버공간에서 나타난 대중 현상에 기반하여 집단지성L' Intelligence collective이라는 개념을 제출한 바 있다. 참고할 만한 개념이지만 '대중지성'과는 차이가 있다. 미국의 하워드 라인골드는 웹과 이동통신기기를 사용하며 앎을 공유하는 이러한 새로운 대중을 '스마트 몹Smart Mobs'이라 명명했다.[22] 또한 근대적인 의미의 '지식인과 대중'의 관계가 변화했기 때문일 것이다. 이전에 정보와 교육으로부터 거의 완전히 소외되고 따라서 세계에 대한 통찰과는 무관한 존재로 간주된 '대중'은 이제 더 많고 강력한 앎의 도구를 소지하고 더 다양한 존재로서 활동성을 보인다. 반면, '지식인'이 가진 앎의 부분성이 폭로되고 그들이야말로 권력과 자본에 종속된 존재라는 사실이 새삼 더욱 확대되어 보이기 때문이다. 근대권력이 다수 민중을 억압하고 공포에 빠뜨리며 앎으로부터 소외시켰을 때 일정한 역할을 했던 '지식인'은 이제 거의 '죽음'에 이르렀다.[23]

그러나 대중지성은 포스트포드주의 역사 단계에서 새로 생겨난 것이 아니다. 다만 그 존재 방식의 변화가 눈이 뜨일 정도로 새로운 면이 있기 때문에 새삼 문제시되는 것이다. 인터넷과 모바일이라는 도구는 확실히 앎의 양과 소통의 속도를 증가시키고 있다.

대중지성의 성격

기본적으로 대중지성은 '집합적 지성collective intelligence' 혹은 '무리지성'(떼지성swarm intelligence)으로서의 성격을 갖는다. 때로 집합지성과 대중지성 자체가 동의어로 쓰이기도 한다.[24] 대중지성의 가장 큰 본원적 힘은 소통과 다중성이다. 즉 앎의 소통과 수평적 연대, 집단적 참여가 집합적 지성으로서 대중지성의 본성이다. 자신 속에 내장한 상호주관성과 소통성 자체로 인해 대중지성은 새롭고 무한한 가능성과 직결된다. 집합적 지성으로서 대중지성은 개별자들이 갖는 표상적 지식의 한계를 넘어 보편성과 합리성의 본연에 근접한다. 다시 달해, 주관의 미망과 전문지식의 파편성을 극복할 수 있는 힘은 집합적 사유와 타자들로부터의 영감뿐이다. 토론과 심포지엄, 세미나와 공청회는 언제나 필요하다. 이는 단지 타자가 가진 지식이 더해져 내가 가진 지식과 주관을 보완한다는 의미를 넘어선다. 집단적 사유와 토론은 지식을 창출하는 완전히 새로운 힘이며 새로운 지식 자체이기 때문이다.

두 가지 차원의 이야기를 동시에 해보겠다. 여기서 '대중지성'과 '집합적 지성'의 개념은 서로 겹치며 운동한다. 첫 번째 차원은 '사회 전체'와 소위 '공론장'과 같은 차원의 공통 공간이며, 두 번째 차원은 보다 좁고 학적인 영역에서의 집합적 사유와 앎의 통섭적 교호가 일어나는 지식 생산의 장이다.

어떤 문제를 해결하기 위해, A분야의 전문가의 지식보다 훨씬 나은 것은 A분야의 전문가들이 함께 고민해서 만든 지식이며, 그보다 더 나은 것은 A분야의 전문가와 인접한 B 또는 C분야의 전문가들이 함께 만든 지식이다. 그보다 더 좋은 것은 A분야의 전문가와 B 또는 C분야의 인접한 분야의 전문가와 X라는 전혀 다른 분야에 있는 사람들이 함께 고민하여 조탁한 지식이다. 기실 A분야의 전문가는 인접한 B 또는 C분야의 사람이 무엇을 알고 있는지 정확히 모른다. 뿐만 아니라 전문가 A

는 X분야 사람들의 지식에 대해 전혀 알지 못하고 해당 분야의 체계를 상상도 하지 못한다. A는 X와 서로 '전문가-대중'이라 부르는 관계다. 특히 공동체의 문제가 해결되어야 할 때, 삶의 구체적인 실행에 관한 문제에서 특히, 그리고 새로운 문제일 때 대중지성은 빛을 발할 것이다.

대중지성은 상반되는 속성을 지닌다. 첫째, 대중지성과 집합적 지성은 이론이나 '학문'에서 요구되는 과학성과 엄밀성의 눈으로 보면 '결여된 앎'처럼 보인다. 그러나 이 필연적 불완전함에 대해서는 앞에서 말했다. 자율적으로 발전해가는 세공화되고 극도로 전문화된 모든 개별 지식 앞에서, 다른 모든 지식은 표상적 지식으로 존재할 수밖에 없다. 그러나 이 불완전성은 전문적·이론적 지식 스스로의 불완전함과 거울 관계다. 전문성·이론성은 공통성·구체성을 대가로 해서 성립한다. 즉 전문성·이론성은 세계를 실험과 이론 내부로 축소하고, 다른 영역의 사유방식을 배제함으로써 성립하기 때문이다. 둘째, 대중지성은 집합적인 성격을 띠기 때문에 전문지식이 결코 수행할 수 없는 일, 곧 사회세계를 통합하는 기능을 수행한다. 상식이나 교양과 같은 앎은 일종의 집합적 지성이다. 공통적인 것과 보편적인 것은 여기에 필연적으로 동반되는 요소다. 대중지성은 서로 소통되지 않는 지식의 경계와 격자를 넘어 공통적 삶과의 교통을 가능하게 한다.

대중지성 개념의 쓰임

대중지성은 이데올로기가 개입되어 있는 앎이자 일상의 문화가 작동하고 개입되는 앎과 관계 맺는다. 즉 대중지성은 앎에 관한 앎, 앎을 조정하는 앎으로서 기능한다. 대중지성이 대중문화 같은 큰 문제에 관한 중요한 '이해의 통로'가 될 수 있는 것은 이런 기능 때문이다. 나아가 대중지성에 대해 논한다는 것은 앎과 권력의 문제 그리고 민주주의의 문제와 연관된다. 어떤 지식을 가진 복수의 주체들이 어떻게 의사를 결정하는가 등의 문제는 대중지성과 분리시킬 수 없기 때문이다.

이런 점에서 대중지성은 지배와 피지배의 관계를 다시 성찰하게 하고 앎과 결부된 지배의 본질을 다시 이해하도록 만드는 재료다. 대중지성의 문제틀은, 지배를 폭로하는 척하지만 사실은 지배를 재생산하는 엘리트주의를 근저에서 해체하고, '대중 대 지식인(엘리트)'이라는 근대적 관념이 기실 처음부터 지배 이데올로기의 일부라는 사실을 알게 한다. 또한 대중과 지식인(엘리트)을 대립적 존재로 보는 '대중 대 지식인(엘리트)'이라는 관념이 대중지성이 더욱 확대된 지금의 포스트모던 사회에서는 아예 '불가능한' 통념일 뿐이라는 사실을 알게 한다. 그러니까 대중지성의 문제를 통해, 우리는 교양과 민주주의에 관한 새로운 태도도 가질 수 있다.

대중 현상은 소수의 파워엘리트가 다수의 인간을 지배함으로써, 혹은 삶의 동시성과 공시성이 무한히 확장됨으로써 나타나는 쏠림과 동요를 의미한다. 그러한 현상은 때로 위험한 정치적 결과를 낳기도 한다. 즉 대중 현상은 반지성과 맹목, 그리고 권력에 대한 굴종의 가능성을 내포한다. 따라서 우리는 더 많은 지식과 정확한 정보를 요구하고 대중지성의 창발과 연대를 늘 염두에 두어야 한다. 그것은 계몽이 아니라, 본연적으로 앎의 소통이며 연대다.

　이탈리아 마르크스주의자 안토니오 네그리의 자율주의 이론은 칼 마르크스의 《정치경제학 비판 서설》의 한 대목에서 '대중지성(다중지성)'론을 이끌어낸다. 원래 《정치경제학 비판 서설》에서 마르크스가 말한 것은 '일반지성'이었다. 마르크스의 말을 인용해 보면, "고정자본(기계와 같은 생산수단) 속에 객관화된 지식, 기계들의 자동체계 속에 구현된 지식(아니 더 나아가 철이 된 지식)"[25]이 일반지성이다.

　볼프강 프리츠 하욱에 의하면, 마르크스에 의해 단 한번 사용되는 이 '일반지성'이라는 말은 마르크스의 문헌 속에서 "일반적 사회적 노동" 또는 "일반적 과학적 노동", "지식과 숙련, 사회적 두뇌의 일반적 생산력의 축적", '인간 두뇌의 일반적인 역능의 발전' 등과 하나의 맥락을 형성하고 있다고 한다.[26] 고정자본과 생산력 발전에 대해 다루는 절에서 등장하여, 언어와 문화 또는 '기계 환경'과 실천적인 조작지식으로 이뤄진 사회적 지식의 집적체와 인간의 관계를 설명한다는 것이다. 자본주의 사회에서 고도의 지식과 기술은 사회적 유산으로서 일반적인 인간 발전의 매개체처럼 기능한다. 그러한 지식과 과학은 생산력의 가장 중요한 요인이 됨으로써, 인간의 손을 떠나 '자본'의 영역으로 간다. '인간'은 그러한 지식에 접근하기도 어렵고 전유할 수도 없어진다. 결국 과학은 노동자의 의식 속에 존재하지 않고 기계를 통해 낯선 역능으로서, 기계 자체의 역능으로서 노동자에게 작동한다. 이런 과정을 통해 사회적 지식과 일반적 지성은 "고정자본의 속성"(594쪽)이 된다.

쉽게 말하면 모든 기계와 테크놀로지는 엄청난 지식의 총화된 매개체이고, 그것이 스스로 권능을 갖고 노동과 인간을 지배하게 된다는 설명이다. 항만의 물류 시스템이나 항공기 같은 거대한 테크놀로지를 떠올려보라. 얼마나 복잡하고 많은 지식을 함축하고 있겠는가. 이영준에 따르면 KTX의 매뉴얼은 무려 1만여 페이지가 넘는다고 한다.[27] 그렇게 멀리 갈 것도 없다. 우리가 지금 들고 있는 디지털 카메라와 휴대폰이 바로 대단한 '일반지성'이다. 여기에는 물리학과 수학, 광학·전자공학·반도체과학, 통신공학 등 자연과학과 공학이 결집되어 있다. 뿐만 아니라 엄청난 양의 인문사회과학적 지식(인터페이스와 커뮤니케이션에 관한 이론과 지식)도 누적되고 응축되어 있다. 그러한 앎의 누적과 응축을 가능하게 한 힘은 '사회'이지만, 그러나 기실 그것을 전유하고 사용하여 이윤으로 바꾸는 것은 자본이다.

네그리의 자율주의는 일반지성의 개념을 확대 해석하여 마르크스가 "사회적 생산의 중심점을 구성하며, 삶의 모든 측면들을 예정하는 지식의 총체(요즈음에 사람들은 이것을 '인식론적 패러다임'이라고 말하곤 한다)를 나타내기 위해서 다소간 암시적인 이미지"[28]를 사용했는데, 그것이 곧 "일반지성"이라고 말한다. 네그리에 따르면 "축적된 지식, 기술 그리고 노하우가 창조한 집합적이고 사회적인 지성"[29]이 일반지성이다. 그리고 이 일반지성에 비물질노동과 다중이 결합하여 다중지성의 개념이 도출된다. 자율주의자들은 비물질노동이 한때는 부르주아지와 그 자녀들의 특권적 영토였으나 1970년대 말 이래로 그들이 '대중지성'이라고 정의한 것의 영토가 되었다고 주장한다.[30]

사실 이는 포스트포드주의 생산 체제에서 나타나는 새로운 주체성(곧 다중)과 노동(비물질노동)을 강조하고, 그 주체가 가진 앎이 자본주의를 절멸하는 데 유용하다는 낙관론과 대중지성을 결합하는 논리다. 그런데 왜 비물질노동이 1968년 이후에야 대중지성의 영토로 되었다고 말할 수 있는지 알기 어렵다. 부르주아지와 그 자녀들뿐만 아니라 현실사회주의국가 그리고 프롤레타리아의 일부는 이미 이러한 '비물질노동'을 했다. 또한 자율주의는 '일반지성'으로서의 과학기술을 생산에 응용함으로써 발생하는 사회적 노동에서 코뮤니즘이 발생할 것이라고 전망한다.[31] 그러나 사회적 노동을 둘러싸고 있는 계급관계와 자본의 작용력에 대해 천착해야 논리적 정합성이 더욱 커질 것이다.

대중의 등장과 다중

대중의 등장

　자본주의는 서구 국민국가의 도시로부터, 아시아·아프리카·남아메리카의 여러 도시들에서 새로운 인간 집단을 생겨나게 했다. 즉 대중의 형성에 관련해서 가장 중요한 첫 번째 사회경제적 '맥락'은 《자본론》에서 마르크스가 말한 것과 같은 '기계제 대공업'과 그로 인한 세계의 변화다. 그리고 이 변화는 제1세계의 도시뿐 아니라 그에 직접 복속·연결된 식민지의 거점들에서도 대중의 등장을 가능하게 했다. 대중의 등장은 18세기에서 20세기에 걸친 세계사적 현상이다.

　이 과정에서 한편으로는 산업혁명과 근대 산업자본이, 다른 한편으로는 국민국가의 힘이, 도시에 모인 인구를 규율하고 복속시키기 위해 고심했다. 이제 국가의 주 임무는 자본주의 재생산에 충실한 '국민'을 만들어내는 것, 그리고 대중을 길들여 계급투쟁을 관리하는 것이 되었다. 그러나 이에 대항하는 강력한 저항력도 형성되었다. 문맹이 퇴치되고 대중적 언론매체가 확산되면서 사회 문제에 대해 인식을 공유하는 존재들도 대거 등장했다. 이 과정에서 대중은 본격적으로 정치와 문화에 제 모습을 드러낸다. 대중의 존재 자체와 사회주의 운동이 자본주의와 국민국가를 위협하는 세력으로 자라나기 시작한 것이다.

집회 · 결사의 자유, 언론의 자유 그리고 여론과 보통선거 같은 근대 민주주의 정치 제도와 관련된 제 범주와 체계도 대중이라는 집단적 주체의 등장을 전제한 것이다. 철도 · 증기기관 · 자동차 등 교통수단, 신문 · 영화 · 라디오 · 텔레비전 등 '대중' 매체와 같은 사회적 커뮤니케이션 체계, 학교 · 군대와 같은 새로운 규율권력의 행위체 또한 대중의 존재를 근거로 한다. 이와 같은 현상들이 연속적 · 불연속적 총체를 만들어내는 근대의 문화와 삶의 양식 가운데 포함되어 있는 존재가 대중이다. 전근대에도 군중과 집단이 있었지만 대중은 어디까지나 근대가 낳은 존재이며 '현상'이다.[32] 근대국가 · 자본주의 · 도시 · 미디어 등이 양자를 가르는 기준이 된다.

'민족-대중'과 '계급-대중'

배타주의와 국수주의에 기반한 민족주의의 개화도 대중의 등장과 궤를 같이 한다. 다시 말해 근대 민족운동은 대중의 존재를 전제하지 않고서는 성립될 수 없다.[33] 대중은 국민국가와 초국가적 자본주의의 동시성을 구현하는 존재이지만, 태어나는 그 순간 국민이나 민족으로서 존재한다. 즉 대중은 그람시가 말했듯 '민족-대중'이다. 이러한 대중의 존재성은 민족해방운동과 파시즘운동이 세를 얻는 데 이용되기도 했다.[34]

대중은 사회를 단일화 · 평균화하는 강력한 힘으로 기능하기도 하지만 다른 한편 집단으로 분화하는 힘 또한 내장하고 있다. 이런 점에서 대중은 '계급-대중'이다. '계급'은 그와 같은 대중의 분화를 명명한 강력한 언술이었다. 마르크스주의는 가장 먼저 '대중' 현상과 대중의 계급으로의 분화를 사유의 주제로 삼았던 사상이다.

장기간에 걸쳐 자본주의로 이행한 서구뿐 아니라 아시아를 위시한 세계 전체를 생각할 때, 민족-대중-계급의 형성은 순차적이거나 완전히 구별되는 과정이 아니다. 민족-대중-계급은 서로 착종되고 상호 전이되어 왔다. 대중은 그저 '군중'이거나 '익명의 타자'가 아니라 지향성을 지닌 존재다. 다시 말해 대중의 존재성은 다른 주체성과 접속하고 전화한다. 계급과 민족(국민)이라는 근대의 가장 중요한 집합적 주체성이 근거하는 자리는 바로 이러한 대중이다.[35] 대중의 존재성은 국가와 민족, 그리고 자본과 노동의 힘에 의해 과잉 결정된다. 대중의 민족 혹은 계급으로의 전이는, 대중과 권력 및 다른 주체(이민족, 다른 계급 등)와의 역관계 그리고 역사적 전통에 의해 구조화되는 관계와 운동이다. 그래서 현실의 문제는 단지 계급(계층), 민족(국민), 대중이 아니라 계급-대중, 민족-대중, 계급-민족 등과 같이 상호작용하고 융합하는 주체성과 그 사이의 모순이다.

이 상호작용하며 모순을 일으키는 힘을 중재하는 또 다른 힘은 근대적 주권과 그에 대한 의지다. 근대법 사상은 그 자체가 인민의 일반의지를 반영하여 정초된 것이다. 또 18세기의 대혁명과 이어진 일련의 혁명을, 또한 파리코뮌(1870)을, 그리고 유럽대륙에서 일반 참정권을 가능하게 한 힘은 어디서 왔는가?[36] 러시아 혁명과 3·1운동, 5·4운동을 초래한 힘은 어디에 원천을 두고 있을까? 봉건적 신분제로부터 해방된 민중과 자본주의가 형성해내기 시작한 다중적 주체가 그 힘이다. 대중의 존재성은 근대 민주주의의 핵심이며 근대 정치의 가장 기본적인 요소다. 민주주의는 한편으로는 대중과 시민에 관한 상상력을, 다른 한편으로는 계급과 민족을 한축으로 하는 이념의 한가운데에서 자라났다.

대중화의 심화

'대중화'는 일면 쉽고 단순하게 만든다는 의미에서 속류화이지만 그보다 더 큰 핵심은 보편화·일반화다.[37] 사회가 구성원들에게 요청하는 '일반적 상식' 또는 '보편적 감각과 취향', 즉 공통감각common sense[38]의 구축이 대중화이며 대중문화화다. 바꿔 말하면 최소한의 교육을 이수한 도시의 집단적 군중이 갖는 일반적 감각과 지식이 대중(문화)화의 원동력이다. 대중문학과 대중문화의 상품은 이런 지식과 감각에 편승하여 존재하며, 다시 이런 감각과 지식을 광범위하게 재구축하는 데 기여한다.[39]

이러한 피드백 과정은 미디어에 의해 매개되어 사회 전 영역으로 무한히 번져나간다. 이것이 전체 사회의 대중문화 '화化'다. 그리하여 결국 대중문화의 '외부'는 없어진다. 자본주의의 원리와 미디어에 의해 조직되는 문화는 모두 대중문화의 원리에 입각해서 생산·수용되는 것이다. 대중문화의 외부가 없다는 것은 '자본주의의 외부'가 봉쇄되어 있다는 명제와 병치될 수 있다. 간단히 말해서 문화(즉 삶의 양식) 전체가 자본주의적 방식으로 조직되어 있으며, 미디어에 의해 매개되지 않는 문화 활동과 소통이 없어지는 상태라는 것이다. 이는 자본주의 사회가 오래될수록, 자본의 포섭력이 강해질수록 더욱 심화된다.

우리는 거의 대부분 가문의 전통과 유일무이한 가족의 보살핌이 있는 집에서가 아니라, 마치 공장과 같은 큰 병원에서 태어난다. 지상에서 유일무이한 생명을 지상에서 유일무이한 어머니의 자궁으로부터 얻었으나 세상에 나오는 순간 모든 것은 달라진다. 태어나자마자 대량생산된 기저귀를 차고 대량생산된 우유를 먹는 것으로 삶을 시작한다. 죽을 때에도 마찬가지다. 사람들의 육신은 대량생산된 관에 누워 대량생산 방식으로 처리된다. 벽제화장장이나 영락공원 같은 곳을 보라. 특히 화장은 매우 효율적이고 합리적으로 시신을 처리한다. 한 사람이 삶과 죽음의 과정을 통과하는 그 외로운 사투는 환원 불가능하고 유일무이한 것이다. 그것은 말 그대로 '존재의 피被기투성'을 증명하고, 우리로 하여금 개별자로서의 존재의식을 만들어준다. 그럼에도 불구하고, 심지어 그것조차, 타자들과 자본주의 체제 속에서 존재할 경우 '대량생산' 된 것에 의지한다.

우리가 가진 취향과 이데올로기, 그리고 지식조차 사실 대부분 '대량생산' 된 것들이다. 많고 적음과 가공의 질에서 차이가 있다 해도 말이다. 지식인, 엘리트, 전문가는 기실 '대중' 의 한 귀퉁이에 불과하다. 세상을 움직여 나가는 실제적인 권력과 우리가 맺는 관계를, 그리고 우리가 소유한 협애하고 궁벽한 앎과 제한된 취향을 생각해보자. 문화적 엘리트(?)들의 착각과는 달리, 대중의 존재는 단지 문화적 취향의 위계로 설명될 수 있는 것도 아니다.

우리 자신의 과거와 미래를 생각해보면, 문화적 취향과 지식은 성장하는 것이며, 정점을 지난 이후 퇴보하는 것이라는 사실을 알 수 있다. 우리 개개인은 대중으로 성장하다가 대중으로 돌아가서 죽는다.

청소년이나 노인계층의 문화적 취향과 지식의 정도를 떠올려보라. 그들의 제한된 취향과 지식이 곧 대중현상과 대중문화의 상당 부분을 이루고 있다.

덧붙여 중요한 것은, 대중화가 문화자본뿐 아니라 아주 직접적으로 돈의 영향을 받는다는 사실이다. 고급한 취향과 지식은 대부분 돈으로 구매 가능하다. 그리고 대중화는 국민국가 체제와 그 문화적·경제적 위계의 영향 하에 있다. 주변국이나 빈곤한 국가의 엘리트가 가진 앎과 취향은 제한적일 수밖에 없고, 그들은 사실 강대국과 제국주의의 대중일 가능성이 크다. 대중-됨은 더 이상 일국적인 것이 아니다. 이를 보여주는 사례는 너무나 많다. 주변부와 식민지 지식인의 지식과 취향은 기본적으로 제국의 그것에 대한 아류이자 키치다.

하지만 우리가 대중현상과 자본주의적 대중화에 깊이 잠식되어 있고, 그러하다는 사실 또한 인식할 수 있는 것이 바로 우리의 운명이다. 임무는 그것을 정확하게 현실로 받아들여 긍정하고, '대중현상'의 배후에 숨어 권력과 지배를 영속화하려는 세력에 저항하는 것이다. '대중현상'을 긍정적인 에너지로 바꾸기 위해 연대의 전선을 설치하는 것이다.

다중 개념의 기획

그런데 대중의 존재성은 바뀌어 가고 있다. 대중-됨을 결정하는 근원적인 힘과 환경에 변화가 일어났기 때문이다. 근대 초기 대중을 창출한 기계제 대공업의 노동과정과 사회적 의미, 그리고 국민국가와 미디어에 대해 민중이 관계 맺는 방식이 달라졌기 때문이다. 비물질노동과 세계화의 확산, 인터넷을 위시한 뉴미디어의 득세는 이를 압축적으로 보여준다. 이 변화를 근본적인 것으로 파악하느냐 아니냐에 따라 정치적 입장도 달라진다. 모던과 포스트모던 사이의 차이, '구좌파'와 신좌파 간 차이도 이와 관련된다.

근래 널리 쓰이게 된 다중多衆(multitude)이라는 말도 이러한 맥락을 지니고 있다. 이탈리아 마르크스주의자들과 《제국》과 《다중》의 저자 네그리·하트에 의해 널리 쓰이기 시작한 다중 개념은 참조할 만한 점이 아주 많다. 기본적으로 다중은 대중 속에 내재한 복수의 존재성을 구제하기 위한 개념이다. 또한 현실의 새로운 경향과 운동 주체를 재구성하기 위한 기획을 담고 있는 인식 범주다. 이는 새로운 주처에 관한 중요한 논점을 제시하며, 역사를 재해석할 수 있는 여지를 넓힌다.

그러나 기획으로서의 개념이 강조되다 보니 몇 가지 논란이 야기된다. 첫 번째는 대중과 다중 개념의 구별 문제다. 예컨대 하트와 네그리는 "대중 역시 하나의 통일성이나 하나의 동일성으로 환원될 수 없"다는 점을 인정하면서도 "실제로 우리는 다양한 주체들이 대중을 구성한다고 말하지 말아야" 하며 "대중의 본질은 무차별성"이라 주장한다.[40] 또한 "탈근대적 다중들은 대중과 달리 생산과 소비에서 동질적인 생활양식을 갖고 있지 않"으며 "전근대적 다중이 그러했던 것처럼, 이들은 서로 다른 특이한 관심사, 생활양식, 지향성"을 갖고 있다고 말한다.[41]

물론 대중이라는 말이 낡은 논리와 엘리트주의적 상식에 의해 오염된 면이 있기 때문에 이런 새로운 개념의 기획은 의의를 가진다. 그러나 '근대의 대중은 획일적이고 동질적인 집단인 반면, 탈(전)근대의 다중은 이와 달리 비동질적인 특이성의 소유자'라는 인식은 일방

■ 마이클 하트

'다중'이라는 용어의 확산에 기여한 마이클 하트Michael Hardt와 안토니오 네그리Antonio Negri. 이들은 《제국Empire》(2001), 《다중Multitude: War and Democracy in the Age of Empire》(2004) 등의 저서를 통해 60억의 지구 시민들을 최상의 권력을 파괴할 주체들, 곧 다중이라 명명한다. 그러나 다중 개념은 대중·민중·노동계급 등의 개념을 파기하자는 함의를 지녀 논란을 야기하기도 한다.

■ 안토니오 네그리

적이다. 이는 권력과 자본주의에 의해 끝없이 영토화되고 조직되면서도, 그에 의해 완전히 압착되지는 않는 근대의 대중의 삶과 문화의 모순적 측면을 단순화시키는 경향이 있다.[42] 대중 속에는 복합 성격과 집단성이 공존한다. 대중의 특이성과 차이는 자본과 국가의 힘과 싸우며 힘겹게 보존되고 재생산된다. 그러면서도 그것은 확대되어 왔다.

둘째, 다중을 강조하며 대중 개념과 대조시키는 것은 본의와 달리 대중 개념의 엘리트주의적 사용을 추인하는 효과를 가질 수 있다. 대중이 획일적 집단이며 특이성이 말살된 존재라는 인식은 엘리트주의와 우파의 전형적인 사고이기 때문이다. '대중'을 버리고 아예 다중이라는 개념을 채택할 것인가? 네그리와 하트는 민중·노동계급 등의 다른 개념도 배타적이며 획일적인 성질을 갖는다고 주장하는데 이는 오히려 다중의 개념을 협소하게 만드는 것은 아닌가?

요컨대 대중과 다중의 개념은 겹친다. 대중이 다중이며, 다중이 대중이다. 그리고 민중과 인민 혹은 노동계급의 존재성과 다중의 존재성은 겹칠 수밖에 없다. 다중은 새로운 기획이며 새로운 주체성을 사고하게 만드는 훌륭한 효과를 가지지만, 배타적으로 선택되기 어려운 용어다.[43]

다중론의 현실성

'다중'이라는 말은 매우 중대한 다른 논쟁점들도 포함하고 있는 담론의 일부다.[44] 다중이 겨냥한 낡은 '범주'는 특히 산업노동자계급과 현실사회주의의 역사에 연관된다. 또한 다중론은 산업노동자계급의 헤게모니 대신 비물질노동[45]의 헤게모니를, '일괴암적monolithique' 전위당에 의해 지도되는 노동자계급의 투쟁 대신 네트워크적이며 분산적인 다중의 싸움을 옹호한다.

가능성(잠재성)과 현실 사이의 괴리는 이 문제에서도 여러 논점을 형성한다. 비물질노동의 헤게모니에 관한 강조는 제1세계적인 논리일 수 있다. 다중 개념의 배경에는 특히 서구의 경험이 많은 비중을 갖고 깔려 있다. 그러면서 초기 근대와 현재의 후기 근대의 상황을 강조한다. 이런 논리는 근대의 민주주의와 인간해방을 진전시켜온 주체와 그 역사를 삭제하는 역효과를 낼 수도 있다.

그리고 현실에서 세계 전체를 볼 때 기계제 대공업은 사라지지 않고 그 중요성이 약해지지도 않는다(물론 앞에서 논한 대로 이는 '지식화'되기는 한다). 기계제 대공업은 중국이나 인도와 같은 신흥개발국으로 계속 이전되며 해당 사회에서 '대중'과 산업노동계급을 계속 창출해낼 것이다. 따라서 이들과 연대하는 것은 '제국' 체제에서도 가장 중요한 정치적 과제가 될 수밖에 없다. 이런 맥락에서 제국적 지배에 대항하는 세계적 투쟁을 말하면서 제1세계 중심의 비물질노동의 의미를 강조하는 것은 모순일 수도 있다.

둘째, 비물질노동 종사자들의 현실적인 기반은 무엇인가? 그들은 쁘띠부르주아·신중간층·서비스노동자·프롤레타리아 등에 넓게 걸친다. 그런데 그들이 전통적인 의미의 프롤레타리아가 아니라는 사실이 곧 그들이 변혁의 주체가 될 수 있음을 보증하지는 않는다. 이는 물론 경제적 차원의 계급성에 한정되지 않는 문제다. 자율주의자들이 다중의 활동 공간으로 주목하는 '문화적·예술적 표준들, 유행들, 취미들, 소비규범들 그리고 더 전략적으로는 공공 여론 등을 정의하고 고정시키는 것에 수반되는 종류의 활동' 또한 자본과 권력에 의해 쉽게 장악되거나 '탈정치화'의 함정이 깊다는 것을 간과해서는 안 된다. 물론 이 장악이 완전하지는 않다. 언제나 틈과 다른 가능성이 발생한다. 따라서 중요한 것은 헤게모니적인 어떤 집단을 새로 상상하는 것이 아니라 다중적 연대다.

네그리와 하트가 인정하듯, '다중'의 개념을 현실에서 찾는 가장 빠른 방법은 네티즌을 상상해보는 것이다. 실제로 네티즌은 전통적인 의미의 대중이나 민중과는 다른 면이 많다. 한국의 네티즌은 이 새로움의 가능성을 실증해왔다. 그 역동적 변화는 노무현 정권의 탄생과 몰락의 과정에서 보듯, '가능성의 중심'이면서 동시에 대중의 복잡한 존재성을 그대로 보여줬다.

2007년 대선에서 한국의 '유권자-대중'은 보수파가 집권하도록 했다. 그래서 한국의 '유권자-대중'이 보수화되고 있다는 진단이 많이 나왔다. 과연 그러한가? 한국의 대중은 보수화되고 있는가? 이명박 정권의 등장은 이 물음에 긍정하게 하지만, 이명박 정권이 집권 3개월도 안 돼 순식간에 '신뢰'와 지지 기반을 잃는 과정은 이에 대해 부정하게 한다. 그러나 이런 질문은 공허한 것이다. 대중은 상식적인 의미의 진보와 보수의 궤도와 무관하게 행동하며, '투표'와 그것을 둘러싼 제도의 구조가 '민의'를 다 '대의'하지도 못한다. 더 중요한 것은 보수화·진보화로 의미화되는 정치·문화적 요인들이다.

연대의 가장 중요한 과제는, 새로운 '가능성의 중심'인 네티즌을 위시한 다중과 전통적인(?) 노동운동 및 시민사회운동이 어떻게 새롭게 연대할 수 있는가에 있을 것이다. 다중론은 새로운 차원의 정치적 공간의 '가능성'을 강조한 것으로 참고되어야 한다. 특히 한국의 현실에서 과연 네티즌과 '대중' 혹은 '노동계급'이 서로 다른 존재일까? 다르다면 어떻게 다른 존재인가?[46] '촛불'은 그 차이와 비슷함에 관한 중대한 자료를 제공했다.

요컨대 《히드라》가 보여주는 것처럼 특이성과 차이를 지닌 다(대)중이나 대중지성이 '후기 근대'의 새삼스러운 현상이 아니라는 점, 그리고 '전통적인 의미'의 민중·노동계급이 의의를 망실한 것은 아니라는 점을 함께 인식하는 것이 중요하다. 대중과 다중은 앞으로도 혼용될 가능성이 높다. '실용적으로'는 대중의 후기 근대적 상황과 그 존재성을 강조할 때, 그리고 '대중'에 묻은 때를 피하여 복수의 집합적 존재에 대해 말해야 할 때 '다중'을 택할 수도 있다. 이 책에서는 다중론의 함의에 대해 십분 공감하면서도, 이런 점들을 고려하여 대중과 대중지성이라는 용어를 택했다.

마니아, 취향과 새로운 대중문화의 주체

오늘날 '대중'의 새로운 존재형식과 앎의 문화에 관련하여 덧붙이지 않으면 안 되는 것이 바로 마니아다. 여기서 마니아는 동호인·팬 fan 등과 유의어이며 그들의 통칭이다. 대중의 존재성을 바꾸고 강화하는 존재로서 각 분야의 마니아(동호인)에 주목하지 않을 수 없다. 그들은 지적 엘리트나 지배계급이 아님에도 특정한 분야의 앎을 개발하고 공유하는 데 기여한다. 그들의 자발적인 횡적 연대는 그 자체로 대중지성의 중요한 일부다. 〈위키피디아〉 같은 백과사전을 만들어낸 세계의 네티즌들과 황우석 사태를 역전시키는 데 큰 공헌을 한 〈브릭〉의 과학도들은 이에 관한 좋은 예로 자주 거론된다. 이들은 '참여군중 Smart Mobs'의 지적인 힘을 잘 보여주었다. 그러나 '촛불'을 통해 한국의 네티즌은 〈브릭〉이나 〈위키피디아〉 이상의 것을 해냈다. 지금도 〈아고라〉는 〈100분 토론〉의 '전문가' 이상의 식견을 지닌 네티즌들에 의해 한국 사회의 모든 문제를 토론하고 있다.

그런데 직접적으로 '지식'을 다루는 이러한 연대와 참여만이 참여군중의 대중지성으로서의 면모를 보여주는 것은 아니다. '붉은 악마'라든지 '노사모'와 같은 예는 한정된 의식과 취향을 가진 동호인 문화가 사회 전체에 영향을 끼치고 사회를 변화시킨 예다. 이와는 다른 차원의 동호인(팬) 문화도 주목해야 한다. 특정한 제품(자동차, 패션, 각종 전자기기 등)과 특정한 대중문화 상품(TV드라마, 연예인, 영화 등)에 대한 동호인 문화는 이제 일상문화가 되어가고 있다. 우리는 거의 모든 소비제품과 대중문화 수용에 있어 동호인들의 도움을 얻고, 또한 동호인이 되어 비평하고 옹호한다.

동호인 가운데에서 좀 더 전문화되고 세밀한 취향과 지식을 가진 사람들이 마니아다. 마니아야말로 대중문화 영역의 새로운 주체다. 사람들은 동시성을 통해 구현되는 공통의 문화를 향유하면서도, 다른 한편 취향과 세대에 의해 준별되는 소집단 문화의 향유로 급격히 달려가고 있는 것이다.[47]

이는 현재 한국 사회의 문화적 모순의 주요한 측면을 이룬다. 오늘날 한국 사회에는 심각한 경제적 양극화가 진행되고 있다. 경제적 양극화는 교육 양극화를 비롯한 사회적 양극화로 파급되고, 문화에도 영향을 미치고 있다. 통계적으로 문화적 양극화는 '잘' 관철되고 있는 듯하다. 예컨대 가구소득 최상위와 최하위 계층의 교양·오락에 관한 지출은 무려 10배가량 차이가 나고 격차는 계속 커지고 있다.[48] 생활이 점점 어려워지는 저소득층은 가장 먼저 교양·오락비부터 줄이고 있지만, 고소득 가구는 몇 십만 원짜리 공연과 기백만 원이 드는 해외여행을 즐긴다. 이러한 불평등에 어떻게 저항할 것인가는 교육과 문화 부문에 종사하는 모두의 과제가 아닐 수 없다.

그러나 이러한 문화의 양극화는 '반-경향'과 함께 관철된다. 문화의 매개 작용은 줄지 않고 있다. 대규모 자본이 투여된 상품만이 시장을 장악하여 대량의 이윤으로 회수되는 양극화는 기본적으로 심각한 문제지만, 문화적 다양성을 위한 추구 또한 곳곳에서 전투를 벌이고 있다. 소위 '롱테일'이나 '마이크로트렌드micro-trend'['거대한 유행의 흐름'을 뜻하는 메가트렌드megatrend의 반대말로, 특정한 취향을 가진 소규모 그룹이 창안·주도하는 문화적 경향을 말한다]에 기대를 걸어야 하는 이유도 여기에 있다. 아울러 각 분야의 마니아와 동호인은 점점 늘어나고 개별자의 취향은 세분화되고 있다. 이러한 경향 자체가 탈근대적 문화 수용의 기본 특징이 될 가능성도 높다. 물론 이런 현상은 소요자본과 진입장벽이 크지 않은 분야에서 두드러진다.

문화적 취향을 근대적인 '고급/저급', '본격/통속'과 같이 위계 지어진 것으로 구분하거나 특정한 문화적 취향을 특정 경제적 계급에 귀속시키는 일이 불가능한 영역이 늘어나고 있다. 즉 문화적 향유로서의 '문화'에서 세대와 계층 간 대립·갈등을 초월하거나 은폐하는 매개적 기능이 점점 더 확대되고 있다. '문화'에의 개입이 더욱 중요해진 이유가 여기에 있다. 문화적 계급 구성과 정치·경제적 계급 구성 사이의 불일치, 그리고 노동과 소비(향유) 사이의 괴리는 자본주의 사회에서 항존하는 현상이다. 그러나 이 불일치와 괴리가 점점 더 복잡하고 커지는 양상을 띤다. 특히 문화 전체의 대중문화화와 마니아 문화가 이를 가속화하는 것이다.

마니아들의 미래

취향(취미, taste, Geschmack)의 주체는 근대 초기부터 있었다. 더 멀리 가면 18세기 조선에서도 마니아적 존재들이 있었다고 한다.[49] 그러나 그들은 대부분 양반이었고 극히 일부의 평민 계층이 포함된 예외적 존재들이었다.

취향의 주체인 동호인은 1920년대에 본격적으로 생겨나 전체 문화 주체들에게 확산되기 시작했다. 20세기와 함께 취미의 시대도 열렸다. 이는 근대적 개인주의의 확대와 긴밀한 연관을 가진 변화였다.[50] 이 시기에 나타난 취향의 주체가 오늘날 마니아·동호인·팬의 뿌리임은 분명하지만, 오늘날과는 질적·양적 차이가 있다. 오늘날 각 개인 하나하나의 취향(의 체계)은 그의 주체성 자체다. 취향의 아비투스와 성향은 주체 자체와 동일시될 수도 있다. 또한 근대 초기에도 팬덤이 있었지만 동호회 자체가 적었으며, 그들이 보유한 표현의 매체·수단은 극히 드물었다.

반면 오늘날에는 앞서 말한 대로 '상상할 수 있는 모든' 취향의 동호회가 존재한다. 물론 동호회에 속하지 않고 활동하는 마니아도 많다. 그리고 거의 모든 동호인들은 모두 각자의 표현 매체와 소통의 도구를 갖고 있다. 이는 이전과 결정적으로 다른 점이다. 대표적인 남성 취미인 낚시·등산·바둑에 관한 전문 잡지는 상당히 이른 시기부터 있었지만, 이제 취향의 표현 매체의 양과 질은 상상을 초월한다. 그것은 여성·청소년 및 모든 계층에 고루 퍼져 있다. 얼마나 많은 잡지·블로그·동호회 사이트가 있을지 짐작하기 어려울 정도다.

2008년의 촛불시위에서 가장 극적인 장면 중 하나는, 이러한 동호회의 주체들이 '촛불'을 들고 나온 것이었다. 소녀들이 주축이 된 〈동방신기〉 팬클럽, 주부들이 주축이 된 요리 관련 사이트(〈82COOK〉 등), 20~30대 대도시 여성이 주축이 된 패션 동호회(〈소울드레서〉), 디지털카메라 동호회(〈디씨인사이드〉 및 〈SLR동호회〉 등), 미국 메이저리 그 야구 동호회(《MLBPARK》 등) 등등. 반정부 시위를 통해 '오프라인'에서 자신들의 모습을 공공연히 드러내고, 《조선일보》 같은 거대 권력과 직접 '맞장'을 뜨기도 했다. 이중에는 이미 이전부터 정치적인 색채를 지닌 온라인 동호회(디시인사이드의 〈정치갤〉)도 있었지만, 대부분은 정치와 완전히 무관한 활동을 하다가 이번에 급격하게 '정치화' 되었다.[51]

이명박 정권의 실정이 직접적인 계기가 됐겠지만, 동호인들의 거리 진출은 취향과 문화적 소비가 '정치'화될 수 있고 정치와 문화의 경계가 불분명하다는 것을 확인시켜준 일대 '사건'이었다. 요리, 패션, 메이저리그 야구와 정치가 무슨 관계인가? 기존의 인식으로는 파악하기 어렵다.

취향이 계급·젠더·세대를 초월할 수 있는가? 아니면 취향 속에 이미 녹아든 계급·젠더·세대가 작동한 것인가? 어떤 경우든 취향 자체가 정치적인 의미를 지닌다는 것과, '개인적인 것(일상적인 것)이 정치적인 것이다'는 명제를 한국의 동호인들이 생생하게 보여준 것이다. 취향은 단지 생계와 '전문'과 무관한 과외 활동의 동인이 아니라 정체성 자체를 구성하는 요인이기 때문이다. 이는 미적 판단력이 이해관계와 욕망-도덕과 같은 것으로부터 벗어난 데서 성립한다는 칸트적 미학의 생각을 두 번 넘어서는 것이기도 하다.

정치 자체야말로 가장 중요한 현대 대중문화다. '촛불'의 마니아들은 기존의 정치·사회단체, 그리고 정당과 이익단체가 조직하지 못하는 대중의 영역이 엄청나게 넓다는 것을 보여주었다. 마니아는 앞으로도 그 영향력을 계속 확대해가며 대중문화의 주역으로 자리 잡고, 또한 정치에 개입할 것이다. 이는 바람직한 변화다.

2008년 여름을 뜨겁게 달군 미국산 쇠고기 수입 반대
촛불시위에서 가장 이색적인, 그러면서도 극적인 장면
중 하나는 여러 인터넷 동호회 마니아들의 참여였다.
주부들 중심의 요리 관련 사이트 〈82COOK〉, 20~30
대 대도시 여성들이 주로 활동하는 패션 동호회 〈소울
드레서〉와 미국 메이저리그 야구 동호회 〈MLBPARK〉,
이외에도 〈동방신기〉 팬클럽 등에서 시위에 동참했다.
그리고 수없이 많은 인터넷 '카페'들이 '반정부세력'
으로 활동했다. 자발적으로 모금하고 자발적으로 조직
해서 정치에 개입하는 이들 마니아들의 모습은 대중문
화의 주역이 정치의 새로운 주역으로 자리 잡을 수 있
는 가능성을 보여준다.
이명박 정권의 실정이 직접적인 계기가 됐겠지만, 동
호인들의 거리 진출은 취향과 문화적 소비가 '정치'화
될 수 있고 정치와 문화의 경계가 불분명하다는 것을
확인시켜준 일대 '사건'이었다.

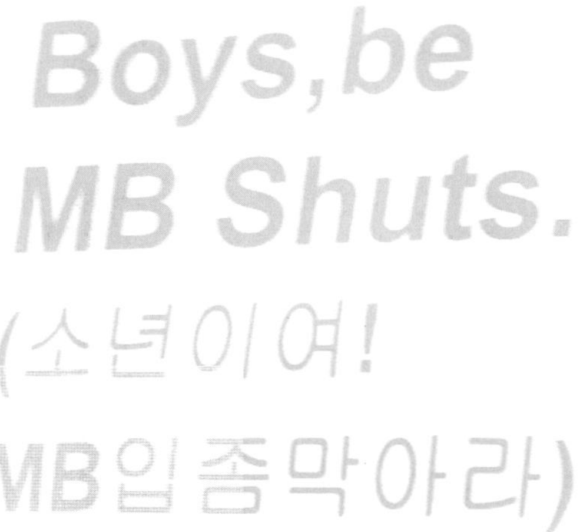
Boys,be
MB Shuts.
(소년이여!
MB입 좀막아라)

마니아는 이처럼 취향의 주체다. 그러나 그들은 이에 머무르지 않는다. 취향의 주체로서 그들은 더 깊이 지식의 주체로서 활동한다. 취향은 일종의 지식이다. 그래서 자신들의 동호회에서 누가 더 많은 지식을 가지고 있는지를 겨룬다. 바로 여기에서 마니아가 가진 앎은 새로움을 지닌다.

첫째, 마니아의 앎은 본래적으로 집합적이며 또한 좁은 범위에서이기는 하지만 공유된다. 그런 점에서 마니아는 근대적 앎 주체의 두 형식(소위 '전문가'와 대중의 지식)을 뛰어넘는다. 마니아는 자신이 집중하는 분야에 대해서는 소위 '전문가'보다 더 깊고 넓은 지식을 지니기도 한다. 그러나 그 지식으로 돈과 권력을 누리지는 않는다.

둘째, 그들은 현실세계의 학벌, 학력, 인맥, 계급, 나이 따위의 자원과는 무관한 차원에서 지식 활동을 한다. 동호회에도 서열과 지위가 있지만 이는 오로지 더 많고 집요한 지식과 열성에 의해 결정된다.

인터넷의 포털 사이트에 모인 군중만이 아니라, 자신의 취향과 관심사에 따라 분산되어 존재하는 마니아가 더욱 대중지성의 본연에 가깝다. 이러한 마니아 문화는 전분야로 확대되고 있다. 인터넷의 마니아 문화는 오래 전에 '현실'에서 작동하는 실질적인 힘으로 바뀌었다. 게임업계의 개발자와 사업자들의 90퍼센트는 마니아 출신이며, 뮤지컬 마케팅 담당자들 중에도 공연 동호회 마니아 출신이 많다고 한다. 스포츠 분야에서 마니아가 프로구단의 프런트를 맡는다든가 방송의 해설자로 변신한 사례도 이제 낯설지 않다.[52] 자신의 말대로 "기계 애호 취미와 역사와 철학을 들치근하게 섞어 빚어"《기계비평》같은 책을 낸 인문학자 이영준, PC통신 시절부터 동호회 활동을 하다가 오프라인 작가로 활동하는 듀나의 경우는 인문학과 예술 분야의 예들이다. 그러나 사실 이런 일은 좀 오래된 뿌리를 갖고 있다.[53]

연예나 대중문화, 게임, 문학예술 등 단지 취미 영역에 그치지 않는 지식 동호회도 허다하다. 포털사이트 〈다음〉에는 토목 설계·비파괴 검사·표면처리기능 분야에 종사하는 기술자와 전문인들의 모임이 있는가 하면, 천문학 동호회는 1,400개가 넘는다. 또한 '인문' 쪽으로는 천 명 이상의 회원을 가진 '니체와 현대성', '태평양전쟁사 연구 동호회'도 있고, 우리의 '일그러진 근대사'만 추적하는 동호회도 있다. 물론 이런 동호회의 자료와 논의 수준은 근대사 관련 연구자인 내가 가진 자료와 정보를 넘는 것도 포함하고 있었다. 이 카페의 운영자 중에는 '아마추어'들뿐 아니라 오프라인 세계에서 활동하는 자발적인 '전문가'들도 포함되어 있다. 이들이 가진 지식이 합쳐진 것이 바로 대중지성이다.

제도권에서도 다뤄지는 영역의 경우 마니아적 지식의 정밀함과 집요함은 아카데미의 그것에 비하면 약할 수밖에 없다. 그러나 점점 그 경계는 약해지고 있다. 오히려 여러 대중문화나 생활, 취미 영역에 있는 그들의 지식은 '전문지식'을 이미 능가했다.

　그람시와 알튀세르는 지식의 구조에 대해 사유하며, 근대의 앎 전체를 구성하는 두 층위에 대해 분석한다. 그람시는 세계관으로서의 이데올로기를 '상식'과 '철학양식good sense'의 두 층위로 구분한다. 그에 따르면 상식은 대중의 비체계적·집합적 신념들이며, 철학은 '지적 질서'로서 일상의 지배적인 앎과 이데올로기인 상식과 종교에 대한 반대물이다. 그람시에게 중요했던 것은 이러한 구분과 더불어 양자의 연관이다. 그람시는 "상식과 한층 고차적인 철학 사이의 연결"이 '정치'에 의해서 보장된다는 중요한 사실을 지적한다.[54] 이때 정치란 지배계급의 헤게모니가 관철되는 양태를 말하기도 하지만, 동시에 유기적 지식인의 실천의 과제이기도 하다. 그람시는 지식의 작용과 결부된 '느낌feeling'과 '인지knowing', '이해understanding'를 구별한다. 대중의 앎은 비체계적이며 경험적이며 감성과 결부된 느낌에 의해 좌우되고, 지식인의 앎은 그렇지 않다. 지식인은 열정 없는 인지와 이해도 가능하다고 착각한다. 그러나 지식인이란 처음부터 대중(해당 대목에서의 그람시의 용어는 '민족–민중'이다)과 분리되어 존재할 수 없다. 그들을 지식인으로 정체화하는 것이 대중이기 때문이다. 그래서 대중의 앎을 이루는 열정을 인지와 이해로 연결하는 것이 지식인의 목표여야 한다. 이런 과제에 주목하지 않으면, 그것은 지식인이 아니라 한갓 특권층이나 관료에 불과할 뿐이다. 이는 지식론을 실천, 변혁과 결부시킨 그람시 사상의 중요한 핵심 중 하나다.

알튀세르는 이데올로기와 과학을 구별한다. (특히 초기) 그에게 지식이란 이론과 이데올로기의 결합구조인데, 이데올로기는 '과학적 인식'과 다른 것이며 '과학' 이전의 것이기도 하다. 이런 사고는 《자본을 읽자》 등 '과학'으로서의 마르크스주의를 정초하려 했던 초기 작업에서 나왔다. 그러나 후기 알튀세르 지식론의 핵심은, '현실 대상'과 '지식의 대상'을 제기하여 양자를 구별하고 '지식의 대상'이 '현실 대상'을 전제한 것이라 설명한 점,[55] 이데올로기를 '대중적인 표상체계'[56]로 규정하여 그 적극적인 역할을 강조했다는 점이다. 알튀세르는 이데올로기의 적극적인 기능을 강조함으로써 프레드릭 제임슨이나 지젝의 이데올로기론의 단초를 열었다. 이데올로기는 단지 허위의식이 아니라 주체가 세계와 맺는 상상적 관계 자체다. 우리는 이데올로기를 통해 국민으로서 또는 지위를 가진 주체로서 '호명' 된다. 그래서 이데올로기야말로 지배적인 상부구조와 계급관계를 재생산하는 중요한 도구가 된다. 이데올로기는 표상을 통해서 물질적인 힘을 갖는다. 상식과 표상, 이데올로기는 여기서 서로 연관된다. 상식은 가장 일반화된 이데올로기와 그로부터 구성된 담론적 지식을 말한다.

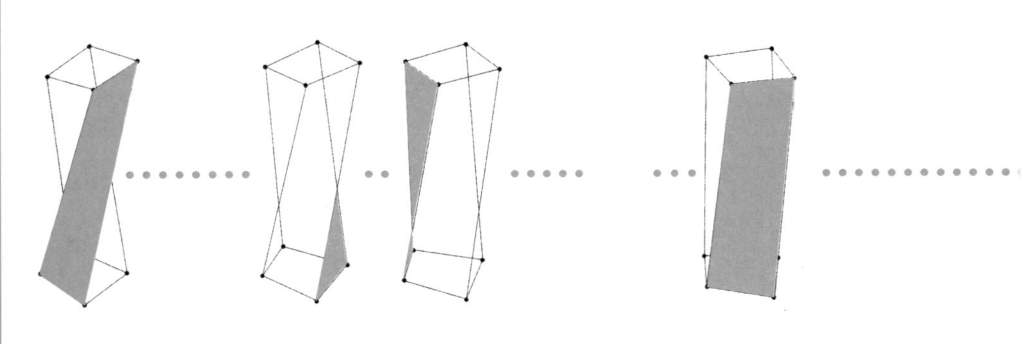

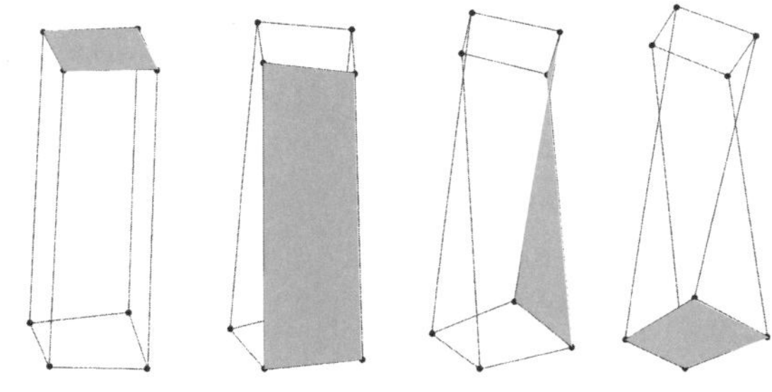

2

'아래로부터의 해방'과 근대적 앎의 성립

: 대중의 등장과 대중지성의 형성

Chapter. ONE

근대 계몽기 지식의 문화사

앎의 역사를 어떻게 다시 서술할 것인가

새로운 지성사를 위하여

대부분의 지식론이나 '지성사'는 특권계급과 '문자'를 소유하고 운용하는 지식계급의 활동과 정신사일 뿐이다. 이는 앎의 변화를 가능하게 한 문화·정치의 변동과 사회 변화에 거의 착목하지 않은 채 어떤 뛰어난 아이디어들의 족보만 탐색한다. 뿐만 아니라 다수 노동인민과 하위주체가 앎의 사회적 변화 과정에서 수행한 역할을 살피지 않는다. 이는 오래된 지식론의 관점이자 고식적인 '지성사'의 서술 방법이다.[1] 그러한 서술 방식은 근대 이전까지 극히 예외적인 경우를 제외하고는 앎을 생산하고 유통시키는 도구(문자와 매체) 자체가 한정되어 있었고 또한 이를 거의 특권계급만 소유했던 '사실'을 반영한 것이기는 하다. 하지만 그러한 지식론, 지성사에는 아예 앎의 문화와 주체 문제에 대한 문제의식 자체가 없다. 권력자-남성-지식인만이 앎의 주체로 사고되기 때문일 것이다.[2]

앎의 역사는 어떻게 다시 서술될 수 있을까? 앎의 내용과 주체가 어떤 상호작용을 하며 '근대'를 이뤄왔는지가 근저의 문제의식이며, 앎의 문화가 어떻게 재편되었는지를 '아래로부터의 해방'과 근대적 앎의 성립과정의 관계 문제를 통해 제기하는 것이 이 장의 목적이다.[3] 이를 우리 땅에서 새 앎의 주체와 '대중'이라는 존재가 등장하고 근대적 대중지성이 형성되는 과정으로써 제기하고자 한다. 앎의 역사는 사회·문화 전체의 변동 속에서 새롭게 주체(성)가 구성되는 과정이기 때문이다.

대중지성 개념은 '앎-주체'라는 문제틀 자체를 제기하고 또 바꾼다. 대중지성은 학지學知나 이론적 지식의 결여태가 아니며 남성 지식 계급이 소유하고 만든 앎의 잉여나 그 찌꺼기가 아니다. 또한 대중지성은 근대 이전의 민중이 소유한 민속적 지식이 그저 새로운 내용으로 대체된 것이라고 볼 수도 없다. 근대적 대중지성은 농경사회와 봉건적 관계를 대체한 새로운 생산관계와 생활양식이 출현하고, 이에 근거하여 기존에 존재하지 않았던 정치적·문화적 의식의 주체가 새롭게 형성됨으로써 탄생했다. 근대의 생활세계에서 살아남기 위한, 그리고 민주주의와 근대의 정치·경제에 '참여'하기 위한 '주체의 형성'으로서 대중지성이 형성된 것이다.

근대적 대중지성의 탄생은 서구 근대지식의 체계 그리고 그 내용의 수용과 밀접히 연관되어 있다. 그러나 양자는 서로 다른 차원의 과정이다. 왜냐하면 대중지성의 탄생은 사회의 전반적 변화 자체에 관련된 것이기 때문이다. 즉 민주적 사회 관념이 확산되면서 봉건적 신분제 및 토지 소유관계, 그리고 유교적 가부장제가 결정적으로 타격을 입고 권리와 행위에서의 새로운 주체성이 사회적으로 확대될 때 대중지성은 등장할 수 있었다. 대중지성의 생성은 자기해방을 향한 아래로부터의 민중의 투쟁과 '대중의 등장'에 결부된 과정이다.[4] 앎의 해방과 삶의 해방(신분으로부터의 해방 및 의식·무의식의 해방)은 함께 왔다.

앎의 문화사를 이해하는 세 가지 기준

이 책에서는 '앎의 문화사'를 크게 두 시기로 나누어 살피고자 한다. 첫 번째 시기는 1890~1910년대이고, 두 번째 시기는 1919년~1920년대까지다. 이러한 시기 구분은 1919년 3·1운동 등을 계기로 식민지 조선 사회 전반에 큰 변화가 생기고 앎의 문화에도 새로운 상황이 도래했다는 일반적 인식에 따른 것이다.

그리고 다음과 같은 세 가지 차원의 변화와 그 상호작용으로 이 시기의 앎의 문화사를 이해해보고자 한다. 1) 지식복잡계의 외부에서 변동을 자극한 정치·문화적 변화, 2) 앎의 이념과 지식 내용의 실제적 변화, 3) 지식 문화와 제도의 변화.

1) 세계체제와 지정학적 변동, 혁명과 반동을 포함한 사회사의 사건들은 거시적 요인으로서 앎의 변화를 자극한다. 장기 혹은 중기 지속적 변화를 압축하여 폭발하는 이런 큰 사건들은 시간을 압축하면서 급격하게 사회와 문화를 바꾸고 새로운 주체를 탄생시킨다. 이를테면 조선 말기 사회의 총체적 불안과 신분제의 동요, 갑오농민전쟁과 갑오경장으로 인한 사회변화, 박래한 서구 근대 문명과의 접촉, 일제의 침탈과 대한제국의 멸망, 동학농민운동과 1900년대의 의병항쟁, 1919년의 3·1운동과 1920년대의 사회주의 운동 등이 여기에 해당된다.

2)는 지식의 내용 자체의 변화와 결부된 항이다. 이는 지식 생산의 철학적 조건(패러다임)의 변화, 언어·문학·예술 등 사회적 표상체계의 교체, 각종 분과 학문 등 근대 지식의 전면적 도입, 교양과 전문지식의 분화, 정보·취미·상식 등 새로운 지식 형태의 등장 등을 포함한다. 근대 초 조선에서는 유교적인 전통적 지식 패러다임이 힘을 잃어가는 가운데, 동학과 기독교 또는 사회주의와 같은 새로운 사상이 융기했다. 이는 '합리성의 구조변동'을 야기하고 폭발시켰다. 즉 '무엇이 합리적인 것인가?'에 관한 사고의 근저가 바뀌었다는 것이다. 수학적(도구적) 합리성 및 '과학'적 사유의 도입은 종래의 사고 체계를 '유물'과 '미신'으로 급격하게 평가 절하했다. 조선을 옭죄던 성리학·도학은 한 순간 낡은 학문으로 전락하고, 농민적 삶에 근거한 민속적 지식도 쓰레기 취급을 당하기 시작했다. 구체적인 과학 지식과 분과 학문은 지식의 위계와 배치를 변화시켰다. 또한 전통적 윤리 체계는 앎 주체의 새로운 형성과 함께 붕괴의 위기에 빠졌다.

3) 앎의 문화와 지식제도의 변화는 지식 생산·유통·수용의 새로운 제도화와 국가의 역할을 고려하여 고찰되어야 한다. 생산의 측면에서는 근대적 학교·학회·연구소 등의 탄생이, 유통의 측면에서는 미디어 소비의 일상화가 여기에 관련된다. 근대 이전 시기에는 없던 학교와 미디어 제도를 통해 정보 취득과 공유 방법에 근본적인 변화가 생기고 점점 굳어진다. 국가는 제반의 정책과 행정 과정을 통해 앎의 형성과 유통에 지대한 영향을 미친다. 대한제국과 식민지 권력(총독부)은 한편으로는 일종의 근대 권력으로서 앎의 제도를 창출했으나, 다른 한편으로는 탄압과 검열을 통해 지식의 자유로운 확산과 대중지성을 억압했다.

<표 2> 앎의 문화와 주체 형성에 작용하는 힘들 및 그 결과

① 지식 변동을 가능하게 한 정치·문화적 변동	세계체제와 동아시아 지정학의 변동	정치사적 혁명과 반동	근대국민국가 성립의 노력과 좌절	민족·노동계습·여성 등 근대 주체의 구성	민중봉기와 계급의 형성
② 앎의 이념 및 앎 내용의 실제적 변화	유교적 세계관의 붕괴·윤리적 체계의 변화	서구 분과 학문의 유입	동학, 기독교, 사회주의 등의 작용	분과 학문의 토착화·교양의 변화	정보·취미·교양 등 지식의 발생
③ 지식문화와 제도의 변화	근대적 학교·학회·연구소의 탄생	국가 지식 생산과 공교육 제도의 확충	부르주아 공론장의 제도화 및 미디어 소비의 일상	검열제도	개인의 정보 및 지식 취득 방법의 변화

1)~3)은 앎의 문화와 그 주체의 형성에 작용하는 힘들이며 또한 그 결과다. 거론된 하나하나의 항목이 매우 큰 주제들이라 전체를 서술하기는 어렵다. 여기에서는 주로 1), 2), 3)의 상호관계와 동학 dynamics에 초점을 맞출 것이며, 특히 대중의 진출 및 대중지성의 형성, 국가와 공교육의 역할, 지식제도의 성립과 앎 주체의 분화를 중심으로 앎의 근대에 대해 기술할 것이다.

신분제의 붕괴와 앎의 변화

'만민은 평등하다'는 새로운 인식은 어떻게 전 민중에게 확산되었을까? 그것은 어떻게 가능했을까? 자유와 민주의 실현, 그리고 신분제의 폐절은 단지 제도만이 아니라 습속과 사고, 인식의 근본적 전환에 의해서만 가능하다. 습속과 사고와 인식의 진전은 '아래로부터의 해방'을 필수적으로 요청한다. '비존재'였던 자들이 자신의 목소리를 내면서 제자리에 있기를 거부할 때 그들을 비존재로 만든 권력은 비로소 그 힘을 잃기 시작한다.[5]

'개인들의 삶의 가능성을 규정하는 표상체계 혹은 이야기체계'[6]가 무너져야 앎의 해방은 도래한다. 지배적 상징질서를 무너뜨리는 것은 단순히 새로운 지식도 아니고 제도도 아니다. 혁명과 '아래로부터의 운동'이 결정적인 트라우마적 장면을 주체들에게 제공하고 그리하여 표상과 '서사'를 바꾼다. 이것이 곧 앎의 변동이다. 기존 연구 중 이 같은 역사적 과정을 구체적으로 묘사하고 있는 것은 거의 없다. 그 전 과정에 대해 상술하는 것은 능력 밖의 일이지만, 이 글은 그 개략과 방법적 시각을 제안하려 한다.

'법적' 신분 해방과 동학농민전쟁

19세기 이래 조선 사회는 급격한 사회변동의 조짐을 보인다. 세계사적 변화에 대응하라는 압력이 내외에서 분출하여 사회를 근본적으로 개혁하지 않으면 안 되는 상황에 이른 것이다. 1894년, 드디어 갑오경장에 의해 신분제의 폐절이 선언된다. 주요 내용은 문벌門閥과 반상의 구별을 폐지하여 '귀천'을 따지지 않고 인재를 등용한다, 적서嫡庶의 차별을 폐지한다, 공·사노비에 관한 법을 혁파하고 인신매매를 금지한다, 역인驛人, 광대, 가죽 백정 등을 면천하고 관인官人층, 즉 양반의 상업 진출을 보장한다는 것이었다. 이때 이른바 '칠반천인七般賤人'이라는 가장 낮은 신분의 사람들, 즉 조례·나장·일수·조군·수군·봉군·역보[7] 등과 노비·기생·상여꾼·혜장鞋匠·무당·백정 등의 신분 해방도 선언된다. 과거제도가 폐지됨으로써 지배계급을 충원하는 제도도 또한 달라졌다.[8] 한성사범, 외국어학교, 법관양성소, 육영공원, 무관학교 등 관립의 근대적 교육기관이 건립된 것도 이 시기다.

그러나 수백 년 이상 묵은 제도를 바꾼 이러한 획기적인 조치들이 곧장 사회의 실질적인 변화를 이끌어내지는 못했다. '위로부터의 개혁'은 불철저했을 뿐 아니라, 오히려 고종과 보수세력은 1894년부터 시작된 동학농민전쟁이나 1898년의 만민공동회와 같은 민중의 자발적 투쟁을 좌절시켰다.

동학농민전쟁의 역사적 의미에 대해 어찌 몇 마디 말로 다할 수 있을까? 동학농민운동을 이끈 계층은 대체로 몰락양반층과 소농 및 빈농이었다. 하지만 지역과 시기에 따라 다른 양상을 보이기도 했다. 향반과 지주도 주도적으로 참여하는가 하면 영세 상인층과 수공업자 그

일본의 《이륙신보》(1894년 8월 11일)에 실린 동학농민군 삽화
동학군은 구성 측면에서 잡색군으로서의 성격이 강했지만 상당히 조직적이었다.

무장 동학도 포고문茂長 東學徒 布告文

1894년 3월 20일, 무장현 당산면에서 손화중, 전봉준 등이 농민군을 일으키면서 창의의 정당성을 주장한 내용이다. "오늘날의 시대는 인륜을 왜곡하고 거짓된 신하들이 임금의 눈을 가리고, 관리들의 학정이 그치지 않아 형세가 너무 어지럽다. 이에 가히 보고만 있을 수가 없어 창의를 한다"라는 기록이 동학농민군 봉기의 불가피성을 짐작하게 한다.

리고 천민이 농민군의 주력이 되기도 했다.[9] 동학농민군은 지향과 구성면에서 다분히 다중적인 '잡색군'으로서의 성격이 강했다. 그러나 기본적으로 '전쟁' 과정에서 조선의 봉건적 사회관계를 부정했다는 점에 있어서는 공통적이었다. 농민군은 점령 지역에서 관아에 보관되어 있던 토지대장에 불을 지르고 부농의 전답문서를 빼앗는가 하면 소작료 납부를 거부하기도 했다.[10] 봉건적 신분과 도덕경제가 그들의 적이었던 것이다.

나아가 〈폐정개혁안〉 등을 통해 실질적인 신분 해방을 요구했다. 동학 농민이 점령 지역에서 만든 일종의 자치기구인 집강소를 통해 요구된 〈집강소 정강 12개조〉 중에는 우선 '탐관오리, 횡포한 부호들, 불량한 유림과 양반들'에 대한 '엄징'이 명기되어 있었다. 같고도 다른 이 세 지배계급의 부류가 당대 민초들의 1차적인 적이었다는 점을 알 수 있다. 반면, '노비 문서는 불태워 버린다', '7종 천인의 대우는 개선하고 백정이 쓰는 평량갓은 벗겨 버린다', '청상과부의 개가를 허용한다'는 조치도 포함되어 있었다.[11] 이는 가장 멸시받으며 밑바닥에 있던 민중의 삶을 해방한다는 의미다.

동학 농민들은 전쟁 과정에서 집강소라는 자치 기구를 설치하고 신분 해방과 폐정개혁에서 요구된 바를 실제로 실험했다. 그들은 양반에 대한 증오를 '징치懲治'로써 실행하는가 하면, 서로 접장이라 칭하면서 백정·재인才人 신분의 사람도 평민이나 사족처럼 평등하게 예를 차려 대했다. 그들은 "평등을 가칭하여 명분名分을 부수었"고 "양반과 부자를 모조리 짓밟고 종문서에 불을 질러 강상綱常을 무너뜨렸다".[12]

동학의 지도자가 가진 사상이 과연 근대적인 것이었는지에 대해서는 논란이 있다. 여전히 '충군'과 같은 봉건적 이념에 동학이 기대고 있었다는 지적도 있다. 그러나 지도자의 '인식'이나 문면에 나타난 것을 넘어 동학운동은 '운동'으로서 그 수행의 과정에서 '명분'과 '강상'이라는 봉건적 앎을 공공연히 부수었던 것이다.

혁명은 기존의 제도가 그어놓은 금을 공공연히 넘어 평등을 실제로 실행한다. 훗날 보기 드물게 조선 체제와 함께 순사했던 유교 지식인 황현은 농민군을 '적당賊黨'이라 부르며, 이 혁명에 대한 지배계급의 공포를 다음과 같이 묘사했다.

적당은 모두 천인노예이므로, 양반·사족을 가장 증오하였다. 그래서 양반을 나타내는 뾰죽 관을 쓴 자를 만나면 곧바로 꾸짖으며 말하기를 '너도 역시 양반 인가' 하고 관을 벗기어 빼앗아버리거나 그 관을 자기가 쓰고 거리를 돌아다니며 양반을 욕주었다. 무릇 집안의 노비로서 도적들을 따르는 자는 물론이요, 비록 도적들을 따르지 않는다 하더라도 모두 지극히 천한 자가 주인을 강제 위협하여 노비문권을 불사르고 종량從良[양인이 됨]을 강제로 승인하게 하거나 또는 그 주인을 결박하여 주리를 틀고 곤장과 매를 치기도 하였다…… 혹은 노와 사족의 주인이 모두 함께 도적을 따르는 경우에는 서로 (평등하게) 접장이라 칭하면서 그들의 법을 따랐다. 도한屠漢[백정]·재인 등속의 무리도 역시 평민· 사족과 같이 평등하게 예를 했으므로, 사람들이 더욱 치를 떨었다.[13]

만민공동회, 1898년의 아고라

한편 1898년의 만민공동회는 서울의 민중이 중심이 된 대중 집회였다. 만민공동회는 반외세(러시아)와 개혁정부의 수립을 주창하고 시민적 변혁의 상상력을 꽃피웠으나 고종과 기득권세력에 의해 패배했다.

만민공동회의 전개과정은 오늘날 '촛불집회'의 그것과 놀랍도록 유사하다. 누구나 자유롭게 자신의 정치적 상상력을 펼쳐내며 근대적 민

주정치를 요구했다. 처음에는 독립협회에 소속된 당시의 엘리트 운동권 청년들에 의해 주도되었으나, 점점 서울의 평범한 시민이 자발적으로 참여하는 군중집회로 발전하고 커져갔다. 이 과정에서 처음 사태를 주도한 "《독립신문》 자체가 하나의 거대한 아고라agora와 같은 공론장으로 변신함으로써 공론의 생생한 의미와 위력을 당시 조선 인민들에게 유감없이 보여주었다".[14]

1898년 3월 10, 12일의 집회를 가리키는 〈1차 만민공동회〉에서는 러시아의 이권 침탈에 적절히 대응하지 못하는 정부 정책에 대한 비판이 주된 이슈였다. 3월 12일 서울 남촌에 집결한 시위대 2만여 명은

출동한 군대를 투석으로 몰아내기도 했다. 〈2차 만민공동회〉는 1898년 4월의 상소운동과 10월 1일부터 12일간 열린 철야 연속 집회를 가리킨다. 이 시기 가장 중요한 사안은 바로 '의회 설립'에 관한 요구였다. 근대 정치체제를 도입하기 위한 시도였다고 평가되는 이러한 민중의 압력에 고종은 10월 12일 마침내 독립협회가 신임하는 박정양을 정부 수반으로 하는 개각을 실시하게 된다.

1898년 '장작불 집회'라고도 불리는 〈3차 만민공동회〉는 1898년 11월 무려 19일간 이어진 철야 집회였다. 정부의 회유와 기만책, 보수세력의 공공연한 폭력 침탈에 굴하지 않는 거리의 공동체가 만들어짐으로써 장기간의 투쟁이 가능했다. 이에 보수세력은 독립협회가 왕정을 완전히 부인하는 공화정을 실시하려 한다고 모함했다. 왕정의 가장 민감한 고리를 건드려 공안사건을 조작해낸 셈이다. 17명의 지도자들이 체포되고 독립협회는 해산명령을 받았다. 그러자 만민공동회의 민중들은 '나도 죄인이다, 나도 잡아가라'며 '자원취수自願就囚' 운동을 벌이기도 했다. 이처럼 시민들이 굽히지 않자 고종은 11월 26일 시민들이 자체적으로 뽑은 대표 200명을 친견하고 칙어를 내려 "말 길도 열어주고 중추원도 실시하고 독립협회도 복설하여 주"고 민중의 분노의 표적이었던 수구파 조병식 등의 관료를 처벌하기로 했다.[15] 그러나 시민의 분노가 잦아들자 왕은 칙어의 약속을 지키지 않았다.

만민공동회는 오늘날 상상할 수 있는, 그리고 우리가 지금 당장 목도할 수 있는 '평화' 집회의 형식과 내용이 모두 시도된 집회였다. 천시 받는 존재인 여성과 승려들도 참여했으며, 초등학생이 연설을 하기도 했다. 서울 시민은 19일간 자발적으로 돈과 음식, 땔감을 집회에 제공하고 오늘날의 파업에 해당하는 '철시'도 감행했다. 1898년 10월

28일에 열린 만민(관민)공동회에서는 단하에 정부 고위관료들도 앉아
있는 상황에서 백정 박성춘이 개막 연설을 했다. 대단히 상징적인 일
이라 하지 않을 수 없었다. 백정은 원래 양반뿐 아니라 상민들과도 동
석할 수 없는 불가촉천민이었기 때문이다.

만민공동회와 독립협회(및 《독립신문》) 활동의 기반이 된 것은 근대
민주주의에 관한 새로운 지식이었다. 인민주권과 민주정치 제도에 대
한 앎은 조선-대한제국의 국가 시스템과 인민 대 군주의 관계를 전면
적인 성찰의 대상으로 만들었다. 《독립신문》에는 '백성 · 인민 · 신
민 · 국민' 등의 단어와 '민주주의 · 공화제 · 주권' 같은 새로운 개념
지식이 거의 일상적으로 사용된다. 이는 분명 거대한 앎의 교체를 배
경으로 한 것이었다. 이율곡이나 박지원 같은 조선의 '천재'들은 왜
의회 제도나 공화제 같은 것을 생각해 내지 못했을까?

그런데 독립협회를 이끌던 양반 개화파가 가진 정치적 지향에는 한
계가 있었다. 비록 그것이 입헌군주제의 문제의식에 닿아있는 것이라
해도, 기본적으로 독립협회는 '충군'을 지향했다. 사실 독립협회가 추
구했던 것은 근대국민국가가 아니라 위계적인 차별과 기존 정치제도
를 보완하는 보수적인 개혁이었을 뿐이라 평가될 수도 있다. 김동택은
양반 개화파는 민주정이나 공화제, 인민 주권과 같은 개념이나 제도에
대한 지식을 충분히 갖지 못해서가 아니라, 그들이 가진 기득권과 일
관된 보수성 때문에 그 같은 한계를 보였을 것이라 설명한 바 있다.[16]

결정적으로 서재필 등의 독립협회의 주요 인사는 '민'을 진정한 권
력의 주체로 간주하지 못했다. 윤치호는 조선에 맞는 것은 미국식 공
화제가 아니라 일본식 천황제라는 식의 사고방식을 갖고 있었다. 나아
가 동학이나 의병 같은 민중적 저항세력을 '토비土匪'[지역 도둑떼]로

치부했다. 이런 입장은 양반 보수파의 입장과 일치하는 것이었다.[17]

이처럼 민중의 열망은 뜨거웠으나 조선-대한제국이라는 국가가 주도해서 새로운 공론장을 창출하고 봉건적 사회관계를 청산하는 데에는 명백한 한계가 있었다. 1890년대와 1900년대에 국가에 의해 '선언된' '만민평등'과 봉건제적 신분철폐가 실제 사회세계에서 갈등을 일으키고 있는 양상을 관찰하기란 매우 쉽다. 왕조 국가의 중추를 이루던 양반은 신분제의 실질적인 폐절에 강력히 저항하고 있었다.

만민(관민)공동회에서 백정 박성춘이 개막 연설을 한 6개월 뒤에 씌어진 《독립신문》 1899년 1월 22일자 사설을 보면 남녀차별뿐 아니라 '고루한 양반 의식'이 여전히 광범위하고 완강했음을 알 수 있다. 이 글에 의하면 "양반이라는 사람들은 어려서부터 이문목견[귀로 듣고 눈으로 보는 것]의 교만한 태도와 호령하는 버릇을 먼저 공부하고" "상놈이라고 하면 아무리 나이가 많고 덕이 있을지라도 초개[풀 쓰레기]같이 대접"하며, 제 마음에 안 드는 일이 있으면 "법사法事는 차치하고 양반끼리 잡아다 치죄를 한다". 양반이 정한 양반-상놈의 관계는 자연법 이상의 힘을 갖고 있었다. 양반의 아들은 아무리 "천치숙맥이고 무식할지라도" "벼슬을 시키어 나라 일을 맡겼으니 백성 압제하는 것을 제일 학문으로"[18] 알고 있었다. 이런 문제가 그리 나아지지 않고 있었던 것이다.

새로운 지식과 낡은 지식의 병존

19세기 후반부터 서구와 일본에서 들여온 새로운 지식의 범위는 실로 넓었다. 이들에 의해 국가가 채택한 새 교과서들도 쏟아져 나왔다.

이는 문학과 역사학뿐 아니라 완전히 새로운 지식인 (근대)법학과 경제학, 교육학과 생물학, 심리학과 일어·영어 회화까지 그야말로 이전에는 상상조차 못했던 영역을 아우르는 것이었다.[19] 그리고 근대 분과 학문의 기초가 드디어 우리말로 '번역되어' 가르쳐지기 시작했다. 수신, 교육, 한문, 역사, 지리뿐 아니라 수학, 이과, 체조, 박물, 화학 등의 과목이 관립과 사립학교에서 가르쳐졌다. 학교뿐 아니라 일반인들을 위해 새로운 지식을 담은 서적들도 쏟아져 나왔다. 여기에도 상학商學, 물리, 화학, 생물학, 기술학 등 '근대'를 대표하는 지식과 관련된 책들이 상당수 포함되어 있었다.[20]

그러나 새로운 지식이 완전히 헤게모니를 장악한 것은 아니었으며, 여전히 낡은 지식과 병존하고 있었다. 예컨대 1895년 과거제가 폐지된 후 당시 최고 고등교육기관이던 성균관도 개혁을 시도했다. 그러나 성균관에서 가르쳐지는 과목은 여전히 오래된 것들이었다. "시의에 따라 본국 지지地誌, 만국사, 만국 지지, 산술"을 배운다는 단서가 붙어 있기는 했지만, "삼경, 사서 및 그 언해, 강목—송원명사宋元明史, 본국사, 작문"이 기본 과목이었다.[21] 이를 성균관이 개혁을 단행한 1895년보다 10년 전인 1885년에 서양 선교사에 의해 세워진 배재학당의 1890년대 중반 교과와 비교할 만하다. 배재학당은 성경과 영어독본, 영문법, 만국역사, 지지와 같은 새로운 인문 교과를 가르치고 있었으며, 이미 수학, 기하, 화학, 물리, 체조, 위생 등도 교과로 삼고 있었다. 이러한 서구식 선교학교는 물론, 잡지와 신문 그리고 일반 사회를 위한 단행본 발간에서도 수학, 기하, 화학, 물리 체조, 위생 등의 과목이 중요하게 부각되고 있던 것을 생각하면, 국립교육기관 성균관의 과목은 문제가 많은 셈이었다.[22] 국가가 앎의 변화를 선도하지 못했다는 사실을 보여주기 때문이다.

또한 중요한 점은, 당시 '공립' 학교에서 가
르쳐진 지배적 윤리 관념이 봉건 사회 윤리에
기초한 것이었다는 사실이다. 중국 송나라 때
씌어진 《소학小學》은 조선시대 내내 가장 '기
본'이 되는 유교 도덕 교과서였는데, 개화기
에도 여전히 살아 있다가 새로운 근대적 지식
이 활발하게 들어오기 시작하면서 다른 수신
修身 교과서들로 대체된다.[23] 정부와 휘문의숙
등에서 만든 새로운 수신 교과서는 《국민소학
독본》(1895), 《고등소학독본》(1906), 《중등수신
교과서》(1902), 《중등수신교과서》(1906), 《초등
소학》(1907), 《고등소학독본》(1907) 등으로 다
양했다. 그러나 이 교과서들 역시 대다수가
《소학》의 세계에 기초하고 있었다. '삼강오
륜'을 뼈대로 하고 있었으며 '수제치평修齊治
平', 즉 수신제가치국평천하修身齊家治國平天下
의 관념을 말하고 있었다. 삼강오륜이든 수제
치평이든, 이는 여성과 농민·상민과 같은 다
수의 인간을 인간 자체로 대접하는 도덕률과
는 거리가 멀다. 또한 유교적 도덕률이 근대
적 상하관계로 변용된 것이라 보기도 힘들다.
　근대적인 인간관계는 적어도 법적 원리에
있어 모든 개인의 무한한 동등함을 인정해야
하며, 전제된 차이나 차별 자체를 일단 부인해

■《국민소학독본》

■《고등소학독본》

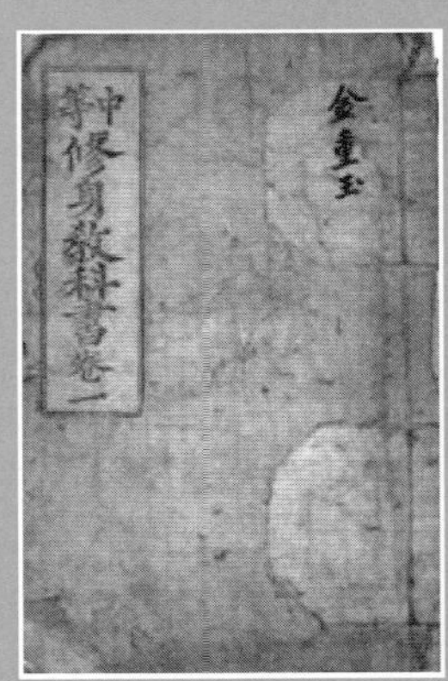

■《중등수신교과서》

개화기 정부와 휘문의숙 등에
서 만든 새로운 수신 교과서
들. 그러나 조선시대의 봉건사
회 윤리를 답습하는 수준에 머
물렀다.

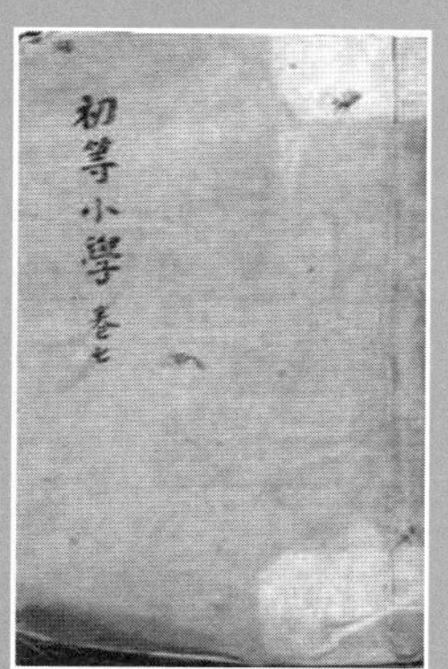

■《초등소학》

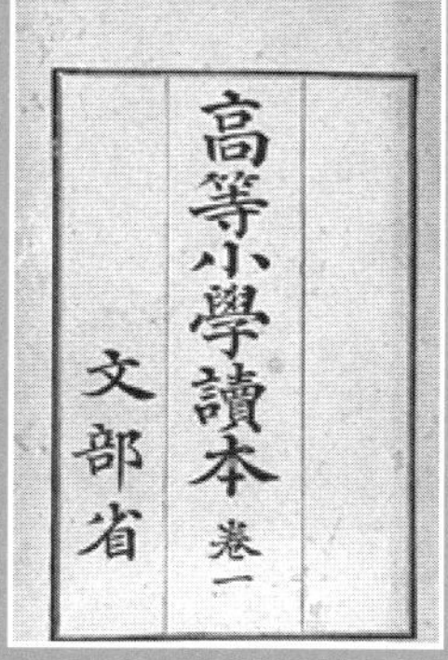

■《고등소학독본》

■《보통학교수신서》

야 한다. '계약'과 그에 따른 권리는 이를 보장하는 원리이기도 하다. 그러나 삼강오륜이 보여주는 것처럼 유교는 남녀와 군신, 장유 등의 차별을 전제한다. 추상적인 수준에서 '인륜'의 원리였다 해도 실제 사회에서 그것은 남성과 왕을 위한 도덕률이었다.

《독립신문》은 모호한 가운데에서도 인간의 '귀천'을 가르는 새로운 기준을 제시하여 당시 백성을 옭죄던 신분제에 관한 의식을 개량하고자 했다. 〈반상논란〉이라는 1899년 2월 22일의 사설은 만민평등이 선언됐다는 서양에도 '하인'과 같은 존재가 있다는 혼란을 해결하기 위한 고심이 엿보인다. 결론은 다음과 같다.

외국 양반으로 말할진대 본시 학문도 유여하고 무슨 직책을 당하든지 충군 애국으로 실심 종사하거드면 높은 사람이요 만일 그렇지 못하여 행위가 부정하고 학문이 없으면 낮은 사람이라. 고용이라 뿐이라 하는 것이 다 한문으로 말하면 하인인데 그 사람들도 고용할 때에는 절제를 받드라도 해고한 후면 평민이라 서로 동등 사람으로 대접할 뿐더러 그 사람이 무슨 벼슬을 하여 충애하기를 나보다 낮게 하면 상등으로 대접하는지라. 물론 동서양 사람하고 사람의 할일을 한 연후에야 사람이니 한갓 지별

만 좋으면 사람이라 하리요.[24]

　신분제와 관련하여 두 가지 새로운 기준이 제시되고 있는데, 첫째는 '충군애국'이다. 누구나 '충군애국'의 의무를 지니는 '국민'이라는 점에서 반상은 동등할 수 있고 누가 더 열심인가에 따라 '상하'는 재평가될 수 있다는 것이다. 그리고 이보다 더 중요하게 《독립신문》은 근본적으로 유교윤리와 다른 관점 하나를 제기하고 있다. 상하 관계는 고용雇用/비고용의 관계로 대체될 수 있다는 것이다. 이는 '고용雇傭'이나 '뽀이boy'와 같은 존재도 계약 바깥에서는 '평민'이라는 말에서 드러난다. 조선의 노비와 '하인'은 평민 이하의 존재였으며, 법적·계약적 관계와 무관하게 인격적·경제외적 지배를 당하는 존재였다. 그래서 '국민'으로서, 법적·계약적 관계를 벗어난 위계와 고정된 신분이란 존재하지 않아야 한다는 주장은 의의가 있다.

유교적 가부장제 관념의 재생산─교과서의 '하인 부리는 법'

　이런 인식이 차츰 번져가던 상황에서 유교적 신분제를 옹호하는 내용의 정부 간행 '교과서'가 만들어지고 채택되었다는 것은 대한제국이 양반 외의 다른 모든 인간을 '하인'으로 여기는 신분제를 철폐하기는커녕 용인하거나 조장했음을 보여주는 것이다.[25] 정일균이 지적한 것처럼 정부 간행 교과서인 《보통학교 학도용 수신서》(1907)가 바로 그 증거다. 이 책의 제2권에는 '노복奴僕'이라는 장이 따로 있다. 여기에는 "정동貞童의 부모父母는 극히 자비심이 만흔 사람인 고로 비복 3

인을 자애하여 자식과 같이 여기는도다. 비복도 또한 충성으로 주인을 위하여 주인의 집을 자기의 집과 같이 생각하더라”라는 대목이 있다. 또한 1909년에 나온 《녀ᄌᆞ소학 슈신셔》(1909)에도 ‘하인 부리는 법’이라는 장이 따로 있다.

> 하인도 쏘한 사람이라. 무슴 일을 식히든지 맛기고, 거쳐범절에 더웁게 입히고 배불리 먹이며 힘에 겨운 일을 식히고 쑤짓지 말 것이요. 쑤짓지 안이 할 것을 쑤짓지 마라……조금 ᄠᅳᆺ과 ᄀᆞᆺ지 못ᄒᆞᆫ 일이 잇으면 일히와 호랑이 같이 한독狼毒ᄒᆞ여 뭉둥이로 때리고 송곳으로 찌르고 칼로 저미고 불로 지지는 것같이 하여 앞뒤를 돌아보지 않다가 실수하여 혹 죽이고 후회하나니라……하인을 부리되 자식과 같이 명령하며 순하게 인도하여 주인이나 하인 사이에 항상 화평하기를 주장하며, 하인을 부리되 마음으로 복종하게 하는 것이 제일 귀하니라.

‘하인도 또한 사람이다’는 말은 실질적으로는 하인이라는 존재가 사람이 아니었다는 사실을 역설적으로 보여준다. 이런 점에서 위 인용문은 아주 흥미롭다. 하인이 상전의 뜻에 맞지 않는다고 해서 “송곳으로 찌르고 칼로 저미고 불로 지지는” 등 “앞뒤를 돌아보지 않다가 실수하여 혹 죽이”는 일들이 있었다는 것이다. 하인은 생사여탈을 ‘주인’이 마음대로 할 수 있는 노예였다. 하인에게 인권은 없었으며 복종의 의무만 있었다. 《고등소학수신서》는 하인들이 해야 할 의무에 대해 말하고 있다. 이 교과서에는 아예 ‘주인과 노복’ 장이 따로 있었는데, 이에 따르면 “비복은 주인의 명예를 존중히 하여 비방을 절구絶口하며 주인의 명령을 순종하여 복무에 진력”[26]해야 한다고 했다.

카스트적 제도를 공공연하게 인정하는 이러한 교과서들이 남녀관계에 관한 유교적 가부장제의 관념을 반복 재생산하고 있었음은 말할 나위도 없다.

민중, 스스로 앎의 주체로 나서다

수신 도덕 교과서는 일종의 문화 지체나 '상부구조'의 더딘 변화를 보여준다. 당시 실제로 배우고 있던 다른 새로운 과목들—세계사와 지리, 체조와 외국어, 화학을 위시한 자연과학 교과—이 가르치는 세계상과 봉건적 도덕은 공존하기 어려운 것이었기 때문이다. 물론 유길준의 《노동야학독본》(1908)의 경우처럼 진보적이고 근대적인 노동

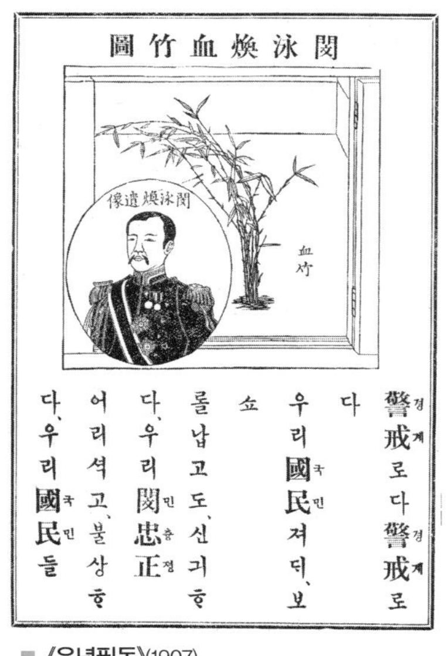

■ 《유년필독》(1907)

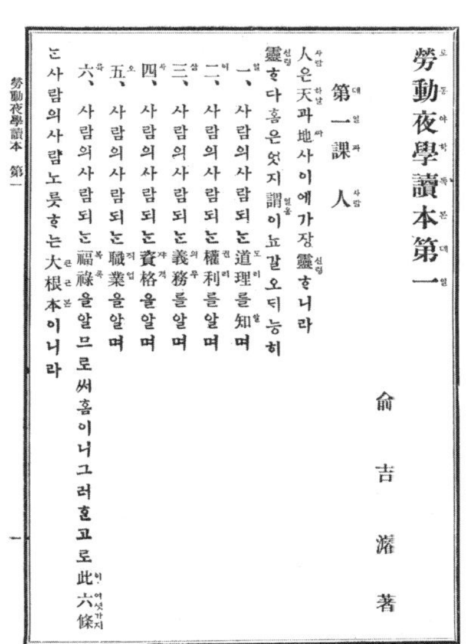

■ 《노동야학독본》(1908)

1900년대 교과서로 사용된 책들. 자결한 민영환의 충정을 언급하며 국민됨을 강조한 《유년필독》이나 첫머리를 인권에 대한 강조로 여는 유길준의 《노동야학독본》 모두 '하인 부리는 법'이라는 장을 따로 만든 봉건적 내용의 정부 간행 교과서와 달리 상당히 진일보한 교재였다.

담론과 교육담론을 펴는 교과서들도 있었다.[27] 이들 책에서는 노동자도 국가를 위해서 '같이' 배워야 할 주체로 인정받았다. 그러나 민중은 '호명' 되거나 '인정' 받아서가 아니라 스스로 존재를 증명하며 주체로 나섰다.

그것은 서로 다르지 않은 세 가지 흐름으로 현상했다. 첫째, 상당수의 민중이 조선 사회의 '질서' 로부터 자발적으로 이탈하여 유교 왕조의 정치적·윤리적 헤게모니가 미치지 못하는 '초월적인' 곳으로 움직여갔다. 19세기 후반 이래 두드러진 것이 동학을 위시한 각종 민중종교의 발흥이다. 체제의 보호를 받을 수 없었던 민중이 스스로 '종교' 로의 도피를 결행한 것이다. 박래한 천주교와 개신교가 급격하게 조선 민중 속으로 파고들 수 있었던 것도 이런 맥락에서 이해할 수 있다. 그것이 설사 곤궁한 현실로부터의 '도피' 의 성격을 가진다 해도, 완고하고 썩은 조선 사회에서 그러한 참여 자체는 존재 전체를 건 도박이었다. 제사를 지내지 않는다든가, 유별한 남녀가 함께 앉아 예배를 올린다든가, 양반과 전주 이씨들 세상을 부정하는 것은 약한 개인이 선택하기에는 어려운 일이었다. 그것은 체제를 부정하는 초월적 논리에 '감염' 된 탓에 가능했다. 흥미롭게도 조선의 지배세력이 서학(기독교)과 동학을 단죄한 이유는 그것이 '이단' 이었기 때문이다. 조선식 또는 성리학적 정교일치(?)가 도전 받았기 때문인 것이다.

둘째, 그래서 이러한 '도피' 는 피안으로의 순수한(?) '도피' 가 아니라 체제에 대한 강력한 위협 자체였다. 즉 신앙과 저항은 구별되지 않았다. 이는 전적으로 '성리학적 정통' 이라는 매우 궁벽한 이데올로기에 매몰되어 사회 변화에 걸맞은 체제를 창출할 수 없었던 조선의 지배계급 탓이었다. 수많은 민중이 '이단' 으로 몰리고 '역적' 이 되어 사형대에 올랐다. 조선 사회는 아무 희망이 없었다. 그래서 민중은 공공연히 스스로 '반란'이 되었다. 19세기 후반 이래 죽창이나 낫을 들고 관官에 대항한 민중이 쏟아져 나왔다. '화적火賊'과 민란이 창궐했다. 농촌에 생겨난 과잉인구 중 일부가 유민화해서 생겨난 화적은 1860년 경부터 20세기 초까지 서울을 포함한 전국적인 '치안 불안'의 원인이 되었다. 30~100명 씩 떼를 지어 양반과 부자들을 습격하고 때로 관아까지 공격했다. 1880~90년대에는 전국적이고 항상적인 현상이 되었다. 1900~1906년 사이에 활발하게 활동한 활빈당은 이러한 흐름이 모인 결과였다. 활빈당은 부자들로부터 탈취한 재화를 빈민들에지 나눠주는가 하면, 외국의 이권침탈을 반대한다는 취지하에 여러 차례 일본인을 공격하여 죽이기도 했다.[28] 화적과 동학 농민, 그리고 을미년 이래 의병운동의 지향과 주체 구성을 명확하게 구분할 수 있을까? 그들은 '민족'이면서 '민중'이었고 농민이면서 화적이었던, 대중(다중 multitude)의 전신前身이었다.

셋째, 교육과 지식 획득을 매개로 스스로 새로운 문명에 접촉하고자 한 노력이다. 1900년대가 되자, 그동안 누적된 변화는 지식의 생산과 소통의 양면에서 획기적인 양상을 띤다. 새로운 매체와 학교를 향한 민중의 열정이 본격적으로 피어올랐다. 이후 다시 살피겠지만 민중은 스스로의 힘으로 인쇄 매체를 만들고 사립학교를 세우고 참여했다. 이는 세계사적인 흐름에 조선이 접촉함으로써 도출된 결과물이다. '체제 내 세력'이었던 1890~1900년대 말의 애국계몽운동은 그 촉진제 역할을 했다. 새로운 앎–주체로서의 자기 발견은 곧잘 '국민'으로 귀착되고는 했다. 그러나 앎에 대한 열정은 실로 오래 억눌렀던 열망의 분출이었고, 결코 기존의 질서 속으로 회수되지 않을 해방의 힘을 갖고 있었다.

앎의 해방을 위한 민중의 자기 노력
─김구와 김일성의 앎

상놈 김구, 과거 시험을 보다

김구의 생애는 앎의 교체와 신분제의 동요라는 사회적 변화가 어떤 관계이며, 어떻게 상호작용하는지를 잘 보여준다. 김구는 1876년 황해도에서 태어났다. 그의 가문은 효종 때 방계 조상이던 김자점金自點이 역적으로 몰려 '멸문지화'를 당한 이른바 '몰락 양반'이다. 김구의 조상들은 역적의 가문이라는 것을 숨기고 '진짜 농민'으로, 김구 자신의 표현에 의하면 "판에 박힌 상놈"으로 살아갔다. 이런 내력 때문인지 김구는 어릴 때부터 한恨을 가지고 양반을 부러워한다. 그래서 소과에 급제하여 진사進士가 될 꿈을 키운다.

재산은 좀 있던 김구의 아버지는 아들이 열두 살이 되던 해부터 독선생을 모시고 한문공부를 시작하게 했다. 그러나 공부길은 멀고 험했다. 14세가 되자 시골 훈장에게는 별로 더 배울 게 없어졌고, 뭔가 높은 진로를 생각해야 했다. 그때(1890년경) 김구의 아버지가 한 말이 무척 아프고도 재미있다. 그는 아들에게 "밥 빌어먹기로는 장타령[장

타령은 거지들이 부르던 구걸 노래인데, 그 속에 1에서 10까지의 한자를 뜻풀이하는 대목이 나온다]이 제일이라고 큰 글 하려고 애쓰지 말고 행문行文[행문은 제사·계약 등 일상사에 필요한 실용 한문 글이다]이나 배우라” 했다. 자기 이름이나 겨우 쓸 줄 알고, 돈은 있으나 양반에게 늘 열등감을 느끼며, 때때르 반항하는 왈짜패로 살았다는 김구의 아버지는 체제가 그들 같은 ‘상놈’에게 가하는 제약을 잘 알았고, 그래서 취할 수 있는 ‘현실적인’ 방도가 무엇인지도 생각해봤던 것이다.

그러나 지식과 입신에 대한 김구의 열망은 대단히 컸다. 사서삼경을 다 읽고, 《통감》과 《사략》도 읽고, 과문(과거 합격을 위해 배우는 한문학)까지 배우고, 결국 1892년 17세의 나이로 조선의 마지막 과거인 임진경과壬辰慶科에 응시한다.

여기서 김구가 느낀 좌절은 유명하고 또 전형적이다. 조선의 과거

제도는 이미 곪을 대로 곪아 있었다.[29] 형식적으로야 김구 같은 상민 또는 농민 출신에도 기회가 열려 있었지만, 실질적으로 과거를 통해 신분상승을 하는 것은 사실상 불가능했다. 이미 합격자가 내정된 경우가 많았고, 차작借作이라는 대리시험도 만연해 있었다. 재밌는 것은 김구도 아버지의 이름으로 답안지를 내고, 글의 내용은 김구의 선생이 짓고 글씨도 김구 대신 고용된 접장이 써주기로 했다는 사실이다.

체제 바깥으로

물론 낙방이었다. 순진한 젊은이 김구는 이 같은 시험을 경험하면서 크게 낙망한다. 그 결과 김구 부자는 다음 '대안'을 찾는데, 이것이 매우 엽기적이고도 중요하다. 아버지의 권고에 따라 김구가 배우기로 한 것은 풍수쟁이나 관상쟁이가 되기 위한 공부였던 것이다. 풍수나 관상 같은 지식이 의미하는 것은 무엇일까? 유교적 합리성이 지배한 조선의 지식 체계가 배제한 주변적 지식이자 일종의 틈새 지식 같은 것이다. 풍수나 관상 같은 지식은 체제로부터 소외된 민속적 지식의 일종이었고, 풍수쟁이나 관상쟁이가 되어 입에 풀칠한다는 것은 그것을 통한 현실에의 적응을 말하는 것이다.[30] 18~19세기의 '평민 지식인' 중에는 이런 지식을 생계 수단으로 삼거나 체제에 대한 저항의식과 연결시킨 사람들이 제법 있었다. 체제로부터 인정받지 못한 지식은 해방을 상상하는 매개가 될 수 있었다. 《정감록》과 같은 예언서가 바로 그러한 역할을 했다. 또한 그것을 바탕으로 성장한 사상은 동학농민운동과 연결되기도 했다.[31]

■ 《정감록》 광고(《동아일보》 1923년 7월)

■ 《정감록》

유교적 합리성이 지배하던 조선 사회에서 《정감록》은 체제로부터 인정받지 못한 틈새 지식으로서 해방을 상상하는 매개체 역할을 했다. 민중들이 당대를 난세라 인식할 경우 더욱 큰 위력을 발휘하기도 했다. 1920년대의 《정감록》 유행도 이런 맥락에서 비롯된 것이었다. 김구가 과거 시험에서 좌절을 맛본 후 풍수로 전환한 배경에도 이 같은 《정감록》의 해방적 성격이 자리 잡고 있었다.

이런 길을 걷던 김구가 동학에 자발적으로 입도한 것은 어쩌면 자연스러운 전개과정이었다. 1893년의 일이다. 동학은 18~19세기 이래 분출됐던 민중의 불안과 불만을 교리로 통합함으로써 현실변혁의 논리로 기능할 수 있는 강력한 힘을 갖는다. 지도자 될 끼가 있었던 김구는 곧바로 '동학당' 내부의 유명한 '소년장수'가 되고, 아버지도 동학에 입도하게 한다. 사실 《백범일지》를 처음 읽을 때 이 과정이 선뜻 이해가 가지 않았다. 김구나 김구의 아버지가 동학에 입도하는 과정에 대해서 깊은 내적 갈등과 진지한 고민이 기술되어 있지 않았기 때문이다.

동학에 입도하는 것 자체가 목숨을 걸고 체제 바깥으로 나아가는 일이며 역란逆亂에 가담하는 일일 수 있다는 점을 김구와 그 아버지는 몰랐을까? 최제우가 1864년에 이미 처형을 당하고 동학이 탄압을 받고 있었는데도 말이다. 아니면 후천개벽과 인내천의 관념을 내세운 동학의 이념이 그렇게 매력적이었던 것일까? 목숨을 걸 정도로 말이다. 김구 자신의 말은 이렇다.

> 상놈 된 한이 골수에 사무친 나로서는 동학의 평등주의가 더할 수 없이 고마웠고, 또 이씨의 운수가 진盡하였으니 새 나라를 세운다는 말도 적절하게 들렸다.[32]

'상놈 된 한'을 풀 수만 있다면 목숨과 맞바꾸어도 괜찮다는 것이다. 어차피 그들은 조선의 체제 안에서는 제대로 된 인간이 아니었기 때문이다. 또 김구 자신이 당시에는 깊은 내적 갈등을 겪지 않았는지 몰라도 오래된 한이 사무쳐 있었기 때문이다. 상놈은 인간이 아니기 때문에 국민이거나 민족일 수도 없었다.

동학농민운동은 아직 자본주의적 관계가 전면화되지 않은 시점에서 발생한 대규모의 민중운동이다. 물론 몇몇 학자들이 지적한 것처럼, 한쪽 발은 여전히 유교적 왕조중심의 세계관에 담그고 있었다. 창시자인 전봉준 자신도 '충군애국' 지향을 갖고 있었다.[33] 그러나 김구의 사례에서 보듯, 이러한 한계를 지닌 동학조차 체제 바깥의 이념으로서 기능할 수 있었다. 그것은 현실에서의 '운동'으로서 가능한 것이었다. 동학 농민은 유교적 이데올로기와 그들이 가진 표상체계의 한계에도 불구하고, 무장한 채 지배계급에 끝까지 대항하고 일본제국주의와도 전쟁을 벌였다. 그 의의는 결코 폄하될 수 없다.

동학농민전쟁은 1900년대의 의병항쟁으로 맥을 이어갔다. 의병운동과 동학농민군은 정부와 일제뿐만 아니라 대부분의 조선 지식인과 지배세력에 의해 폭도나 도적떼로 규정되었다. 이는 당시 국가와 지배계급의 역사적 한계를 보여준다. 동학 농민군과 의병들은 자율주의자가 말하는 상업자본주의 확산 단계의 '다중'과 유사한 존재들이었을 것이다. 이들은 자신들의 해방운동에 몸소 나서서 앎의 해방을 전취하는 대중의 전사를 보여준다.

국민 된 김구

이처럼 체제 외부로 향하던 김구는 이후 근대적 지식을 소유한 '국민'이 된다. 동학에 몸담기 시작한 때로부터 상당한 시간이 흐른 뒤의 일이다. 김구는 소년 장수로서 동학전쟁에 참여했다 패배하고, 도피 중 일본군 장교를 죽이고 감옥생활을 한다. 동학농민전쟁에도 참여했지만 감옥 속에서 김구가 처음 읽은 책은 여전히 《대학》이었다. "글도 좋거니와, 다른 책도 없었기 때문이었다" 한다. 김구의 앎은 아직도 대안을 찾지 못하고 있었던 것이다. 유교가 가진 지적 헤게모니가 그만큼 강대하고 심원했기 때문일 수도 있을 것이다.

그러나 감옥에서 만난 어느 개명한 젊은 관리가 권해준 책들 덕분에 김구의 앎과 삶은 완전히 달라진다. 봉건적 세계관과 앎의 굴레에서 완전히 벗어날 계기가 주어진 것이다. 젊은 관리가 권해준 책에는 《태서신사泰西新史》와 《세계지지世界地誌》[34] 등이 포함되어 있었다. 이런 책을 읽고 김구는 서양인이 원숭이나 오랑캐가 아니며, 오히려 "저

외방 통신

○ 인쳔항 감옥셔 죄슈즁에 해쥬 김챵슈눈 나이 이십 셰라 일본 사룸과 상관된 일이 잇셔 갓쳔지가 지금 삼년인디 옥 속에셔 쥬야로 학문을 독실히 ㅎ며 또 다른 인물을 권면 ㅎ야 공부룰 식히눈디 그 즁에 량봉구눈 공부가 거의 성가가 되고 기외 여러 죄인들도 김챵슈와 량봉구룰 본밧아 학문 공부룰 근실히 ㅎ니 감옥 슈검의 말이 인쳔 감옥셔눈 옥이 아니요 인쳔 감리셔 학교라고 홀다나 인쳔항 경무관파 총슌은 죄슈들을 우례로 대지 ㅎ야 학문을 힘쓰게 ㅎ눈 그 기명한 모음을 우리논 깁히 치샤 ㅎ노라

백범의 '옥중학교' 소식을 전하는 기사

김구는 1898년 3월 탈옥하기 전까지 옥중학교를 통해 동료 죄수들에게 근대적 앎을 가르쳤다. 감옥 순검조차 이를 보고 감옥이 아니라 학교라고 할 정도로 열정적으로 근대적 앎의 전파라는 '사명'을 수행한 것이다. 《독립신문》 1898년 2월 15일.

장련 광진학교 시절의 교사 백범

광진학교는 31세의 백범이 의병에서 근대적 애국계몽운동가로 전환한 뒤 투신한 첫 학교다. 이 학교에서 백범(맨 뒷줄 오른쪽 끝)은 '반봉건 근대화' 사상을 학생들에게 본격적으로 전파하기 시작한다.

대한민국임시정부의 귀국을 환영하는 환영식에 참석한 학생들

1945년 11월 23일, 대한민국임시정부는 광복을 맞아 귀국한다. 환영식(12월 6일)에 모인 학생들의 모습에서 김구가 바랐던, 새로운 근대적 앎의 수혜를 받은 해방된 민중의 흔적이 엿보인다.

큰 갓을 쓰고 넓은 띠를 띤 신선과 같은 우리 탐관오리야말로 오랑캐의 존호를 받을 것"이라는 생각을 굳히게 되었다. 그리고 김구는 같이 옥중에 있는 죄수들에게 글을 가르치기 시작했다. 자신의 '사명'을 깨달아 반항아에서 충실한 '국민'으로 변모해갔다. 심지어 기독교에 입교하기까지 한다.[35] 당시 기독교는 문명의 상징이었기 때문이다. 김구는 주지하듯 고종의 특사로 사형을 면한 후, '척양척왜'를 넘어 부국강병 사상으로 자신의 사고를 바꾼다. 그리고 감옥에서 탈옥한 후 1900년대 초에는 황해도 장연에서 보통학교 선생이 되어 교육과 기독교 전도 사업에도 열중한다. 그의 사상의 길은 '반봉건 근대화'에 연착륙했던 것이다.

김구가 《태서신사》와 《세계지지》 같은 역사와 지리책에 가장 큰 영향을 받았다고 술회한 것은 흥미롭다. 역사와 지리를 배워 세계에 대해 새 눈을 뜬 사람은 김구만이 아니었다. 19세기 말의 조선인과 아시아인 전체에게 역사와 지리가 얼마나 중요한 새로운 지식이었을까? 세계가 공처럼 동그랗게 생겼고, 그 커다란 땅덩이 중에 중국이 세계[천하] 전체이거나 중심이 아니라는 사실. 거대하고 강력한 다른 문명세계가 있으며, 조선은 그야말로 그 귀퉁이의 조그만 나라일 뿐이라는 사실. 자아인식과 세계관 전체를 바꾸는 이 새로운 지식은 지식 중의 지식이었다.

사서삼경과 과문을 배워 지배계급으로의 계층상승을 꿈꿨지만 현실의 벽에 부딪혀 좌절하고, 체제의 주변적 지식인 풍수와 관상을 배우고, 그러다 동학에 입도하여 체제에 대한 반항아가 되고, 목숨을 건진 후 감옥에서 근대적 지식 습득과 전파로 나아간 김구의 삶은 앎의 역사를 압축하고 있다. 이러한 앎의 드라마틱한 변화는 체

제 전체의 동요가 없었다면 불가능했을 것이다. 덧붙여 김구의 사례
는 봉건적 신분제에 얽매여 인간으로서의 존엄을 포기한 채 살아가
던 조선의 민중에게 '민족'이나 '국민'이라는 호명이 얼마나 새롭고
도 강력한 것이었는지를 보여준다. 근대 '민족'은 완전히 소외되었
던 하층민들을 '국민'으로 호출하여 통합하는 데 성공했을 때 비로
소 성립된다.

기독교와 김일성

동학뿐 아니라 근대 조선에 유입·성립된 새로운 종교들도 앎의 재
편에 중요한 구실을 했다. 특히 기독교는 서구의, 혹은 서구 중심의
세계관이 퍼지는 데 큰 공헌을 하며 많은 조선 민중을 유교와 왕조로
부터 이탈하게 했다. 이는 제반의 서구 근대 지식에 의해 자기 근거를
보증 받았고, 유교 이념과 화해 불가능한 벽을 만들었다.

1880년대 후반 북미의 장로·감리파 선교사들이 한반도에 건너오
면서 기독교는 본격적으로 전파되기 시작했다. 독립협회를 위시한
1890~1900년대의 사회단체와 각종 학교가 기독교 세력에 의해 형성
되었으며, 이를 통해 성경과 창가 등 '문명'의 부수적 산물들이 민중
과 접촉했다. 특히 기독교는 서구 민주주의와 자본주의를 전파하는
데 기여했고, 기독교인 중의 일부는 초기 민족주의의 선구자가 되기
도 했다. 기독교는 사회 변화와 지식 체계의 재구성에 있어 중요한 동
력으로 기능했던 것이다.

흥미롭게도 김일성의 가계가 이를 잘 보여준다. 오늘날의 상식에서

평양 숭실학교

김일성의 아버지 김형직이 다녔던 평양 숭실학교의 초창기
천문학 실습 모습. 김일성은 이 학교의 현대적인 교과목들이
나라의 후진성을 극복하는 데 도움이 될 것이라 평가한다.

는 김일성과 기독교가 서로 '원쑤' 임에 분명하지만, 김일성과 그 집
안은 기독교와 밀접한 관계였다.

김일성의 아버지 김형직은 동학농민전쟁이 일어난 1894년생인데
"새것에 민감하고 향학열이 높았"다. 김일성의 삼촌과 김형직은 둘
다 서당에 다녔는데, 김형직은 서당에서 천자문을 배우면서도 늘 정
규학교에 가고 싶어 했다.[36] 초등 과정인 순화학교를 졸업한 후 김형
직이 입학한 학교는 평양 숭실학교였다. 알다시피 평양 숭실학교는
1897년 미국 북장로교 선교사 배위량裵緯良(W. M. Baird)이 설립한 대
표적인 기독교 학교다.

김일성은 회고록에서 자신의 아버지가 다닌 이 기독교 학교를 다음
과 같이 평가하고 있다.

신학문을 숭상하는 청년들이 이 학교를 많이 지망하였다. 역사, 대수, 기하, 물리, 위생학, 생리학, 체육, 음악과 같은 숭실중학교의 현대적인 교과목들은 나라의 후진성을 극복하고 새로운 세계조류에 발을 맞춰나가고 싶어 하는 청년들의 관심을 끌었다.

'현대적인 교과' 가 '나라의 후진성을 극복' 하는 데 유용한 도구라는 생각은 1900년대 신식 학교를 휩쓴 이념의 소산이었다. 김형직은 그런 이념에 동조한 평범한 청년들 중 하나였다. 어머니 강반석도 어린 김일성을 데리고 '예배당' 에 다녔다. 김일성은 자신과 부모에 대한 기독교의 영향을 '최소한' 이라 표현하면서도 다음과 같이 쓰고 있다.

아버지의 주위에는 교인들이 많았고 따라서 나도 교인들과의 접촉을 많이 하였다. 어떤 사람들은 내가 성장과정에 기독교적인 영향을 많이 받지 않았는가라고 묻는데 나는 종교적 영향은 받지 않았지만 기독교신자들에게서 인간적으로 도움은 많이 받았다.

그리고 이어진 결정적인 한 마디.

온 세상 사람들이 평화롭고 화목하게 살기를 바라는 기독교적 정신과 인간의 자주적인 삶을 주장하는 나의 사상은 모순되지 않는다고 나는 생각한다.[37]

기독교 정신과 주체사상이 비슷하다고 말하는 이 충격적인 폭로(?)는 아마도 사실에 근거한 것일 테다. 양자의 본래적인 '정신' 이 유사하다는 추상적인 차원에서만이 아니라, 특히 김일성이 겪은 현실에서 그러했을 수 있다. 유사성을 성립시키는 것은 해당 사상이 통용되고 민중에게 인식된 맥락일 것이다. 당시 기독교가 조선 민중의 저변을 파고들면서 그들에게 새로운 해방의 사상으로서 기능했던 면도 분명 있었을 것이다. 또 조선 왕조와 유교 지배체제가 제공하던 것과는 다른 표상체계를 생성했을 것이다. 이는 오늘날 한국에서 기독교와 주체사상이 지닌 진정성 문제와 별도의 것이다.[38]

김일성

일본 패망 후 소련군과 함께 북한에 진주 후 평양에서 열린 김일성 장군 환영식에서의 자신이 만주에서 항일독립 투쟁을 했던 바로 그 김일성 장군 이라고 연설하고 있는 34세의 김일성. 원 안은 학생시절의 모습이다.

김형직은 신학문과 기독교에 접촉했던 1910년대 중반에 간도를 기행한 후 본격적으로 민족주의 운동에 나선다. 그리고 그 아들은 우리가 알다시피 민족주의적 사회주의 혁명가가 된다. 김일성은 처음에는

《사회주의 대의》와 《레닌의 일생기》를 읽고, 화전의숙에 다니던 10대 중후반에는 《공산당 선언》 등 마르크스-레닌주의 저작을 읽게 되었다고 한다.[39] 이 책들은 모두 1920년대 이후에 본격적으로 조선 젊은 이들에게 읽히기 시작한 것들이다.

김일성 가족의 스토리는 전형적이고 함축적이다. 김일성 자신의 말대로 "남들보다 별로 표가 나는 것도 없고 특이한 점도 찾아볼 수 없는", 그저 평범하고 가난한 조선의 한 가족이 어떻게 '혁명 가족'이 될 수 있었을까? 이는 평범한 조선 사람들에게 닥친 거대하고 엄청난 역사의 변동과 앎과 변화에 관한 이야기다. 김형직이 18세기의 평양에 태어나 김일성을 낳았더라면 어떻게 되었을까? 이 가족사에는 서구 근대 학문과 기독교, 민족주의와 사회주의라는 거대한 앎들이 등장한다. 그러나 김일성 가족의 지식 스토리는 특별한 것이 아니다. 20세기 초 조선의 수많은 가족들이 이와 유사한 '가족 이야기'를 갖고 있다. 유교와 농민의 삶으로부터 떠나온 인간들의 몸과 정신에 새로운 앎이 폭풍처럼 몰아쳐 왔던 것이다. 그리고 그들은 이 폭풍 앞에 기꺼이 나섰다.

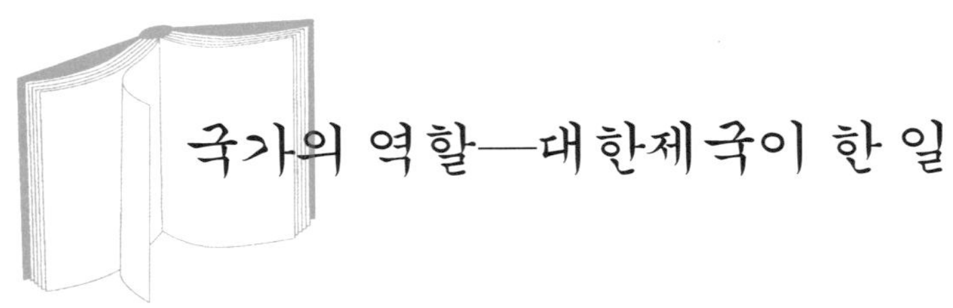

국가의 역할─대한제국이 한 일

자본주의적 생산관계가 확산되면서 노동자들은 적어도 형식적으로는 자유로운 신분을 가지게 된다. 그 결과 노동자는 생산에서의 '소외'에도 불구하고 사회에 대해 인지하고 자신의 처지를 자각할 기회를 갖는다. 산업화와 필연적으로 병진되는 민주주의화가 노동자들에게 보편적 지식을 획득할 수 있도록 한 것이다. 발전하는 자본주의는 그래서 새로운 사회를 형성할 내적 요소들은 물론, 낡은 사회를 타도할 세력도 함께 성숙하게 한다. 이는 유명한 〈공산당 선언〉의 주제이기도 한데, 마르크스는 《자본론》에서도 근대적 국민교육의 본질에 대해 신랄한 비판을 가하는 한편, 그 의미를 적극적으로 해석했다. 1864년에 제정된 영국의 공장법은 초등교육을 아동 노동 고용의 의무 조항으로 규정했다. 이로 인해 14세 미만의 어린이를 공장에 취업시킬 경우, 모든 부모는 반드시 자식으로 하여금 초등교육을 받게 해야 했고, 공장주 또한 이를 법적 의무로서 준수해야 했다. 그러나 마르크스는 군사훈련을 의미하는 체육 과목이 포함된 공장법 상의 의무교육이 결국 '생산성'을 높이기 위한 방책임을 폭로한다. 국민교육은 기실 대공업 자본주의를 이끈 '국가부르주아지'가 자기 필요에 의해 만든 기만이라는 것이다.

피지배계급에게 허용되는 최소한의 교육이 결국 지배의 공고화를 위해 수행되는 '지배의 연장'이라는 이 같은 비판은 교육과 관련된 모든 '위로부터의 시혜施惠'에 적용될 수 있다. 그러나 마르크스는 이러한 초등교육의 실시가 역사적으로 노동계급이 자본가들에게 얻어 낸 '최초의 빈약한 양보'라는 점 또한 지적한다. 나아가 착취의 연장에 있는 이 단순한 초등교육도 '해방된' 노동자들이 '미래'에 받을 기술교육의 단초라는 점을 잊지 않고 언급한다.[40]

이뿐만이 아니다. 지배의 필요에 의해 또는 더 간교한 착취를 위해 베풀어지는 가장 기초적인 교육조차 대중지성의 단초이면서, '착취의 연장'이 착취의 종결이나 '인민 주권'을 가능하게 하는 정반대의 기능을 내포하고 있음에 주목해야 한다. '착취의 연장'론은 지식과 교육에 관한 민중의 자발성 문제를 외면하는 오류를 범할 수도 있다. 즉 국가나 자본이 시혜하는 의무교육이 '말하는 노예'로부터 '글도 읽을 줄 아는 노예'가 되는 다른 과정에 불과한 것이라 하더라도(심지어 피지배 인민은 교육의 그러한 면을 스스로 알 수도 있다), 기꺼이 노동인민은 교육을 받는 쪽을 택하는 경향이 있다.[41] 이에 착목하지 않으면 안 된다. 피지배 민중은 앎이 '인간됨'을 실현할 수 있는 최소한의 길이라고 굳게 믿어왔던 것이다.

'신분사회로부터 학력사회로'의 이행이 세계적인 '보편'이라 한다. 하지만 우리 역사에서 그 이행이 구현된 강도는 특별한 시각을 요구하는 것처럼 보인다. '배움'에 대한 근대 초기 대중의 열정과 앎에 대한 갈급이 한국 근대사의 길 자체를 규정한 중요한 힘이었기 때문이다. 과연 그것은 어디에서 비롯되고 확산되었을까?

과거로부터 이어진 힘과 근대에 이르러 갱신되고 합쳐진 새로운 갈급, 그리고 지배계급이 개입된 환각과 민중 스스로의 열정이 함께 어우러져 작용했을 것이다. 어느 한 두 개의 이유로 환원하여 설명하는 것은 불가능하다. 20세기 이래, 배움에 관한 순수한 사랑과 열망과 처절한 생존욕, 차별에 대한 정당한 거부와 이기적인 기득권 유지 욕망은 새로운 사회경제적 상황과 맥락 하에서 서로 뒤섞여 갱신되고 재구조화되어왔다. 자본주의와 '경쟁' 체제는 그것을 머리가 여럿 달린 괴물로 변모시켰다.

조선 사회로부터 이어진 '과거로부터의 힘'으로 우선 유교적 신분 사회에서 겪은 처절한 불평등의 집단 경험과 조선식 문자문화의 독특성을 들 수 있다. '입신양명'은 유교 사회에서 가장 중요한 (지배계급의) 가치였고, 교육과 과거는 이를 위한 핵심 수단이었다. 개인은 가족(문벌)의 일원이며, 그 중 한 사람(아들)의 '입신출세'는 전 가족의 계층 상승을 의미했다. 교육에 대한 열망은 유교적 가족주의와 연관되어 있었던 것이다. 유교적 가족주의와 '입신출세주의'는 20세기 버전의 가족주의와 출세주의로 변용될 수밖에 없었다.[42]

구조화된 사농공상의 시스템과 결합된 입신출세주의는 대다수 민중에게 처절한 불평등의 집단 경험을 안겨주었었다. 그런데 이제 근대적 계급 분화와 학벌 차이는 깊은 상관관계를 갖게 되었다. 특정한 앎의 위계에 랭크되는 일, 특정 학교의 '졸업장' 획득은 상위 계층에 대한 접근권, 취업 기회, 결혼 조건, 나아가 개인이 가진 능력의 총체적 평가 기준과 동일시되기 시작했다.

이제 세상은 중학 졸업의 학력이 없으면 살아갈 수 없습니다. 이 강의는 중
학교에서 배우는 모든 과목을 망라하여 1년 반의 짧은 시일에 중학 전과정
을 졸업하는 가장 믿을만한 와세다대학 강의록입니다. 중학교에 입학하지
못한 소학졸업생은 꼭 이것으로 공부하세요.[43]

애국계몽운동—실력양성론(민족개량주의)으로 이어지는 1890년대부터
1920년대까지의 문화주의의 대중화 과정은 이 같은 교육과 학벌에 대한
열망을 혼융하는 큰 물줄기로 만들었다. '배워서 애국하자' 는 담론은 조
선인 지배계급으로부터, 민중 스스로에 의해 쉴 새 없이 외쳐지고 또 외
쳐졌다. 이는 실로 거대하고 대중적인 일종의 지배 이데올로기였다.

애국계몽론—민족개량주의가 '독립' 에 관한 소극적인 현실론의 일
종이면서 동시에 일종의 근대화론이었다는 점은 특히 중요하다. '근
대화' 에 관한 한 열성적이던 민중은 교육을 근대와 접촉할 수 있는 가
장 유력하고 확실한 기회로 여겼다. 이런 생각은 전체 계급 구성원으
로 번져나갔다. 원래 여성은 교육 받아야 하는 최후의 인간군群으로
간주되었다. 유교적 '남존여비' 는 아예 교육받아야 할 인간의 범위뿐
아니라, (상층계급) 여성이 교육받아야 정도도 한정해놓았다. 이는 '근
대화' 이후에도 지속되었다. 가족 단위에서 가난 등 여러 조건이 구성
원의 교육 기회를 제약할 때 딸들은 가장 먼저 희생되었다. 여성 자체
가 경제 활동과 정치 자체로부터 소외됐기 때문에 여성 교육은 시간
낭비나 돈 낭비로 여겨졌던 것이다. 그러나 이런 가치체계는 1890년
대에 접어들면서 가족들 사이에서 그리고 사회 한편에서 서서히 무너
지기 시작한다. 어느 순간부터 '여성도 교육받아야 한다' 는 생각이 일
반화됐던 것이다. 이는 '여성의 국민화' 와 깊은 관련이 있었다.

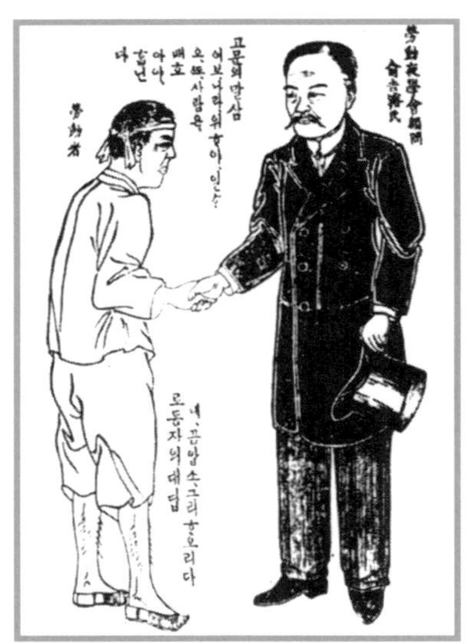

■ 유길준의 《노동야학독본》(1908)

■ 《개벽》 1920년 7월호에 실린 삽화

"나라 위해 일하오. 또 사람은 배워야 하오"라는 고문의 말에 노동자가 "네, 고맙소. 그리 하오리다"라고 답하고 있다. 배움의 중요성에 대한 강조가 확산되고 있었음을 엿볼 수 있다(좌). 또한 '신학문新學問'이라는 정으로 양반의 굳건한 상투를 깨뜨리는 모습이 봉건의식 타파의 당위성을 상징적으로 보여준다(우).

다음 《독립신문》 사설은 근대 교육을 받은 '일본 여성'과 유교적 앎에 얽매인 조선 선비를 대조시킴으로써 주장의 설득력을 높이려 한다. 엄청나게 많은 책을 읽었다 하더라도 조선 선비는 일본의 무식한 부녀들보다 나을 게 하나도 없다는 것이다.

대한국에서는 문장거벽이라 하는 선비를 보건대 수십년 동안 등잔 아래 만권서를 보았으나 아는 것은 불과 청국의 사기에 고금역대요 과문육체科文六體에 시·부賦·표表·책策이라. 두상 백발이 서리같이 소소하되 본국 사기와 지리도 알지 못하는 선비가 많은지라. 왜국의 어리석은 부녀들과 10

여 세 아이라도 무불통지하는 역사와 지리를 대한국에는 산림 학자와 정부 관인들도 모르는 이 많으니, 조정에 사람 쓰기를 그렇게 규모 없이 하고야, 어찌 나라가 개명되기를 바라리요. 진실로 외국 아이들 대하여 부끄러운 일이로다. 또 들은 즉 일본국 부인들이 태서 제국의 규모를 의방依倣하여, 부인협회를 새로 창설하고 동서양 여학교의 좋은 학문을 합하여 여자의 덕행을 닦음과 학문을 널리함과 기술과 상업에 유조한 학문을 확장하려고 의론한다 하니, 우리는 일본 부녀를 대단히 치하하지만, 대한국 부녀들은 언제나 세상을 구경하며 자기 권리를 찾을는지 알 수 없도다.

그러나 사설은 조선의 상황을 고려하여 '현실적' 인 결론을 내린다. 일본 여자처럼 조선 여성들이 교육받는다는 것은 요원한 일이니 일단 남성이라도 좀 가르치라는 것이다.

대한을 위하여 계교하건대, 여학교는 고사하고 남자부터 시급한 두 가지 공부를 졸업한 후에 친구의 교제법과 정부의 사무를 보게 하여, 컴컴한 속에 재색의 욕심만 있는 사람들을 좀 가르쳤으면 우선 다행한 일로 아노라.[44]

요컨대 앎에의 순수한 열망과 '학벌' 에 대한 욕망은 식민권력이 개입하기 이전부터 뒤엉켜 불붙어 있었다. '배워야 인간 구실한다' 라는 '무지로부터의 해방' 에 대한 강력하고 당연한 신념이 신분제의 와해와 더불어 급격히 번져가고 있었던 것이다.

앞서 말한 대로 국가에 의해서 조장되고 확산되는 '위로부터의' 근대 교육은 양면을 지닌다. 국가는 국민적 교육을 통해 앎을 통합하고 자신에게 복종하는 국민(심지어 신민臣民)을 만들어낼 수 있다. 물론 이는 그 자체로 자발적인 의식과 지적 능력을 지닌 다중적 주체가 형성되는 과정과 동일하지 않다. 그럼에도 근대국가는 전체 국민을 교육과 계몽의 대상으로 삼는다는 점에서 이전의 국가와 다르다. 그것은 한마디로 '교육'을 통해 주체성과 욕망을 생산하고 통치하는 '교육기계'[45]다. 따라서 근대 교육과 국가가 맺는 관계는 국가권력의 성격을 이해하는 핵심적 요인이다. 그렇다면 이러한 관점에서 본 대한제국은 과연 어떤 국가였을까?

대한제국의 교육

갑오경장은 앎의 역사에 있어 새로운 전기였다. 이때 과거제도가 폐지됨으로써, 조선의 가장 중요한 '앎—권력' 제도와 지배계급 충원 방식은 달라진다. 과거제를 폐지한 조선은 근대적 교육제도를 도입하고, 근대적 초등·중등학교를 만들기 시작했다. 고종은 1895년 2월 자신을 '짐', 자신을 제외한 나머지 조선인 전체를 '너희 신민'이라 칭하는 교육입국조서教育立國詔書를 발표했다.[46]

국가와 왕의 역할보다는 충군·위국해야 하는 '신민'의 의무를 더 강조하는 어조로 쓰인 이 조서는 교육의 중요성을 설파하고 국민교육과 국가 부흥의 관계를 설파했다. "학교를 널리 세우고 인재를 양성하여 너희들 신민의 학식으로써 국가중흥의 대공을 세우게 하려 하노니, 너희들 신민은 충군하고 위국하는 마음으로 너희의 덕과 몸과 지를 기를지어다. 왕실의 안전이 너희들 신민의 교육에 있고, 국가의 부강도 또한 신민의 교육에 있도다"라는 것이다. 고종의 조서에는 봉건

적 정치 관념과 근대 국민교육에 대한 맹아적 인식이 공존한다. '실
용'을 취해야 한다고 말하면서 동시에 '오륜의 행실을 닦아'야 한다
고 주장하고, '근로와 역행力行을 하'라 하면서 '사물의 이치理致를 끝
까지 추궁함으로써 지를 닦고 성性을 이룩하'여야 한다고 한 것이
다.[47] 어쨌든 황제의 교육조서 이후, 근대적 관공립학교가 설립되고
새로운 교육과정도 도입되었다. 1895년에는 소학교령을 내고 처음으
로 소학교 건립을 위한 모집광고도 냈다.[48]

그러나 국가에 의한 근대 교육 확산의 노력이 적극적이었다고 보기
는 어렵다. 학부가 관장한 관립 보통(소)학교에의 취학률은 1904년 현
재 채 1퍼센트에 정도에 불과했고 학부 예산도 미미한 정도였다.[49] 조
서가 발포된 지 10년 뒤인 1906년에도 각급 관공립 보통학교는 23개
교, 학생 수는 3,380명에 불과했다.[50] 근대 교육이 폭발적으로 보급되
며 새로운 전기를 맞이한 때는 1906~1910년이다. 이때에는 관립교육
의 상황도 달라지기 시작했다. 그러나 역시 더 활발한 것은 민간 스스
로의 노력이었다.[51]

대한제국이 여러 모로 취약하고 스스로를 방어할 능력이 없던 국가
였다는 사실은 교육 문제에서도 드러난다. 대한제국은 근대 교육의 확
산을 주도하지 못했으며 심지어 스스로를 지키기 위한 지배계급과 관
료의 충원에 있어서도 소극적이었다. 유학생을 외국에 보내긴 했지만
그야말로 미미한 수준이었고 그조차도 일본에 편중되어 있었다.
1895~1905년에 정부가 일본에 보낸 유학생 수는 1895년 195명, 1897
년 64명, 1898년 47명, 1902년 33명, 1904년 50명 등이었다.[52]

그리고 1894~1910년에 이르는 꽤 긴 기간 동안 근대 대학과 같은
최고 고등교육기관을 설치하지도 못했다. 일본에서는 1877년 도쿄제

구한말 여러 학교들의 모습. 교육 측면에서 대한제국이 담당한 역할은 약했다. 근대 교육의 확산이나 관료의 충원 모든 면에서 대한제국은 소극적 태도로 일관했다. 대중의 앎의 욕구를 담아내려는 노력은 민간 차원에서 주로 이루어졌다.

대중지성의 시대

국대학이, 1897년 교토제국대학이 개교했다. 또한 대한제국은 근대 국가라면 기본적으로 갖추는 고급 관료학교나 군사학교도 제대로 운영하지 못했다. 재정과 국제정치 상황을 이유로 삼을 수도 있을 것이다. 그러나 한반도 전체에서 변화하는 세계에 가장 적응하지 못했던 것은 바로 대한제국 정부가 아니었을까?

관이 주춤거리고 있던 1900~05년에 민간 학교는 오히려 급격히 늘어났다. 1906~1910년에는 가히 폭발적이었다. 1910년에 사립 보통학교 수는 무려 관립학교의 15배가 넘는 2,016개교, 학생 수는 87,422명이었다. 특히 1901년 이후 기독교계 학교가 급격히 늘어나서 1905년에는 장로교·감리교계의 학교만 250개였다.[53] 서당과 민간 학교도 함께 급격히 증가했고 서양 선교사들이 만든 신식학교들도 더 많이 생겨났다. 또한 많은 지역에서 서당이 새로 생겨나서 1912년 현재 전국의 서당 숫자도 18,238개나 되었다.[54]

1900년에서 1910년의 이 짧은 시기에 일어난 변화의 중요성을 어떻게 다 말할 수 있을까? 조선 지역에 우후죽순처럼 생겨난 민간의 학교들은, 단지 '신교육의 도입'이라고 평면적으로 말할 수 없는 큰 의미를 갖고 있다. 이 학교들은 해당 지역을 바꾸는 문화적 엔진 역할을 했을 뿐 아니라, 20세기 초 조선 '민족' 전체가 변화해가는 노드 nod로서의 기능을 하게 되었다. 근대의 이데올로기들, 즉 민족주의와 기독교가 이 학교를 통해 뿌려지고 수없이 많은 운동가들이 이 학교를 통해 나타났다. 또한 이 학교들을 통해 3·1운동이 퍼져나가고 1920년대 사회주의운동의 씨앗이 뿌려졌다. 이는 한편으로 1890년대 이후 누적된 변화가 집약된 것이자, 20세기 초 우리 근대사의 모든 변화를 함축하는 지적 공간이 되었다. 1910년 이후 일제는 이런 민간

학교가 민족주의와 진보사상의 허브라는 것을 알고 많은 민간 학교를 빼앗거나 폐교시켰다.

　여기서 우리는 '내재적 발전론'의 허점 하나를 볼 수 있다.[55] 조선 민중이 '자주적 근대화'의 역량과 의지를 갖고 있었다는 것과 대한제국이 자주적 근대국가로의 이행에 대한 의지와 능력을 갖고 있었다는 것은 서로 다른 문제다. 그러나 일부 논자들은 양자를 혼동하고 '내재적 발전론'을 대한제국이나 봉건왕조를 옹호하는 논리로 몰고 간다. 대한제국이 뭔가 새로운 시도이기는 했으나, 대한제국과 조선왕조는 조선 민중의 힘에 의해 완전히 개조되거나 타도되어야 했다. 왕조와 지배계급은 새로운 민중의 열망을 담아낼 그릇을 만들 수 없었다.

신식 교육의 수혜자

　신식교육의 수혜자 중 '보통 이하'의 사람들이 얼마나 많이 포함되어 있었는지는 정확히 알기 어렵다. 단지 적지 않은 상민계층 사람들이 포함되어 있었을 것으로 추정된다. 조선총독부가 펴낸 1910년편 《학사통계》에 따르면 고등학교와 실업계통 입학자 중 신분상 '양반'의 자녀는 42퍼센트, '상민'의 자녀는 57퍼센트였다. 직업으로는 농업과 상공업에 종사하는 학부모가 76퍼센트(각각 36퍼센트, 40퍼센트) 정도로 대다수였다.[56] 또한 1914~15년경 관립학교 입학생의 '신분'에 대한 총독부의 관보에 따르면, 1914년 고보 입학자 539명 중 '양반'은 276명, '상민'은 213명, 보통학교 입학자 중 '양반'은 50명, '상민'은 134명이었다. 1915년에는 고보 입학자 660명 중 양반은 290명, 상민

초기 해외 유학생들(1900년대)

유학을 다녀온 기념으로 양장으로 된 서양 책을 들고 기념촬영한 모습이다. 이들 초기 유학생들이 모두 양반이었던 것은 아니다. 그러나 그렇다고 해서 교육의 기회가 전체 인민에게 골고루 돌아갔다고 말하기도 어렵다. 앎의 공유는 좀 더 실질적이고 구체적인 변화 위에서 가능할 수 있었다.

은 369명, 보통학교 입학자 145명 중 양반은 61명, 상민은 83명이었다. 양반과 상민이 비슷하거나 '상민'이 좀 더 많았던 것이다.[57]

물론 이들 통계에서의 양반, 상민 구분은 신뢰하기 어려운 측면이 있다.[58] 그러나 새로운 교육 기회를 얻은 평민과 그 이하의 민중 계층에 관한 기록은 심심치 않게 있다. 대한제국 정부가 직접 신교육을 관장한 경우에도 그렇다. 박태원의 소설 〈낙조〉(1933)는 보기 드물게 경오년(1870년) 생으로서 1895년 1차 일본 관비 유학을 갔던 한 인물을 등장시키고 있어 흥미롭다.[59]

소설에서 '최주사'라 불리는 이 인물은 당시 관비 유학생을 선발하는 과정부터 내부대신 박영효의 인솔 하에 인천을 거쳐 동경에 가게 된 사정, 그리고 유학생들의 생활 모습과 을미사변으로 유학생들이 소환되게 된 사연을 제법 생생하게 회고한다. 특히 흥미로운 것은 최주사 자신의 면모다. 그는 유학생으로 선발될 당시 대한제국 경무청의 순검이었으며, 순검의 "호기"로 선발에 지원했다 한다. 경무청 순검이면 최말단 경찰공무원이며 평민 출신이다. 그런 그가 지원자가 천여 명이나 됐다는 전형을 통과한 것이다. 시험은 일본인 의사가 모두를 발가벗겨 하는 신체검사와 거기서 뽑힌 인원들이 치르는 작문 시험이 있었다. 최주사는 교육을 많이 받은 사람이 아님에도 합격할 수 있었다. "작문을 한 장씩 짓게 하는데 전라도 문자로 어떻게 이까짓 놈두 한몫을 꼈구려"라는 것이다.

최초의 관비 해외 유학생이 비교적 평등하게 구성되었다는 사실은 합격자들 앞에서 박영효가 했다는 연설에서도 드러난다. 최주사의 회고에 따르면 박영효는 "여러분 중에는 양반의 아들두 있을 게구 중인의 아들두 있을 테구 평민의 아들두 있을 텐데, 지금 세상 형편이 자꾸 개척하는 시대야. 상중하 차별이 없는 시대야. 누구든 공부만 잘해서 우등한 사람이 되면 그 사람이 양반이지 별게 아니란 말이야"라고 말했다 한다. 나아가 "허구한 날 반상만 가리고 앉았는 자가 있다면" "어딜 꿈쩍 거두(머리를 들고 남을 대함)두 못하게 해놓지"라고까지 했다 한다.

유학생들은 동경에 도착하자마자 게이오 의숙에서 후쿠자와 유키치를 만났다. "복택이[복택유길福澤諭吉(후쿠자와 유키치)]"는 조선 유학생 한 명 한명을 면접하면서 유학생들의 신분과 지망을 물어보았다. 그런데 최주사는 본의 아니게 거짓말을 한다. 후쿠자와 유키치가 "황족이시오 화족華族이시오 사족士族이시오"라 물었기 때문이다. 최주사는 그중 아무 것도 아니었다. 그래서 다음과 같이 답했다 한다. "황족은 일군의 일가렷다. 화족은 십부대신의 일가렷다. 모두 내게는 당치 않길래 사족이라구 할밖에."[60] 이처럼 최주사는 1890년대 말의 계층이동과 교육, 국가와 개인이 처한 과도기적인 상황을 잘 보여준다.

이 역동적인 과도기는 길었던 것으로 판단된다. 경성에서 백정들인 '도수屠獸 업자'들이 돈을 모아 사립학교를 설립한 일도 이 같은 과도기의 모습을 잘 보여준다. 1909년 우육 판매상들의 모임인 서울 균흥均興조합이 사현동의 건물을 매입하고 숭정학교를 건립했다. "인권은 결코 직업의 비천으로 구분이 무無함은 인도상 당연이언마는" "도수업자라면 전연 별파別派 사회로 자제의 교육상에까지 곤란을 수受하"는 상황이 여전히 계속되자 이를 극복하기 위해 직접 학교를 세웠던 것이다. 그러나 경영이 어려워 개성의 백정들까지 같이 참여하여 1914년에 다시 건물을 개축하고 재개교하기까지 했다. 《매일신보》는 이 일을 전하면서 백정들이 출연出捐·운영하는 이 학교에 대해 오해하지 말 것을 당부했다. "교장 이하 의원이 6인이요 생도가 140명인데 기 부형의 직업이 대다수는 상업에 종사하는 자 ─ 다多하나 상당한 관공리의 자제도 유하다"[61]는 것이다.

뒤에서 다시 살피겠지만, 이 보도는 당시 교육문제와 백정을 둘러싼 차별의 사회상 중에서 아주 작은 부분만 부각시킨 것이다. 신분제의 법적 철폐가 앎에 있어 새로운 전기를 이룩할 수 있게 한 계기가 되었음은 틀림없다. 그러나 이는 어디까지나 형식적인 계기의 마련에 불과했다. 교육의 기회를 애타게 기다리고 있던 전체 민중에게 골고루 혜택이 돌아가지 못한, 적은 규모에 그쳤던 것이다. 앎의 공유를 위해서는 더 강력하고 실질적인 변화가 필요했다.

지식의 재배치와 새로운 주체의 등장

지식의 편집

우리가 바라보고 인식의 대상으로 삼는 세계는 '편집'된 세계다. '편집'은 쓰이지 않는 데가 없다. 잡지와 책, 신문뿐 아니라 영화 필름 같은 영상 정보나 녹음된 음성 정보를 다룰 때도 필요하다. 어쩌면 우리의 기억 자체가 편집된 것일 수도 있다. 편집은 편집하는 주체가 작동시키는 이성과 무의식이 작동한 결과다. 주체는 덩어리져 있는 온갖 사상事象과 분절되지 않은 인식을 질서 지운다. 그 작업이 편집이다. 이 질서는 선별과 취사取捨, 위계화와 분절화, 명명 등의 작용에 의해 생겨난다. 즉 편집은 무엇이 더 중요하고 중요하지 않은가를 가려내고, 비슷한 것들끼리 묶어서 이름 붙이는 오성의 작용이다. 잡지와 신문과 같은 공적 매체의 편집은 개별적인 주체들에 의해 행해지는 작용을 초월한 사회적 현상이라 할 수 있다. 어떤 글을, 얼마나, 어떤 순서에 따라 보여주는가 하는 편집 체제는 잡지를 만들던 주체가 파악하고 있는, 그리고 당시 사회에서 통용되는 앎의 편제 방식이나 앎 사이의 위계를 보여준다.

근대 사회에서 발간되는 신문과 잡지의 편집 방향을 결정짓는 가장 중요한 요소는 두 가지다. 하나는 발간 주체의 이데올로기적 지향이고, 다른 하나는 돈이다. 어떤 정치·문화적인 문제들에 대해 어떤 태도를 취하느냐가 첫째 문제와 관련이 있다. 두 번째는, 독자의 눈에 좀 더 잘 띄게 기사를 배치함으로써 판매부수를 늘리고 광고가 더욱 많이 유치되게끔 해서 매체를 재생산하고자 하는 의도와 연관되어 있다. 잡지가 표방하는 주의와 재생산의 의도 양자는 서로 길항하는 관계에 놓이는 경우가 많다. 즉 상업적이고 대중적인 신문 잡지일수록, 자본주의적 가치가 더욱 강하게 사회를 틀어쥘수록, 독자의 관심과 광고주의 구미가 갖는 영향력은 더욱 높아진다. 그 결과 편집은 일관성이 없는 것처럼 된다.

최초의 잡지와 지식의 편제 방식

한국 근대 신문 매체의 역사에서 《한성순보》와 《한성주보》는 첫 머리에 놓인다. 잡지의 역사는 1896년에 시작되었다. 잡지 중 첫머리에 놓이는 것은 《친목회회보親睦會會報》와 《대조선독립협회보大朝鮮獨立協會會報》다.[62] 이들 잡지는 둘 다 특정한 단체의 회원들을 대상으로 하는 '회보'(소식지)를 표방했다. 하지만 실제 내용이나 의미는 우리가 생각할 수 있는 '회보'를 훨씬 넘어선 것이었다. 여기에는 새로운 서구 지식이 어떻게 조선인들에 의해 받아들여졌는지 그 흔적이 남아 있다.

《친목회회보》는 1895년 최초로 일본에 관비 유학을 떠났던 동경 유

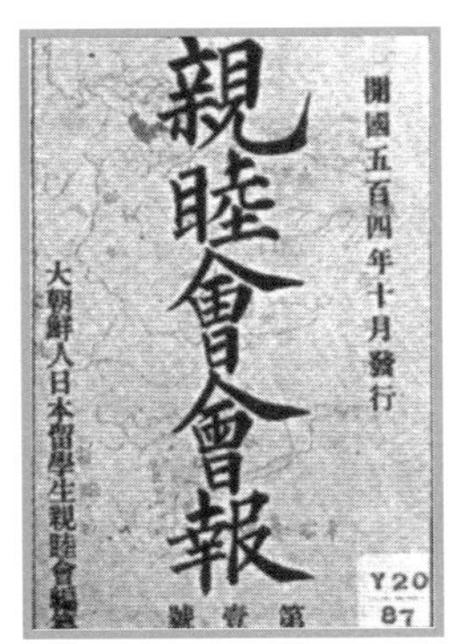

■《친목회회보》 창간호 표지

학생들에 의해 1896년 2월 15일에 창간되었다. 당시 유학생들은 1895년 12월 동경에서 '대조선인 일본 유학생 친목회'를 결성하고 그 취지를 "오늘 우리가 뜻을 세우고 분발하여 다른 나라에 유학하여 학문을 배우는 것은[另着] 견문을 넓고 깊게 하고, 지식을 밝히고 국가 정치의 기초와 동량이 될 것을 스스로 약속하고 문명개화 정신과 핵심임을 자임하고자 함이다"라 했다.[63] 새로운 지식을 널리 배우고 깨우쳐 나라의 새로운 기둥이 되고 문명개화의 주력이 되겠다는 것이다. 이러한 취지는 《친목회회보》의 창간호 첫머리에 실린 잡지 운영 규칙에 대한 글에서도 다시 천명되고 있다. 그 중 첫 번째 항은 다음과 같다.

본회 회보를 발행하는 목적은 우리가 다른 나라에 유학하되, 사방어 흩어져 살아 소식이 잘 통하지 않는지라. 이에 서로의 사정을 통하고 친목을 두텁게 하고, 또한 지식을 교환하기 위함이다.

《친목회회보》는 이처럼 지식을 '깨우치고 또 교환한다'는 목적을 뚜렷이 하며 출발했던 것이다. 그들이 다루고 교환하고자 했던 '지식'이란 1890년대의 조선의 상황에서 완전히 새로운 것이었을 터, 그 지식과 체계가 무엇인지 살펴보자.

《친목회회보》는 기사를 '사설社說', '논설論說', '잡보雜報', '연설演說', '문원文苑', '내보內報', '외보外報' 등으로 나누고 나열한 순서에 따라 싣고 있다(창간호를 기준). 《친목회회보》에 실린 지식들은 유학생들에 의해 수집되고 인용된 것이다. 최근 한 연구에서 '내보內報', '외보外報', '잡보雜報' 등의 지식 정보가 어떤 매체에서 수집·인용·가공되었는지가 밝혀졌다. 내보의 경우 《한성신보漢城新報》, 외보의 경우 《국민신문國民新聞》, 《시사신문時事新聞》 등이 비중이 컸는데, 모두 일본인에 의해 발간된 신문이었다. 이 연구는 당시 동경 유학생들이 의식이나 조직 운영의 측면에서 왜 일본의 간섭과 영향을 받을 수밖에 없었는지를 보여준다.[64]

■ 《친목회회보》 창간호 사설

'사설社說'은 말 그대로 매체 발간 주체가 해당 시기의 여러 문제에 대한 자신의 입장을 밝히는 공식적인 글이다. 사설은 지금도 모든 신문의 가장 중요한 콘텐츠의 하나로 다루어진다.[65] 하지만 잡지에는 '사설'이 없다. 대신 신문의 사설에 해당하는 글은 편집자(들)의 '권두언'이나 '편집자의 말' 등으로 실리거나 따로 '편집 후기' 등으로 간단히 처리되는 경우가 대부분이다. 사설이 맨 앞에 놓인다는 것은 언론사의 주의 주장이 다른 어떤 기사보다 중요함을 뜻한다. 다시 말해 해당 매체가 지닌 '의견'이 '정보'의 전달과 같은 기능보다 훨씬 중요시된다는 의미다. 따라서 사설 중심의 매체는 정치 지향성 또는 정치 중심성을 띤다.[66]

《친목회회보》에 실린 논설과 사설 65편을 살펴보면, 문명개화를 위한 학문과 면학의 필요성을 주장하는 글이 20편(30.7퍼센트)이었고,

■《친목회회보》창간호 논설

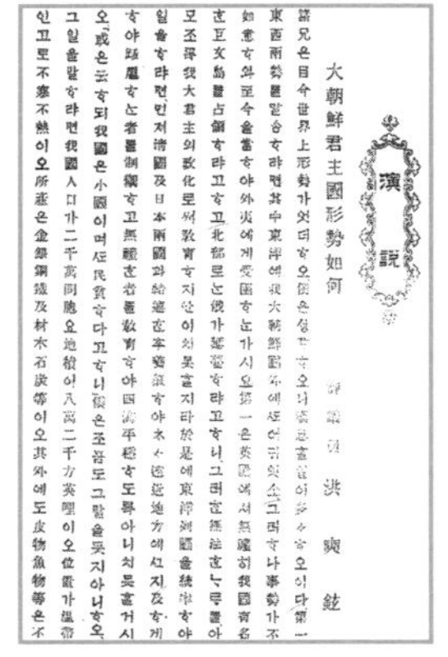

■《친목회회보》창간호 연설

그 외 우리나라 정치 외교 방책과 개혁의 필요성을 논한 글이(23퍼센트), 국민의 각성과 애국의 필요성을 논한 글이 10편(16.9퍼센트)이었다. 《친목회회보》가 어떤 이념적 지향성을 지닌 잡지인지를 잘 보여주는 면모다. 《친목회회보》가 사설과 논설을 다 실었다는 것은 잡지와 신문 기능이 아직 분화되지 않은 상태였음을 말해준다. 《친목회회보》는 '월보'를 내세웠지만 기실 3개월 정도에 한 번씩 발행되는 잡지였다.

다음은 연설란이다. 제1호의 '연설演說'에는 〈대조선군주국형세여하〉와 〈진원함인유〉 등 두 편의 기사가 실렸다. 이 두 연설은 '친목회 통상회' 등에서 행한 연설을 구어체를 살려 옮긴 형태의 글이다. 연설란은 당대에 새로운 커뮤니케이션 방법으로 신지식인들에게 주목받던 연설과 토론회의 구술 커뮤니케이션이 문자로 정착된 형식을 보여준다.

그러나 이 연설란은 유지되지 않았다. 대신 《친목회회보》의 체제가 개편되었던 5호부터는 '강연講演'란이 신설되었다. 이 강연란은 유학생들이 법학·정치학·경제학·공학·심리학·물리학·지구과학 등에 각각 자신의 전공 분야에서 배

운 새로운 지식을 공유하는 장이었다. 여기에는 〈형법 의의의 약론〉,
〈법률 개론〉, 〈감옥제도론〉, 〈군제유래약서軍制由來略敍〉 등처럼 새로
운 근대적 제도를 소개하는 논문들과 〈심리학과 물리학의 현효〉, 〈지
진의 원인〉 등 물리학·지질학 분야의 글이 함께 포함되어 있었다.

《친목회회보》에서 가장 비중이 높았
던 기사는 '외보(만국사보)', '내보', '잡
보' 등이었고 약(80퍼센트) 그중에서도
특히 선진외국의 정세와 문물제도 등에
관한 '외보'와 '만국 사보'가 전체 본문
기사들 중에서 가장 큰 비중(66퍼센트)
을 차지했다.[67] 《친목회회보》의 '외보'
는 크게 두 종류로 나눌 수 있는데 첫째
는 교육·경제·정치제도와 문물에 대
한 것이다. 예컨대 〈일본 문부대신의 교

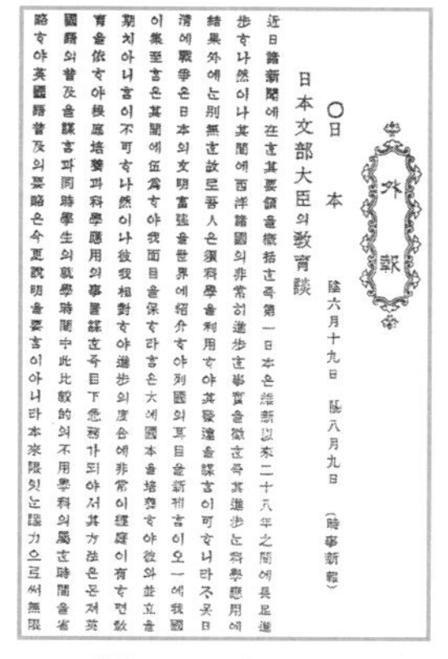

《친목회회보》 창간호 외보

육담〉, 〈원양 출어 경황〉, 〈북해도 평지 면적 조사〉(이상 1호 게재) 등
처럼 산업·경제, 군사·군비, 우편·전신 제도, 재정·금융 제도, 건
설·토목과 관련된 제반 기사들이 여기에 속한다. 둘째는 주요 국가
의 정치 사회에 관한 뉴스들이다. 〈군함 명명〉(1호), 〈일본 각지방 수
해〉(1호) 등 일본, 〈신정부의 정강〉, 〈내각 경질〉 등 영국, 그 외 〈독일
대운하 건설 계획〉, 〈토이고 아루메니야의 사건〉 등 독일과 터키 등
의 뉴스 정보들이 여기에 속한다.

가장 많은 건수의 기사가 '외보'라는 점은 《친목회회보》라는 잡지
가 앎의 역사에서 지니는 의미를 잘 보여준다. 개화기를 맞던 우리
의 앎은 우리가 중국이 아닌 다른 세계로 눈을 돌릴 수 있게 됨(혹은

돌릴 수밖에 없었음)으로써 새롭게 재편되었다. 지금도 그런 편이지만, 주변 강대국의 움직임이 어떠한가, 그들이 어떤 제도를 어떻게 발전시켜 가는가, 무엇을 생각하는가 등을 아는 것은 그 자체로 흥미로운 지식이다. 그러나 우리는 살아남기 위해 수없이 많은 지식과 정보를 외국으로부터 수집하고 흡수해야 한다. 이 지식들 가운데 어떤 것은 나라와 민족의 운명과 관계된 지식이다. 《친목회회보》의 '외보'란에 포함된 기사를 국가 관련 별로 살펴보면 일본에 관한 기사가 35.9퍼센트, 중국(청)이 17.3퍼센트, 러시아가 13.2퍼센트, 영국이 11.8퍼센트, 프랑스가 4.1퍼센트, 독일이 2.5퍼센트, 터키가 2퍼센트 등이었다.

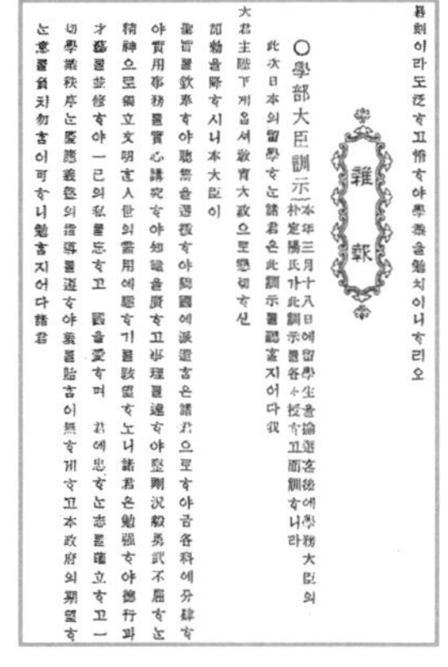

■ 《친목회회보》 창간호 잡보

'잡보雜報'는 사설, 논설, 문원 등으로 범주화되기 힘든 여러 가지 정보와 지식을 다루는 난이다. '잡보'에서 다루는 소식의 범주는 '외보', '내보'와 겹치거나 비슷한 경우가 많았지만 외보나 내보보다 상대적으로 단편적인 정보들이 다뤄진 것으로 보인다. 〈조선에 독립문〉, 〈조선에 은행 창립〉, 〈서비리아(시베리아) 철도의 현황〉, 〈각국 해군〉, 〈각국 화폐의 제도〉, 〈군비긴축론〉, 〈해중 식물의 사事〉 등 국내와 일본을 비롯한 여러 외국의 단편적인 소식들이 이 '잡보'란에 모여 있었다. 《친목회회보》의 잡보에는 특히 일본의 신문 잡지들에서 발췌한 단신들이 많았다.

'내보內報'는 한 마디로 '국내 소식'란이었다. 《친목회회보》의 경우

민간과 일반 사회의 소식보다는 정부와 황실 내부의 새로운 소식들이 주로 실렸다. 반상班常과 무관하게 선발된 유학생이었지만 역시 '관비'로 공부하는 예비 관료 집단이었다는 점을 엿볼 수 있는 대목이다.

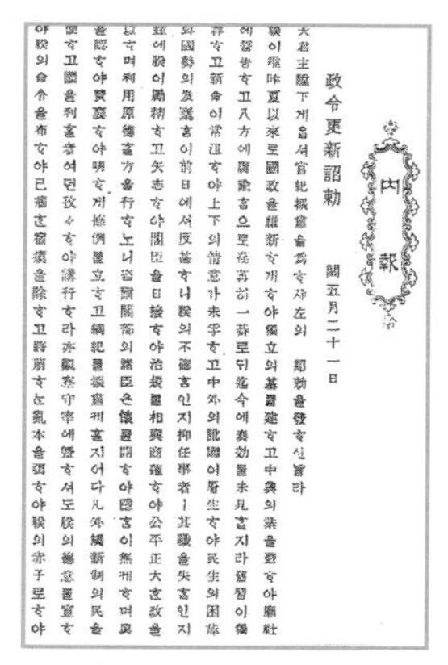

■《친목회회보》창간호 내보

관과 국가기관에서 취급하는 '국내 소식'은 통치를 위한 것이다. 이를 체계적으로 다루고 제도화하는 것이 곧 '행정'이다. 제도화된 행정의 차원이 아니더라도 민간에서 취급하는 국내 소식은 민民들에게 '국내'라는 공간을 제공하고 '국가'라는 공동체의 여러 사안을 국가와 매체 발간 주체들 사이에서 토론할 사안으로 만든다. 민간이 다루는 정부와 왕실, 관료 사회의 동향 등은 필연적으로 그에 대한 매체 발간 주체들의 시선을 담게 된다. 즉 정부와 관료 행정은 민의 비판과 감시의 대상이 된다. 이는 특히 개화기에 《독립신문》이나 《대한매일신보》가 담당했던 기능에서 여실히 드러난다. '잡보', '외보', '내보'에서 다루어지는 앎들이 중요한 이유가 바로 여기에 있다.

한편 '문원'은 '문학이 있는 숲이나 동산'이라는 비유적인 표현으로서, '문단文壇'과 비슷한 말이기도 하고 '홍문관弘文館'이나 '예문관藝文館'을 대유하는 말로도 쓰였다 한다. 한 마디로 문학이나 문예란이 '문원'이다. 《친목회회

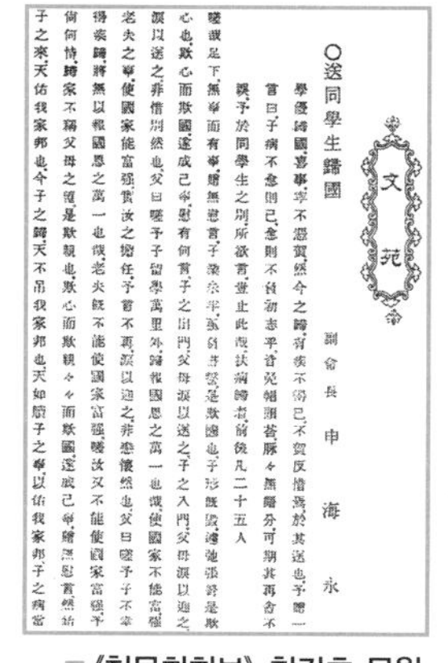

■《친목회회보》창간호 문원

보》와 그 외 개화기의 신문·잡지에 있었던 문원란은 아직 근대문학의 단계에 이르지 않은 '문학'을 보여주는 공간이다. 《친목회회보》의 '문원'란을 차지한 대부분의 글들은 유학생들이 쓴 한시였다. 다른 제도 문물의 변화보다 문학의 변화가 결코 앞서지 않았음을 보여주는 증거가 된다고도 할 만하다. 한시가 전시대의 아마추어 문학 애호가들이 가장 쉽게 접근했던 장르라는 점도 알 수 있다.

사설, 논설, '연설演說', '문원文苑', '내보內報', '외보外報' 등으로 나누어진 잡지의 체제가 중요한 이유는 이런 편집 체제가 단지 《친목회회보》에만 해당되지 않는다는 점, 또한 그 자체로 오랫동안 이어진다는 점 때문이다. 이러한 체제가 동시대에 존재한 《대조선독립협회회보》, 《조선크리스도인회보》, 《협성회회보》 등의 잡지들 및 일간지 《독립신문》이나 《대한매일신보》의 편집 체제와 거의 흡사하다는 점도 기억될 필요가 있다.

재배치되는 지식—새로운 지식들의 이름

이처럼 개화기의 매체들은 빠른 속도로 분화해가며 재배치되는 지식의 새로운 모습을 보여준다. 《친목회회보》보다 무려 10여 년이나 늦은 1908년 6월에 발간된 《호남학보》를 보자.

아! 옛 성인이 세운 나라의 제도에 있어서는 사민四民이 없을 수 없었으며, 사민은 또한 학문이 없을 수 없었다. 진한 이후로부터는 교화가 점차 쇠퇴하였으며, 지나 문자는 더욱 학습하기에 어려워 오직 사士만 학문이 있고,

농상공農商工은 학문이 있을 수 없게 되었다. 그러므로 백성은 날로 어리석어지고 풍속은 날로 우매해갔던 것이다. 더구나 우리 한국은 한문을 빌어쓴 나머지에 있어서랴?[68]

보통의 조선인은 읽을 수 없었던 국한문체로 쓰였던 이 글은 우선 간단하게 유교적 학문과 그 앎의 분배에 관해 비판적으로 평가한다. 핵심은 두 가지로, 첫째는 유교적 신분 구별이 선비계급과 다른 신분 사이의 앎의 불평등을 야기했다는 주장이고, 다른 하나는 앎의 도구가 한문으로 되어 있어 불평등이 조장되었다는 것이다. 논자는 이러한 비판을 토대로 '사농공상' 관념의 혁파와 전 국민에 대한 교육을 강조한다.

다행히 근일에 신학문이 출현하고부터 각종 교과가 다 갖추어지지 않은 것이 없으니, 정치학 · 법률학은 사士의 학문이요, 농상農桑학 · 종식種植학은 농農의 학문이요, 상무학商務學 · 경제학은 상商의 학문이요, 광학光學 · 성학聲學 · 중학重學 · 화학 · 계기학戒器學은 공工의 학문이요, 가정학 · 국가학 · 병학 이것은 또한 사농공상 공통의 학문인 것이다.

비록 사농공상士農工商의 틀에서 생각하고 있지만, 이 글에서 나열된 '학'들은 서구로부터 근대 지식이 유입됨으로써 급격하게 재배치되던 앎의 상황을 반영하고 있다. 이런 학學이 과연 중국과 동양에는 없었던 완전히 새로운 것들이었겠는가? 그렇지는 않다. 그러나 18~19세기에 급격하게 발달하며 분화한 앎의 체계를 받아들이는 것 자체가 개명開明이었기에 이 새로운 학學들의 이름은 자주 나열되고 설명되었다.

《독립신문》이 1897년 6월 17일부터 지금으로서는 이해하기 힘든 기획을 한 것도 이런 시대적 상황의 반영이다. 《독립신문》은 두려 16일간 계속 1면 '론셜(논설)'란에 생물학에 관한 글을 게재한다. 그리고 이런 기획의 취지에 대해 "첫째는 학문을 위해서 한 것"이며 "둘째는 조선 사람들이 무릇 무슨 물건을 보든지 듣든지 생각하든지 정밀한 것이 적은 고로"라고 설명한다. 서양 사람들은 "실상"을 정밀하게 보는 데 비해 "동양 학문"은 "실상을 배우지 아니하고 실상 배우기를 좋아하지 아니하며 그 실상을 무서워하"게 한다. 상당히 오리엔탈리즘적인 인식을 드러낸 이 글에서 조선인들은 날마다 보는 "파리가 다리가 몇 개 있는 줄도 모르는 사람"들이다. 따라서 서구적 생물학 지식을 통해 조선 사람은 "생각을 정밀히 하며 보기를 자세히 하며 말을 들을 때에 이치를 따라 듣게 하는 방법을 배"울 필요가 있다. 새로운 합리성의 기준으로 실질성·분석성·정밀성 등을 제시한 것이다. 이는 합리성의 구조변동이 자연과학을 중심으로 한 서구 지식을 중심으로 이뤄지고 있음을 보여준다.

이런 분화의 길은 온전히 지식 내부의 문제만이 아니다. 당대의 국제정치 상황과도 연관되어 있다. "동양 학문"[69]의 원산原産인 중국(이 시기에는 청나라)이 급격한 세계체제의 재편과 함께 정치적으로 몰락하고 있었고, 조선 또한 '서세동점'의 정치적 상황 속에 놓여 있었기 때문이다. 앎의 문화—정치는 '국제적'으로 결정된다. 제국주의와 강대국은 부와 힘으로써 이 결정을 주도한다.

과학의 등장

우리말에서 '과학'은 일반적으로 두 가지 의미를 갖는다. 첫째, 인문 '과학', 사회 '과학' 혹은 '과학적'이라는 관형어에서처럼 근대적 '학문'과 동의어로 쓰이는 '과학das Wissenschaft'이다. 근대적인 앎은 인식(순수이성)과 도덕(실천이성)을 구분하고 순수이성에 입각한 '인식' 범주의 자립화를 전제함으로써 발생했다. 즉 서이종의 설명대로 인식 주체와 인식 대상을 이원화하고, 이를 기초로 인식 대상에의 접근가능성(인식의 객관성)을 추상적이고 보편적인 진리관으로 자리매김함으로써 도덕이나 가치 또는 숙련 등의 '실천적' 지식을 배제한다. 더욱 더 고도화되고 체계화된 인식론적 구성과정을 통해 가공되는 그 자체를 과학성의 기초로 삼고 이를 형식화한다. 이와 같은 역사적 계기가 곧 '지식의 과학화'다. 이런 점에서 근대 지식의 지배적 형태는 정치화되고 체계화된 이론적 지식으로서의 학문Wissenschaft, 즉 과학이다.[70]

두 번째 '과학'의 의미는 자연과학과 의학, 공학을 비롯한 이과理科 지식을 가리킨다. 물론 상식적인 어법으로는 당연히 후자의 과학이 과학이다. 이 지식이 근대 문명 자체를 만들었다. 이과 지식은 인간에 대한 지식만이 아니라 자연에 대한 지식이며, '과학적 인과因果'에 대한 지식이다. 중요한 것은 이 두 번째 범주의 지식이야말로 특히 첫 번째에서 설명된 '과학'의 속성을 온전히 갖고 있는 지식으로 간주하게 했다는 점이다.

근대 과학의 등장과 확산은 거대한 문화적 단절이다. 동서를 막론하고 과학의 성립과 과학 지식의 확산은 '근대적 계몽'의 가장 중요한 조건이었다. 종교와 신으로부터의 이탈 및 자연으로부터의 해방을 위한 힘이 과학이었기 때문이다. 이는 조선에도 해당된다.

이성과 동일시되는 과학이 도입됨으로써 이전의 지식은 비이성과 봉건적 습속으로 간주되었다. 특히 이제껏 민중과 여성이 보유한 자연에 대한 지식은 모두 '미신'으로 치부됐다. 과학과 미신의 구별, 그리고 미신에 대한 투쟁은 근대 문명인(지식인, 교육자, 종교가, 언론인 등)의 사명 자체로 여겨졌다. 1900~30년대에는 민중적 지식과 놀이를 위시한 민속문화 전체, 혹은 종교를 포함한 종래의 조선 문화 전체가 '미신'으로 간주될 지경이었다.

특히 조선총독부는 1915년 총독부령 제83호 〈포교규칙布教規則〉에 의거, 신도神道·불교 및 기독교만을 종교로 인정하고 나머지 종교는 '유사종교'로 취급하기로 했다. 경무국 관할 하에 〈경찰범 처리규칙〉을 근거로 유사종교를 규제하기 시작했다. 이에 따라 점복과 치병治病에 관한 무당의 역할은 특히 단속의 대상이 되었다. 또한 1920년대 후반부터 일본인 학자들을 시켜 《조선의 귀신》, 《조선의 풍수》, 《조선의 무격巫覡》, 《조선의 점복과 예언》, 《조선의 유사종교》 등의 연구 자료를 활발하게 간행했다.

그중 무라야마 지준村山智順은 《조선의 무격》(1932)에서 무속이 조선 고유의 사상문화를 전승하는 효과가 있지만 동시에 기본적으로 '위생'과 맞지 않는 미신적 의료 행위를 지속시키는 가장 큰 폐해 또한 낳고 있다고 지적했다. 이 무속인 굿에 막대한 비용이 드는 점, 그것이 도박 및 매음과 연관된다는 점도 비판했다. 조선의 식민성과 '미신'의 관계도 지적했다. 미신적 무속행위에 쏟는 방대한 비용이 경제적 궁핍을 초래했으며, 조선인이 운명 관념에 빠져 퇴영적 성품을 지니도록 만들었다는 것이다.[71]

만약 오늘날 무라야마가 서울의 미아리나 강남 역삼동 등에 산재한 '용한 점집'들을 보면 어떻게 생각할까? 오늘날에도 수없이 많은 한국 여성과 정치인이 점복에 기대어 산다.

복잡한 한국식 유교 의례와 불교·샤머니즘이 결합된 종교적 수행은, '서구 문명'과 식민주의자의 눈으로 보면 미신 그 자체였다. 종교를 '인민의 아편'으로 간주한 좌파에게도 '미신 타파'는 중요한 과제였다. 오히려 1930년대에 본격적으로 등장하기 시작한 새로운 근대 지식 분과인 민속학이 그것의 자리를 나름대로 평가해주었다.[72]

이처럼 문명 자체와 병렬되었던 과학은 특히 자본주의 및 근대국가

이성과 동일시되는 과학의 도입은 민중의 자연에 대한 지식, 특히 무속을 미신으로 치부하도록 만들었다. 이에 따라 무속은 고비용, 비위생, 도박, 매음과 함께 언급되기 시작한다. 나아가 조선의 식민화를 야기한 근본 원인 중 하나로 비난받기까지 한다.

와 밀접한 관계를 가진 지식이었다. 그래서 더욱 무소불위의 힘을 가지게 되었다. 결국 과학주의라는 새로운 현대의 미신이 등장하게 된다. 과학주의는 단순히 근대 과학의 뛰어난 설명력이 아니라 두 가지 문화적 변동과 이데올로기의 작용에 의해 성립되었다. 잠시 살핀 것처럼 과학의 타자, 즉 주로 '조선적인 것'과 동일시되던 미신과 종교를 발견함으로써 굳건해졌다. 그리고 국가와 자본주의를 자양분으로 하면서 민족주의 및 진보주의(진화주의)와 결합되어 성립했던 것이다. 두 번째 측면을 좀 더 살펴보자.

자연과학자와 공학자의 등장

과학에 대한 인식의 증대와 인력의 유입은 '앎의 근대'가 성립했는가를 판단하는 중요한 기준이다. 그것이 유교적 관료주의와 성리학적 근본주의가 결합된 '사농공상'의 이념적 위계에서 앎이 해방되고, 앎들 사이의 위계가 다른 기준으로 정해지게 되었음을 의미하기 때문이다. 또한 과학은 극도로 분화된 근대적 전문지식의 상징이다. 환금성이나 '실용' 또는 '힘'에 의해 자연과학과 공학의 가치는 재평가될 수 있었다.

과학기술이 곧 문명이며 과학기술의 발전이 국력(또는 '민족의 힘')의 원동력이라는 생각, 다시 말해 과학기술과 국가(민족)가 하나라는 근대적 국가과학주의는 1900년대 이래 급속히 퍼져가기 시작했다.

한국에서 과학기술 전문 인력은 1900년대에 길러지기 시작했다. 대한제국은 〈관립상공학교〉(1904)를 만들어 첫 신입생을 공업과와 상업과에 80명 모집했다.[73] 이 학교는 1907년 〈관립공업전습소〉로 개편되 있는데, 전습소의 학생들은 민족주의적 선구자 의식을 갖고 있었다. 1908년 9월 "제조품에 관한 지극히 정미한 수공을 전습하여 …… 국부민강을 이뤄 독립권을 회복하려는" 취지로 '공업연구회'를 결성하고, 최초의 공학 관련 전문잡지로 간주될 수 있는 《공업계》도 창간했다. 이 잡지 역시 "대한제국의 부강기초를 건립하고 이천만 공중의 공업사상을 고취할 주의로 간행하오니 공업발전의 최대 기관이오 공업수습修習의 유일唯一 보전寶典"[74]으로서 간행되었다.

1910년대 후반이 되자 자연과학·공학 지식은 서구적 지식의 총화이자 민족적 힘의 상징으로 표상되기에 이르렀다. 이광수의 유명한 소설 《무정》(1917~18)의 결말에서 이형식은 생물학으로, 김선형은 수학으로 민족을 '구원'하겠다고 말한다. 엄청난 대중적 인기를 누린 소설에서 새 시대의 주인공들에 의해 생물학과 수학이 거론되었다는 사실은, 드디어 전시대의 앎의 배치와 위계 구조가 종식했음을 말해준다.

"나는 교육가가 될랍니다. 그리고 전문으로는 생물학을 연구할랍니다."
그러나 듣는 사람 중에는 생물학의 뜻을 아는 자가 없었다. 이렇게 말하는 형식도 무론 생물학이란 참뜻을 알지 못하였다. 다만 자연과학自然科學을 중히 여기는 사상과 생물학이 가장 자기의 성미에 맞을 듯하여 그렇게 작정한 것이다. 생물학이 무엇인지도 모르면서 새 문명을 건설하겠다고 자담하는 그네의 신세도 불쌍하고 그네를 믿는 시대도 불쌍하다.
"저는 수학을 배울랍니다" 하고 있는 힘을 다하여서 말하였다. 학교에서 수학을 잘한다고 선생에게 칭찬받던 생각이 난 것이다. 다른 사람들도 수학이 좋은 것인 줄은 알았으나 수학과 인생에 어떠한 관계가 있는지를 모른다.

생물학을 연구하겠다는 것은 이형식, 수학을 배우겠다는 것은 김선형이다. 이처럼 이광수는 등장인물들에게 생물학과 수학을 공부하겠다는 발언을 하게 한 후, 그들이 실제로는 생물학과 수학이 무엇인지 모른다고 한탄한다. 저 한탄은 이광수 자기 자신에게로 향한 것이기도 하다. 힘에 대한 선망과 자연과학의 의미에 대한 모호한 인식이 복합적으로 작용한 것이다.

김성재라는 화학자를 주인공으로 등장시킨 이광수의 《개척자》는 1918년에 소설로 인기를 얻고 1925년 최초의 '문예영화'로 제작될 만큼 영향력을 지닌 작품이었다. 이 작품에서 김성재는 누구도 알아주지 않는 과학실험을 혼자 끝없이 수년간 행하며 외로운 선각자의 길을 가는 인물로서, '개척자'라는 호명까지 얻는다. 그런데 그는 일견 황우석을 연상시킨다. 생화학자이고, 연구 목표는 원대하고 아름다우며, 인류를 구하는 물질을 합성해 내려고 한다.

김성재는 오직 연구에만 몰두하며 금욕적으로 살아가는, 민족의 모범이 될 만한 인물로 묘사된다. 그러나 자신이 하고 있는 연구가 성공할 수 있을지 없을지 모른 채 가산을 탕진하며 실험을 계속하는, 꽉 막힌 인물이기도 하다. 악의로 세상을 속이려는 마음은 없었지만 후견인이자 여동생인 김성순은 그에게 속는다. 김성순은 김성재를 무한 신뢰하며 모든 노력을 기울여 오빠의 연구비를 대고 노력을 바친다. 하지만 김성재는 결국 연구 개발에 실패한다. '과학'이라는 새로운 지식에 속은 것이다. 그러나 과학에 속은 것은 김성순만이 아니었다. 우파 이데올로그였던 작가 이광수 또한 과학의 전능함을 선동한다. 김성재의 비극(희극?)은 근대 과학에 대한 이광수의 일방적 매혹에 기인한 것이다.[75]

소설이라는 대중적 담론을 통해 과학이 인류를 행복하게 해 줄 것이

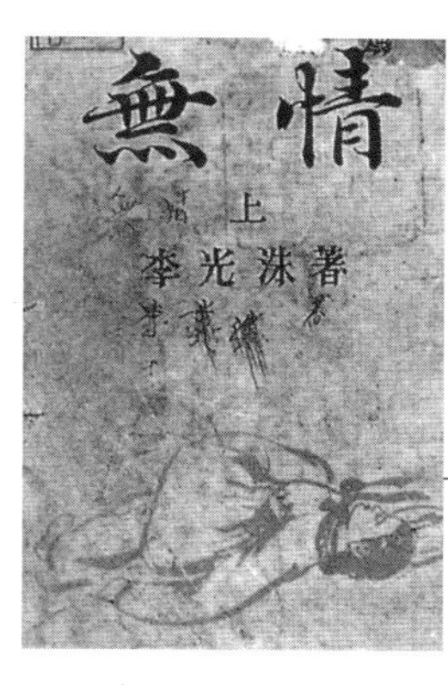

■ 《무정》   ■ 이광수

주인공들이 과학을 민족 구원의 도구로 언급하도록 함으로써 유
교적 앎의 사망이라는 시대의 변화를 상징적으로 보여준다.

라는 막연한 열망을 퍼뜨리는 이광수는 개별 '과학'의 원리에 대해서
는 전혀 모르면서도(또는 모르기 때문에) 과학 영웅을 만들어내는 오늘날
의 일부 지식인이나 언론인과 다를 바 없다.

그런데 여기서 주목해야 할 것은 이러한 소설 담론이 현실을 반영한
것이며, 또한 현실을 구성해내기도 한다는 점이다. 예를 들면 1924년
에 일본 큐슈제국대학에서 의학박사 학위를 받은 윤치형이나 한국 천
문학의 효두이며, 최초의 이학박사라는 이원철은 민족적 영웅 대접을
받았다. 윤치형은 1918년 총독부 관비 유학생으로 일본에 건너갔다가
1922년에 독일 '푸레쓰로우' 대학에서 공부한 후 다시 일본에서 〈건
강폐와 결핵폐에 미치는 기흉의 작용〉으로 박사학위를 받았다. 윤치
형에게 대대적인 환영회와 신문 지면이 허락된 것은 그가 '내지' 일본
의 명문대 중 하나인 큐슈대학에서 최연소로 학위를 받은 사람이었을
뿐 아니라 일본에서 의학박사 학위를 받은 최초의 조선인이었기 때문

이다.[76]

원철성Won Chul Star라는 별을 발견하고 미국 미시간대학에서 박사 학위를 받은 천문학자 이원철의 경우도 마찬가지다. 이원철을 소개하는 1929년 《삼천리》의 기사는 우리에게 매우 익숙하고 전형적인 '과학(자) 신화'의 서사 구조를 갖고 있다. 어릴 때부터 천재적이고 성실했던 이원철은 매우 가난했다. 그러나 그의 재능을 눈여겨 본 미국인 선교사가 학비를 보태 미국 유학을 보내줌으로써 결국 '세계적인' 과학자가 된다. "실로 인류문화에 위대한 공적을 하는 보배로운 것일 뿐더러 조선의 크나큰 자랑거리"인 이원철이 "앞날에 더욱 더욱 세계적으로 영명英名을 날릴 것을 예기豫期"한다는 것이다.

《삼천리》 기사는 여기에서 한 발 더 나아간다. 이원철의 우수성을 민족의 역사에 대입시켰다. 기사에 따르면, 더욱 놀라운 점은 이원철이 처음이 아니라는 사실이다. 우리 민족은 옛날 옛날부터 과학 민족이었다. "조선으로 말하면 먼 상고上古에는 백제百濟의 왕인王仁 박사를 위시하야 각 방면에 놀라운 학자 천재學者天才가 나서서 세계에 그 빛을 자랑한 바가 컸었던 것은 사실史實에 소연昭然"[77]하다는 것이다.

민족주의야말로 근대의 천문학자와 백제의 왕인 박사뿐 아니라 무엇이든 결합시킬 수 있는 강력한 화학물질이었던 것이다. 그러나 이러한 찬양에도 불구하고 오늘날과 같은 '이공계 기피' 현상은 근대 초기에도 마찬가지였다. 이데올로그들이 목소리를 높이는 것만큼 과학 분야로 진학하는 젊은이들의 수는 많지 않았다. 조선의 다른 분야와 마찬가지로 과학도, 독자적으로 발전하여 해당 분야의 종사자들에게 보람을 가져다 줄만한 상황이 못 되었기 때문이다.

근대 지식인의 등장?

한편, 이미 1900년대 후반의 담론이 국민 전체에 대한 의무교육을 강하게 요구하고 나선 것도 주목할 만하다. 의무교육에 관한 생각이나 민이 앎의 주체라는 인식이 꽤 넓은 범위로 번져가고 있었던 것이다.

앞에서 봤던 호남학회의 지식론은 서구 문명국의 예를 근거로 의무교육을 주장했다.

그 교육이 실시된 당초에는 비록 문명국으로 일컬어지는 나라라도 국민을 반드시 강제로 행하게 했으니, 자제를 취학시키지 않는 자는 그 부형을 벌하였다. 그러한즉 우리들도 이렇게 할 수 있기를 금일의 정부에 바라는 것이다. 이를 금년에 행하지 못하고 내년에 행하지 못한다면, 마침내 이 나라를 폐허로 만들고 우리 국민을 노예로 만드는 데 이를 것이다.[78]

《대한자강회월보》의 창간호에 실린 김석환의 글도 나라의 근본이 (인)민에게 있으며, '인민-됨'의 근본이 지("學術")에 있다고 말한다.

일찍이 듣건대 나라의 근본은 민에게 있고 민의 근본은 학술에 있다. 정치·종교·문학·경제·병비 및 농목·상고·공예 등 일과 위국지구에 말할 나위 없이 학술이 정묘해야 바야흐로 위국지민이라고 말할 수 있으니 이는 나라를 위하는 인민이 되는 의무이다.[79]

앎과 민民을 연결시켜 생각할 수 있게 된 것 자체가 변화라 할 수 있

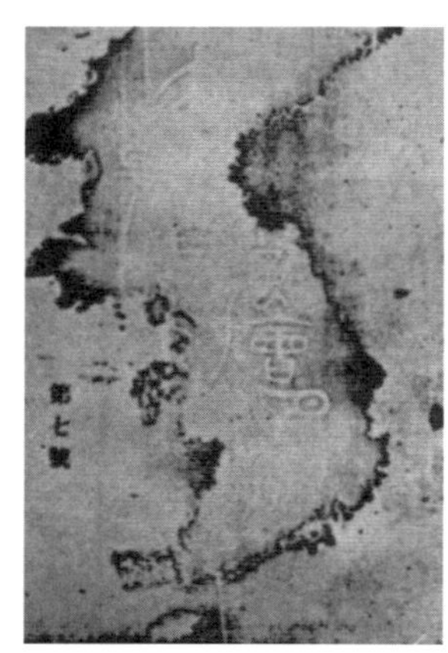

■ 《대한자강회월보》

다. 그런데 당시 '학회'들의 회원들은 다양했다. 서북학회는 평안도·황해도 등지의 '시민'적 존재들이 대거 참여했고, 《호남학보》의 발간 주체는 김경수·김기중 형제를 비롯해 지주 출신의 양반이었다. 심지어 〈대한자강회〉에는 일본의 우익 식민주의자 오가키 다케오같은 자가 윤치호 등과 함께 회원으로 활동하며 《대한자강회월보》에 '실력양성'을 주장하는 글을 쓰기도 했다.[80]

학회를 주도한 이들은 당대의 첨단적(?) 식자였다. 그러나 그들은 아직 근대적인 의미의 지식인은 아니었다. 그들의 '민'에 대한 인식은 불완전했다.

1910년 '국치國恥'를 당하자 절명시를 남기고 죽은 매천 황현은 "인간 세상에 글 아는 사람 노릇하기 어렵다[難作人間識字人]"고 했다. 이 짧은 구절은 많은 함의를 담고 있다. '지식인 대 민중, 엘리트 대 대중'의 구별이 근대적 앎─체계의 한 특징이라면 아직 그 단계에는 이르지 못했다는 점, 혹은 어떤 다른 기준이 있었다는 점을 보여주고 있는 것이다.

황현은 자신을 '글 아는 이[識者人]'이라 표현했다. 당연히 황현의 시대에는 '지식인'이라는 말 자체가 없었다. '지식인'은 1930년대 이후에야 조금씩 쓰이기 시작하여 해방 이후에 정착했다. '지식인'에 해당하는 존재는 1920년대에 본격적으로 모습을 드러내게 되는데, 그 시기에는 '지식인'보다 '지식계급'이 더 많이 쓰였다. '식자인識者人'

이라는 표현은 중요하다. 이는 지식인과 아닌 자들의 구별이 앎의 도구에 대한 소유의 문제, 문자를 소유할 수 있는가 하는 문제가 결부되어 있다는 것을 드러내기 때문이다.

근대적 지식인이란 누구인가? 사르트르의 말처럼, 그들은 '위로부터 모집된', 즉 부르주아나 프티부르주아 상층에서 나타난 일군의 무리들이다. 자본주의와 국민국가의 지배계급은 다수의 '전문가' 내지는 지식을 가진 중간 관리자를 필요로 하는데, 지식인은 이들과 밀접한 연관을 갖고 있다. 이들은 17세기 서구의 부르주아 혁명 과정에서 나타났으며 문필업을 업으로 삼는 경우가 많았다. 좋게 보면 그들은 인간과 사회에 관한 보편적인 의식과 휴머니즘을 바탕으로 한 존재이며, 진리와 결부된 보편적인 행위가 있다고 판단하고 자신의 이해관계와 무관한 일에도 간섭하는 사람들이다.[81] 그런데 지배계급은 지배를 위한 특수주의적인 이데올로기를 정당화해야 하고, 지식인은 보편적 지식과 진리에 대한 자신의 탐구가 그것과 배치됨을 깨닫게 된다. 그래서 곧잘 지식인은 피억압자의 편에 서게 된다.

사회경제적으로 지식인은 쁘띠부르주아 혹은 상층계급이라는 배경을 갖고 있으며, 근대적인 인문·사회과학 전공을 기반으로 한다. 이들은 '비평'을 주된 임무로 삼고, 대학이나 저널리즘에 종사하며, '현실'과 생산으로부터의 한발 유리된 존재다. 또한 이들은 한편으로는 엘리트적 자기의식과 총체적 지식에 대한 환각 등을 가진 존재이기도 하다. 조선에 이러한 지식인은 아직 없었다. 1900년대의 지식인 중에서는 신채호의 예에서 보듯, 심각한 전신轉身 후에 '지식인'이 되었다.

1880년생인 신채호는 자신의 지적 삶을 성균관 학사로 시작했다.

박노자는 조선에 대해 날카로운 비판을 가한 두 사람, 황현과 윤치호를 비교하며 다음과 같이 말한다. "이 둘의 가장 큰 차이는 '윤치호'는 조선과 조선인을 경멸하는 마음을 가지고 우월한 '보편인'의 입장에서 《윤치호 일기》를 썼다면, '황현'은 시대를 가슴 아파하는 마음을 가지고 후세의 교훈을 위해 《매천야록》을 남겼다는 점이다." 이 시각에 따른다면, 윤치호는 지식인을 민중과 대비시키는 엘리트적 입장을 지닌 반면 황현은 그러한 지식인 대 민중의 구별 인식이 약했다 할 수 있을 것이다. 그러나 황현은 동학농민운동을 두려워하고 경멸했다.

최고 유학 엘리트에서 근대 민족주의 관련 지식 형성의 일등 공로자로, 나아가 '민중의 직접 혁명'을 통한 독립 쟁취를 주장하는 아나키스트로 변모했던 신채호는 보편적 진리 탐구자와 실천적인 지식 엘리트, 양 측면을 모두 지닌 근대적 지식인이었다.

최고 유학 엘리트를 길러내는 기관에서 교육을 받던 젊은 신채호는 만민공동회에 참여하여 당시 막 맹아를 형성하기 시작한 대중지성의 영향을 받는다. 성균관 박사가 되지만 20대의 신채호는 민족주의자로서 《대한매일신보》의 주필로 활동하며 논설을 쓴다. 신채호는 근대 민족주의와 관련 지식을 형성하는 데 결정적인 공로를 세우게 된다. 《조선상고사》, 《이태리 건국삼걸전》, 《을지문덕전》, 《이순신전》 등의 저술은 1900년대 후반 지식 문화에서 새롭고도 중요한 지식이었으며 지금까지 한국의 '자기 지식'을 이루는 근간의 아이디어를 담고 있었다. 대한제국 멸망 이후 신채호는 임시정부에 참여하여 민족주의적 지식을 실천에 옮기지만, 중국의 사정을 접하고 1920년대에 이르러 또 다시 전신轉身한다. '민중의 직접(폭력) 혁명'으로 독립의 쟁취를 주장하는 아나키즘에 접속하고 생을 마쳤던 것이다.

신채호와 같은 길을 가지 않고 자신의 앎을 변화시키는 데 실패한 조선의 식자들은 1910년대에도 시대착오적인 지식에 사로잡혀 과거를 반복했다. 일제 식민권력이 적극적으로 이를 조장했다는 점 또한 강조할 필요가 있다. 한학에 몸담고 있던 구래의 문화적 권력은 시대 상황의 변화에 따라 지적·문화적 헤게모니를 잃는다. 그러나 천황은 은사금을 전국의 유생 1만 5천여 명에게 나눠주는가 하면 중추원과 경학원을 설치해서 한학자들이 자리를 차지하고 앉아 체면을 유지하게끔 도와준다. 유생은 이에 저항하기는커녕 문예구락부·신해음사·이문회 등의 한문학 결사를 창립(1911~1912)하고, 대규모의 한시 백일장을 1916~17년에 걸쳐 개최하기도 했다.[82] 시대착오이자 '마지막 잔치'들이었다.

아직 조선에서 근대 과학과 학문의 장은 온전히 형성되지 않았고, 지식 내부의 위계 또한 미처 다 재조정되지 않았다. 더 깊은 자본주의화와 근대적 앎-제도의 발전 그리고 불평등으로부터 깨어날 민중이 이를 보장할 것이었기 때문이다. '지식인 대 민중, 엘리트 대 대중' 식의 관념도 조금 더 시간이 흐른 뒤에 선명해질 전망이었다.

Chapter. TWO

대중의 등장, 대중지성의 형성

새로운 앎-주체의 등장

  김구나 1900년대 교과서의 사례는 앎의 온전한 해방이 결코 '위로부터의 시혜'와 같은 방식으로 주어지지 않는다는 점을 보여준다. 근대 이행기의 대중이 넓은 의미의 '민주주의'로 전진하며 봉건제에서 벗어나고자 했을 때 비로소 앎의 해방도 이뤄졌다. 이 과정에서 봉건 왕조 조선의 몰락은 삶과 앎의 해방을 앞당기는 중요한 계기로 작용한다. 왕조의 비참한 몰락은 이데올로기와 표상체계의 거대한 변화를 동반했다.

  20세기 한국 근대사에서 이 같은 앎의 해방 과정을 급진화한 '아래로부터의' 가장 크고 결정적인 계기는 1919년의 3·1운동이었다.[1] 문화와 앎의 근대는 그해 3월 이후 전 조선 민중의 것이 되기 시작했다. 이 운동에 3개월간, 공식적으로 2,023,089명이 참여하여 7,509명이 죽었다. 15,961명이 부상당했으며, 46,948명이 잡혔다. 교회당 47개, 학교 2개, 민가 715채가 불탔다. 3·1운동 전에 어떤 문화사·사회사적 변동이 있었는지는 별로 연구되어 있지 않다.

일제의 극악한 무단통치 가운데에서도 3·1운동을 위한 주체들은
서서히 준비되고 있었다. 1917~18년 사이의 경제 위기와 물가 폭등은
민중의 삶을 어렵게 하여 1918년에는 무려 50여 건의 동맹파업이 일
어나 연인원 4천여 명이 넘게 참여한다. 그해 8월은 자본주의화와 노
동계급의 형성을 압축해서 보여주는 부산 부두 노동자들의 동맹파업
과 서울 전차 노동자들의 파업으로 뜨거웠다. 학생들의 동맹휴업 건수
도 1910년대 후반 대폭 증가한다.[2]

3·1운동은 근대적 교육에 접촉한 새로운 앎의 주체들이 '민족—대
중'으로 형성되면서 폭발한 운동이다. 천도교와 기독교 같은 탈봉건
의 주체가 교회와 학교와 같은 새로운 앎의 네트워크를 중심으로 운
동을 조직했던 것이다.[3] 이러한 3·1운동을 통해 새로운 주체가 등장
했고 또 발견되었다. 너무 많은 예가 있지만 우선 《아리랑》의 혁명가
김산의 3·1운동에 대한 회고를 통해 살펴보자.

선생님은 우리를 이끌고 거리로 나갔다. 우리는 수천 명의 다른 학생, 시민
들과 함께 대오를 이루어 노래를 부르고 구호를 외치면서 거리를 누볐다.
나는 너무나 기뻐서 가슴이 터질 것만 같았다 …… 이것이 나로서는 처음
으로 정치의식에 눈을 뜨게 된 계기였다. 대중운동의 힘이 내 존재를 뿌리
로부터 뒤흔들어 놓았다. 나는 하루 종일 거리를 뛰어다녔고 아무 시위에
나 가담하여 목이 터져라 외쳐댔다. 이날 밤에는 교지편집을 도와주었다.
나는 교지에, 모든 사람의 입에 올랐으며 나 자신의 영혼에 불을 지른 저
장려한 대목을 열광적으로 쓰고 또 썼다.[4]

시골 소년 김산은 이 저항과 연대의 경험을 통해 자생적인 매체에

글을 쓰기 시작한다. '국제 정세'가 무엇인지도 알게 된다. 일개 시골 소년의 인식과 영혼에 횃불이 켜졌다. 앎이 3월의 경험을 통해 비약적으로 높아지게 되었던 것이다. 그래서 김산은 혁명가로 나아갔다.

김산 이외에도 3·1운동에 대한 체험을 기반으로 혁명가로 나서서 식민지 조선을 변화시킨 '3·1운동의 아이들'은 무수히 많았다. 공화제를 채택한 '대한민국 임시정부'가 3·1운동의 성과로 조직되어 직업 독립운동가들을 길러내기 시작했으며, 사회주의운동도 이를 계기로 뻗어갔다. 훗날 조선사회주의운동의 최고 지도자가 되는 박헌영은 경성고보 학생으로서 만세 시위운동에 참여했으며, 김단야도 그러했다. 김단야는 배재고보 학생으로서 1919년 1월부터 학생 반일조직에 가담했다가 3·1운동이 발발하자 '주동자'가 되었다. 그는 운동이 지역으로 번져가자 고향인 경북 김천으로 내려가 만세 시위에 참가했다.[5]

1927년에 발표된 조명희의 소설 〈낙동강〉은 '목적 의식기'에 다다른 카프KAPF[조선프롤레타리아예술가동맹] 제2기의 탁월한 작품 중 하나로 평가받는다. 동시대의 대표적인 비평가 김기진은 〈낙동강〉에 대해 "절망의 인생이 아닌 열망의 빛나는 인생의 여명"이며 "어떤 개인의 생활 기록이 아니"라 "현재 조선—1920년 이후 조선 대중의 거짓 없는 인생 기록"이라며 상찬했다.[6] 이처럼 '당대의 전형'을 포착했다는 소설의 주인공도 3·1운동에 참가했다가 이후 사회주의자가 된다. 당시의 사회 변화를 문학적 표상으로 압축해놓은 이 소설에서, 조명희는 주인공 박성운의 독립운동에의 참가와 감옥체험에 대해 "그때쯤은 누구나 예사이지만 그도 또한 일년 반 동안이나 철창생활을 하게 되었다"라 썼다. 박성운은 출옥한 뒤 남북 만주, 노령, 북경, 상해 등지를 돌며 5년 동안 독립운동에 참여하고, 해외의 운동이 "다 침체하고 쇠퇴하여

법정으로 끌려가는 민중들

근대적 교육의 수혜를 받은 새로운 앎의 주체들이 민족-대중으로 변모하면서 생겨난 3·1운동. 앎의 해방 과정을 급진화한 아래로부터의 가장 크고 결정적인 계기가 되었다.

서울시청 앞에서 만세를 외치는 백의의 군중들

대중지성의 시대

법정으로 끌려가는 젊은이들

대한문 앞에서 만세를 부르는 민중들

김산
본명은 장지락. 님 웨일즈의 《아리랑》의 실제 주인공으로, 3 · 1운동에서
배운 저항과 연대의 정신을 토대로 하여 혁명가의 길로 나아갔다.

박헌영
조선 사회주의운동의 최고 지도자 중 한 사람. 3 · 1운동 당시 경성보고
학생으로서 만세 시위에 참가했다.

김단야
본명은 김태연. 사회주의 독립운동가. 1919년 서울 배제고보 재학 시절
3 · 1운동을 주도한 혐의로 검거되었다.

갈 판"에 귀국하기로 결심한다. 그런데 "조선으로 돌아올 무렵"(1925~6
년경) "그의 사상상에는 큰 전환이 생기었다." "다른 것이 아니라 이때
껏 열렬하던 민족주의자가 변하여 사회주의자로 되었다는 것이다".[7]

이는 식민지 조선에서 근대적 대중지성이 탄생하는 과정을 정확히
보여준다. 상당수의 조선 민중에게 반봉건운동 · 민족해방운동 · 사회
주의는 겹쳤고, 리터러시(문해력)와 정치적 자기의식은 거의 동시에 획
득되었다.

3·1운동의 문화적 의의

확산되던 평등주의와 근대적 의식, 직접적인 행동의 경험은 '사회'에 대한 인민의 태도를 바꿔놓았다. 3·1운동은 조선 사회를 사로잡고 있던 이데올로기를 전면 교체하는 계기가 되었던 것이다. 이전까지의 엘리트들이 만들었던 실력양성론은 한순간 의심을 받게 되고, 사회주의가 급격히 부상했다. 3·1운동에 앞장섰던 기독교와 천도교는 근대종교로서 조선 민족—대중과 확실한 관계를 맺었다.

또한 3·1운동은 매우 구체적인 문화적 변혁을 야기했다. 1919년 3·1운동 이후 근대적 학교교육이 확고한 제도로서 대중에게 인식되고 문맹률이 본격적으로 낮아지기 시작한다. 1910년대에 비해 출판산업의 규모도 비약적으로 커진다. 신문·잡지 구독이 일반화되는 것도 1920년 이후의 일이다. '대중'적 규모의 독자층이 형성된 것 또한 1920년대다. 1920년에 이르러 조선어 민간지들이 창간되었고, 《개벽》(1921)과 《조선문단》(1924) 등의 매체도 광범위한 독자를 형성했다. 또한 근대적인 의미의 상업출판이 보다 확장된다. 매스미디어의 발전과 더불어 도시에 기반한 대중문화도 1920년대 이후 크게 확산된다. 이때의 대중문화는 19세기 이래 생산되고 향유된 대중적 문화를 계승하면서도 외래의 요소와 자본주의적 생산·소비의 질서를 각인하여 질과 양 모든 면에서 재편된 성격의 것이었다.

일제의 문화정치가 이러한 변화의 변인이 되었다는 점도 물론 사실이다. 일제는 1910년대에 완전히 야만적인 금압 정책을 폄으로써 1900년대까지 축적되고 터져 나오던 조선 민중의 자생적 지적 역량을 가로막는다. 그러나 더 이상은 불가능했다. 하지만 소위 문화정치는 이미 여러 연구자들이 지적한 대로 보다 세련되고 기만적인 통치술이었다. 사상과 지식에 대한 금압과 검열도 여전히 극악했다. 문화정치는 민중의 자발적인 앎과 소통에 관한 요구를 받아 안을 수 있는 정치체제가 아니었다. 따라서 '문화정치의 시행'을 거대한 1920년대 문화변동의 첫 번째 요인인 양 기술하는 것은 전도된 인식의 소산이다. 또한 일제가 곧 치안유지법을 조선에 시행하고(1925년) 만주사변을 일으

■ 《영대》(1924년 8월 창간)

■ 《금성》(1923년 11월 창간)

■ 《장미촌》(1921년 5월 창간)

■ 《폐허》(1920년 7월 창간)

켜 군국주의화로 치달았기 때문에, 문화정치가 오랜 기간 지속되었다고 볼 수도 없다.

이와 별도로 총독부의 검열체제가 야기한 영향에 대해서 논의가 필요하다. 일제의 검열은 식민지 조선사회가 지식을 생산·유통하는 데 있어 기본적인 제약조건으로 작용했다. 식민치하 조선 내에서 출판되는 모든 출판물은 검열을 거치게 되어 있었기 때문이다. 천도교의 젊은 '브레인'으로서 《어린이》, 《신청년》, 《신여성》, 《개벽》, 《별건곤》 등

의 근대 잡지를 만들거나 주도한 방정환이 요절하자, 소설가 이태준은 그의 죽음을 추도하는 글에서 "이젠 그대에게겐 검열난檢閱難의 고통도 없을 것이로다"라 썼다 한다.[8] 검열이 글쓰기와 출판의 주체에게 얼마나 심한 제약이었는지를 잘 보여주는 말이다.

일제는 1926년부터 본격적으로 총독부 경무국 속에 '도서과'를 설치하여 검열을 전담하도록 했다. 특히 사회주의나 민족주의 지식은 이

■ 《신천지》(1921년 7월 창간)

■ 《조선지광》(1922년 11월 창간)

■ 《신생활》(1921년 창간)

■ 《개벽》(1920년 6월 창간)

에 직접적인 영향을 받았다. 일제는 세세한 '검열 기준'을 정하여 금지어를 문면에서 지우고 어떤 경우에는 통째로 글을 삭제하거나 그런 글이 실린 책(신문)이 배포되지 못하도록 했다. 이를 통해 일제의 강점에 관련한 조선 민족의 '현실' 뿐 아니라, 천황제를 부정하거나 사회주의나 무정부주의와 관련된 상상력이 번져가는 것을 막으려 했던 것이다. 근대 지식의 생산 및 유통 주체들은 이 같은 식민권력과 투쟁하거나 타협하며, 지식을 생산했다.[9]

한국사 전체를 통해 봤을 때도 1900~20년대는 문화변동의 속도가 가장 빠른 시기였다고 할 수 있다. 물론 여기에 대한 저항과 지체도 있었다. 봉건적 신분제의 잔재도 존속했다. 봉건적 신분제는 이제까지 앎의 주체성을 제약한 제1의 원인이었다. 새로운 사회조건 아래에서 신분제는 이전과 다른 방식으로 재생산되었다. 기득권을 갖고 있었던 양반과 정반대 방향에서 가난한 사람들이 봉건적 신분관계 속에 그대로 머물러 있던 경우도 있었다. 혁파되지 못한 봉건적 소작관계나 하층민들의 가난 자체가 봉건적 신분제를 유지·재생산하는 배경으로 작용한 것이다. 법적 구속은 사라졌지만 토지나 재산을 가질 수 있는 길이 없었기 때문에 많은 '노비'와 '머슴'들은 천대를 받으면서도 향리를 벗어나지 못했다. 다른 지방으로 이주하거나 도시로 날품을 팔러 나가거나 아예 일본, 간주 등지로 이주해버리면 확실한 신분상의 자유를 얻을 수 있었겠지만, 그 어느 것도 그냥 노비나 머슴으로 살아가는 것보다는 못했다. 노비나 머슴은 최소한 밥은 굶지 않을 수 있었던 것이다.[10] 표면적으로 노비는 존재하지 않았다. 하지만 1930년 현재 '공식적으로' 44만 6천 6백여 명의 머슴이 존재했다.[11] 봉건적 계급관계가 구래의 습속이 존속하는 방식으로 재생산되고 있기도 했지만 다른 한편으로 새로운 사회-경제적 상황에서 변형되어 재생산되고 있었던 것이다.

그러나 새로운 상황이 더욱 강력하게 나타나 '양반' 스스로도 몰락하거나 다른 존재가 되어 갔다. 《동아일보》 1921년 5월 10일자 〈조선朝鮮의 사회계급社會階級의 추이推移, 귀족양반계급貴族兩班階級의 사회적실추社會的失墜와 제3계급(상공계급) 발흥勃興〉은 지배계급 내부의 재편을 논했다. 이에 따르면 이전에 조선에서는 양반이나 "귀족"이 아니면, 출세는 물론 "사람 된 가치가 없었으며 싸라 여하한 재능이 잇슬지라도 그 문벌이 양반계급에 속하지 아니하면 실지에 시施할 기회를 엇지 못하얏"다. 그러나 지금에 와서는 그렇지 않고 "양반을 대하되 상공업자로써 하게 되얏스니 금전만 잇스면 학문도 쯧대로 할 수 잇스며 싸라 지위도 어들 수 잇슬뿐아니아 일대의 추앙을 밧으며 사회의 지배권을 향유"할 수 있게 되었다. "지방단체에 대표자를 파견하는 자", "학교평의회에 의원을 선출하는 자", "사회의 중역과 사회의 세력가"는 이제 귀족이나 양반이 아니라 "돈 잇는 자이"다. 귀족계급이 파멸하고 "상공계급이 발흥"하는 것이 근자의 추세라는 것이다.[12] "새 양반(때로는 신양반)"은 곧 상공계급이었으며, '상공' 은 자본주의였다.

상당수의 조선인들은 새로운 부와 높아진 사회적 지위를 나타낼 수 있는 방법을 알지 못했다. 또한 다른 표상은 아직 사회화되지 않았다. 때문에 특히 농촌 지역 사람들은 오랫동안 '양반' 이라는 기표에 집착했다. 1925년 8월에는 돈만 내면 '청금록靑衿錄' 에 기록하여 양반으로 살게 해 주겠다는 사기를 친 일당이 잡힌 일도 있었으며,[13] 1927년 8월과 10월 전북에서는 "상놈이 양반에게 버릇없이 말함"에 분개한 양반이 "양반다툼" 끝에 살인을 저지른 일이 연속해서 발생하기도 했다.[14]

그러나 '사농공상, 양반, 상놈' 과는 다른 주체들도 탄생하기 시작했다. 그들은 가문이나 신분에 결박된 존재가 아니라 '근대적 개인' 이었다. 이러한 존재는 자기(자아)의 정신과 몸을 운영하며 세계를 상대했다. 바로 국민(민족) · 노동자 · 농민 혹은 여성 · 청년 · 어린이였다. 이러한 주체의 탄생은 이전과 다른 기준으로 인간 평등의 문제를 재조정했다.   봉건 체제에서와는 다른 합리성의 형식이 거기에 개입했다. 국가·가정·학교·감옥이 근대적 인간을 길러내기 시작했으며, 이에 관련된 지식이 가장 내밀하고도 근본적인 것이 되었다.[15] 자아와 주체를 구성하고 있는 요소에 대한 지식, 예컨대 몸과 마음, 성과 가족, 출세와 돈벌이에 관한 개인들의 지식이 급격히 확산되고 수입되기도 했다.

천주교와 개신교를 위시한 서구 종교와 새로운 민족·민중 종교는 개별 인간과 세계가 맺는 관계 형태에 관한 다른 지식을 제공했다. 봉건적 신분제와 자연을 대신한 초자연적 힘과 질서에 대한 지식이 주체가 소유한 표상의 체계를 급격하게 바꿨다. 요컨대 민족주의·사회주의·여성주의·자유주의와 같은 새로운 '근대 사조' 또한 각각 전에 없던 앎-주체를 탄생시켰다. 국민(민족)·노동자·농민 혹은 여성·청년·어린이라는 이름을 가진 사람들이 국민(민족)·노동자·농민 혹은 여성·청년·어린이로서 호명되고 말하기 시작했다. 그중에서 조선의 민중에게 가장 영향을 깊게 미친 것은 민족주의와 사회주의였다.

1922년 설립된 조선여자교육협회 앞 여학생들
1920년대는 가문이나 신분에의 구속에서 벗어나 스스로 세계와 상대하는 국민·노동자·농민 혹은 청년·어린이가 탄생한 시기다. 여성 역시 이러한 시대적 변화의 중심에 있었다.

민족운동과 사회주의의 영향

민족지의 형성

민족지民族知의 형성도 앎의 배치를 바꾸는 변혁 속에 자리해 있었다. 민족주의는 평등의 상상력과 연결되기도 했고 억압받는 민중을 해방하는 효력도 있었다. 국가(민족) 앞에서 양반과 상놈이 없으며 고하와 귀천이 새롭게 재조정되어야 한다는 것이 민족주의의 '이상'이었다.

경제적·문화적 공동체를 새롭게 '민족'으로 묶어세운 이 이데올로기적 지식 체계는 기존의 지적 유산을 재구성하고 또 이전에 없던 새로운 지식을 만들어내는 데 엄청난 생산력을 발휘했다. 민족은 확대된 자아이자 유기체로 인식되었다. 근대 민족주의는 상상되고 '발명'되었지만, 조선 민중의 '현실'과 외세의 침략 덕분에 '현실'이 되고 더 크게 확대 재생산될 수 있었던 것이다. 교육과 복지 전반에 걸친 총독부 정책의 인종주의적 한계와 일본인이 강요하는 일상적 차별에 대한 응전으로서, 민중의 경험과 윤리적 판단의 표상물로서 민족주의는 가장 지배적이고 대중적인 이데올로기였다. 1890~1900년대의 거의 모든 신문과 잡지와 담론은 이를 위해 가동되었다. 1920~30년대에도 민족주의는 지식 생산의 가장 강력한 엔진 중 하나였다. 그것은 언어와 역사, 지리와 문물 등 모든 영역에 걸치는 것이었다. 근대 역사학·고고학·문학·정치학 등과 결합했고, 발전하고 있던 대중문화도 자신의 영역으로 삼을 수 있었다.

복수의 자기에 관한 지식으로서 민족지는 '시간'을 기준으로 두 가지로 나누어 생각해볼 수 있다. 하나는 신분과 종족·지역의 차이를 넘어 공통의 시간을 '전통'으로 창조하는 지식이다. 이는 '민족사'와 '민족문화'를 소재로 국학國學의 제 영역을 새로 열었다. 특히 문화적 민족주의와 깊은 관련을 맺었다. 예컨대 1930년대 초중반에 조선학 연구는 붐을 이루었다. 식민지에 관한 지식을 생산한 총독부와 일본 학자의 관제 조선 연구에 맞서기 위해서, 최남선 이래 조선학 연구의 연장선상에서, 그리고 아카데미(경성제대)의 영역에서 학적 연구가 형성됨으로써 새로운 조선학 연구 풍토가 조성되었다. 1910~20년대와 달리 '신문화' 종사자들이 인정투쟁의 대상을 바꿔 '구' 문화와 문학을 무조건 배제하던 데에서 벗어나 '전통' 가운데 민족문화의 '정수'를 선별하는 작업을 하게 된다.[16] 그리고 민족주의 좌파도 나름의 관점으로 이에 동조하게 된다. 민족지를 매개로 좌우의 입장이 서로 수렴된 것이다.[17]

민족주의의 헤게모니는 《동아일보》를 위시한 민족주의 진영이 누리는 영향력이나 문화적 표상들을 통해 표현되는 여러 양상들을 가지고 추론할 수 있다. 예컨대 6·10만세운동, 스포츠 민족주의의 대두, 이광수의 인기를 위시한 독서 문화, 영화 〈아리랑〉과 신민요 붐 등이 그러하다. 1920년대의 '대중문화'에서 추론할 수 있는 것은, 식민주의의 '동화同化'는커녕 더 확실한 규모의 '대중의 민족으로의 전환'이자 확대된 자아이자 유기체로 인식되던 자신에 대한 새로운 앎 민족지는 영화, 스포츠, 음악, 책 등 1920년대 대중
문화의 여러 부문에서 표출됐다.

1920년대 사이클 스타였던 엄복동
1920년 5월 3일 열린 경성시민대운동회에서 심판이 엄복동
의 우승이 유력시되자 경기 무효를 선언했다. 이에 엄복동
이 항의하는 과정에서 일본인과 조선인의 대규모 충돌이 발
생했다. 스포츠를 통해 민족을 상상하는 1920년대 스포츠
민족주의의 표출을 잘 보여주는 사례다.

6 · 10만세운동
1926년 6월 10일 조선의 마지막 임금 순종 인
산일因山日에 연희전문 이병립 등의 주도로
경성에서 일어난 독립만세운동. 일본 제국주
의 세력에 의해 억압당하는 민족 공동체의 현
실을 자각하는 계기 중 하나로 작용했다.

영화 〈아리랑〉(1926)의 한 장면
곳곳에 민족에 대한 암시를 넣어 일제 강점기
민족의 아픈 현실을 상징적으로 그려냈다.

재편성이다.

대중적인 이데올로기로서 문화민족주의는 1930년대의 상황어서 근대적 대중문화와 결합했고 양자는 서로 상승작용하며 새로운 민족지와 자기지식을 생산했다. 예컨대 문학 방면에서는 홍명희·이광수의 작품들을 비롯한 역사소설과 야담, 음악에서는 신민요, 영화에서는 나운규의 '민족' 영화들과 〈춘향전〉, 〈장화홍련전〉 등을 들 수 있다.[18]

다른 한편 민족지는 한기형의 말처럼 "사회구성원들이 자기 사회의 근대성을 인식"[19]하는 지식이며, 제국주의 세력에 의해 억압당하는 민족 공동체의 '현실'을 파악하기 위한 자기 지식으로 구성된다.

일제 통감부와 총독부는 조선과 조선인에 관한 앎을 대량 생산하고 관리했다. 일제는 1905년 통감부 설치 이후 연보 265종, 총서 68종(과 총서에 부수된 개별 서적은 따로 있다), 단행본 1,157종을 간행했다.[20] 또한 전례 없는 체계적인 행정 공문서 생산 메커니즘을 만들어 식민지배에 이용했으며[21] 《조선휘보朝鮮彙報》, 《조선총독부월보朝鮮總督府月報》, 《경무휘보警務彙報》와 같은 관변 매체를 만들어 정보의 생산·관리를 정례화했다. 이러한 일들을 통해 처음으로 한반도와 그 주민의 모든 것, 즉 인구·농업·광업·공업 등 산업, 하천과 기후 등 자연, 소작·교육·지역 등 사회문화 등의 '총체'가 근대적 국가권력의 시선에 포착되기에 이르렀다. 조선 민족은 이에 맞서 식민지 현실에 관한 자기 지식을 창출해내야 했다.

교양의 전변 — 이찬갑의 서재

이찬갑(1904~1974)이라는 지식인의 예를 보자. 이찬갑은 일제 강점이 시작될 즈음에 태어나, 일제 강점기에 사고가 형성되고 세계관이 만들어지는 청춘기를 보내고, 분단과 전쟁과 4·19를 목격했다. 크게 출세한 적은 없으나 일생을 곧고 양심적으로 살았고, 평범했으나 〈풀무농업고등기술학교〉를 세울 만큼 신념에 불타는 인물이었다. 게다가 책을 사랑하여 상당수를 수집했다.

이찬갑이 소장했던 수천 권 서적의 목록은 앎의 단절이 어디에서 왔는지, 앞에서 이야기한 새로운 이념이 어떤 극적 전환을 겪었는지를 알게 해 준다. 이찬갑의 서적 중 '동양고전', 즉 조선의 식자들이 수백 년에 걸쳐 변하지 않고 달달 외어온 교과서는 목판본 《사서삼경》 1종밖에 없었다.[22] 대신 이찬갑은 자신의 책꽂이 한편을 영어로 된 캠브리지 대학의 *Cambridge Bible Commentary* 같은 책과 기독교사상가 김교신, 우치무라 간조內村鑑三 등의 저작으로 채워놓고 있다. 그는 크리스천이었던 것이다.

지식인들은 가장 추상 수준이 높은 형태의 교양, 즉 우주론이나 존재론에 관련된 형이상학도 필요로 한다. 이데올로기적 교양이라 부를 수 있는, 세상을 통찰하거나 비판할 수 있는 사고와 인식의 틀이다. 따라서 교양은 있으면 좋고 없으면 허전한 장식품이 아니다. 교양이 없으면 '지식인' 행세도 못하고, 피아彼我도 분별하지 못한다.

대부분의 세대는 특유의 이데올로기적 교양을 갖고 있다. 예컨대 1970~80년대에 대학을 다닌 지식인 중의 상당수는 마르크스주의를, 1950~60년대에 대학을 다닌 사람들은 실존주의를 공통의 교양으로

평민 지식인 이찬갑과 그가 남겨 놓은 일곱 권의 신문 스크랩북
민족주의와 기독교를 동시에 지향한 이찬갑은 앎의 단절과 새로운 이념의 극적 전환을 압축적으로 보여준다.

가지고 있다. 이런 교양은 곧 세대 감각(의식)과 연결되기도 한다.

　19세기 말과 20세기 초(이를 더 세밀하게 나누어 말해야겠지만, 일단 이렇게 뭉뚱그린다) 조선 사회가 붕괴하면서 일군의 지식인들은 기백 년 이상 섬기던 공자와 주자를 과감히 용도 폐기하고 예수나 최제우의 가르침을 받아들였다. 이런 변화를 컴퓨터의 메인보드를 갈아 끼우거나 아예 다른 운영체제OS를 적용하는 일에 비유할 수 있을까. 갈아 끼우고 새로 부팅하는 순간 하드디스크의 성능은 전체적으로 업그레이드되고, 용량이 큰 어떤 다른 소프트웨어도 자유롭게 로딩할 수 있게 된다. 중세적 유일신을 부정한 서구 지식인들이 그랬던 것처럼 이제 뭐든 자유다. 그렇게 한국의 근대는 열렸다.

기억할 만한 것은 이찬갑이 서구 지향적인 지식인이나 관념적 세계주의를 지향하는 이념형 교양인이 아니었다는 점이다. 만약 그랬다면 기독교의 수용 같은 엄청난 전회가 별로 놀라울 것도, 대단할 것도, 귀할 것도 없는 '몸 가벼움'의 발로였을 것이다. 지식인이라는 존재는 지적 유행을 좇아 입장과 세계관을 쉽게 바꾸기도 하기 때문이다.

그러나 이찬갑은 역사와 말글 문화 전통에 가장 예민했던 지식인이었다. 그의 또 다른 장서는 일제 강점기 문화민족주의의 탄생과 전개, 곧 '한국인'의 자기 발견으로서의 국학의 전개과정을 보여준다. 그의 장서 목록에는 오래된 '동양 고전' 대신 《삼국사기》, 《삼국유사》, 《제왕운기》, 《고려사》, 《여유당전서》 같은 '한국 고전'이 버티고 있었다. 이들은 지금도 한국 전근대사 연구의 ABC 같은 책이다. 하지만 '한국인'으로서 '국사'를 보고자 할 때만 '고전'이다. 이 책들은 20세기 이후에야 고전이 되었다. 조선이 소중화小中華관에 사로잡혀 있을 때만 해도 이런 서적은 언급조차 되지 않았다. 《자치통감》이나 《사기》 같은 막강한 '교양 필수' 고전이 수백 년 이상을 버텼기 때문이다.

또한 이찬갑의 서가에는 안확의 《조선문명사》(1923), 신채호의 《조선사연구초》(1929), 최남선의 《조선역사》(1931), 문일평의 《호암 전집》(1939) 같은 역사학계의 연구 성과와 《주시경 선생 유고》(1933), 조선어학회의 《한글 맞춤법 통일안》(1933), 김윤경의 《조선문학 급 어학사》(1938), 김두봉의 《깁더 조선말본》(1925), 최현배의 《우리말본》 등 국어학의 기초를 다진 책들이 있었다. 여기에 이광수의 소설과 김동인·박종화의 역사소설들, 그리고 최남선의 《심춘순례》, 안재홍의 《백두산 등척기》 같은 국토 예찬기, 김태준의 《조선소설사》, 김재철의

《조선연극사》, 이태준의 《문장강화》를 비롯한 당대 문학의 성과까지 망라되어 있었다.

열거한 이들 1920~30년대의 책을 통해 한국, 한국사, 한국어, 한국 문학이 태어났다. '교양'이, 또 '민족지'의 주체적인 지반이 새롭게 닦인 셈이다. 이들은 상당히 대중적인 규모에서 읽힌 주류적인 교양이었을 뿐 아니라, 해방 이후에도 살아남아 '대한민국'의 역사적·민족적 전통을 디자인하는 데 쓰인 책들이다. 한국인으로서의 기초 교양이 모두 거기에 들어 있다. 이찬갑의 지향을 이해하기 위해 유명한 국사학자 이기백과 국어학자 이기문 형제가 그의 아들이며, 남강 이승훈이 그의 집안이었다는 점을 상기해도 될 것이다.

민족주의적 지식을 한 축으로 하면서 동시에 기독교를 지향한 이찬갑의 사상은 뚜렷하고 특정한 인적 망이 있었기에 가능했다. 그것은 그가 평안북도 정주에서 태어나 집안 어른인 이승훈이 1907년에 설립한 〈오산학교〉를 다녔다는 사실로부터 비롯된다. 평안도 사람들은 가장 먼저 주자나 맹자와 결별했다. 안창호, 이광수, 함석헌, 김억, 주요한 같은 사람들이 〈오산학교〉를 나오거나 〈오산학교〉에서 가르쳤다. 1898년 현재 한국 장로교 전체 교인 중 서북지방 사람이 전체의 80퍼센트를 차지했다. 〈오산학교〉에서 조금만 더 구역을 넓혀 장준하·백낙준·계훈제의 평북 선천 〈신성학교〉나 조만식·문익환의 평양 〈숭실학교〉에까지 눈을 돌리면 해방 전후에 걸친 한국 기독교계 인명의 거의 대부분을 거론해야 할 것이다.

민족주의와 기독교 양자를 매개한 것은 문화민족주의이며 근대화의 이념이다. 해방 이전의 안창호·이광수의 근대화 사상, 한국전쟁 이후의 함석헌과 《사상계》의 민족주의는 모두 같은 맥에서 갈라져 나온 것

이다. 그리고 이는 황석영의 소설 《손님》에서 묘사된 것처럼 '사탄의 침략(사회주의)'으로부터 '대한민국'을 사수해낸 이념과도 무관하지 않다.

그러나 민족주의는 여성과 노동자 등의 '하위주체'와 대중의 삶을 규율하거나 억압하는 앎으로서 기능하기도 했다. 민족주의 앞에서 다른 정체성과 주체성은 무시되기 일쑤였다. 한편 민족주의는 새로운 '중추계급'인 근대 부르주아의 사상이기도 했다. 김경중·김기중은 앞에서 인용된 《호남학보》를 만든 1900년대의 식자들이며 지주였다. 그들은 조선의 대표적인 근대 부르주아로서 동아일보·경성방직·보성학원재단의 소유자인 김성수·김연수의 아버지다. 이들 부자는 한국의 초기 민족주의가 어떤 사상이었는지, 어떤 모순을 지니고 있었는지를 잘 보여준다. 한때 대한제국 정부의 관료이기도 했던 김경중·김기중은 열렬한 민족주의자로 활동하며 사재를 계몽운동에 썼다. 특히 《호남학보》를 만들어 유지하는 데 많은 돈을 들였다. 그러면서 동시에 호남의 대지주로서 엄청난 부도 축적했다. 물론 이는 수없이 많은 소작인들의 희생을 대가로 한 것일 테다. 카터 에커트는 한국의 지주가 1900년대에 급성장하는 과정, 특히 1914~17년 사이의 1차대전과 쌀값 폭등 덕분에 근대 자본가로 변신하게 되는 과정을 이들을 통해 보여주었다. 에커트는 "다른 많은 한국인 지주들

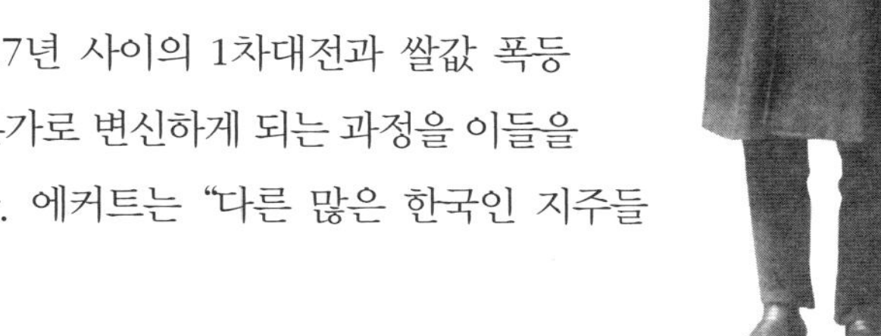

김성수(위)와 김연수(아래)
한편으로는 민족주의자였지만 다른 한편으로는 근대 자본주의의 수혜를 받은 '제국의 후예'였던 이들 형제는 한국의 초기 민족주의가 지니고 있던 모순을 잘 보여준다.

경우처럼, 1876년 이후 일본 제국주의 40년은 그들(김씨 가)에게는 말로 다 표현할 수 없는 기회의 시간"이었다고 말한다. 그 40년이라는 기간은 한국 민족주의 형성의 시간과 정확히 일치한다. 그들의 부는 자식에게 성공적으로 대물림되어 김성수·연수가 '민족 자본가' 내지 민족의 지도자로 살게 했다. 김씨 가가 민족주의자로서 행한 역할은 《호남학보》와 《동아일보》가 한국 근대 지식의 형성·전개 과정에서 한 역할을 고려하면 된다. 그들은 민족주의자이며 동시에 '제국의 후예'였다.[23] 그래서 다른 해방 사상도 요청될 수밖에 없었다.

사회주의 지식의 확산

사회주의도 다른 '주의' 처럼 1910년대부터 본격적으로 유라시아 대륙과 일본으로부터 건너온 새로운 지식이자 문화였다.[24] 세계사적으로도 지정학적으로도, 사회주의는 피해가기 어려운 크나큰 물결이었다. 습속의 느린 변화와 낡은 것의 저항에도 불구하고 이 강력한 해방은 사상은 널리 전파되기 시작했다. 권력은 그것이 전체 인민에게 끼치는 영향을 막기 어려웠다. 한반도 북단에 직접 국경을 맞댄 러시아에서 1905년과 1917년의 거대한 혁명을 거쳐 소비에트 공화국이 성립되고, 혁명의 기운이 중국과 일본 열도에도 퍼졌기 때문에 식민지 조선인이 사회주의에 '감염' 된 것은 어찌 보면 당연한 일이었다.

황석영은 소설 《손님》에서 기독교와 더불어 사회주의가 근대에 서구로부터 우리 땅으로 건너온 '마마' 같은 손님이라 말했다. 하지만 사회주의는 단순한 '마마'가 아니었다. 강하고 설득력 있는 근대적 지식이었다. 사회주의는 독특한 대중관과 평등주의 그리고 유토피아니즘을 토대로 가장 비타협적인 민족주의적 실천 활동의 이념으로 기능함으로써 청년과 지식인들을 끌어들였을 뿐 아니라 대중에게 인기 있는 사상이 될 수 있었다. 그 강력한 매력이 우리를 아직도 분단국가에서 살게 하는지도 모른다. 사회주의는 인민이 스스로를 평등한 인간으로 자각하게 하고 조직하도록 함으로써 완전히 새로운 경험과 기억을 만들어냈다. 사회주의는 변증법적 유물론, 역사적 유물론, 정치경제학, 국가론, 제국주의론, 혁명론 등으로 이루어진 복잡하고 심대한 사상이지만, 1920년대 조선에서는 대중적인 지식이 되어갔다.[25]

독서 문화는 이 같은 사회주의의 대중적 지식으로서의 면모를 확인할 수 있는 대표적 사례다. 1920년대 이래 오랫동안 사회주의는 독서 문화에 가장 큰 영향을 미친 요인이었다. 아래는 1923년과 1929년의 《조선일보》 기사로서, 사회주의가 그야말로 '신경향'의 대표이자 일종의 시대정신이었음을 잘 보여준다.

동시에 조선동포의 사상은 격변에 격변을 더하여 작년 우리 청년계의 독서열을 들으면 참으로 놀랄만하였다. 제일로 대판옥포서점大坂玉壺書店의 말을 들건대 조선 청년의 사상이 돌변하야 재작년까지 소설책을 그 중 수다히 사가던 터이더니 작년에 이르러서는 소설책도 적지 않았으나 소설책보다는 사상가의 저술이 맹렬하게 팔리면 맑스 《경제론》이니 《해방解放》과 《개조改造》는 나오기가 무섭게 팔리어 언제든지 있는 때보다 절종絶種될 때가 많았었다.[26]

책 이름만 들어도 그것은 어떤 사상에 젖은 사람들이 보는 것이구나 하고 판단할 수 있는 《맑스 전집》, 《맑스 엥겔스 전집》, 《신흥문학전집》, 《크로포토킨전집》, 《경제학전집》 등의 전집물과 《개조改造》, 《스스메[進め]》, 《문예전선文藝戰線》, 《전기戰旗》 등 서적잡지가 많이 구독되고 있는 고로 당국에서도 적이 놀라고 있는 터이라.[27]

1920년대 후반이 되면 사회주의를 받아들이는 층은 더욱 두터워진다. 일어·독어·러시아어 원서가 읽혔으며, 《동아일보》 광고 지면에는 개조사改造社, 평범사平凡社, 암송당巖松堂 등 동경 소재 일본 출판사가 펴낸 다양한 사회주의 관련 서적들이 소개되기도 했다. 마르크스와 엥겔스의 저작전집뿐만 아니라 《인민의 벗이란 누구인가》, 《무엇을 할 것인가》 등 레닌의 정치 팸플릿, 《스탈린·부하린 전집》과 '자본주의 문명의 붕괴'를 제1권으로 하는 《사회사상전집社會思想全集》, 유럽과 일본 등의 경향문학을 모은 《신흥문학전집新興文學全集》 등이 그것이다. 1928년 《동아일보》에는 일본에서 발간된 《마르크스·엥겔스 전집マルクス·エンゲルス全集》의 두 간행 주체 중 하나인 개조사가 암파서점岩波書店·홍문당弘文堂 등이 망라된 '마르크스·엥겔스전집 간행연맹マルクス·エンゲルス全集刊行聯盟'을 상대로 조선의 독자들을 앞

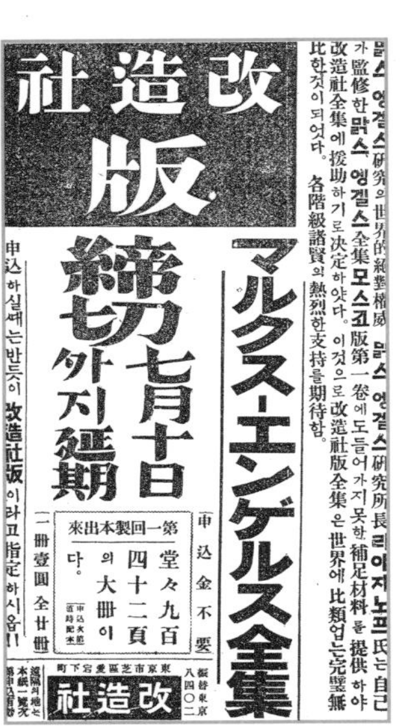

■ 일본 〈개조사〉판 《마르크스–엥겔스 전집》 광고(《동아일보》 1928년 6월)

에 두고 번역과 마르크스 해석의 권위에 대한 지상誌上 논전을 벌일 정도였다.[28]

■ 일본 〈백양사〉의 사회주의 관련서
적 광고(《동아일보》1928년 6월)

■ 《신흥문학전집》과 《사회사상전집》
광고(《동아일보》1928년)

1920년대 이래 사회주의는 '신경향' 의 대표이자 시대정신이었다. 여러 신문에 빈번하게 등장하던 사회주의 서적 광고는 이러한 사회주의의 영향력이 독서 문화에도 그대로 이어졌음을 보여준다.

사회주의 운동의 확산

사회주의는 1910년대부터 본격적으로 한국에 이입되기 시작했다.[29] 박은식·신채호 같은 1900년대의 지식인들도 사회주의의 영향을 받았다. 잘 알려진 대로 신채호가 유교적 지식인과 사회진화론자라는 이력을 완전히 벗어난 것도 사회주의와 러시아혁명의 영향이었다.[30] 러시아 혁명이 조선 사회 전체에 영향을 끼친 것이다. '국망' 을 계기로 '독립운동' 을 위해 중국과 러시아로 나간 한인들이 주로 사회주의 수용의 첨병 역할을 했다. 한인사회당은 1918년에 처음 건설되어 지도자인 이동휘가 상해임시정부의 국무총리로 부임하면서 활동무대를 상해로 옮기게 된다. 흔히 '상해파'라 불리는 이들은 1921년 5월 고려공산당을 창립했다. 또한 1920년 1월 러시아 시베리아 동해 연안인 이르쿠츠크에 있던 한인 사회주의자들도 전로全露 한인공산당을 창립하고 이후 1921년에 5월에 코민테른의 지시에 따라 고려공산당으로 개칭했다. 상해와 이르쿠츠크의 두 고려공산당은 근대 한국 공산주의 운동의 원류가 되었다.[31]

3·1운동의 와중에 러시아 혁명과 사회주의의 영향을 받아 벌어진 일들도 있었다. 3월 5일에 열린 남대문 시위에서 붉은 혁명기를 앞세우고 행진하며 사회주의를 선전한 사건이 있었고, 경기도 이원의 만세 시위에서도 적기가 등장했다.[32] 당시 사회 성원 중에서 노동계급의 비율은 전체적으로 낮았지만, 3·1운동 과정에서 노동자들의 행동은 눈에 띌 만한 것이었다. 3월 3일 겸이포제철소 노동자 200명, 3월 7일 경성 동아연초공장 노동자 500여 명의 파업, 3월 9일 경성 전차 운전사 및 차장들의 파업이 일어났고, 3월 22일에는 반일 노동자대회도 있었다.[33] 1919년 3월 하순에 들어 일제의 폭력적 탄압이 본격화되자 민중 시위도 폭력 투쟁화되었는데 3월 27일 직산금광 노동자들이 헌병주재소를 습격했고, 3월 28일 천안군 노동자·농민도 헌병주재소를 습격했다. 그해 8월에서 11월 사이에도 경성전기·동아연초 등에서 파업이 일어나 1919년 한 해 동안 84건의 파업에 9,011명이 참가했다.[34]

또한 노동자·농민의 자생적인 사회주의자 조직과 합법적 '노동계급제도'도 1920년부터 본격적으로 생겨나기 시작했다. 1920년 4월 11일 창립총회를 연 〈조선노동공제회〉는 "우리 인류가 진정한 평화 세계와 복지사회를 동경하고 원구願求한다면 정복민족과 피정복민족

원산 부두노동자 대파업(1929)

1910년대부터 본격적으로 한국에 이입되기 시작한 사회주의는 각종 소작쟁의와 노동쟁의의 토대가 된다. 1929년 1월 14일부터 4월 6일까지 3개월간 계속된 원산 부두노동자들의 대대적인 파업도 이러한 사회주의의 영향을 받아 발생한 사건이었다. 이 파업은 국내 도처의 동정파업은 물론 중국, 프랑스 등지에까지 반향을 불러일으켰다.

이 없는 세계, 특권계급과 노예계급이 없는 사회인 것이다. 고로 약소민족은 강대민족으로부터, 천자賤者는 귀자貴者로부터 빈자는 부자로부터 해방되지 않으면 안 된다"고 했다.[35] 노동공제회는 20여 개의 지회와 1만 5,000여 명의 노동자, 농민을 회원으로 확보했다.

이외에도 1920년에 조선노동대회·조선청년회연합회가 차례로 결성되고, 1921년에는 '경성인쇄직공친목회', '경성전차종업원회', '경성양복기공조합', '이발조합', '대구노동공제회' 등 13개 단체 회원 2만 명의 자유노동자가 참가하여 〈조선노동연맹회〉를 결성했다. 1924년 4월에는 전국 각지의 노동·농민 단체들이 통합된 〈조선노동총동맹〉이 탄생했다.[36] 생존권을 매개로 노동자·농민이 운동에 나선 소작 쟁의와 노동쟁의도 1919년 이후 활발해졌다. 1921년 1월 경상북도 달성군·경산군·청도군 등 5개 군 1만여 소작 농민이 지주들을 상대로 투쟁을 벌였고, 그해 9월 전라북도 익산에서는 농민 5,000여 명이 수리조합을 상대로 대규모 시위에 나섰다. 1924년부터는 유명한 전라남도 무안 암태도 소작쟁의가 있었고, 1924~25년에는 황해도 재령군·봉산군·신천군 등지의 동척농장에서 일제 동척을 상대로 한 농민들의 항쟁이 전개되었다.

노동자들도 행동에 나섰다. 1921년 부산 부두 노동자 총파업에 무려 5천여 명이 참가했다.[37] 1922년에는 경성 인력거꾼과 양화공의 파업이, 1923년 초에는 서울 양말 공장 노동자들의 파업과 고무 공장 여성노동자들의 파업이 있었고, 5월 1일에는 메이데이 기념투쟁이 조직되었다. 경성 시내 여러 공장에서는 1일간 파업을 단행했으며 조선노동연맹 주최 하에 2,000여 명이 참가한 5·1절 기념강연회가 성대하게 개최되었다.[38]

한편 청년 사회주의자들의 주도하에 1921년 서울청년회, 1923년 북성회(북풍회), 1923년 신사상연구회(화요회) 등이 결성되면서 조선공산당(1924~5)의 모태가 만들어졌다. 대중운동의 동반자이자 '전위'인 공산당의 역사가 본격적으로 시작되고, 일제에 맞서는 비합법 운동의 기치가 오른 것이다.

'지식에 대한 지식'으로서의 사회주의

사회주의는 총체적인 앎의 체계이자 메타-지식이었다. 박헌호의 연구에 의하면 1920년대 사회주의는 하나의 지적 참조틀이 되었다. 즉 사회주의는 근대 정치체나 휴머니즘이 만든 민족·사회·개인·자유·평등 등의 개념을 평가하고, 그 개념과 현실의 합치 여부를 따지게 하는 근거가 되었다. 함의를 바꾸고 다른 표상으로 채워나간 근대 정치체나 휴머니즘에 입각한 개념들이 얼마나 각각의 역사적 국면 및 과제와 부합하는지, 다시 말해 그러한 개념들을 현실 정합성의 시험대 위에 올려놓았다. 사회주의는 기존 지식의 초월적 가치중립성과 보편성을 공격했을 뿐만 아니라 '계급'의 관점(즉 당파성)을 인입하여 누구를 위한 지식인가, 어떤 계급의 이익에 복무하는 지식인가를 따지는 지식이 되었다. 이는 지식 내부에 심대한 균열을 초래했다. 지금까지의 지식이 지배계급이 자신들의 지배를 영속화하기 위해 동원한 주요한 헤게모니 전략의 하나라는 사실이 공표되었고, 프롤레타리아 계급의 해방을 위한 새로운 지식, 곧 사회주의의 필요성이 널리 선전되었다. 사회주의는 근대 지식이면서 동시에 근대 지식의 체계와 속성을 파열시키는 균열자로 작용했다.[39]

요컨대 사회주의는 '지식에 대한 지식'으로 기능했다. '정치경제학 비판', '이데올로기 비판'을 자기 내부의 속성으로 했기 때문에 스스로 강력한 비평의 자원이 될 수 있었으며, 기성의 '비평'을 갱신할 수도 있었다. 김현주의 주장대로 조선의 근대적인 문학비평·사회비평은 사회주의의 영향으로 성립했다고도 볼 수 있다.[40]

사회주의는 '당대의 지식'이자 시대정신이었다. 따라서 대중적인 문화와 지식 속에 파고든 지적 유행이기도 했다. '맑스보이Marx boy', '맑스걸Marx girl'과 같은 존재들이 수두룩하게 생겨났다. 물론 이는 단순한 유행이 아니라 총체적인 반체제 의식과 결부된 청년문화의 일종이었다. 마르크스주의가 교양과 패션뿐 아니라 윤리의식에 지대한 영향을 끼치고 있었기 때문에 '맑스보이'와 '맑스걸'은 그렇게 부르는 사람들의 불편하고 복잡한 윤리적 긴장을 동반했다.

고등학교 교과서에도 실려 있는 염상섭의 《삼대》(1931)에는 '맑스보이'와 '맑스걸'인 김병화와 '정자'에 대해 동시에 묘사하는 대목이 있다.

그러나 그보다도 정자가 퍽 새로운 생각을 가지고 사회 비평이나 정치 비평을 도도히 할 때마다 이 집 주인은 늘 웃으면서 다만 귀엽게 들어 주기도 하고, 장단을 맞추어 주기도 한 일이 있었더니만큼, 자기 역시 비교적 신지식에 어둡지는 않다고 생각하는 터이라, 머리 덥수룩한 청년(병화)이 친구들과 와서 일본말로 저희끼리 떠드는 소리를 귓결에 들을 때도 소위 '마르크스 보이'로구나 하고 반은 비웃음 섞인 친근한 감정을 느꼈었기 때문에, 지금 보는 턱기도 한 종류려니 하는 생각도 부지중에 나서 '마르크스 걸'인 정자가 불시에 연상된 듯도 싶다.

조덕기, 김병화, 오정자라는 젊은 주요 인물 세 사람의 묘사다. '마르크스걸'인 정자는 "퍽 새로운 생각을 가지고 사회 비평이나 정치 비평을 도도히" 하는 여성이다. 여성임에도 당대의 통념에서 벗어난 정치·사회 관련 의견을 당당히 말한다. 그래서 그녀는 '마르크스 걸'이다. 즉 그녀는 비평가다. 앞에서 말한 대로 사회주의를 접한 사람들은

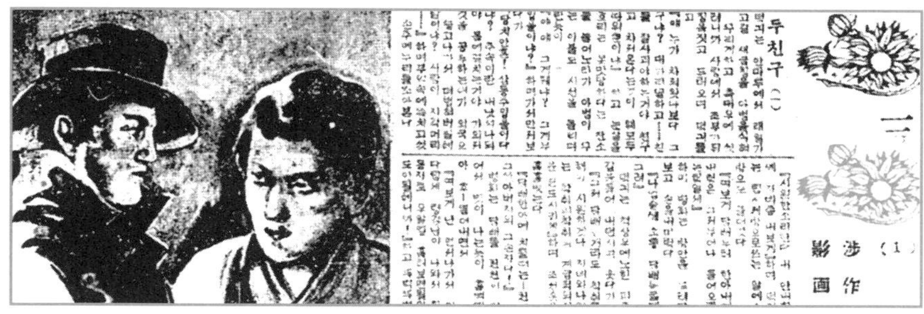

'맑스보이'와 '맑스걸'을 등장시킨 염상섭의 《삼대》 제1회(《조선일보》 1931년 3월 1일)
'맑스보이'와 '맑스걸'은 사회주의가 당시 대중문화와 대중적 지식에까지 파고든 지적 유행이었음을
엿볼 수 있게 한다. 그들은 새로운 앎으로 사회에 대해 '비평'하는 존재들이었다.

'비판적 인식'을 가진 주체였다.

한편 청년 김병화는 '덥수룩한 머리'라는 표상과 '일본어로 떠든 어떤 소리'로 인해 사회주의자와 연결된다. '덥수룩한 머리'라는 패션은 김병화의 반항적 면모와, '일본어'는 1920~30년대 사회주의자 청년들의 상대적 '고학력'과 연관된다. 사회주의자 청년들은 이후에도 장발, 루바슈카, '개털 오바' 같은 패션으로 표상되곤 했다. 패션이 그런 패션을 한 주체의 철저한 자의식의 표출이 아니라 단순히 표피적인 제스처에 불과하더라도, 패션은 기표 자체로서 중요하다. 충격적이거나 낯선 표현으로서의 패션은 기호의 표층에서 바로 기성의 가치와 대립할 수 있다. 예컨대 머리에 노랗게 물을 들이거나 힙합 바지를 입는 일이 유행에 대한 단순 추종에 불과하더라도 그것은 심각한 부정성을 내포한다. '어른들'이 싫어하기 때문이다.

마르크스주의는 지배와 권위에 저항하는 사상이기에, 그런 사상의
신봉자들을 일제는 냉혹하게 처벌했다. 천황제를 부정하고 사유재산
을 부정하는 이 사상에 대한 일제의 '감시와 처벌' 때문에 마르크스주
의는 점점 더 위험한 사상으로 여겨졌다. 일제는 사회주의에 대한 공
포와 혐오를 조장하는 데 많은 힘을 기울였다.[41]

대중의 진출—세 개의 표어

1920년대 중후반에 외쳐진 세 개의 표어는 식민지 시대 근대적 대중지성의 형성과정을 상징적으로 압축해서 보여준다.

(1) 아등我等은 계급階級을 타파하며 모욕적 칭호를 폐지하며 교육을 장려하야 우리도 참사람이 되기를 기약함.

(2) 우리는 살아가는 데 필요한 지식을 넓히어 의식을 선명히 하기를 기함.

(3) 식민지 노예교육에 절대 항쟁하라!

이는 각각 '아래로부터의 문화적 혁명'과 앎의 관계를 생생하게 보여준다. 첫 번째는 1924년 경남 진주에서부터 시작된 〈형평사〉 건설에 나선 백정의 인간 권리 선언이다. 가장 낮은 신분이었기에 인간 취급을 받지 못했던 백정들은 '교육'을 통해 인간이 되려고 나섰다.

두 번째는 1925년 3월에 결성된 서울인쇄직공 청년동맹의 슬로건이다.[42] 이 슬로건은 "우리는 동무에 대한 우애, 정의에 대한 희생적 정신의 함양을 기함", "우리는 머리를 서늘하게 하고 손을 따스게 잡기를 기함"과 함께 붙어 있었다. 이러한 '선명한 의식'과 따뜻한 연대의 정신은 대중지성 본연의 파토스다. 1920년대의 조선 노동자들도 이를 알고 있었다.

세 번째는 1928년 3월 경성여자상업학교 맹휴에서 나붙은 표어다.[43] 1920년대 말부터 30년대 초까지 조선의 중고등학생들은 일제의 교육에 저항하며 수많은 동맹휴업을 벌였다. 이 구호는 식민지 공교육과 대중지성의 관계를 상징한다. 이 세 가지 구호와 결부된 1920년대의 지적 변화를 살펴보자.

형평운동의 시발[44]

가장 드라마틱한 것은 형평운동이다. 형평운동은 1923년부터 시작된 백정들의 해방운동이다. 백정이 누구인가? 신분제 사회인 조선에서 가장 천한 계급에 속하는, 체제 속으로 편입될 수 없었던 서얼이나 소작 농민, 심지어 노비보다도 더 낮은, 인간 축에도 끼지 못하는 존재들이었다. 조선 시대의 백정들은 양반은 물론 양민들에게도 지극한 예의와 복종심을 표해야 했으며, 아이건 어른이건 공공장소에서는 일반인들과 함께 있을 수 없었다. 당연히 양민과 결혼할 수 없었고 함께 술을 마시거나 담배를 필 수도 없었다. 자기 이름자에 유교의 가장 중요한 단어인 '인仁·의義·충忠·효孝' 같은 자를 쓸 수도 없었다. 유교의 기본적 도덕과 '문자문명'이 그들을 배제했던 것이다. 의복도 완전히 달랐다. 백정은 어른이라도 상투를 틀지 못했고 따로 패랭이를 써야 했다.[45] 권리는 전혀 없었으나 의무는 많은 존재였다.

조선 사회는 동물의 목숨을 다루고 가죽과 버들고리로 생필품을 만드는 백정의 기술과 지식을 왜 그토록 증오했던 것일까? 백정을 인간 경계선 바깥에 두는 극단적인 배제를 통해 농경민과 유교가 지배하던 조선 사회가 얻을 수 있는 것은 무엇이었을까? 이는 또 다른 논의의 소재다. 하지만 분명한 것은, 백정이 세습되는 영원한 카스트이자 유교적 신분제가 희생양으로 삼은 '비존재Unbeing'였다는 사실이다.

1894년 갑오경장의 선언에 따라 이른바 '칠반천인七般賤人'이라는 가장 낮은 신분의 사람들, 즉 조례·나장·일수·조군·수군·봉군·역보 등과 노비·기생·상여꾼·혜장鞋匠·무당·백정 등의 신분해방이 선언되었다. 이에 따라 고려 시대로부터 이어져온 백정이라는 세습 신분도 해방되었다. 그러나 여전히 차별은 지속되고 있었다. 평민들도 실질적인 '해방'을 누리지 못했는데 백정이 과연 온전한 해방을 누릴 수 있었겠는가. 평민들은 여전히 백정들과 함께 자리에 앉는 것을 거부했다. 서양인 선교사들이 만든 교회에서 백정들이 합석하여 예배를 드리자 예배 자체를 거부하는 일도 있었고, 일반인과 똑같은 옷을 입었다고 백정들을 공격한 사건도 있었다.[46] 1890년대와 1900년대에 일어난 일들이다.

백정들이 실질적인 해방을 쟁취하기 위해 일으킨 형평운동은 1919년 3·1운동과 확산되고 있던 사회주의의 영향을 받아 1923년 첫 발을 내딛었다. 1923년 4월 24일 진주에서 70여 명의 백정과 사회운동가들이 〈형평사〉 발기회를 가지면서 시작된 이 운동은 급격하고도 순조롭게 번져나갔다. 《동아일보》와 《조선일보》가 〈형평사〉의 발기와 전국적 조직 확대를 계속 호의적으로 크게 보도해주었고, 북성회·평문사·점진사·적기사 등의 단체들과 진주노동공제회 등이 적극적으로 지원에 나섰다.[47] 형평사 조직에는 백정 신분을 가진 사람뿐 아니라 백정과 전혀 관계없는 지식인과 운동가도 많았다. 신분제가 완전히 폐절되어야 한다는 의식이 전제되지 않았다면 이러한 지지와 지원은 불가능했을 것이다.

경남 진주의 발기회에서 발표된 〈형평사 주지主旨〉는 대단히 상징적이다. 여기에는 당시 널리 유포되던 사회주의와 '계급'에 대한 사고의 영향이 고스란히 담겨 있으며, 널리 해방된 인식을 가진 백정이 어디에 도달할 수 있는지를 보여준다.

(1) 공평公平은 사회社會의 근본이요, 애정은 인류의 본량本良이라. 연然함으로 (2) 아등我等은 계급階級을 타파하며, 모욕적 칭호를 폐지하며 (3) 교육을 장려하야 우리도 참사람이 되기를 기약함이 본사의 주지이라. ……
비卑하며 빈貧하며 열劣하며 약하며 천하며 굴屈하는 자 누구인가? 희噫라 우리 백정이 아닌가! 그런데 여차한 비극에 대하여 사회의 태도는 여하한가? 소위 지식계급에서 압박과 멸시만 하엿도다. 이 사회에서 백정의 연혁을 아는가 모르는가? 결코 천대를 받을 우리가 아닐가 하노라. 직업에 별別이 있다 하면 금수의 목숨을 뺏는 우리뿐이 아닌가 하노라. 본사는 시대의 요구보다도 사회의 실정에 응하여 창립되얏슬뿐 아니라 (4) 우리도 조선민족 2천만의 분자며 갑오년 유월부터 칙령으로써 백정의 칭호를 없이하고 평민된 우리이라(번호는 인용자).[48]

꼭 짚고 넘어가야 할 것이 (3)에서의 '교육 장려'다. 이는 평등을 요구하는 타자(소수자)가 교육 기회의 평등을 요구하는 언설이 아니어서 더 문제적이다. 일견 보면, 1920년대 조선 사회의 성원들에게 교육이 갖는 중층적인 의미를 새삼 환기시키는 대목이라 할 만하다. 하지만

■ 형평사운동 포스터

■ 조선형평사 총본부 준기관지 《정진》
　　창간호(1929년 5월 1일)

안병희는 《정진》 창간호 〈형평운동의 정신〉에서 형평운동에 대해 다음과 같이 말한다. "'형평衡平'
이라 함은 이 인간세상을, 이 인간사회를 저울대로 달아서 평탄하게 고르게 한다는 의미이다. 그
러므로 우리 형평사가 남병산에 동남풍이 불 듯, 비온 뒤에 죽순처럼 곳곳마다 자유를 부르짖고
평등을 요구하며 정의의 함성으로 …… 자유를 찾자, 평등을 찾자, 행복을 찾자 하는 것이 즉 형평
운동이다."

그 의미는 일반적인 경우와 다르다. 예를 들어 1920년에 출현한 최초
의 '노동계급제도'이자 경제조직이었던 〈조선노동공제회〉가 건설될
때에도, 노동자가 "목전의 생활난을 절규"하는 상황이므로 이 문제를
해결하는 일이 급무라고 하면서도 구체적 방도와 "최선의 급문제"로
는 노동자 교육, 경제, 위생을 들었다. 또 공제회의 주지 7가지 중에
가장 먼저 거론된 것은 "지식계발"이었다.[49] 일반적인 계몽과 교양의

의무가 조직을 만든 지식인 주체에 의해 제기된 것이다.

반면 형평운동은 〈형평사 주지〉 그대로, 사회 바깥에 존재하는 타자인 그들 스스로가 평등에의 자격을 갖추기 위해 "교육을 장려"하겠다는 의지의 표명이다. 진주에서 최초의 형평운동이 시작된 계기도 '교육'이었다. 1922년 자산가였던 백정 이학찬이 진주일신학교의 수축에 재력·인력을 동원해주고도 자신의 아들이 지역 주민들 때문에 학교 입학을 거절당하자, 지역 운동가들을 찾아 나서 조직 운동을 시작했던 것이다. 형평사는 공동체적 성격을 지닌 상호부조와 형평사 자체의 이념을 교육하는 활동들 이외에, 소속원 자녀들을 위해 야학을 설치하고, 신문·잡지의 구독을 권장하고, "상식" 향상을 위한 강연회를 개최하는 등 지식 교양 활동을 활발히 벌였다. 이는 "형평중학"의 건립과 "형평 잡지"의 발간과 함께 '사칙社則'에 명기된 바였다.[50] 인민 스스로가 '교육의 필요' 라는 사회의 요청을 강하게 내면화했기 때문에 가능할 수 있었다. 요컨대 백정 스스로가 느끼는 자신의 타자됨은 "교육의 장려"를 통해 극복될 것이었다. 백정에게 '앎의 해방'은 신분 해방 자체와 동일시되었다.

《동아일보》 1925년 9월 19일에 창원발 기사로 실린 보도는 백정들에게 교육의 의미가 무엇이었는지를 웅변해준다. 지역 형평사원들이 "자제를 교육시키기 위해 생활곤란에도 불구하고 각지로 다니며 동정금을 얻어 교사를 신축"했으나 9월 6일에 닥친 폭풍우에 파괴되었다. 이에 지역 형평사원들은 "통곡을 마지 못하다가" 임시 총회를 개최하고 "삼순구식을 하더라도 학교는 영원히 유지하자는 선언"에 동의했다. 그래서 3일 동안 모든 영업을 중지하고 사원 가족 남녀노소가 동원되어 다시 학교 건물을 수축했다[51]는 것이다.

반형평운동의 망탈리테

형평운동을 1920년대 초에 폭발적으로 확장되고 있던 대중운동의 일환으로 간주할 수도 있을 것이다. 특히 1922~23년 사이에 대중운동은 그야말로 폭발적으로 전개되며, 수없이 많은 조직을 만들어냈다.[52] 그러나 형평운동은 이러한 일반적인 대중운동이나 '민족운동'의 의미를 넘어선다. 왜냐하면 형평운동은 소수자 혹은 타자他者들의 운동으로서의 의미를 지닌 것이었기 때문이다.

형평운동은 비상한 투쟁이나 혁명적 정세가 아니면 가시화되지 못하는 하위주체인 백정이 주체가 됨으로써, 반상 혹은 노자 사이의 대립과 다른 차원의 사회적 반응과 계급 대립을 야기했다. 이 사실을 당대인들도 감지하고 있었다. 형평운동은 "있고도 없는 듯이 경과하여 온 잠복하얏든 계급사상의 일 발로發露"로서 "사권私權 상의 권리와 의무상으로는 비록 계급적 차별이 철폐되었다 하지만은" "관습적 계급관념이 의연히 실생활의 세력을 파지하고 있다"[53]는 사실을 강하게 환기시켰다. 그래서 "진주의 형평운동이 기한 후로 오인은 조선사회에 아즉까지 계급제도가 있느냐 없느냐의 반성을 촉促케 되얏"[54]다. 또 형평운동은 "모든 차별적 현상"에 대해 조선인들이 진정으로 반대할 수 있는가라는 문제에 대한 시금석이 되었다. 형평운동이 "어느 계급을 물론하고 각 개인의 계급의식 상에 만흔 파란을 야기하얏"기 때문이다.[55] 실제로 백정이라는 하위주체가 말하기 시작하고 운동을 통해 모습을 드러냄으로써, 이전에는 없던 불편함과 혐오감 또한 높아졌다.

형평사 반대운동은 진주에서 형평사 설립이 선언된 시점부터 바로 시작되었다. 형평운동의 지원에 참여한 진주의 지식인 · 운동가들은 백정은 인간이 아니라는 인식을 가진 일반인들에게 '신백정'으로 불리며 욕을 먹었다. 그러나 이는 1923~25년 사이에 백정해방운동이 '민족'과 '인민 내부'에 야기한 심각한 모순과 물리적 쟁투의 예고편에 불과했다. 형평사 총본부에 보고된 충돌 사건의 원인을 보면, '양반의 선동에 의한 차별 사건', '상민의 차별 사건', '학생에 대한 차별 언어 사건', '경제 쟁의' 등 다양했다.[56] 그러나 기본적으로 충돌은 모두 백정에 대한 일반인들의 오래된 차별 관습과 '혐오'에서 비롯되었다.

1924년 5월 8일 경남 진영에서 일어난 형평사원들과 행상대의 패싸움은 가장 전형적인 사건의 하나였다. 형평사원 조덕수가 장날 쇠고기를 팔러갔다가 행상 최 모의 점 앞에서 잠시 지체하자 최 모가 다른 곳으로 가라 했다. 그런데 조덕수가 최를 "눈을 부릅뜨고 바라보았"던 것이다. 이에 점주 최 모가 "계급적 어구로써"[57] "백정놈이 양반에게 무례한 행동을 하느냐"라고 했더니, 조덕수가 지지 않고 "백정놈은 사람이 아니오"라며 맞섰다는 것이다. 이 광경을 "재러의 인습에 저즌" 근처의 상인들이 보다가 "아즉까지 백정은 백정놈이오, 양반은 아니니 무슨 소리냐?"고 하며 "수십 명의 행상대가 모여들어 조덕수를 무수란타" 했다. 이에 인근의 형평사원들이 달려와서 결국 패싸움으로 번졌다.

'자랑 끝에 불난다'는 제목을 단 이 그림은 5월 20일자 《동아일보》에 실린 독자 만평으로서, 바로 이 사건을 그린 것이다. 사건 전체를 정확히 전달하는 것은 아니지만, 만평은 당시 형평사원과 일반 민중의 관계를, 그리고 그 속에 개재된 망탈리테를 압축하고 있다. 청년으로 보이는 형평사원은 눈을 부릅뜨고 버티고 서서 '량반'에 적개심을

표출하고 있다. 반면 '량반'이라 지칭당한 갓 쓴
행상은 소스라치듯 놀라고 분노하며 한 발 물러서
고 있다.[58] 소스라치게 놀람이나 분노는 금기가 깨
어질 때의 혹은 정체성의 경계를 침범당할 때의
반응이다. 아직 그들은 백정을 인간으로 인정하
고 마주 보며 대화할 준비가 되어 있지 않았다.

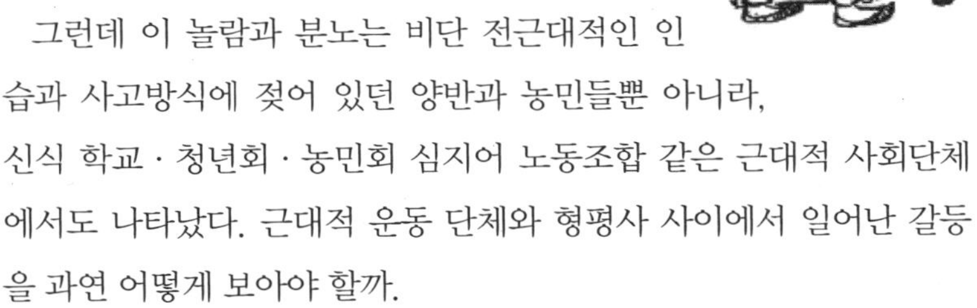

그런데 이 놀람과 분노는 비단 전근대적인 인
습과 사고방식에 젖어 있던 양반과 농민들뿐 아니라,
신식 학교·청년회·농민회 심지어 노동조합 같은 근대적 사회단체
에서도 나타났다. 근대적 운동 단체와 형평사 사이에서 일어난 갈등
을 과연 어떻게 보아야 할까.

1923년 6월 전북 군산에서는 학교 설립을 위한 모금운동에 형평사
분사가 헌금을 내자 군산 청년회가 "더러운 돈"이라며 받기를 거절했
다.[59] 8월 19일에는 경남 하동에서 형평사 분회가 설립되었는데, "노
동조합원" 70여 명이 회장에 난입하여 반대운동을 전개했다.[60] 충북
제천에서 벌어진 사건은 이 같은 기저의 망탈리테를 보여주었다. 9월
4일 형평사 제천 분사 창립 축하식을 하기 위해 분망하게 준비하던 회
장에 돌연히 노동자 수백 명이 몰려 들어와서 쳐놓은 차일을 떼버리고
경남 진주와 청주에서 출장 온 형평사원들을 몽둥이와 발길로 폭행하
여 중상을 입혔다. "더욱 괴괴한 일은" 노동자들이 어디선가 평량립平
凉笠[백정들이 쓰고 다녀야했던 패랭이] 수십 개를 구해 와서 강제로 형평
사원들에게 씌운 후 골목으로 끌고 다니며 "본래부터 백정 놈은 패랭
이를 쓰는 법"이라고 했다는 것이다.[61] 패랭이를 쓰고 다니는 백정은
노상에서 양반을 만나면 패랭이를 벗고 길가에 엎드려야 했고, 상민들

은 상을 당했을 때 패랭이를 쓰곤 했었다. 즉 패랭이는 타자와 일상을 준별하기 위한 복장 페티시였다. 제천의 노동자들은 패랭이를 벗고 다니는 백정을 다시 제자리로 돌려놓고 싶었던 것이다.

형평사 설립운동이 삼남 지방을 휩쓸던 1923년 8월에는 반형평운동도 절정에 달했다. 이 와중에 일어난 '김해 사건'은 형평운동을 둘러싼 복잡한 계급 갈등과 일제의 태도까지 압축해서 보여주는 가장 큰 규모의 사건이었다. 형평사 김해지회가 설립된 후, 지역의 양반과 일부 농민들은 형평사뿐 아니라 형평사를 지지·지원하는 협성학교와 김해청년회에까지 적대감을 표하고 있었다. 이때 일본 동경에 있는 사회주의자 조직 〈북성회〉 강연단이 김해를 방문하여 연설회를 개최하는 과정에서 양쪽 간의 감정이 폭발했다. 이제 막 자신의 말을 시작한 백정을 둘러싸고 사소하거나 사소하지 않은 감정들의 주체, 예컨대 백정과 한 자리에 앉을 수 없다는 협성학교의 일부 학생이나 "백정과 혼인을 하겠다 하고 노동자를 무시하였다는 혐의"가 있는 청년회 간부, 고기값 때문에 작은 시비를 벌였던 농민들 모두가 나서서 대립을 폭발시켰다. 읍내 농민들과 일부 학생들은 사발통문을 돌려 백정들 때문에 마음이 편치 않았던 지역민들을 선동·조직했다. 수천으로 커진 대규모의 군중은 김해청년회와 형평사 회원들의 집을 습격하고 기물을 파손했다. 소요는 3일간 계속됐으며 무려 45명이 경찰에 검거되었다. 일제는 소요를 방관하다가 부상자가 발생하자 비로소 개입하기 시작했다.[62] 일부 부유한 백정은 봉건적 신분제에서 해방되는 것을 지배계급에 편입되는 것으로 혼동하기도 했다. 그런 태도가 '신청년'들을 자극하기도 했으며 보수적인 습속을 지키려는 조선인들의 반감을 사기도 했다.

형평운동 또한 1920년대 초의 운동과 마찬가지로 민족–대중–계급의 동시적인 탄생과 그 주체성의 상호작용을 보여준다. 이중 처음부터 형평운동을 지지한 《동아일보》와 《조선일보》의 태도가 주목된다. 이들 신문들이 당시 상당수 인민의 습속이나 광범한 차별의식을 거스르면서까지 형평운동을 지지한 이유는 무엇이었을까? '탈봉건'의 과제를 위해 백정도 인간으로 인정되어야 한다고 봤기 때문이다. 그보다 더 중요한 이유는 백정도 '동포'라 인식했기 때문이다.

이와 관련하여 형평사 건설 1주년을 맞아 《동아일보》에 실린 만평[63]은 형평운동에 대한 《동아일보》의 인식 한편을 예리하게 드러낸다. 무엇보다 1920년대 초에 막 발견되던 '어린이'라는 표상을 사용하여 형평운동에 대한 사고를 표현했다는 점이 흥미롭다. 이는 양면을 갖고 있다. 첫째, 형평운동을 어린아이로 비유했다는 것은 '백정도 인간'이라는 사고에 기댄 것이다. 다시 말해 이 재현은 어린이를 순진무구하고 보편적인 존재로서 '발견'한 당대의 담론[64]과 상호 텍스트를 형성하면서, 형평운동의 정당성을 부인하기 어려운 보편성으로 설득하려 한다. 눈을 부릅뜨고 '양반'에게 '맞장' 뜨려는 젊은 청년으로 백정을 묘사했던 앞의 그림과는 사뭇 다른 재현이다.

둘째, 형평운동이 동정과 보호가 필요한 유아와 같은 존재라는 비유는 연대가 아니라 연민으로 형평운동을 해석하고 있음을 보여준다. "돌잡이 하는 형평아 잘 자라거라"라고 어른이 유아에게 이야기하듯 만평 제목을 단 것은 단지 만평가가 탄생 '1주년'이라는 기의에 집중했기 때문만은 아닐 것이다. 형평사를 (내려다)보는 저 만평의 시선은 무의식중에 더 큰 주체를 상정하고 있다. 그 주체란 무엇일까? '민족'이다. 어린이 표상은 결국 백정의 타자성이 민족이라는 큰 주체 하에서 제거되거나 순치되어야 할 것임을 말해준다.

김해사건을 다룬 《조선일보》(그런데 1920년대 《조선일보》에는 사회주의자들이 대거 기자로 있었다는 점에 유의해야 한다) 사설은 형평운동을 "동일한 인간으로서 인격의 평등을 요구하고 동일한 민족으로서 권리의 균형을 주장하는 것"이라 규정한다. 인간으로서의 권리와 민족의 일원으로서의 권리는 동격이라는 것이다. 그러나 이 사설은 형평사원들의 "권리 행사"를 통해 "민족적 각성의 분량分量과 전체적 활동의 능률이 그만치 증대할 것"이라 평가했다. 다시 말해 사설이 견지하고 있는 보편적 인간해방 옹호의 논리는 신분제를 폐기해야 한다("동포된 자는 모름이 원대한 이상을 위하여 고루한 계급적 관념을 폐기")고 주장하게 하면서도, "양반 시민 농민 할 것 없이 일체로" "자계급의 체면을 보존하고 자계급의 지위를 옹호하려는 노력과 동일한 노력을 민족 전체에 향하여 비費하야서 조선 민족적 체면과 조선 민족적 지위를 유지 옹호"해야 한다는 데로 귀착한다.[65] '민족'이 소수자보다 더 우선이라는 것이다.

《동아일보》 1923년 5월 29일자 사설 〈해방운동의 일꾼―형평사남선대회〉는 더 강하게 '민족'을 내세우며 형평운동의 의미를 재단한다. 이 역시 일단 (인간)해방운동의 일반적 의의를 인정하여 오늘날 "조선 사회에서 해방운동으로서 장래성이 풍부하고 창조성이 유한 것은 소작인운동과 같이 형평운동"이라 평가한다. 그러면서 이 사설은 민족과 '계급'(혹은 계층)의 이해가 충돌할 수 있음을 예견하며 '민족'의 입장에서 형평운동의 의의를 영토화한다. "형평사 제군에게 주의를 촉促하"기를, "금일의 조선은 민족적 감정이 왕성한 시대요, 또한 민족적 대항에 일호—毫의 방심을 불허"한다고 정세를 규정하며, 이러한 정황에서 '민족적 이해'와 "자계급의 해방운동과 배치되지 아니하기를 기하여야 할 것이"라는 것이다. 나아가 이 사설은 계몽적이고 고압적인 어조로 다음과 같이 결론을 맺는다. "만일 이 정황을 무시하면 형평사운동이 그 해독을 수할 것은 물론이오 조선인 전반의 해방운동에 불소한 손해를 급하고 그 결과를 악영향을 수하여 백정계급이 재기하기 어려운 운명을 당할는지 미지하니 신중히 할 바"라고 말이다.[66]

요컨대 백정도 감싸 안아야 하는 더 큰 주체는 민족이다. 민족주의자들은 '민족' 안에 대중 전체와 노동자·농민·청년·여성·어린이 등과 같은 새로운 주체성이 복속되기를 바란다. 그러나 이는 단지 민족주의의 '호출'이나 동원만은 아니다. 앞에서 본 〈형평사 주지〉는 다음과 같은 구절로 끝을 맺고 있다.

우리도 조선민족 2천만의 분자며 갑오년 유월부터 칙령으로써 백정의 칭호를 없이하고 평민된 우리이라.

백정이 '민족'이며 동시에 '인간'이라는 선언이다. 그런데 그들이 비존재로부터 벗어날 수 있는 근거는 '조선민족 2천만'에서 비롯된다. 인간임을 선언한 백정은 이제 민족 속으로 스스로를 밀어 넣는다. 백정들의 선언문에서나 《조선일보》와 《동아일보》의 사설에서나 해방된 주체가 귀일하는 곳은 하나다. 바로 '민족'이다. 1920년대 초의 조

선에서 '민족'은 민족-대중-계급이라는 주체의 변증법에서 일자the
One로서 기능하고 있었다.

사회주의와 대중

그러나 '대중'은 민족에 근거하면서 동시에 민족에서 벗어나는 힘이
다. 이는 자본주의가 국민국가를 운동의 근본 단위로 삼으면서도 그것
을 벗어나는 것과 조응한다. '민족'은 계급·계층의 정체성을 억압하여
'비가시화'하는 가장 강력한 힘이지만 그것은 잠정적으로만 가능하다.
대중-민족은 서로 다른 지향과 정체성을 지닌 계급·계층의 소속원들
을 포함하고 있기 때문이다. 그 지향과 정체성은 다른 것으로 환원될
수 없는 복수複數다. 대중-민족은 사회를 단일화·평균화하는 강력한
힘으로 태어나는 그 순간, 분화하는 벡터 또한 내장하고 있다. '계급'은
그와 같은 분화를 영토화하여 명명하는 가장 강력한 언술이다.

　사회주의(마르크스-레닌주의)는 〈공산당 선언〉(1848) 이래 가장 먼저
대중현상과 대중의 계급으로의 전화를 사유의 주제로 삼아 집단지성
과 계급-대중의 존재성에 대해 정밀한 논의를 펼친 지식 체계다. 《자
본론》과 《정치경제학비판 서설》은 근대 지식에 대한 선구적인 논의를
제기했고, 레닌주의는 계급-대중의 앎-주체로서의 성격에 대한 특유
의 논리를 제시했다. 마르크스-레닌주의는 계급-대중이 지닌 앎-주
체로서의 위상에 관한 서로 모순된 계기를 안고 있다. 첫째는 계급해
방이 노동계급 스스로의 투쟁에 의해 달성되어야 한다는 사상이며,
둘째는 노동계급대중의 자생성이 지식인-당에 의해 지도되어야 할

대상이라 생각하는 관점이다. 현실의 역사에서는 두 번째 계기가 더 강하게 현상했다. 구체적으로 볼셰비즘의 고전적이며 악명 높은 '(전위적 지식인의) 의식성 대 (대중의) 자연발생성'이라는 교의[67]와 관료화·국가화된 당과 사회주의 조직에서 나타난다. 계급-대중의 앎-주체로서의 창조성과 자발성을 옹호하기 위해 로자 룩셈부르크나 노동자반대파Worker's Opposition 같은 사회주의자들은 목숨을 걸어야 했다.[68] 이들의 교육·선전은 새로운 앎-주체를 탄생시켰다. 파리코뮌(1870)과 러시아혁명(1917)을 성사시킨 것은, 그리고 1920~30년대 영국과 스웨덴에서 노동당(사민당) 정권을 탄생시킨 집단적 존재는 계급-대중이었다. 계급-대중은 민족-대중을 초월할 수 있는 유일하게 강력한 주체성이었다.[69]

1919년의 3·1운동은 '민족-대중'의 융합이 저항민족주의로 발현된 가장 적실한 예일 것이다. 그러나 3·1운동의 의미는 거기에 그치지 않는다. 그것은 기실 결과적으로 '민족' 속에 포함된 실로 다기한 주체들의 봉기였다. 또한 3·1운동은 노동운동과 노동계급을 태어나게 했다. 식민지조선에서 그 실현이 언제나 난제였음에도 계급-대중은 민족-대중에 대당될 수 있는 주체성이었다.[70] 1920년대 조선 사회주의운동은 민족-대중의 운동에 깊이 개입함으로써 민족-대중의 주체성을 계급-대중의 그것으로 전화시키려 했다. 1926년 순종의 사망 이후 일어난 6·10 만세운동의 성과를 2차 조선공산당으로 적극적 조직한 방침은 적절한 예일 것이다.

그러나 '민족'으로의 행진을 가능하게 한 '대중의 진출'은 1920년대에 계급과 민족 사이에서 자라난 여성과 농민, 청년, 어린이와 같은 '작은 주체'들의 형성과 병행했다.[71]

소설은 대중적 표상을 창출하는 유력한 언어 표현 양식이다. 특히 형상화된 인물이 움직이며 직조해내는 서사는 이념과 '의미'를 대중지성으로 번역하는 가장 좋은 매개가 된다. 다시 조명희의 소설 〈낙동강〉을 돌아보자. 김해사건을 위시한 1923~25년 사이의 복잡다단한 사회변화와 계급갈등, 그리고 그 사이에서 태어나고 구성된 새로운 앎-주체가 이 소설에 형상화되어 있다. 앞에서 말한 대로 〈낙동강〉은 3·1운동에 참여했다가 사회주의자가 되는 성운의 운명을 통해서는 '민족에서 계급으로'의 전환을, "새양반"이 되기를 꿈꾸는 로사 아버지를 통해서는 '비존재로부터 계급(부르주아)'로의 비약을 그려낸다.

백정의 딸은 어떤가? 흥미롭게도 성운과 로사가 결연結緣하게 된 원인은 바로 형평운동을 둘러싼 '인민 내부의 모순'이다. 어느 날 "장거리에서 형평사원들과 장꾼"들 간 작은 말다툼이 패싸움으로 확대되는 사건이 벌어졌다. "난폭한 장거리 사람들이 몽둥이를 들고 형평사원 촌락을 습격한다는 급보를 듣고, 성운이가 앞장을 서서, 청년회원, 소작인조합원 심지어 여성동맹원까지 총출동을 하여 가지고 형평사원 편을 응원하러 달려갔"다. "늬도 이놈들, 새 백정이로구나"라는 상대편의 "조소와 만매를 무릅쓰고" 성운은 "우리 무산계급은 형평사원과 같이 손을 맞붙잡고 일을 하여 나가지 않으면 아니된다", 형평사원과 "우리 무산계급은 한 형제요 동무로 알고 나아가야 한다"고 외쳤다. 형평운동은 처음부터 끝까지 사회주의운동과 깊이 결부되어 있었던 것이다. 형평사의 내부 분화 또한 사회주의운동

과 관련이 있었다.[72]

　로사가 두 단계의 비약을 감행하여 '여성동맹원', 즉 '사회주의의 형제'가 된 것은 물론 사회주의의 힘이다. '최하층에서 터져 나오는 폭발탄이 되라'도 성운이 로사에게 해준 말이다. 〈낙동강〉은 프롤레타리아 헤게모니 하의 민중연대를 이와 같이 규범으로 제시하고 있었다. 로사는 성운이라는 남성인 사회주의에 의해 호명된 주체이자 봉건제로부터 막 탈출한 인민의 표상이었던 것이다. 박성운은 "대중 속으로" 들어가서 "선전, 조직, 투쟁"하고 "농촌 야학을 설치하여 가지고 농민 교양에 힘을" 쓰다 최하층의 여성과 조우했다. 그 자체로 로사는 전에 없던 '계급'이라는 새로운 앎-주체의 탄생을 상징한다.

　그러나 로사는 거기서 더 나아간다. 복합적인 집단 정체성, 민족-계급-대중 사이의 충돌과 그것으로 환원되지 않는 틈에서 개인이나 새로운 타자성이 출현하게 된다. 말하자면 로사는 '말할 수 있는 하위주체'다. 죽어간 성운 스스로 그것을 막연하게나마 알고 있다. 이 또한 사회주의의 본성에 속한다. 〈낙동강〉은 봉건적 신분제로부터 탈주하고 또한 '민족'에 귀착되지 않는 앎-주체로서 박성운이 아니라 로사를 제시한 것이다. 그러나 로사가 민족과 계급 너머의 존재로서 지닌 운명에 대해서는 더 구체적으로 말하지 못한다.

　"옳소이다. 나는 폭발탄이 되겠나이다"라며 "북으로 움직여" 나아간 로사는 과연 어떻게 되었을까. 강주룡이나 이순금 같은 여성 사회주의 혁명가가 되었을까. 아니면 성운이 막연히 말한 대로 "가정에 대하여, 사회에 대하여, 같은 여성에 대하여, 남성에게 대하여, 모든 것에 대하여 반항"하는 데 성공했을까.

‘봉건’으로부터 채 풀려나지도 못한 조선 민중을 기다리고 있었던 것은 식민지 자본주의의 주박과 인종주의적 식민통치였다. 1920년대에 이르러 대중적으로 확산된 사회주의 지식은 봉건제로부터의 해방에서 완전한 무계급 사회로 비상하는 상상력을 제공했다.

생존권을 위시한 자기의 작은 권리를 찾기 위해 권력과 권위에 도전하여 단결한다는 것은 사회적 약자가 가진 최후의, 최선의, 유일한 수단이다. 가장 낮은 계급계층에 있는 사람들까지 단결할 수 있었다는 것은, 사회가 근본적으로 변화하고 있다는 증례 그 자체였다. 이러한 사회적 상상력은 ‘높은 사람’과 힘센 남자가 시키는 대로 일하고 주는 대로 받기만 하는 것이 아니라 권리의식을 지닌 개인들의 등장과 결부된 것이다.

예컨대 1923년 7월 3일에 발생한 경성고무공장 여성노동자들의 동맹파업은 경성 시내에서 일어난 최초의 동맹파업이었다.[73] 여성노동자들은 임금 삭감과 "인권유린"[74]에 반대하여 파업을 시작했으나 오히려 해고 조치를 당했다. 이에 150여 명의 여성노동자들은 굶어죽겠다는 ‘아사동맹餓死同盟’을 결성하고 광희문 앞의 공장 앞에서 농성을 시작했다. 치마저고리에 적삼을 입고 쪽진 머리를 한 여성노동자들은 7월의 "불볕더위에 흘릴 땀을 거두기도 무섭게" 쏟아지는 소낙비를 맞고 "음습한 저녁이슬까지 맞어가면서" 일주일 이상 계속된 농성을 견뎌냈다. 그러나 회사 측은 계속 강경하여 청하는 물도 주지 않아, 40세 이상 "늙은이"와 15세 이하의 "어린애"들은 울고 참고 울고 하다가 병까지 들었다.

1923년 7월 경성고무공장 여성노동자들의 '아사동맹' 농성 장면

임금 삭감과 인권유린에 반대하며 시작된 파업이 사측의 해고로 이어지자 여성노동자들 150여 명은
공장 앞에서 일주일 넘게 단식 투쟁을 전개한다. 조선인 사회의 광범위한 지지에 힘입어 결국 승리
로 끝난 이 파업은 가장 낮은 계급계층이던 여성이 봉건에의 속박에서 벗어나 단결할 수 있는 가능
성을 보여주었다는 점에서 앎의 해방 그 자체라 할 수 있다. 《동아일보》 1923년 7월 9일.

1931년 7월 평원고무공장 파업 과정에서 있었던 여성 노동운동가 강주룡의 을밀대 고공농성

1923년 7월 3일 경성 시내 고무공장 여성노동자들의 동맹 파업은 여성노동자들의 혹사를 전 사회에
알리는 계기가 되었으며, 이후 강주룡과 같은 여성 노동운동가 등장의 토대를 닦았다. 또한 가장 낮
은 계급계층의 단결을 통해 사회가 근본적으로 변화하고 있음을 보여주었다. 〈을밀대乙密臺의 체공
녀滯空女: 여류 투사 강주룡姜周龍 회견기〉, 《동광》 1931년 7월.

그러나 이 싸움은 승리로 끝났다. 냉정하던 일제 공권력 및 자본과 달리, '조선인 사회가' 여성노동자들에게 동정을 표하면서 연대했기 때문이었다. 노동연맹 주도 하에 각계각층에서 대책기구가 구성되는 등 그들은 조선 민중들로부터 열렬한 성원을 받으며 투쟁했다. 노동연맹 산하 각 단체에서 보낸 동정금이 쌓이고 마산노동동우회 등은 "계급전선에 선 조선 초유의 여군"이라는 제하의 동정연설회를 개최하기도 했다.

그 가난한 식민지 여성들은 경성고무여성직공조합을 결성하는 한편, 맹휴 투쟁의 와중에 연설회를 열고 스스로 연사로 나서기도 했다. '아사동맹'까지 결성하면서 끝까지 투쟁했던 저 흰 저고리 쪽진 머리 여성들은 누구였으며, 그들은 어떻게 '내외內外'의 관습과 '삼종칠거'의 순종을 거리에서 이겨낼 수 있었을까?

저발전된 농업 중심 국가였다가 사회주의 혁명으로 나아간 러시아와 중국의 예를 들지 않더라도, 근대 초기 대부분의 지역과 국민국가에서 평등에 대한 사상과 앎은 민주주의와 사회주의의 착종 혹은 급진적 절합articulation에 의해 보편적인 원리로 인정되었다. 다시 말해 '봉건'으로부터의 앎의 해방은 (부르주아)민주주의 관념의 확산에 의해서가 아니라 사회 혁명운동에 의해 도약하면서 '압축'되었다. 이러한 혁명을 배경으로 앎의 해방을 향한 '대중의 진출'이 계속되고 새로운 개인들이 출현할 수 있었던 것이다. 혁명은 시간의 압축이다. 그것은 사람들을 순식간에 바꾼다.

대중지성의 새로운 공간

근대적 대중지성의 공간과 앎의 분기

앞에서 살핀 것처럼 대중지성의 형성은 공적 교육의 현장에서만 이뤄지는 것이 아니다. 오히려 교회·학교·단체 등 '사회적' 영역의 확대와 더 깊은 관련을 맺는다. 일제 치하 공교육의 경험, 특히 식민권력에 의한 교육이 '해방'은커녕 오히려 국가와 국가의 우두머리(천황 등)에 대한 노예적 의식과 규율된 신체를 갖게 하고 권력에 대한 복종심을 심어주는 효과가 있을 수도 있었다. 그에 반해, 생산현장과 대중문화의 제 공간을 통해 수행되는 교육은 이와 다른 형태의 자기의식 형성에 영향을 끼친다.

근대 초기의 문화와 앎의 변동을 가능하게 한 것은 새로운 지적 인간관계망(즉 네트워크)의 창출과 거기에서의 새로운 앎–주체들의 장소다. 1890년대 말의 〈만민공동회〉라든지 동학 농민들의 집강소, 1919년(3·1운동을 가능하게 한)의 학교와 교회, 장터들이 그곳이다. 또한 1920~30년대의 웅변회와 강연회장, 야학과 독서회, 소인극 무대, 동화회[75] 그리고 거의 기록이 남아 있지 않은, 그러나 실재했던 수없이 많은 공개·비공개 회합들이 명멸했다. 거기서 말과 앎은 새롭게 태어나고 전파되고 공유되어, 근대적 대중지성을 출현시키고 새롭게 조직했다. 그러한 공간들이 앎의 도구를 대중에게 나누어 주었으며, 대중이 앎의 주체가 되게끔 했다. 특히 1920년대 대중의 자기의식의 성장은 급격히 확산된 글쓰기와 연설·토론·웅변, 그리고 소인극 활동 등을 비롯한 자기표현 양식의 확장과 함께 한다.

1920년대에 누구나 문자를 읽을 수 있는 '보편문식성普遍文識性(universal literacy)'의 세계가 바로 열린 것은 아니다. 그러나 이제 글로 쓰인 언어는 보다 강한 독자적인 힘을 갖게 되었다. 글을 쓰기 위해서뿐 아니라 제대로 말을 하기 위해서라도 문어를 배워야 하는 상황이 도래한 것이다. 구술문화적인 요소를 구축驅逐하는 데 좀 더 결정적인 역할을 하며 문화적 변동을 야기한 것은 글쓰기였다. 글쓰기는 사회 성원 사이의 전면화된 소통 수단으로서 확대되는 한편, 개인들의 내면을 심화시켜 개인주의적인 근대문학을 탄생시켰다. 학교교육의 확대와 근대적 제도의 확산은 글쓰기를 교육하고 교육받아야 할 새로운 교양의 주요 항목으로 만들었다. 뿐만 아니라 글쓰기는 마치 의식주처럼 근대적 제도에 편입된 인간이라면 누구나 갖춰야 할 삶의 필수적 요건이 되었다. 즉 누구나 읽을 수 있는 상황이 도래함과 동시에 누구나 무엇인가를 써야 하는 상황이 된 것이다. 누구나 읽고 쓸 수 있어야 한다는 것은 20세기가 개막된 이래, 전체 조선 민족에게 부여된 지상至上의 사명이었다. 심지어 여성이나 전대의 피지배 계급에게도 그러했다.[76]

1920년대에 이르러 근대적 문자문화는 매우 빠른 속도로 확산되고 있었다. 이는 말 그대로 '시각적 근대성'에 근거한 것이다.[77] 하지만 19세기 말~20세기 초는 시각 이외에도 청각, 후각, 촉각 등 여러 감각이 총체적으로 계발된 시기였다.[78] 미디어와 테크놀로지의 급속한 발전에 의해 가능했던 이 감각의 총체적 '근대화'는 새로운 신체성의 도래와 욕망의 재구조화를 의미하는 것이었다. 중요한 점은 '시각적 근대성'의 시대가 한편으로는 '청각적 근대성'의 시대이기도 했다는 사실이다. 청각적 근대성은 강연·연설·토론회의 공간, 연극을 위시한 공연공간의 활성화, 도시 소음을 위시한 소리 풍경[音景]의 전면적 변화로 현상했다. 전화기, 라디오, 레코드, 축음기, 확성기, 마이크, 앰프 등과 같은 미디어의 전면적 등장이 그것을 가능하게 했다.[79]

'시각적 근대성'과 '청각적 근대성'은 감각 혁명의 일부이지만 후각·촉각의 계발과는 다른 차원에 있다. 시·청각은 직접적으로 근대적 앎의 확산 및 분화 그리고 그 도구들과 직접적으로 관계 맺기 때문이다. 감각의 두 근대는, 시각의 우위 하에서 상호보완 및 경쟁의 관계에 있었다. 시각과 청각의 상보와 경쟁은 당연히 오늘날의 문화에서도 작동하고 있는데, 그 형태와 질은 당대의 문화적 정황이 결정한다. 이를테면 문해력과 테크놀로지의 수준, 문자문화 헤게모니의 강도 등이 결정인자다(오늘날의 인터넷, 영화, 문학 등의 존재 방식과 미디어 테크놀로지를 상기해보라).

알다시피 1920년대는 '토론·강연회의 시대'의 시대였고, 이는 1890~1900년대에 이은 '제2차 토론·강연회의 시대'라 할 수 있다.

1920년대에 열린 토론·강연회의 시대는 사상의 대중화와 문자문화의 전면 확산이라는 새로운 문화적 정황을 배경으로 한 것이다. 즉 이는 문자문화의 확대에 의한 구술문화의 재구조화를 뜻한다. 확산되던 문자문화와 급변한 소리문화를 통해 새롭고 다양한 형식의 '미디어 융합'이 시도되고 이에 대한 수용자의 (귀로도 듣고 글로도 읽는) '복합수용'이 이뤄졌다. 여러 형태의 구연, 동화회 및 축음기·라디오·영화의 관객성은 이런 '미디어 융합—복합수용'에 의해 결정되었다. 소리문화[80]의 대표적 형태인 강연과 연설을 활자매체가 지상 중계하는 것도 이 시대에 일반화된 문화 양식이다. '미디어 융합—복합수용'은 단순히 아직 불충분하게 확산된(즉, 여전히 문맹률이 높은) 문자문화를 보완하기 위한 것만은 아니었다. 여기에는 단지 문화의 객관적 정황뿐만 아니라 주체의 문제가 개재된다. 즉 계몽의 열정, 정치적 공동체 의식의 확산과 행동의 고조가 고려되어야 한다. 정치적 의사소통의 요청과 수요가 폭증할 때, 가용할 수 있는 미디어 테크놀로지와 수용 도구도 '총동원'되는 것이다. 혁명과 전쟁이 주체로 하여금 통신과 미디어 테크놀로지를 급격하게 발전하게 한다. 1920년대의 폭발에서도 이런 점을 감지할 수 있다.

1921년 《개벽》 11월호에 실린 〈강연월단講演月旦〉은 이와 관련된 정황을 잘 보여준다. 논자는 "일반사회의 문화를 선전하며 보통민중의 사상을 향상"하려는 조선의 열기를 "경성에서도 월중月中 기회식幾回式이던가 공개하는 모모명사某某名士의 대강연大講演이 업지 아니함은 가可히 치하致賀"할 만하다고 말한다. 그리고 이를 위한 "수단과 방법"으로 "글과 말 두 가지"가 있다면서 강연을 지상 중계하는 의의에 관해 다음과 같이 이야기한다.

글에는 시詩, 문文, 소설 기타其他가 잇고 말에는 강연講演, 토론討論, 연설
演說 기타가 잇다. 그 중中, 가장 짤은 시時에 만흔 사람으로 하여곰 마음의
열조熱潮를 격동激動시키며 정情의 단서端緖를 자극刺戟주어 능히 숙가숙
부孰可孰否의 판단력判斷力과 사단취장捨短取長의 지단智端을 조장助長케
하는 의미에 잇서서는 무엇보다 제명사諸名士의 공개적 강연이라 할 수 잇
다. 그럼으로 우리 경성에서도 월중月中 기회식幾回式이던가 공개하는 모
모명사某某名士의 대강연大講演이 업지 아니함은 가히可히 치하致賀치 안흘
수 업다. 그러나 동일同一한 지방일지라도 장소의 협착狹窄 우又는 시간의
상치相値와 먼 지방에 재在하야는 백리천리百里千里의 거리상距離上 부득
이한 관계로 인하야 보고 십허도 보지를 못하며 듯고 십허도 듯지를 못하
게 됨은 물론 사실이겟다. 여긔에 대하야는 여러분과 한가지 우리 개벽開
闢도 또한 심각深刻한 유감遺憾으로 사思하노라(강조는 인용자).[81]

논자는 공간성의 측면에서 강연회의 의의와 함께 한계를 지적한
다. 우선 구연되는 공간의 한계다. 강연회 공간은 '문자'로는 도저히
불가능한 집단적 공명과 추상적 사상에 관한 실감의 장임에 틀림없
다. 그러나 협소하다. 협소함은 단지 강연회장의 협소함일 뿐 아니라
소리에 의한 전달이 지닌 1회성이 내포하는 시간적 협소함이기도 하
다. "시간의 상치相値와 먼 지방에 재在하야는 백리천리百里千里의 거
리상距離上 부득이한 관계로 인하야 보고 십허도 보지를 못하며 듯고
십허도 듯지를 못하게 됨"은 그러한 소리의 제약성에 대한 지적이다.
그래서 활자에 의한 소리의 고정이 소리의 시·공간 제약성을 극복
해서 강연회장과 '지방'을 초월해줄 것이라 말하고 있는 것이다.
　1920년대 초 강연회의 주제는 아주 다양했다. 강연회가 일종의 '시

독립협회가 독립관에서 개최한 대중 강연회에 모인 사람들
"일반사회의 문화를 선전하며 보통민중의 사상을 향상"하려는 조선의 앎에 대한 열기는 말과
글 두 가지 수단의 확대를 통해 본격화된다.

대의 양식'이었기 때문에 일제 또한 정책을 '홍보'하고 인민을 '계
몽'하는 데 강연회를 활용했다.[82] 강연회는 음악회나 환등 영사회를
겸하여 열리는 경우가 많았다. 강연·토론회 자체가 새로운 대중문화
의 한 양식이었다. 예를 들어 "신여자의 교육열"이라는 주제로 1920
년 6월 13일에 열린 〈조선여자교육회〉의 강연회는 "신양무 여사의 주
악"으로 시작되어 중간에 음악 독창이 있었으며, 마지막에 "연두식과
푸른 저고리와 분홍 치마 입은 배화유치원의 어린아기네"들의 "천진
란만한 가극"으로 끝을 맺었다.[83] 강연회가 일종의 문화 행사이자 옥
내 집회였던 것이다. 그러나 조선인의 집회를 경계하여 감시하는 데
힘을 기울이던 일제에 의해 강연·토론·연설회는 점점 불온한 것으
로 간주되어갔다. 1920년대 중반 사회주의가 점차 대중화되자 경찰

에 의한 옥내 집회의 금지도 상례가 되었다.[84]

1920년대 독서회 현상 ― 함께 읽기의 새로운 시작[85]

독서회는 문자문화의 주요한 새로운 양상이다. 그러면서도 한편 그 것은 '미디어 융합―복합수용'의 한 형식이라 볼 수 있다. 책을 미리 읽고 와야 하는 독서회의 경우, 타자가 배제된 공간에서 행해지며 '해 석의 개인주의'가 전면적으로 작동하는 '개인적 묵독'을 전제한다. 동시에 독서회의 독서는 공동체적 독서의 일환이기 때문에 청각과 대 면이 개입하는 관계적―읽기의 양식이다. 독서회는 '해석의 개인주 의'도 무한히 허락하지 않는다. 그것은 텍스트의 질, 텍스트의 소유 여부, 주재자와 독서회원의 관계에 달려 있다. 심지어 같이 소리 내어 읽을 수도 있다. 이처럼 독서회는 문자문화의 확산과 이중의 관계를 맺는다.

1920년대 초에 강연·토론·연설회는 독서회와 한 묶음으로 인식 되기도 했다. 각 지역에서 족출하던 청년회 사업의 목표를 보면, 지육 智育을 위해 신문 잡지 등을 열람하고 또 강연·토론회와 야학을 설치 하는 것이 공통적으로 포함되어 있었다. 이는 자생적 청년회 운동에 서뿐 아니라 개량적 문화주의자들이나 심지어 일제 관료기구의 청년 회에 대한 개입 방침에서도 피력된 바였다.[86] 1925년 9월 경남 삼가三 嘉 청년회는 국제청년일을 맞아 시위행진을 계획했으나 경찰에 의해 저지당하자 행사를 부득이 옥내 독서회로 대체했다고 한다. 오늘날의 감각으로는 잘 이해가 되지 않는데, 독서회가 토론회와 같은 행사의

통칭으로 쓰였을 수도 있음을 보여준다.[87]

책을 읽는 개인들은 책의 메시지와 더불어, 독서회의 주재자나 다른 회원들이 발신하는 메시지 속에 놓인다. 그래서 독서회에서의 공명 및 계몽의 양상과 강연·토론회의 그것은 다를 수밖에 없다. 독서회와 강연·토론회의 분화는 1920년대 후반으로 갈수록 확연해지는 것으로 보인다. 문해력이 높아질수록 이러한 분화는 심화될 수밖에 없다. 식민권력에 의해 옥내외 정치 집회가 거의 금지되었던 상황도 분화를 촉진했을 것이다. 독서회의 외형적 규모가 줄고 모임이 개인들의 방으로 숨어들면서, 공개적 토론회를 독서회와 동일시하던 인식도 줄어들었을 것이다. 그러나 1920년대 초중반의 독서회가 놓인 문화적 맥락이 오늘날과 달랐다는 점은 강조하고 싶다. 차츰 낮아지는 문맹률, 밀물처럼 쏟아지는 새로운 감각과 그 기술적 매개물, 신교육에 대한 열망과 억압적 교육기계 사이에서 독서회 현상이 폭발했기 때문이다.

독서회는 근대적 표상 공간의 성립과 긴밀한 연관을 맺는다. 공교육 제도가 확충되고, 학교·교회·청년회 등에서 새로운 '장소성'이 탄생하면서, 독서회는 그 시작점을 뚜렷이 만들고 확산될 수 있었다. 즉 주체들의 일상적 대면이 가능한 상대적으로 안정된 공간이 마련되고, 함께 읽는 주체들의 지적 수준 또는 관계의 동등성이 보장될 때 '독서회 현상'은 본격화되고 폭발했다. 특히 독서회는 근대적 앎의 가장 중요한 도구인 문식성의 문제와 결정적인 연관을 갖고 있다. 1920년대는 우리 역사상 최초로 보편 문식성이 문제되고, 문자해득률의 향상이 전 계급계층에 의해 진행된 시기다.

1920년대에 폭발적으로 생겨나 당대 문화의 주요한 형태 중 하나로 자리 잡은 '독서회 현상' 도 이러한 시대적 상황의 변화와 깊은 연관이 있다.

조선의 식자들은 '강회' 라는 토론회를 했고, 특히 18세기 지식인의 윤독에서도 공동체적 독서의 모습을 찾을 수 있고, 개화기 지식인의 학회에도 독서회가 존재했다.[88] 이들의 회합과 '함께 읽기' 는 각각 당대의 지적 전환과 긴밀한 연관이 있다. 즉 새롭고 변혁적인 앎을 습득하려는 문제의식과 이들의 '함께 읽기' 가 내용–형식의 관계에 놓였다는 뜻이다. 이처럼 '함께 읽기' 의 새로운 시작은 문화의 새로운 구성formation과 깊은 관련을 맺는다. 앎의 연대가 시대를 돌파하는 힘이 되기 때문이다.

그러나 18세기나 개화기 지식인의 '함께 읽기' 는 이 글에서 논하는 독서회와는 차원이 달랐다. 그들은 극소수의 특권 계급에 속해 있었다. 또한 '함께 읽기' 는 범위는 지극히 작은 부위에서였다. 무엇보다 그들의 '함께 읽기' 가 실질적인 사회 변화를 주도하지 못했다. 오히려 개화기에 생겨난 신문 · 잡지 등 정기간행물에 대한 윤독회 · 종람회가 근대적 독서회의 시원으로 간주될 수 있을 것이다.[89] 신문 · 잡지 종람소의 참여 범위는 종래의 신분질서를 뛰어넘는 것이었다. '함께 읽기' 의 주체가 이전과 달라지기 시작한 것이다. 종람소는 1920년대에도 이어졌으며 이 시기에 정기간행물을 함께 읽는 것은 특히 적은 문화자본을 소유한 계층의 참여자가 있다는 것을 의미했다.[90] 왜냐하면 신문 · 잡지를 함께 읽는 것이 문화를 처음 접하는 초심자들을 위한 계몽의 방법으로 간주됐기 때문이다.

1920년대 '독서회 현상' 의 추이는 크게 다음과 같이 요약할 수 있다. 첫째, 1920년대 초 · 중반 이후 전국 각 지역에서 우후죽순처럼 독서회가 발기·창립되었다. 범위는 간도와 제주도 등 모든 지역을 포괄했는데, 특히 청년 및 지역 단체, 소년 단체, 노동조합과 농민회의 주도로 창립된 경우가 많았다. 또한 중고등학교뿐 아니라 여성 및 기독교 계열의 종교단체까지 가세하는 등 각계각층에서 독서회가 조직된다.[91] 뒤에서 보겠지만 이 시기에 설립된 독서회가 반드시 사상과 사회주의 문제만을 다룬 것은 아니었고, 불온시되지도 않았다.

둘째, 사회주의의 대중적 전파와 함께 독서회는 이전과 다른 의미를 갖게 되었다. 신문 보도에서 독서회가 '불온', '시국' 사건으로 다뤄지기 시작한 것은 1924년 무렵부터였다. 이후 독서회 관련 기사는 거의 매일 신문 지상을 장식한다. 6·10만세운동을 계기로 학생 독서회가 투쟁조직으로 기능하고 있음이 확연히 드러나면서[92] 독서회 자체를 불온시하는 일반의 관념도 생겨났다.[93] 독서회 현상은 광주학생운동을 거쳐 1930년대까지 계속 이어져 1931~33년 정도의 시기에 절정을 이루었다. 그러다가 1937년부터 갑자기 신문지상에서 관련 기사가 급감하면서 점차 사라진다. 그러나 이때에도 독서회가 사라진 것은 아니고 잠복했을 뿐이다.

독서회의 형식과 맥락

1920년대의 독서회는 이념적 지향과 주체에 따라 네 가지 정도로 대별해볼 수 있다. 이는 당대 문화의 복합성에 부합하며, 당연히 서로 겹치기도 한다.

첫째는 각 계층의 비정치적·자발적 독서회다. 문자문화의 확산이

자연스럽게 형성한 비정치적 독서회로서 지역유지·청년·농민·여성·어린이 등이 만든, 이념과 연관이 약한 자발적 조직이 포함된다.

이러한 독서회에서는 본격적인 의미의 서적이 아닌 읽을거리들, 특히 잡지 등이 교재가 되는 경우가 많았다. 1927년 10월 경남 사천에서는 부인과 농촌청년 독서회가 동시에 조직되었는데, "농촌에 있는 청년으로서 농업에 힘써야 하지만 한편으로는 잡지를 구독하여 지식의 향상을 도모한다는 것이 주된 목적"이었다 한다.[94] 1930년대에도 이런 현상은 여전히 이어졌다. 남궁억의 십자가당 사건(1933) 연루 혐의를 조사하던 중 '농군 독서회' 라는 조직이 발각되었다. 강원도 홍천군의 18~24세 청년들인 독서회원들은 "매월 회비로 잡지를 구입하여 회원이 서로 교환해 보면 매우 재미가 있고 또 단결이 된다는 것이었으므로" 입회했다 한다. 이들이 돌려 읽은 책은 《별나라》, 《어린이》, 《아희생활》 같은 잡지였다.[95]

1923년 경남 울산에서는 청년회 "지육智育부원"들이 발의하여 관과

《별나라》(1926년 6월 1일 창간)　　《어린이》(1923년 3월 20일 창간)　　《아희생활》(1926년 3월 10일 창간)

민간, 그 외에 "사계의 동지"들이 "학식 발달 인격향상 사상연구 등으로써 목적을 삼고" 울산독서회를 조직했다. 주간 모임이던 이 독서회에서는 "전 토요에는 경제사상의 변천에 대하야 사적 고찰에 인한 문제로 연구하얏고 전 22일 토요에는" "연애문제에 대하여 각자의 의견을 발표"했다 한다.[96] 독서회가 표방한 "학식 발달 인격향상 사상연구 등"은 새로운 형식의 교양 추구가 독서회 형성의 일반적 유인이었다는 점을 보여준다. 이는 교양의 재구성과 세분화·전문화의 두 갈래 길을 가던 당대 지식문화를 반영한 것이다.

사상 계몽과 정치 조직의 역할이 없어도 '함께 읽기'는 언제 어디서나 효과적인 지식 획득 방법이다. 그래서 1920년대 후반 이후, 불온한 '조직'이 된 후에도 독서회는 사라지지 않았다. "독서회라면 요사이 흔히 신문에 보이는 압박을 당하고 제재를 받는 적색 독서회를 연상하기 쉽습니다마는 각각 자기의 원하는 상식, 취미, 기술, 전문을 위하여 실용의 독서를 함에도 독서회는 필요한 것"[97]으로 널리 인식되었기 때문이다. 이러한 지식-문화의 변화는 불가역적인 것이었다.

둘째, 노동자·농민 등 기층 청년 조직의 독서회다. 1920년대의 청년회 발흥으로부터 생겨난 것으로 민족주의와 기독교 등 여러 경향의 운동단체와 결부되었다. 초기에는 민족주의적 '문화운동'과, 이후에는 사회주의운동과 직간접적인 관련을 가진 경우가 많았다.

여기서 제기될 수 있는 문제는 당대 노동자문화와 독서회의 관계, 그리고 사회주의가 노동자문화에 끼친 영향이다.[98] 더 구체적으로 말하면, 문맹을 비롯한 노동자계급의 문화적 상태와 경제적 조건, 그리고 이와 연관된 노동조합문화다. 1928년 현재, 노동계급의 문식률을 조사한 한 통계에 따르면 무학 57.2퍼센트, 서당수학자 23.8퍼센트,

보통학교 중퇴자 7.6퍼센트였다. 약 88퍼센트 정도가 완전문맹 혹은 반문맹이었던 셈이며[99] 보통학교 졸업자 이상은 11.4퍼센트에 불과했다. 1930년 국세조사 결과에 나타난 전체 조선 평균보다 약간 더 낮은 수치다. 그런데 어떻게 광범위한 '독서회'가 시도됐을까?

책 읽기는 기본적으로 수용자의 문화적 아비투스(주로 학력이나 전공, 교양교육의 경험) 및 노동일·노동강도 등의 문제와 깊은 연관을 맺는다. 책 읽기에서의 계급 차이는 직접소득이나 정치적 지향 자체보다 노동시간과 여가의 관계 그리고 그 분배 방법의 차원에서 구현된다. 중간 이하 계층의 사람들은 여가시간이 짧고, 육체노동에 종사하는 경우가 많기 때문에 여가를 좀 더 편하고 손쉬운 일에 쓴다. 또한 개인적인 일에 여가를 쓰지 못하는 경향이 크다. 노동시간이 길수록, 노동강도가 강할수록 책을 들 가능성은 급격히 낮아진다.

그런데 하위계층 구성원이 책을 읽을 수 없는 것은 단지 소득이나 훈련의 문제만이 아니다. 기본적으로 노동계급이 한가하게(?) 책을 읽을 수 있도록 배려하는 마음 좋은 자본주의 사회란 없다. 노동계급의 여가가 책 읽기로 이어지기 위해서는 전복적인 문화와 특별한 '페다고지'가 필요하다. 그것은 곧 '운동'이며 운동의 결과다. 광범위한 문맹과 낮은 소득에도 불구하고 1920년대 노동자들에 의해 독서회가 시도된 맥락을 이로부터 이해할 수 있다.

1924년 7월 "독서회에서 사회주의 글을 외인 사건"으로 인해 보안법 위반 혐의로 구속된 평양 〈오월독서회〉 노동자들은 이와 같은 독서회의 의미를 가장 잘 압축하여 진술했다. "우리는 무산청년인 동시에 날마다 로동하는 사람들로서 남과 가치 학교의 수양을 바들 수 업슴으로 매토요일마다 오후에 한 시간식 모히여 지식함양의 목

도정공장에서 착취당하는 노동자들

식민지 조선인 노동자들에게 책 읽기는 먼 남의 나라 이야기일 수 있다. 한가하게 책을 읽을 수 있는 정신적·물질적 여유가 허락되지 않는 상황이었기 때문이다. 그러나 노동자들의 책 읽기에서 중요한 것은 이러한 여유가 아니라 노동계급을 둘러싼 당대의 문화다. 객관적 조건의 열악함에도 불구하고 1920년대 노동자들이 열성적으로 책을 읽을 수 있었던 건 문자문화의 확산, 사회주의 문화의 영향력 확대 등의 뒷받침 덕분이었다.

원산 부두노동자 파업 모습(1929)

파업 등 식민지 조선인들의 단체 행동은 책을 통해 '살아가는 데 필요한 지식을 넓히고, 동무에 대한 희생적 정신을 함양하고, 머리는 서늘하게 손은 따뜻하게 잡고자' 했던 노동자들의 앎에 대한 열정이 배경이 되었다. 세계적으로 큰 반향을 불러일으켰던 원산 부두노동자들의 대파업 역시 이러한 토대 위에서 가능할 수 있었다.

으로 독서하"[100]였다는 것이다. 또한 함남 단천 하자회 도서부는 "원래 무산자로서 조직된 회라 경제가 허락지 않어서 신서적을 구입하기는 당분간 불능함으로 회원 각자가 가지고 잇는 사상 서적을 거더내여서 기초를 세우고 일반 유지의 던저주는 것으로 하기로" 했다.[101]

경제적 상태와 노동일勞動日은 필요충분조건이 아니다. 노동계급을 둘러싼 문화가 그들의 책 읽기를 결정짓는다. 즉 1920년대의 문화 전체에서 책 읽기가 가지는 의미, 문자문화에 대한 접촉, 그리고 노동운동에 끼친 '사회주의 문화'의 영향이 독서회 문화의 직접적인 배경이 된다는 뜻이다. 우리는 1920~30년대, 그리고 1970~80년대 한국 노동자들이 열성적으로 책을 읽었다는 사실을 상기해볼 필요가 있다.

1925년 식민지 조선의 가난한 노동자들이 "우리는 살아가는 데 필요한 지식을 넓히어 의식을 선명히 하기를 기함", "우리는 동무에 대한 우애, 정의에 대한 희생적 정신의 함양을 기함", "우리는 머리를 서늘하게 하고 손을 따스게 잡기를 기함"이라고 말할 수 있었을 때 역사는 급속하게 전진했다.

'문자'는 높은 문맹률에도 불구하고 노동운동의 수단으로 광범위하게 사용되고 있었던 것으로 보인다. 각지의 노동조합과 노동운동 조직은 언제나 각종 '삐라'와 격문, 팸플릿 등을 활용하고 있었다. 또한 노동계급 스스로 벽신문·생신문·기관지·회보 등을 제작했다.[102] 당시 민중 커뮤니케이션 체계에서 여전히 구전과 '소문'이 보완적인 소통 수단으로 사용되고 있었음을 생각하면, 이 같은 문자 활용은 단지 '현장의 필요' 이상의 의미를 지닌 듯하다. 문식성의 최고 단계가 '스스로 글쓰기'라는 점을 생각하면, 노동자들에 의해 시도된 회보와 벽신문의 의의는 간단하지 않다. 또한 당시에 문자문화가 지닌 헤게모니(문자문화에 대한 사회적 존경심)를 환기하지 않을 수 없다.

셋째, 중·고등학생 조직과 결부된 독서회다. 독서회는 중고교생 및 대학생이 관련된 모든 사회주의운동과 연관이 있었다. 또한 사회적 이슈가 되는 파급 효과를 지녔다. 1926~31년 사이에 학생 독서회 창립이 가장 활발했는데, 독서회는 맹휴 등 학생운동의 기초 단위가 되었다. 1930년대 초 치안유지법 피검자의 대부분이 학생 독서회 회원이었다. '경성제국대학 반제동맹(사건)'(1931) 같은 고급 인텔리겐치아의 운동뿐 아니라 각 지역 학생운동의 매개체가 되었던 것도 독서회이며, '6·10만세운동'(1926), '광주학생운동'(1929) 같은 대규모

294

광주학생운동의 공판을 보도한 1930년 2월 20일자 《조선일보》 2면

1929년 11월 3일 광주고보생들이 일본인 학생의 비행 규탄과 이를 왜곡 보도한 일제 기관지 《광주일보》 규탄을 위해 데모에 돌입하면서 시작된 운동. 이 운동의 배경에는 학생 조직인 독서회가 자리하고 있었다.

반제 저항도 학생조직인 독서회를 기본으로 한 것이었다. 특히 광주 학생운동에서의 '독서회'는 지역 신간회와 나란히 불릴 만큼 큰 조직이었다.[103]

이 경우의 독서회는 '사회주의 문화'의 일부이며 '투쟁조직으로서의 독서회'다. 〈조선학생사회과학연구회〉(조과연)는 각 학교에 의식적으로 독서회 건설을 시도했고, 서울 경신학교와 양정고보의 맹휴는 조과연에서 직접 지도했으며, 휘문고보는 조과연 독서회원의 주도하에 맹휴를 진행했다. 〈고려공청〉은 〈조과연〉 내 야체이카[공산당 조직의 기본 단위를 가리키는 러시아어]를 통해 운동을 지도했으며 진주고보, 대구고보 등의 맹휴에도 독서회원이 깊이 개입했다. 경성제일고보, 중앙고등보통학교, 휘문고등보통학교, 중동학교, 경성여자상업학교, 동덕여학교 등이 함께 일으킨 '서울학생동맹휴교 사건'(1929)도 독서회가 투쟁의 기반이 되었다.[104] 이에 따라 독서회는 비밀 투쟁 조직의 이름('적색 독서회')과 동일시되기 시작했다.

그러나 학생 독서회가 모두 비합법적 조직, 사회주의자 조직의 일환이었던 것은 아니다. 자생적·합법적인 독서회도 많았을 것이다. 근대적 지적 제도의 성립과 지의 급속한 분화는 보다 전문적인 자생적 독서회(및 연구회)를 언제든 필요로 한다. 어찌됐든 학생 독서회는 한국 학생운동의 전통을 형성하는 데 있어서나 '사회주의 문화'의 대중화에 있어서나 결정적인 역할을 했음이 분명하다. 학생 독서회는 해방 이후에도 지속된다. 수많은 지식인들이 학생 시절의 독서회 경험을 정치적 트라우마나 자기 활동의 출발점으로 회고한다.[105] 독서회 참가가 '지식인-됨' 혹은 '사상과의 접속'에의 출발점이었던 것이다. 독서는 흔히 오해하듯 '일상'이 아니었으며, 자유와 정치의 다른 이름이었다.

마지막으로 독서회의 제4형식은 사회주의를 지향하는 인텔리겐치아의 독서회다. 이 독서회는 학생 독서회와 많은 부분을 공유한다. 하지만 지식의 자율성에 관한 환상, 완결된 지식에 대한 추구, 관념성과 사변성 등과 같은 근대 인텔리겐치아의 존재론적 특징에 근거했다는 점에서 차이를 보인다. 사회주의 지식은 이와 어울리는 측면을 충분히 지니고 있었다. 그것은 단지 자본주의적 착취에 대한 고발과 해방에 대한 인륜적 선동이 아니며, 자본주의 사회와 인류사 전체 그리고 사회변혁과 개조를 위한 복잡다단하고 총체적인 프로그램을 담고 있는 철학·경제학·정치학·사회학·문예학 지식(즉 '과학')이기 때문이다. 또한 그 복잡성으로부터 비롯되는 수많은 논쟁점과 상이한 해석의 가능성은, 언제나 인텔리겐치아의 지적 욕망을 추동하며 그들 사이의 지적 대결을 야기하기 때문이다. 이러한 지적 대결은 곧 노선의 차이를 낳고, 정통/비정통에 대한 구별의 감각을 만든다. 그래서 사회주의운동사는 곧 논쟁사이자 사상사이며, 정통(유일한 전위당과 지도노선)을 만들기 위한 투쟁으로 점철된다.

그러나 독서회가 처음부터 이런 방식으로 사회주의운동과 결합했던 것은 아니었다. 초기 사회주의자 김철수의 회고를 보자.

20년 가을에, 사회혁명당을 우리가 비밀결사로 해서, 그것이 이제 우리 조선 안에 공산주의 비밀결사로 처음이여. 바로 남의 뜻도 안 비치고 그렇게 해 가지고, 그것이 독서회 모양으로 우리가 가끔 만나서 서로 의견 교환허고 그렇게 허자.[106]

소비에트 노동자 앞에서 연설하는 레닌
선진적인 정치의식을 지닌 전위를 강조하던 레닌의 전위
당 이론은 사회주의를 지향하던 조선의 인텔리겐치아에
게 많은 영향을 끼친다.

1차 조선공산당 사건 공판 기사〈조선일보〉 1925년 11월 27일
법정 앞에 무려 1만여 명의 인파가 몰렸다고 한다. 당시 사
회주의가 조선 사회에 어떤 영향력을 행사하고 있었는지를
짐작할 수 있는 대목이다.

이재유의 체포 소식을 담은 〈조선일보〉 1937년 5월 1일자 호외
'경성트로이카' 운동에서도 확인할 수 있는 것처럼, 사회주의를 지향하는 인텔리겐
치아의 독서회는 지식인 출신의 전위를 길러내는 것이 주목적이었다.

이때 독서회는 의식적인 것은 아니며 사회주의 조직과의 접속은 우연으로 보인다. 즉 전술한 독서회의 기능도 사회 운동 진화의 산물이며, 조선 사회주의 운동이 자신을 둘러싼 문화적 조건에 적응한 결과가 아닐까. 사회주의가 1920년대 중반 이후 엄밀성을 지닌 근대 과학의 하나로 인식되기 시작하면서, 인텔리 사회주의 조직 내에서 '독서'가 갖는 의미가 달라졌다고 생각된다. 〈공산당 선언〉 등의 원전이 처음부터 조선에 유입되지 않은 것은 아니다. 하지만 조선에서 고차원적 지식으로서 사회주의 문헌이 읽히고 사회주의 운동가 조직에서 체계적으로 마르크스-레닌주의 문헌이 노선 정립을 위한 연구의 차원에서 읽힌 것은 1920년대 중반 이후부터다.[107]

지식인 출신의 전위를 길러내는 독서회의 기능은 1930년대에 더욱 심화된다. 예컨대 1930년대 초 조공 재건운동의 중요한 축이었던 이재유의 '경성트로이카' 운동에서, 독서회는 인텔리를 '획득'하기 위한 활동이었을 뿐 아니라 새로운 조직 영역을 개척하기 위한 기본적인 방편이었다.[108] 한편 인텔리겐치아에게 사회주의 독서회는 사회주의의 지적 헤게모니를 만들고, 자기 동일적인 당 권력을 창출하는 과정이었다. 코민테른과 같은 정치적·이념적 '조종중심'이 상정되었을 때, 특히 그러하다.

'함께 읽기'는 일종의 의례ritual이며 사건이다. 그리고 독서회는 그 자체가 조직organ이기 때문에 거기에 참여하는 사람들은 변화한다. 같이 읽는 계몽의 공간에서 사람들의 계급·젠더·세대는 (재)구성된다. 그들의 신체마저 변화할 수 있다. 독서회가 지닌 운동으로서의 위력은 여기에 근거한다. '운동으로서의 독서'는 삶과 유리된 지적 행위가 아니고 풍속도 아니다. 이는 실천과 앎이 통합되는 인간적 커뮤니케이션이기 때문이다. 특히 사회주의 독서회에의 참여는 곧 세계와 자기존재에 대한 총체적 '의식화'[109]다. 또한 야만적 탄압의 대상이었기 까닭에 그것은 곧 존재의 모험과 실존의 행방이 걸린 문제였다.

식민지 교육기계와 대중지성

관료제와 정보지식

근대국가는 지식국가이며 정보국가다.[110] 근대국가의 통치성과 관료제는 정보라는 지식의 축적을 국가의 일상사로 만든 결정적 인자다. 전근대의 국가도 물론 통치와 전쟁을 위해 정보를 필요로 하고 정보를 생산했을 것이다. 그러나 그 질적인 성격은 근대국가와 비견할 수 없다. 근대 국가권력은 자신의 생존을 위해 외교기관·군 등 상설 정보기관을 운영하고 정보를 생산한다. 외교·국방과 관련된 이 지식은 전쟁을 위해 생산된다. 근대국가는 '전쟁하는 국가'다.[111] 근대 국가권력의 전쟁은 다른 국가를 향한 것일 뿐 아니라, 자신의 '내부'를 향한 것이기도 하다. 군과 경찰, 정보기관은 '민간'을 사찰하고 잠재적 적들의 '존안 파일'을 만들며 그들에 대한 지식을 축적하고 약점을 파고든다. 한국의 중앙정보부·안기부·국가정보원, 미국의 CIA·FBI·국토안보부가 하는 일이 이것이다.

그런데 근대국가는 전쟁 수행만이 아니라 일상의 '내치'를 위해서도 정보를 수집한다. 가장 기본적인 통치, 즉 세금을 거두고 군대에 보내기 위한 정보는 물론, 국가의 성원에 관한 자잘한 모든 정보를 무한대로 수집하고 이용한다. 또한 근대국가는 생체권력biopower으로서 '국민'의 생명(건강·보건·출생·사망 등)에 관한 정보를 다룬다.

서구에서 지식구성체의 총괄자로서의 '지식국가'가 출현한 것은 절대왕정 시기부터다. 19세기 후반에 이르면 지식국가는 특히 '통계'라는 새로운 형태의 지식체계를 완전히 확립해낸다.[112] '통계statistics'는 말 자체에 '국가state(Staat)'를 품은 앎과 '통치government'를 결합시킨, 근대 국민국가 특유의 지식 형태다. 통계는 근대국가의 완성에 발맞춰 생겨난, 사회에 대해 양화된 정보를 얻어내는 근대국가와 행정의 가장 중요한 장치이자 사회의 실상과 국가의 통치 활동을 표상하는 국가의 담론이다. 이는 국가가 주권을 가진 아주 평등하고 동질적인 '국민'으로 구성되어 있고, 통치라는 권력 행사가 시장과 사회의 법칙을 따르는 합법칙적인 통치가 되어야 한다는 생각에 기초한 앎이다.[113] 다른 지식과 마찬가지로 이러한 공공지식Official know-ledge으로서의 통계도 노동계급과 사회주의자 조직과 같은 잠재적 적을 관리하기 위한 '판옵티콘의 시선'의 역할을 맡는다. 피통치자 전체를 위에서 조망하고, 미래를 내다보는 전략·전술적 합리성을 갖추기 위한 도구였던 것이다.[114]

그러나 이 같은 근대국가의 본질적 속성에도 불구하고 국가권력이 자신이 알고 있는 것을 적극적으로 공공지식으로서 '서비스'하는가 하는 문제는 국가의 구체적 성격에 따라 달라질 수 있다.[115] 반민주적 권력은 지식과 정보를 결코 자진해서 '서비스'하려 하지 않는다. 그러한 권력은 모든 지식을 독점하고자 한다. 지식권력으로서 존재하고 싶어 한다는 사실에서 한발 더 나아가서, 반민주적 권력은 특히 자기의 생존과 관련된 정보intelligence를 공개하지 않는다. 권위주의와 기밀주의는 늘 함께 움직인다. 전체주의 국가[116]는 권력의 구성과정, 권력자 내부의 쟁투, 외국과 벌이는 전쟁의 구체적인 전황, 자신의 약점, 반체제 인사의 주장 등 모든 것을 비밀에 부치고 싶어 한다. 검열은 이를 위해 동원되는 통치 수단이다.

정보는 주권의 행사를 위해 필요한 앎이다. 주권이 없으면 사회 구성원으로서 필요한 지식에 접근할 수 없다. 그래서 주권은 국가와 대당되는 사회(공적영역)의 성립에 관한 문제이자 지식의 문제이기도 하다. 근대 지식국가는 모든 지식 정보의 총괄자이지만, 모든 정보를 생산·관리하지는 못한다. 언론·대학·연구소와 같은 근대 지식의 생산자들은 자신의 영역에서 스스로 지식정보를 생산하고 파급시킨다. 또 국가 기능과 별도로 성장·진화하는 지배계급 블록의 시민(독점부르주아)도 국가보다 더 많고 빠른 정보를 독자적으로 생산할 수도 있다.[117] 국가권력과 (시민)사회는 정보 생산과 유통을 두고 경쟁할 수 있다. 특히 언론은 '국민의 알 권리' 문제로 국가권력과 긴장관계를 형성할 수도 있다.[118] 그리하여 정보의 생산과 유통 문제는 근대 민주주의의 요체와 직결된다.

따라서 '지식정보'라는 앎이 근대 초 조선에서 형성될 무렵의 상황을 되짚는 것은, 국가권력의 성격과 '사회의 형성'에 관한 문제를 건드리는 것이 된다. 일종의 근대 국가권력[119]이었던 일제의 통감부와 조선총독부는, 특히 봉건국가 조선이 하지 않았던 그리고 대한제국이 시도했으나 달성하지 못했던 지식국가로서의 기능을 '충실히' 수행했다. 일제는 조선에 관한 수없이 많은 새로운 지식과 정보를 만들어내고 유통시켰다. 또한 조선인 스스로가 만들어내는 지식을 금압하고 관리했다. 식민지 조선 사회는 스스로 지식 정보를 생산하는 역량을 축적해가면서 식민권력과 투쟁하거나 '협력' 했다. 매체는 그 역량과 행위의 주요한 주체였다.

일제에 의한 공교육

문자문화 확산을 위한 최고·최대의 기제는 공교육이다. 근대 국민 국가는 의무교육을 실시함으로써 이를 대공업적으로 이뤄낸다. 이런 견지에서 일제의 침탈은 근대 초기의 앎과 그 공적·사적 제도의 발전과정을 결정한 중대한 외인이었다. 또한 식민권력은 조선 민중 스스로에 의한 근대 교육의 확산과 대중지성의 형성 과정도 왜곡했다.

식민권력은 대한제국으로부터 독점적인 공교육 주체로서의 위치를 계승했다. 그러나 식민권력은 '국민 형성' 의 의미를 지닌 국가(대한제국)의 교육 정책을 중단하고, 주로 사립학교 설립 운동으로 표현되던 민중의 자발적인 교육열을 억제·탄압했다. 일제는 〈조선교육령〉(1차 1911년)을 통해 '충량한 국민의 육성과 시세와 민도에 맞는 교육' 실시를 천명했다. 근대 교육의 '공공성' 은 교육에 대한 민중의 요구를 국가가 수렴함으로써, 그리고 앎에 대한 민중의 자발적 욕구에 대해 국가가 경제적·정책적으로 보조·지원함으로써 달성될 수 있다. 이런 관점에서 식민권력이 표방한 공교육 정책은 출발부터 결정적인 결여를 가진 것이었다.

그렇다면 식민권력의 공교육 정책이 지닌 문제점은 구체적으로 무엇인가. 첫째는 무엇보다 앎의 분배 자체를 왜곡했다는 점이다. 사립학교규칙(1911)의 시행이 대표하듯, 식민권력은 교육에 대한 대중의 자발적 열망을 부정했다. 그리고 소위 보통학교 '3면 1교제', '1면 1교제' 등의 시행에서 보듯 공교육과 초등교육조차 항상 초과 수요 상태에 있게 했다.[120] 이는 단순한 수급 불균형 문제가 아니었다. 인종주의적이며 노골적인 불평등 정책의 소산이었다. 독서회 현상이 절정으로 가던 1920년대 후반에도 그랬다. 1928년 당시 학령 어린이의 초등학교 진학률은 20퍼센트였으나 재조 일본인은 99.7퍼센트에 달했다. 중등학교 진학률은 각각 3.4퍼센트 대 20퍼센트였다. 중등교육의 경우 차별이 더욱 심했던 것이다. 1928년 고보·실업학교 등의 조선인 지원자는 31,387명이었으나 합격자는 8,969명으로 합격률이 24퍼센트에 불과했다. 1929년 당시 인구 10,000명당 조선인 학생은 15명에 불과했으나 일본인 학생은 361명이었다. 고등학생의 경우 인구당 일본인학생은 조선인 학생의 39배였다.[121]

일제는 이런 불평등을 감추지도 교정하려 하지도 않았고, 이는 '포섭력'의 심각한 저해 요인으로 작용했다. 민중의 요구에 밀려 결국 1942년이 되어서야 의무교육제의 실시를 결정했지만, 끝내 시행하지는 못했다. 보통교육의 확대뿐 아니라 고등교육을 향한 식민지 인민의 요구도 식민지 시기 처음부터 끝까지 뜨거웠다. 식민지 시기의 각급 학교 입학난에 관한 이야기는 너무 많이 남아 있다.[122]

이런 강요된 결핍의 결과는 무엇이었을까? 식민지 조선인들은 고등교육을 받기 위해 스스로 엄청난 자원을 써야 했다.[123] 그리고 부족한 교육을 벌충하기 위해 다른 길을 찾아야 했다. 야학과 서당의 문을 두드려야 했던 민초들의 사정은 여기에서 비롯된 것이다. 요컨대 식민지 조선 민중의 요구와 일제하의 초중등교육은 계속적으로 상충하는 관계에 놓여 있었다. 식민지 민중은 사립학교, 서당, 야학, 독서회, 연설·토론회, 그리고 언론과 결사를 통해 앎의 장소를 스스로 만드는 데 온 힘을 써야만 했다.

둘째, 근대 공교육이 담당해야 할 내용의 왜곡이다. 근대 공교육의 일반적 목표는 자유의지로 국가와 사회에 참여하는 시민과 노동자를 기르는 것이다. 식민권력의 '충량한 국민의 육성'은 그 문면만 놓고 보면 근대국가 대다수가 공유하는 국가주의 국민교육을 표방한 것이라 할 수 있다. 주체가 대한제국에서 식민권력으로 바뀌기는 했지만 그 자체는 대한제국의 교육 이념과도 크게 다르지 않았다. 심지어 고종황제가 일왕으로, 조선왕조의 신민이 '황국신민'으로 바뀌었을 뿐이라 이해할 수도 있다. 고종의 '교육조서'가 메이지 천황의 '교육에 관한 칙어(1890)'를 토대로 만들어졌다는 사실을 상기하면 더욱 그렇다.

그러나 내용 면에서 보면 일제가 표방한 국가주의적 교육의 성격은 오히려 근대적 공교육이 가져야 할 '공공성'과 배치되는 것이었다. 교육의 언어를 인민의 생활·전통과 무관한 것으로 규정했으며, 결정적으로 식민지 본국에서 실시된 것과 질이 다른 교육을 시행했기 때문이다. 오성철의 연구에 드러나 있듯, 일제가 말한 '민도에 맞는 교육'은 낮은 단계의 실업교육에 치중하겠다는 것이었으며, 차별을 감추기 위한 허울 좋은 핑계였다. 이는 조선 민중의 요구와 맞지 않는 것이었다.

식민지 공교육과 대중의 모순

1910년대까지 일제의 공교육을 거부하다시피 하던 조선 민중은 3·1 운동 이후 일제가 주재하는 의무교육을 요구하게 되었다.[124] 피지배 민중이 스스로 필요한 최소한의 교육을 요구한 것이다. 교육과 해방 사이의 모순을 잘 보여주는 대목이다. 그러나 이를 식민지 조선인이 민족으로 저항하기 위해 교육을 받고자 했다는 식으로 읽는 것은 민족주의적 과장이다. 굳이 말한다면 그들은 평등한 인간으로 살기 위해 교육받고자 한 것이다.[125] 그런데 그 교육이 굴종과 저항의 양면을 뜻할 수도 있다. 식민지인의 '분열'과 '이중구속'은 바로 이것과 강한 연관이 있다.

식민지 시기 대중은 자기지식에 대한 강한 욕구를 가지고 있었지만 식민지 권력은 이를 허락하지 않았다. 그래서 이 또한 대결의 중요한 요인이 되었다. 예를 들면 〈조선학생사회과학연구회〉(조과연)는 하기 방학 프로그램으로 농촌 단기 강습학교를 개설했으며, 학내 문제를 넘어 식민지 사회 현실을 직접 조사 연구하려는 계획을 세웠다. 1920년대 말~30년대 초 전국을 휩쓸던 학생 맹휴에서는 '조선인 본위의 교육'이 핵심 슬로건으로 걸렸다.[126] 이는 일본인 교사의 차별과 조선과 조선인 모독에 대한 직접적인 문제제기이자 조선어, 조선 역사, 조선 지리 등을 교육하라는 요구이기도 했다.

"식민지 노예교육에 절대 항쟁하라!"[127]는 1928년 2월 경성여자상업학교 맹휴에서 나붙은 표어로서 당시 식민지 공교육과 대중의 요구가 어떻게 대립했는지를 집약해서 보여준다. 1920년대 말~30년대 초의 동맹휴업에서 학생들은 식민지 교육기계의 교육 형식·내용에 대해 공공연하게 반대했다. 독서회와 같은 자발적 학생조직과 사회주의 사상의 전파는 이러한 반대의 배경으로 작용했다. '조선인 본위 교육'의 요구와 함께 동맹휴업으로 독서회 현상이 절정에 달하자 총독부는 학생의 강연회·연설회 참여에 대한 감시·탄압[128]의 수위를 높였다.

결론을 내려 보자. 공교육은 대중지성 형성의 기초를 제공할 수 있다. '보통' 교육은 가장 기본적인 앎의 도구를 제공하며, 보통교육 수준 이상의 공교육은 민중 내부의 연대와 대중지성 형성의 토대를 만들 수 있다. 그러나 국가에 의해 수행되는 공교육과 제도교육은 정반대의 기능도 수행한다. 권력이 원하는 것만 알고 생각하며 순종하는 인간을 만들려 한다. 교육을 통해 식민권력과 보수주의가 원하는 바는 이것밖에 없다. 그래서 한편, 대중지성은 언제나 제도·국가와 대립하는 관계에 놓일 수 있다. 식민권력은 언론·출판을 비롯한 '민족사회'에 대한 지속적이고 강력한 탄압을 통해 앎의 독점을 획책했다. 식민지 시기, 즉 근대 초기의 대중지성이 '국가 없이' 또는 국가 권력과의 투쟁 속에서 형태를 갖추게 된 것은 이런 이유 때문이다. 이러한 자발성이 근대적 앎의 성립의 주요 특징이다.[129]

지식의 분화와 '지식인'의 등장

과학 '장'의 설립과 전문가 · 기능적 지식인의 형성

앞서 말한 대로 '과학'은 두 가지 의미를 갖는다. 하나는 자연과학과 의학, 공학을 비롯한 이과理科 지식을 가리킨다. 흔히 '과학자', '과학도'에서의 '과학'은 인문학과 사회과학을 제외한 과학을 가리키는 용어다. 근대국가는 과학기술국가다. 과학기술은 통치의 수단이며, '전쟁국가'가 자신을 보존하기 위한 위력이기도 하다. 국가는 과학-기술자를 양성하고 그중 일부를 관료로 만든다. 이 둘은 국가에 참여하는 테크노크라트 중 중요한 일부를 차지한다.

근대 초기에 법과 행정, 공학과 과학기술 등에 종사하는 '전문가'들이 나타났다. 특히 식민권력은 강력한 국가관료 체제를 통해서 '근대화'를 이식했기 때문에, 민간과 '사회'에서보다 더 많은 '관료-전문가'가 신속하게 형성되었다. '내지'에서 건너온 다수의 일본인 테크노크라트와 '전문가'들이 조선에서 관직을 수행했다.

총독부는 기본적으로 과학 · 기술 교육에서도 조선인을 노골적으로 차별했다. 조선인이 고급 과학기술교육을 받는 것을 원하지 않았기 때문에 하급기술인력 양성에 초점을 맞췄다. 예컨대 조선 '최고'의 과학기술 교육기관이던 경성공업전문학교의 입학에서 조선인은 차별을 받았다. 일본인보다 어렵게 졸업한 이후에도 진로가 상당히 달랐다. 일본인 졸업생의 상당수가 총독부의 관여로 일본과 조선의 관청에 취직한 반면, 조선인 졸업생은 대부분 교원(그중 93.9퍼센트가 사립학교)이 되었다.[130]

조선인들의 '문과' 선호 경향은 여전했지만, 그럼에도 서서히 조선인 과학기술인력은 양성되어갔다. 일본이나 구미 유학생 가운데 박사학위 소지자들도 나타났고, 1931년 만주사태 이후 일본이 전쟁에 돌입하자 과학기술 관련 인력 수요는 더욱 커졌다.[131]

한편 근대적 '학문'과 동의어로 쓰이는 '과학'은 인문 '과학'·사회 '과학', 혹은 '과학적'이라는 관형어에서의 의미다. 이 두 번째 의미의 과학이 한국 사회에 뿌리를 내리기 시작한 것은 1920년대다. 근대적 분과 학문의 성립은 한편으로 상대적 자율성을 지닌 장의 성립을 의미한다. 부르디외의 장場이론에 따르면 세계와 텍스트 사이에 '중간 세계'를 이루는 문학, 예술, 법학 또는 과학의 장이 있다. 이런 장이 성립됨으로써 앎의 세계 사이에 골이 파이고, 세계와 소통하지 않으며, 동시에 통합하는 앎을 필요로 하게 된다는 점을 이미 설명했다. 분과가 성립해야 교양도 성립한다.

통합하는 앎의 반대편에서 언제 어떻게 자율적인 학문과 앎의 장들이 성립되었던가를 살피는 일은, 어떻게 자연과학계와 그 분과학문계(이를테면 수학계, 화학계 등)가 성립했는가, 어떻게 역사학계, 정치학과, 미술학과, 그리고 법학계가 성립했는가를 살피는 일이다. 이런 분과학문과 그 장의 성립에 작용한 일반성이 무엇이었는지, 식민지의 제도교육과 분과학문 성립의 전반적인 특징이 무엇이었는지를 다룬 연구는 별로 없다. 그러나 개별적인 장들의 성립사는 '○○학사學史'의 형태로 꽤 많이 연구되어왔다. 어떤 학자(사람)들이 어디서 나타나서 누구한테 무엇을 배우고, 어떤 학회나 학교에서 어떤 공부를 하고, 어떤 제자들을 길러냈는가, 그리하여 어떤 학과가 새로 생겨나고 그 학과에서 또 어떤 학과가 분립하고 또 어떤 학파를 이루었는가가 바로 이 같은 ○○ '학사'의 설명 구조다. 경성제대를 위시한 대학과 대학 내 연구소·연구회의 성립은 중요한 최초의 '장'들이었다. 법문학회, 만몽문화연구회, 대륙문화연구회가 직접 경성제대 구성원에 의해 설

■ '과학 데이' 포스터

■ 《과학조선》 제2호(1933년 6월 창간)

조선인들의 문과 선호 경향은 일제 강점기에도 여전히 지속됐다. 그러나 과학 또한 서서히 그 중요성이 널리 확산되고 있었다. 1934년 4월 19일부터 3일간 '과학 데이' 행사가 개최되었으며, 《과학조선》, 《과학》 등 과학 전문 잡지도 창간됐다. 소년 소녀를 대상으로 한 《백두산》이라는 과학 잡지도 만들어졌다. 이 같은 과학의 높아진 위상과 과학에 대한 당대의 인식은 과학지식보급회가 1934년 6월 창립총회를 앞두고 발표한 발기문에서 확인할 수 있다.

립되고 총독부가 관여한 조선사편수회, 청구학회 생약연구소, 조선경제연구소, 대륙자원과학연구소 등이 나타났다.

류준필의 《형성기 국문학연구》는 경성제국대학에서 조선인으로서는 최초로 '대학'에서의 연구를 통해 근대 학문으로서 국문학을 일군 김태준·조윤제·이병기 등에 대한 연구이며, 김근배의 《한국 근대 과학기술인력의 출현》은 대한제국 이래 최초로 자연과학과 공학 분야의 전문교육을 이수하고 공업(전문)학교와 기술관료 양성 체계를 만들어낸 인력들에 관한 연구다.[132] 이외에도 《한국근대의학교육사》라든가 《한국사학사의 연구》, 《한국정치학 50년》[133] 같은 책이 쓰이

■ 《과학》 창간호(1929년 6월 8일)

■ 《백두산》 1931년 2월호(1930년 10월 20일 창간)

"생활의 과학화! 과학의 생활화! 2천만 조선민중은 생활을 요구한다. 생활을 요구하기 때문에 과학을 요구한다. 현대생활은 과학이 아니고서는 영위할 수 없음으로써이다 …… 우리의 모든 생활방법을 과학으로 개선하자! 일체 문화운동의 기초를 과학으로 쌓아 올리자! 다 같이 손잡고 과학조선을 건설하기 위하여 분기하자!"

고 있다. 거기에 '원로'와 그 제자들의 회고록이 줄줄이 붙어 있음은
물론이다.

이런 역사를 만지고 들추는 것은 무슨 이유에서일까? 채 50~100년
밖에 안 되는 짧은 역사에서 그들이 일종의 시조始祖이며 그들이 무슨
공부를 어떻게 하여 어떤 학과와 대학을 만들어냈는가 하는 이야기는
일종의 건국신화와 같은 것이기 때문이다. 이를테면 한국 철학 연구
의 특징은 무엇인가, 한국에서는 왜 어떤 학문은 더 발전하고 또 어떤
학문은 발전하지 못했는가 등 장場의 구체적인 특징을 그 역사로부터
알 수 있기 때문일 것이다.

발전하고 있던 자본주의와 '현실의 필요'가 지식 사이의 위계를 새
로 만들고 기존의 앎의 세계를 재편했다. 근대 지식의 분화는 '사회의
분화'와 밀접한 관계가 있다. 베버 등의 사회과학자들은 근대 세계의
탄생이 탈주술화와 사회의 합리화에 의해 진행되었다고 논한다. 윤해
동은 이에 입각해서 식민지 조선 사회에서도 행정 관료적 영역·경제
적 영역·종교적 영역·문화적 영역·집합적 운동의 영역·하위지역
적 영역이 등장하고, 행정 관료적 영역·경제적 영역이 국가로브터 서
서히 분리되고 있었다고 말한다. 또한 새롭게 나타난 종교적 영역·문
화적 영역·집합적 운동의 영역·하위지역적 영역이 1920년대 이후
명확히 분화하는 모습을 보이고 있었다고 주장한다.[134]

지식의 분화는 학제와 고등교육에 관한 의식의 형성을 통해 재생산

된다. 이여성·김세용의 《숫자조선연구》 4집(1933)에는 이를 잘 보여
주는 통계가 하나 있다.

우선 〈표 3〉은 지식의 영역이 어떻게 나뉘었는지를 보여준다. 각
'부部'로 구분된 지식 영역은 기본적으로 현재의 인문·사회·예술·
자연·공학·사범 등과 다르지 않은, 고등교육 학제의 편성과 그에 대
한 인식을 반영하고 있다. 그런데 사회과학부(정치학·사회학·심리학
등으로 구성된)가 없다는 점이 눈길을 끈다. 식민지 시기 일본에 정치
학·경제학을 뜻하는 '정경政經' 학부가 법학부와 통합되어 있는 경우
가 많았기 때문에 사회과학부는 따로 존재하지 않았다.

특히 주목되는 것은 전체 동경 유학생 중 무려 34퍼센트가 법학부에
재학하고 있다는 사실이다. 상당히 높은 비중이다. 법학의 지위와 '인
기'를 생생하게 보여준다. 1부에서 말했듯 '인기'는 지식의 위계에 관
한 일반의 감각, 그리고 지식의 유용성에 대한 표상과 관계 깊다. 법학
의 인기는 조선이 근대 사회로 접어들면서 바로 시작된 것이라고 볼
수 있다. 또한 《낙조》에서의 (1895년 최초의 일본 유학생 중 '농공상' 분야
지원자는 단 한 명도 없었다는) 예에서 보았듯이, 과거로부터 물려받은
조선인 엘리트의 정치·관료 지향과 관계 있는 것이라 할 수 있다. 즉
법학부의 인기는 '입신출세주의'의 근대적 변용과 긴밀하게 연결되어
있는 것이다. 1900~15년까지의 유학생들 중에도 정경政經·법률과 지
원자가 많았다.[135] 법학부는 각급 행정 관료와 법조인을 길러 내는 역
할을 하며, 근대 법학은 자본주의의 사회관계 및 국가제도에 관한 일
종의 종합학문이기도 하다. 법학부의 인기는 이런 법학 자체의 특성에
서 기인한 것이다.

경제학·상학(경영학)의 인기도 상당했다. 상학·경제학도 근대 법학

<표 3> 1930년 현재 재동경 조선인 유학생 전공별 현황

구분	남	녀	계	비율
법학부	590	8	598	34.1%
문학부*	287	14	301	17.1%
경제학부	262	9	271	15.4%
상학부	174	3	177	10.1%
농림학부	93	6	99	5.6%
의학부	31	43	74	4.2%
이학부	38	3	41	2.3%
공학부	40	0	40	2.3%
수산부	4	0	4	0.2%
약학부	2	1	3	0.2%
음악과	7	7	14	0.8%
미술과	31	11	42	2.4%
고등사범과	49	16	65	3.7%
가정과	0	27	27	1.5%
계	1608	148	1756	100.0%
남녀 구성비	92%	8%		100.0%

※ 출처: 이여성·김세용, 《숫자조선연구》 4집, 1933, p. 122.

과 마찬가지로 자본주의적 관계의 운영에 관한 학문이다. 그 인기는 현상적으로 식민지 자본주의가 은행과 민영기업 등에 많은 취직자리를 만들고 있었기 때문일 것이나, 근원적으로는 상업과 '장사꾼의 삶'에 대한 인식의 변화와 관련이 있을 것이다. 개인들이 각각 하나의 '계산적 이성'의 주체로서 자본주의적 사회관계에 대처하게 되자, 이런 변화가 촉진되었을 것이다.[136] 조선 사회에서는 특히 1910년대에 기업열과 기업가 정신에 대한 담론이 폭발하기도 했다.

1933년의 통계를 오늘날의 통계와 비교하여 생각해볼 수 있다. 각

〈표 4〉 대학진학 현황

구분	합계		인문계		사회계		교육계		자연계		공학계		의약계		예체능계	
	계	여	계	여	계	여	계	여	계	여	계	여	계	여	계	여
1990	100	28.5	15.0	24.5	27.6	17.2	6.5	13.2	40.4	27.0	–	–	3.9	4.8	6.6	13.2
1995	100	31.9	14.0	22.9	25.8	20.7	5.3	10.8	44.0	28.6	–	–	3.8	4.6	7.1	12.5
2000	100	35.8	13.5	21.2	26.7	26.7	4.0	7.1	13.5	16.3	30.2	10.7	3.7	5.0	8.3	13.1
2005	100	36.8	13.5	21.0	28.1	28.1	4.3	7.0	12.6	14.9	27.9	9.7	3.4	4.8	10.1	14.4
2006	100	36.9	13.3	20.5	28.9	28.8	4.4	7.1	12.5	14.8	27.2	9.4	3.4	4.8	10.3	14.6
2007	10	37.1	13.2	20.1	29.5	29.6	4.4	6.9	12.3	14.6	26.7	9.3	3.5	4.9	10.4	14.7

※ 출처: 《교육통계연보》(각 연도), 교육인적자원부 · 한국교육개발원.

각 불완전한 통계 지표라는 점을 감안하더라도 둘 사이에는 여러 가지 차이도 있다. 가장 다른 것은 법학, 경제학, 상학의 지망자 비율 대 자연과학 · 공학 분야의 학생 비율이다. 또한 대학교육 수혜자 중 여성이 차지하는 비율도 완전히 다르다.

한편 문과(인문학) 지원자 수는 과거와 현재가 비슷하다. 문과는 사회에서 필요한 제너럴리스트generalist를 길러내는 학문이다. 오늘날과 같이 극도로 자본주의화되고 지식이 분화된 사회에서는 그 영향력이 감퇴하여 지식의 위계질서에서 점점 저층으로 떨어질 수 있다. 전통적인 의미의 '문사철'이 근대 지식으로 분화 · 재편되는 과정은 또 다른 논의거리다. 그러나 실제적인 유용성 문제 혹은 그것을 반영한 현실의 '인기'가 20세기 초에도 급격하게 변화했다는 증거들은 쉽게 찾을 수 있다.

한때 문학열이 초기 식민지 사회를 사로잡은 적이 있다. 《숫자조선연구》의 통계에 의하면 17퍼센트가 문학부에 유학하고 있다. 한말부

《별건곤》 4호(1927년 2월)의 세태비평 〈은파리〉에 실린 삽화
잡지에 실릴 수 있게 글을 써주겠다며 대신 키스를 요구하는 '얼치기 문사文士'의 농弄에 기생은 벌써 다른 선생이 써주기로 약속했다고 대거리한다. 당시 여성들의 문학열과 문학청년의 위세를 엿볼 수 있는 그림이다.

터 1910년대 사이에 도일한 유학생 중 '문학'을 전공으로 선택한 학생 비율에 비해서는 늘어난 수치다. 1915년까지는 정경政經·법률과 상업·농업 분야의 유학생이 문학 분야보다 훨씬 많았다. 그러나 문학열은 1920년대 중후반으로 넘어가면서 식는 듯하다. 여성들이 문예에 여전히 열광하긴 했지만, 초기 신여성들의 독서 환각은 보다 현실적으로 변화했다. 〈신여성 구혼 경향〉을 논한 《별건곤》의 기사는 1920년대 중반 신여성의 구혼 선호 경향이 "문학 전성시대"를 지나 "법학 대두시대·의학 발흥시대·황금 만능시대"로 이행하고 있다고 파악했다. 3·1운동 직후 시나 소설 한 편을 발표하는 것이 새로운 청년의 능력으로 인정되던 시절 문학청년은 최고의 인기를 누렸다. 속속 새로 발간되던 신문이나 잡지에 시나 소설을 한 편만 발표해도 팬레터가 쇄도할 정도였다. 그러나 여성들이 '문학'이 좋은 밥벌이 수단과는 거리가 있다는 사실을 인지하게 되면서 상황은 달라졌다. 여성들이 길거리에서 문학청년을 만나도 '아는 체도 안 하게' 된 것이다.[137]

맨 처음에 새로 신교육을 받은 여자들이 연애에 눈이 뜨자 먼저 남자의 편에 마음이 쏠리기는 문학청년이었다 한다. 기미운동 이후 한창 신문 잡지가 비 뒤에 대순 나오듯 하던 시절에는 어디 시 한 구旬, 소설 한 편만 발표하여도 그 청년에게는 여자의 연애편지가 사면팔방四面八方에서 쏟아져 들어오고 심지어 인물 예쁜 기생들까지 문학청년을 연모戀慕하기가 여간이 아니어서 스스로 찾아다니기를 꽃당테가 떨어질만큼 차짓하니더니 근래와서는 조선의 문사치고 빌어먹지 않게 된 청년이 몇이 못 되게 되니까 연애편지는 그만두고 길에서 만나야 아는 체도 안한다.[138]

요컨대 근대 지식의 분화는 '사회의 분화'와 밀접한 관계가 있다. 법학·경제학·상학 전공자의 비율은 베버가 말한 영역의 분화와 합리성의 형성이 어디에서부터 이루어졌는지를 보여준다. 반면 이학·공학 전공자의 낮은 숫자는 식민지조선 사회가 어떤 장애에 처해 있었는지를 말해준다. '정상적'인 상황이었다면, 다시 말해 20세기 초 대학 교육과 지식의 분화를 관장한 권력이 일제의 식민권력이 아니었다면, 인력의 배분은 달라졌을 가능성이 높다. 과학국가주의가 지배 담론의 하나로 높이 외쳐졌음에도 불구하고 오히려 식민지 엘리트의 선택은 냉정했던 것이다. 이학이나 공학을 통해 높은 지위나 부에 접근할 가능성이 낮았기 때문에 법학·경제학·상학으로 몰린 것이다. 적어도 이학과 공학 영역에서는, 식민지 조선 사회의 '합리성'과 사회의 분화는 지체되었다.

인텔리겐치아의 등장

근대적 고등교육의 확산이 '지식계급'을 만들고, 또한 자신과 민중을 구별하는 '지식계급'의 자의식을 만들어냈다. '지식인'이 자체로 '계급'이 될 수 있는 독자적인 사회적 '실체'로 간주되기는 어렵다. 그러나 지식 공급과 분배의 격차, 동시에 그보다 더 근본적인 사회적 차원의 계급 분화가 '지식계급'이라는 인식의 범주를 형성한다.[139] 따라서 지식계급은 구체적인 사회적 '신원'이라기보다는 의식과 행동양식의 '수행적' 주체들 혹은 그에 대해 자기동일시하는 정체성의 소지자라고 보는 편이 더욱 정확하다.

좀 더 구체적으로, 근대 지식인의 등장은 무엇을 배경으로 한 것인가? 봉건적 농민이자 그야말로 '일자무식'이며 절대적인 빈곤 때문에 인간 이하의 상태에 놓여 있는 '민중'을 배경으로 한 것인가? 아니면 국민교육 등을 통해 근대적 지식이 일정하게 전파되고 신문·영화 등의 미디어가 형성하는 균질적인 도시 인구 집단인 '대중mass'을 배경으로 한 것인가? 첫 번째 측면과 두 번째 측면이 다 작용한다고 봐야 할 것이다. 조선에 있어서도 그러하다.

첫째, 봉건적 신분제와 자연에 의해 결박되어 주술적인 세계에 살거나 식민지 통치에 일방적으로 희생당하는 상당수의 조선 민중이 있었다. 이들에게는 그야말로 원초적인 차원의 '계몽'이 필요했을 수도 있다. 원초적인 휴머니즘과 계몽주의가 지식인과 그 의식을 형성하는

배경이 되었을 것이다. '지식인'은 사회 변화의 자연적인 산물만이
아니라 사회 모순에 관한 통찰과 그에 근거한 '운동'의 의식적 산물
이라고도 할 수 있다. 조선 근대 지식인은 제국주의의 침탈과 식민지
자본주의화가 생성한 '민족의 현실', '민중의 현실'에 대한 자각과 그
에 대한 운동의 과정에서 등장했다. 따라서 그들은 단순히 '식자'가
아니라 기본적으로 민족주의자이며, 민중주의자이며, 사회주의자일
가능성이 높았다. 즉 그들은 '이념의 인간'이었다.

둘째, 무너진 전통 사회의 자리를 대체하여 확대되어간 자본주의적
사회관계가 '자연스럽게' 중간층과 고학력자들을 길러냈다. 그리고
그 가운데에서 '지식인'이나 '엘리트'라는 식으로 자기 집단을 타자
와 구분해내는 사고가 생겨났다. 이는 다양한 방면에서 여러 가지 조
건을 통해 가능했다. 근본적으로 그것은 자본주의의 발전이 야기하는
노동 분업과 계급 분화에 기초한 것이다. 사회 제영역의 분화에 따른
효과, 근대 예술의 발전과 취미의 분화(그에 따른 '구별짓기'의 출발) 등
이 그러하다. 그런데 대중을 자신과 구분해내는 엘리트들의 사고가
오리엔탈리즘과 식민주의를 내면화한 결과라는 점에도 주의하지 않
을 수 없다. 식민지 조선인의 '무지몽매'와 '전근대성'을 가장 예민하
고 날카롭게 인지하고 파헤친 것은 바로 일본 제국주의자였다. 적어
도 조선 전체보다 50년, 경성보다 20년은 빨리 발전하고 있었던 제국
의 중심지 동경 유학을 다녀온 소수의 엘리트가 선민의식을 갖게 된
것은 당연한 것일 수 있다. 그들의 이러한 선민의식은 두 가지 양상으
로 발현되었다. '브나로드'의 인민주의와 성찰 없는 엘리트의식이 그
것이다.

사회주의는 '공론장의 구조변동'을 확산하고 이념적으로 뒷받침한

■ 《동아일보》의 브나로드운동 캠페인

다.[140] 사회주의 특유의 '대중노선'과 계몽주의가 그 토대로 기능했다. 사회주의는 새로운 형태의 계몽주의였으며, 앎에 대한 민중의 열망과 문자문화의 확산을 중재했다. 물론 사회주의의 일부 교리는 민중과 지식인–전위 사이의 일방적 관계를 상정한다. 1920년대의 일부 조선 사회주의자들도 이에 입각해 사고했다. "조선 무산자군은 무식함이 타국에 비하여 일층 심하다. 그러므로 우리(지식분자)는 무산자군에 들어가서 맑스주의적 교리를 열심히 주입하지 않으면 아니된다"[141]는 식의 '지식분자' 특유의 상투적인 인식은, 그러나 오히려 대중지성의 존재 증명이다.

지식인이라는 존재를 만들어낸 사회주의는 지식인에 대한 의존(혹은 지식인중심주의)과 경계警戒(인민주의) 사이를 진동했다. 이는 정신노동에 종사하는 중간계층에 대한 자기 불신과 연관되는 문제로서, 육체노동과 '기본계급'('기출')에 대한 옹호 및 '노동계급중심즈의'로 현상했다.

'지식인'이 형성되는 와중에 민중은 앎의 도구들을 소유함으로써 '교양'을 가진 집단적 지성이 되어가고 사회변혁의 주체가 되어갔다.

1920년대의 역사는 수없이 다양한 인간에 의한 대규모의 지적 해방 투쟁이 감행되었음을 생생히 보여준다. 지식계층과 민중은 뒤엉켜 그 '운동'을 함께 했다.[142]

나오며

'지식인의 죽음'

2007년 한 일간지에 〈지식인의 죽음〉이라는 기획 기사가 연재된 적이 있다. 이 기획은 한국 민주주의의 변화와 대학의 상황을 다루고, 오늘날 한국의 지식인이 어떤 이념적 성향을 가지고 어떻게 분포되어 있으며, 어떤 사고를 하고 있는지, 그리고 그들의 존재 조건이 무엇인지를 폭넓게 점검한 기획이었다. 적실하고 시의적절한 기획이었다 생각된다. 지식인은 실제로 총체적인 '위기'의 상황에 처해 있다. 아니, 그 기획의 말대로 '지식인'은 이미 '죽었다'. 그들의 거의 대부분은 '전통적인 의미의 지식인'으로서의 역할을 하지 못하고 있다. 그 역할이란 '국가와 자본의 권력에 대해 보편적인 '인간성'을 지키기 위해 나서서 문제제기하고, 지식을 공동체와 사회 전체를 위해 쓰며, 필요한 경우에 먼저 나가 싸우는 것'으로 여겨지는 것이다.

그러나 오늘날 누가 그렇게 하고 있는가? 진실로 누워 침 뱉는 격이라 이런 말을 할 자격이 있는지조차 부끄럽지만, 오늘날 한국 '지식인' 대다수의 '지식인'으로서의 이해 관심은 실로 세속적이고 소시민적인 것이다. 대부분의 '지식인'들은 국가와 자본의 권력에 복속되어 있으며, 세계에 대한 파편적인 지식만을 갖고 있을 뿐이지만, '내가 지식인'이라는 허위의식으로 연명해간다.

오늘날의 '지식인'은 비평준화 세대의 '일류 고등학교', 또는 386세대의 '서울 시내 주요 대학'을 졸업한 남성들과 그들의 동아리들로부터 나왔다. 그들은 1960~80년대의 정치상황과 앎(특히 교양)의 문화 사이에서 만들어진 존재다. 다시 말하면, 1960년대에 새롭게 수용된 서구적 교양주의와 그것이 한국적 풍토에서 만들어낸 인문사회과학의 체계, 그리고 앎과 말의 자유를 봉쇄해 놓은 군사독재와 그것에 맞서며 형성된 해방의 상상력과 앎이 그들의 지적 기반이다. 1950~70년대 유럽(프랑스·독일 등)의 인문주의 사조(의 일부), 몇 가지 조류의 마르크스−레닌주의와 서구 마르크스주의는 그 지식문화의 외부적 원천이며, 구좌파적 민중주의와 민족주의의 에토스는 그 앎이 작동하도록 한 동력이다. 그래서 한편으로 이 지식문화는 그 담당자로 하여금 나름의 선도성과 계몽성을 갖게 했다. 독재와 억압이 대중의 앎과 말을 가로막았기 때문이다(한편 이 지식문화는 현재 인문·사회과학 분야 고등교육제도와 학제에 반영되어 있다. 오늘날의 '역사 전쟁'도 이것과 관련된 것이다).

이 앎의 원천과 동력의 '근본적' 문제의식은 지금도 일부 유효하지만, 대체로 그 앎의 구체적 내용과 방법은 현실적합성을 상실해가고 있다. 그것은 시간의 전개 속에서 불철저한 것이 되어 버렸다. 한국 민주주의와 자본주의가 새로운 국면에 처함으로써 1960~80년대 문화가 만든 '지식인들'의 지적 기반은 거의 사라진 것이다.

과거의 '지식인'이 지니고 있던 유효성이 종식되었으나, 이전과 같은 의미의 '지식인' 후속 세대도 잘 보이지 않는다. 우선 이는 근대적인 의미의 '지식인-대중' 사이의 관계와 그것을 가능하게 하는 관계가 현실에서 더 이상 유효하지 않기 때문이다. 낡은 계몽적 '지식인'이 아닌, 새로운 지성의 네트워커와 노드는 누구일까? 어떤 존재일까? 어디에 있을까?

한국 민주주의와 자본주의는 여전히 취약하고 불안하며 유치하다. 어떤 면에서는 벌써 뿌리가 상하고 조로早老했기에, 새로운 악惡을 불러들이기도 했다. 이런 의미에서 '잃어버린 10년'이라는 수사는 정당하다('민주정부'의 실패는 386세대만의 실패가 아니라, 1960~80년대에 대학 교육을 받거나 가르치고 비판적 교양을 습득한 세대들의 공동 실패다). 그 부후腐朽와 조로 앞에서, 사회적 연대와 공유의 여린 잎사귀들이 먼저 마르고 있다. 사람들은 이제 더욱 원자화되고, '관계'는 파편화되어 '돈'이 시키는 것이 아니면 하지 않으려든다.

누가 사회적 연대성과 앎의 공통성을 창출하는 데 앞장 설 것인가? 1980년대의 '지식인'은 같이 읽고 토론했다. '존재 전이'를 외치며, '내가 노동자다'를 외쳤다. '노동자도 사람이다'를 '대신' 외치기도 했다. 이는 의미 있는 사회적 연대를 일궈내고 한국의 민주주의를 확장하는 데 기여했다. 그러나 한편 완벽하고 윤리적인 '존재 전이'는 어렵고 부자연스러운 일이었기에 역의 결과를 도출하기도 했다. 1970~80년대가 기른 세대는 유례없이 강한 자아를 갖게 되었으나, 그들이 기반을 둔 역사적 조건이 없어지자 오히려 도덕적으로 또는 지적으로 무감각·무책임해졌다. 예컨대 객관적인 척하는 냉소주의는 그들 정신의 한 일부가 되었으나, '냉소적 이성'은 쉽게 '속물 독재'에

항복하거나 '협력' 하게 되었다.

이 책은 이제 '우리가 대중이다' 는 관점을 도입할 것을 제안하는 것이다. '지식인' 과 '대중', '노동계급' 과 '민중' 과 같은 오래된 이름을 해체하여, 새로운 주체와 지력知力을 찾아내자는 뜻이다. '우리가 대중이다' 는 '내가 노동자다' 에 비해 상당히 쉬운 일로 생각된다. 이는 '존재 전이' 나 '지식인의 책무' 같은 불가능한 윤리적 기획에서 자유로워지고, 대신 시민·공민의 임무를 나누자는 것이다. 광활한 지식의 우주 앞에서 겸허하게 '존재' 를 긍정하고 연대의 새로운 조건에 대해 열어놓고 생각하자는 것이다. 대중지성으로서의 인식과 행동은 여기서 요청된다.

앎의 민주주의 구현을 위해

대중이 몽매하며 비이성적인 존재라는 생각을 자주 떠올리는 사람은 이 책을 읽기 어려웠을 것이며, 책의 메시지에 동의하지도 못할 것이다. 그런데 실제로 대중지성은 기능 불가능의 상황에 빠져들기도 한다. 왜 그러한가?

근본적으로 억압과 역관계 때문이다. '대중이라는 존재' (이에 대한 상식을 반대하자는 것이 이 책의 주제이지만)가 빠져드는 몽매와 비이성을 기득권 유지를 위해 이용하려는 정치권력과 비인간적 사회경제 '체제' 가 더 많은 힘으로 인간을 찍어 누를 때 지성은 마비될 수 있다 ('대중' 에게서만 그러한 것이 아니라, '지식인' 은 더욱 그러하다). 한반도의 주민들이 경험했던 봉건왕조, 일본제국주의, 군부독재의 공통점은 무엇이었나? 교육과 정보, 지식을 최대한 나눠주지 않기 위해 노력한 것이었다. 책을 불태우고, '표현'을 금지하며, 문체를 억압하고, 시키는 대로만 글을 쓰게 했던 것이 그들이었다. 오늘날, 정권이 인터넷과 방송 전체를 '장악'하려 한다는 뉴스가 연일 들려온다. 이는 현대의 권력도 노골적으로 대중지성을 약화시키고 대중의 이성과 말할 자유를 후퇴시키려 할 수 있다는 '좋은' 실례가 될 만하다.

그러한 반지성적 권력과 대중지성에 반하는 힘은 구조화되어 있으며, 세계 '질서' 속에 새겨져 있기도 하다. '여론'과 달리 아무리 선거를 해도 특정한 당이 이긴다든지, 법이 근본적으로 앎과 말의 자유를 보장하는 것이 아니라 그 반대로 기능한다든지, '돈 때문에' 좋은 교육과 취향을 기를 수 있는 기회가 원천적으로 차단되어 있다든지 하는 예가 그러하다. 이러한 정황을 고려하지 않고 무지와 몽매를 탓하는 것은 전도된 인식이라고 볼 수밖에 없다. 우리는 '대중의 무지와 몽매'에 대해 싸워야 한다. 무지와 몽매를 야기하는 조건과 구조에 대해서.

관련하여 오늘날 한국의 대학 진학 비율이 80퍼센트를 상회한다는 사실을 상기해보자. 그야말로 대학교육이 '국민교육'처럼 되어 있는 것이다. '이러한 상황은 정상적인 것인가? 그리고 바람직한 것인가?'라는 물음이 당연히 제기될 수밖에 없다. 이 물음은 단지 대학교육의 문제에 그치는 것이 아니라 교육제도 전반·사회경제 구조·'문화'의 문제 전체와 연관된 것이기 때문에, 어느 한 가지 방향에서 '정답'을 말하는 것이 불가능해 보인다.

이 책에서 말한 논지와 연관시키면 이는 '잠재적으로' 바람직한 것이다. 확산된 대학교육은 크게 보아 우리 사회가 진보해왔다는 증거이며, 앞으로도 우리 사회가 좋은 방향으로 진전되는 데 중요한 동인이 될 수 있기 때문이다. 대학교육이 전 국민의 것이라는 사실은, 대학교육이 함의하는 인문사회·자연과학에 걸친 폭넓은 교양, 종합적인 사유 능력과 반성적 능력, 세계 전반에 관한 지식, 민주적이고 자율적 시민이 되게 만드는 체험이 폭넓게 분배되어 있다는 것을 뜻한다. 우리는 민주주의와 '(좋은 의미의) 발전'을 위한 무한정한 인적·지적 인프라와 '잠재성'을 가진 셈인 것이다.

물론 인프라와 '잠재성'이 '현실'이 되기 위해서는, 먼저 '과연 오늘날의 대학이란 무엇인가?' 그리고 '대학에서 과연 무슨 일이 벌어지고 있으며, 무엇을 가르치고 있는가?'와 같은 문제가 검토될 필요가 있다. 단지 '교육' 영역에 한정되지 않는 많은 전제조건 또한 필요하다. 물론 이와 연관된 비관적이고도 모순된 상황도 많이 있다. 이를테면 오늘날 대학교육은 유명무실하여 대학 졸업장을 받아 봤자 제대로 된 교양과 '직업'에 아무 쓸모가 없다거나, 확대되고 있는 대학 사이의 격차야말로 앎과 계급의 격차를 배양해내는 온상溫床이며, 대학생들이 엄청나게 비싼 등록금을 내고도 영어와 직능에 필요한 사교육을 위해 또 다시 많은 비용을 내야 한다는 사실들. 또한 대학이 자본의 포로이거나 또는 그 자체로 '자본'의 일종이며, 결국 국민화한 대학교육이란 '거품'에 불과하다는 암면暗面들이 그러하다.

이런 문제를 해결하기 위해서는 사회경제 구조 전체와 문화의 문제 전반에 대한 수술이 필요할 것이며, 교육의 공공성을 회복하는 것으로부터 출발해야 한다. 그래서 지금 당장 우리에게 좋은 고등교육의 '잠재성'을 옹호하는 싸움이 필요한 것이다. 더 나은 커리큘럼, 더 싸고 평등한 교육의 기회, 실질적인 민주주의의 실현을 위한 고등교육이 대학과 고등학교에까지 연동되고 확산되어야 하는 것이다. 이것이 당장 어렵다면, 우리는 1900년대의 민간 학교, 1920년대의 청년회와 지역의 지적 조직들(예컨대 독서회와 야학), 1970년대의 노동야학과 1980년대 대학의 '학회'와 '세미나' 등등, 우리 역사에서 자율적인 앎의 네트워크가 탄압과 감시를 이기고 속속 건설되었을 때, 역사가 한 걸음 두 걸음 민주주의와 인간 해방을 위해 앞길을 텄었다는 사실을 다시 보아야 한다.

새로운 앎의 역사를 기약하며

이제껏 부족하나마 우리가 처해 있는 지식문화의 상황과 그 유래(의 일부)를 묘사하고, '소통'과 '연대'의 관점에서 앎의 문제를 바라볼 것을 제안했다. 앎의 '소통'은 특히 아카데미와 전문지식의 세계에서 요청되는 통합적인 앎을 지시하고, '연대'는 대중지성이 활약해야 할 더 큰 사회세계와 국가에서 필요한 대안을 말하는 것처럼 읽힐 수 있다(특히 1부의 내용이 그렇다). 말하자면 전자는 '탈학제'('간학제'가 아니라)와 '통섭' 같은 활동을 통해서 기존의 학과 체계를 넘어서는 인문·사회과학을 위한 제안이고, 후자는 학문 바깥의 정치적 연대를 위한 새로운 문화적 조건을 열자는 제안이다. 그래서 양자가 서로 다른 차원에 있는 문제로 보일 수 있다. 그러나 학문 영역 안과 바깥에 있는 양자의 문제는 서로 겹쳐 있으며, 양자의 문제가 겹쳐 있게 하는 여러 객관적인 조건들이야말로 핵심적인 앎의 문제라는 점을 말하고자 했다. 그 조건은 지식권력의 전횡과 문화와 앎의 불평등을 야기하는 공동의 원인이기도 하다. 전문가주의나 제도화된 지식권력, 돈과 권력에 복속되어 흐름이 막힌 앎의 문제다. 진리는 돈과 영역에 구애받지 않고 추구되어야 한다.

이 책의 2부는 '아래로부터의 지식문화사'를 위한 주체적·인식적 조건에 대한 대강의 개요를 그려보았을 뿐, '앎의 구조변동'을 체계적이고 세세하게 묘사하지는 못했다. 근대의 제반 형태의 앎, 즉 과학·이론·이데올로기·교양·상식·취미 등과 더불어 개별 학문의 아카데미즘의 성립 과정에 대한 논의가 산발적으로 진행 중인 것으로 알고 있다. 이 책에서 미처 다루지 못한 교양의 형식, 앎과 욕망의 문제, 상식과 취미를 위시한 앎의 하부구조의 형성에 대한 논의는 훗날을 기약한다.

329

들어가며

1 지식경제부 홈페이지(http://www.mke.go.kr/index2.html) 참조.

2 지식경제부 홈페이지(http://www.mke.go.kr/index2.html) '연혁' 참조.

3 세계지식포럼과 관련된 기본 사실은 〈2009 세계지식포럼〉 홈페이지(www.wkforum. org)를 참조한 것이다.

4 〈2009 세계지식포럼〉 홈페이지 '관련기사' (http://board.mk.co.kr/).

5 〈전 세계 지식인이 한 마당 '세계지식포럼' 폐막〉, 《뉴스한국》 2008년 10월 17일.

6 〈지식인 앞에서는 '통' 이 달라지는 MB〉, 《데일리안》(www.dailian.co.kr) 2008년 10월 15일.

7 〈세계지식포럼〉 홈페이지(http://www.wkforum.org)의 여러 페이지를 참조.

8 〈경계 허문 총체적 지식이 새로운 부와 권력 낳는다〉, 〈세계지식포럼〉 홈데이지의 '관련 기사' .

9 예컨대 서이종, 《지식정보사회의 이론과 실제》 증보판, 서울대학교 출판부, 2001; 하영선 · 김상배 편, 《네트워크 지식국가—21세기 세계정치의 변환》, 을유문화사, 2006; 임지순 · 강명구 외, 《새천년의 과학기술과 지식기반사회》, 나남출판, 2000; 홍성태, 《지식사회 비판》, 문화과학사, 2005. 외국 저자의 책으로는 한스 ㄷ터 퀴블러, 이남복 옮김, 《지식사회의 신화》, 한울아카데미, 2008 등을 보라.

10 이 문제에 관한 최근의 상세한 논의는 경향신문특별취재팀, 《민주화 20년, 지식인의 죽음—지식인, 그들은 어디에 서 있나》, 후마니타스, 2008.

11 '아래로부터의 지식사' 등을 포함한 서구 지식사회학의 여러 경향과 연구 결과에 대해서는 피터 버크Peter Burke가 정리해 두고 있다. 관심 있는 독자는 피터 버크, 박광식 옮김, 《지식》, 현실문화연구, 2006을 보라.

12 이 각각은 앎과 이데올로기(칼 마르크스), 앎과 표상(루이 알튀세르 등) 또는 심성(앙리 르페브르와 프랑스 역사학), 앎의 담론 구조와 권력 문제(미셸 푸코), 세대와 계급의 문제(칼 만하임)로 다루어져 왔다. 이 책에서는 앎의 형태 모두를 살펴보지는 않는다. 또한 지식을 과학적 지식의 본연과 성립 조건 자체를 묻는 과학철학과 같은 방식으

로 다루지 않는다. 칼 포퍼의 《추측과 논박》이 근대 '과학'적 지식의 성립 조건에 관해 잘 정리한 책이 아닌가 한다. 칼 포퍼, 이한구 옮김, 《추측과 논박: 과학적 지식의 성장》, 민음사, 2001 또는 김기현, 《현대 인식론》, 민음사, 2003 참조.

13 데이비드 캐너다인 엮음, 문화사학회 옮김, 《굿바이 E. H. 카》, 푸른역사, 2005. "7장 오늘날 지성사란 무엇인가?"에서 서구에서의 '지식사로서의 문화사' 경향에 대해 분석하고 있다.

14 2008년 여름과 가을에 나온 여러 잡지와 계간지는 촛불 시위의 의미를 규명하는 데 바쳐졌다. 해석자의 입장과 강조점에 따라 '촛불집회, 촛불시위, 촛불항쟁, 촛불봉기' 등의 말이 사용되고 있다. 나는 이 모두를 아울러 '촛불'이라 표현했다. 《녹색평론》, 《문화과학》, 《창작과 비평》, 《진보평론》의 2008년 여름호 또는 가을호를 참고하라.

15 1980년대의 시인 황지우는 1987년에 쓴 시 〈나는 너다〉에서 "만세! 나는 너다. 만세, 만세 너는 나다. 우리는 一體다. 성냥개비로 이은 별자리도 다 탔다"고 노래했다.

16 조정환은 다중 · 다중지성론을 소개하고 전파해온 대표적인 논자다. 조정환, 〈다중지성이란 무엇인가〉(경향신문특별취재팀, 《민주화 20년, 지식인의 죽음》, pp. 227~8)에서 조정환은 대중은 겉보기에는 덩어리지만 내부적으로는 무수한 특이성들의 연결망, 즉 다양체라 말한다. 그러나 그럼에도 네티즌 같은 존재는 '대중'이라 부를 수 없다고 한다. 그는 이탈리아의 자율주의적 마르크스주의의 발전 과정에 의지하여 대중지성이 1960~70년대에 만들어진 용어라면, 다중지성은 대중지성을 변화한 시대에 걸맞게 변용하고 더 분명히 하고자 개발된 용어라 구분한다.

제1부 앎의 문화론을 위하여

제1장 현 단계 지식의 패러다임, 어떻게 읽을 것인가

1 임현진, 〈21세기 한국사회와 창조적 지식기반의 형성〉, 임지순 · 강명구 외, 《새천년의 과학기술과 지식기반사회》 참조.

2 '데이터'나 '정보'로부터 가치가 부여된 앎이 '지식'에 근접한다. 이를 중심으로 한 '정보'와 '지식'의 차이에 대해서는 다음 책을 참조하라. 서이종, 《지식정보사회의 이론과 실제》; 앨빈 토플러, 김중웅 옮김, 《부의 미래》, 청림출판, 2006.

3 이 개량은 고도의 자본주의적 조직화와 효율화다. 한편 기업조직 지식화론의 경우

"지식화 내용은 조직적 지식화론, 혁신과정론, 혁신체계론, 사회문화적 조건론으로 구분"되고, "가장 지배적인 이론으로 조직적 지식화론"을 들 수 있다. 좀 더 자세한 내용은 다음을 참조하라. 임현진, 〈21세기 한국사회와 창조적 지식기반의 형성〉, pp. 150~154.

4 노무현 정부는 '혁신'으로 여러 가지를 만들어냈는데, 대표적으로 '혁신도시'와 '정부혁신지방분권위원회'(http://www.innovation.go.kr/) 등이 있다.

5 현대의 정치학과 국가론도 이에 영향을 받고 있다. '거버넌스governance' 개념의 진화가 이를 가장 잘 나타내고 있다 한다. 노무현의 '참여정부'를 '민주화'의 한 완성태로 이해하고 싶어 했던 오해나 또는 그 명칭 자체가 현혹하는 바처럼, '참여정부'는 '(직접)민주주의'의 발상에 근거하여 창안된 것이 아니라 소위 '(뉴)거버넌스'의 한 형태로서 미국 행정학에서 규정된 '참여적 정부participative government'의 단순한 번역어라 볼 수도 있다. '참여적 정부'는 모두 자본주의적 효율과 경쟁을 정부 운영 원리로 하되 시장적 정부market government, 유연한 정부flexible government, 탈규제정부deregulated government와는 다른 것이라 한다. 이종수·윤영진, 《새 행정학》(4정판), 대영문화사, 2005; 오연천, 《세계화시대의 국가정책》, 박영사, 2005, 2장 등 참조. 반면, 같은 신자유주의 신봉자이면서도 이명박 정부는 오히려 고전적인 마르크스주의의 국가론을 상기시킨다. 마르크스는 자본주의 정부를 지배계급(부르주아)의 집행위원회라며 그 계급적 본질을 고발한 바 있다.

6 혹자는 이를 '제5의 물결'이라고 좀 복잡하게 부르기도 한다. 농경사회와 산업사회 뒤에 글로벌 산업사회와 정보화사회를 추가하는 이런 주장은 좀 과장에 가깝다. 알다시피 이는 '제3의 물결'이나 탈산업사회론과 연관된 것이다.

7 홍성태, 《지식사회 비판》; 한스 디터 퀴블러, 《지식사회의 신화—정보미디어와 지식의 사회변동》 등을 참조.

8 '지식노동(자)'은 드러커가 창안해낸 말이며, '비물질노동'은 경영학자들과는 정반대 방향에서 노동의 새로운 전환을 바라보는 좌파들의 용어다.

9 앨빈 토플러, 《부의 미래》, p. 161. 한편 앨빈 토플러는 '부富로서의 지식이 지니는 특징'에 대해 다음과 같이 말한다.

1) 지식은 원래 비경쟁적이다—사용자가 많아도 지식은 감소하지 않고, 으히려 사용자가 많을수록 더 많은 지식이 생겨난다.

2) 지식은 형태가 없다—무형이지만 조종이 가능하다.

3) 지식은 직선적이지 않다—작은 통찰력이 거대한 산출을 만들어낸다.

4) 지식은 관계적이다―지식의 조직적인 관계가 이루어져야 의미를 갖는다.

5) 지식은 다른 지식과 어우러진다―무제한 무차별적으로 다른 지식과 결합하여 새로운 것을 창출한다.

6) 지식은 어떤 상품보다도 이동이 편리하다.

7) 지식은 상징이나 추상적인 개념으로 압축할 수 있다.

8) 지식은 점점 더 작은 공간에 저장할 수 있다.

9) 지식은 명시적일 수도 있고 암시적일수도 있다―공유할 수도 하지 않을 수도 있다.

10) 지식은 밀봉하기 어렵기 때문에 널리 퍼져나간다.

10 〈노동건강연대〉 홈페이지(http://www.laborhealth.or.kr) 일반자료실.

11 마이클 하트 · 안토니오 네그리, 조정환 외 옮김, 《다중―제국이 지배하는 시대의 전쟁과 민주주의》, 세종서적, 2008, pp. 150~152.

12 다음 카페 〈아이러브황우석〉(http://cafe.daum.net/ilovehws); 〈황우석 부활 '물거품'〉, 《서울신문》 2008년 8월 1일자 등.

13 천정환, 〈'황우석 사태'의 대중현상과 민족주의〉, 역사문제연구소, 《역사비평》 77호, 2006년 가을.

14 이 과정을 잘 묘사하고 있는 책으로는 김근배, 《황우석 신화와 대한민국 과학》, 역사비평사, 2007.

15 그 외 홍성태, 〈황우석 사태와 한국 사회―정언학 유착망과 박정희체계의 덫〉, 민주사회정책연구원 주최 토론회, 《황우석 사태로 보는 한국의 과학과 민주주의》, 2006년 2월 2일. 그리고 "박정희패러다임과 신자유주의적 성장동맹"이 황우석 사태를 만든 정부와 대중의 '결합'이라 파악한 논의로 이영희, 〈황우석 사태와 과학기술정책〉, 민교협 학술토론회, 《황우석 사태로부터 무엇을 배울 것인가?》, 2006년 3월 26일 등. 황우석 사태는 한국의 과학(기술)학을 자극하고 과학과 정치, 국가(민족), 대중의 관계에 대한 인식을 심화시키는 긍정적인(?) 부대효과를 가져왔다.

16 〈2006 재계 뉴 리더〉, 《헤럴드경제》 2006년 1월 26일자.

17 홍성태, 《지식사회 비판》, 문화과학사, 2005.

18 앨빈 토플러는 이를 '무용지식'(obsolete+knowledge, 지의 발전으로 수명이 다해버린 지식)으로 개념화한다. 그의 주장에 의하면 무용지식은 데이터베이스나 인간두뇌 등 어디에나 꽉 차 있다. "0.5초가 지날 때마다 어떤 정보나 지식은 쓸모없는 것이 된다. 선진국과 기업은 지식경영이니 지식재산을 자랑하지만, 무용지식으로 인한 비용이 얼마나 되는지를 측정하지 못한다. 변화의 속도가 빠를수록 무용지식의 축적

속도도 그만큼 빨라진다. 우리는 조상들보다 훨씬 더 큰 무용지식에 대한 부담을 갖고 있는 것이다." 앨빈 토플러, 《부의 미래》, p. 173.

19 론다 번, 김우열 옮김, 《시크릿》, 살림Biz, 2007의 소개 문구다.

20 〈'컴퓨터 황제' 빌 게이츠도 자녀엔 "컴퓨터 1시간만"〉, 《한국경제》 2007년 2월 22일자.

21 〈지방출신 서울대 다니려면 한해 1500만원 든다〉, 《서울신문》 2007년 2월 21일자.

제2장 지식의 분화와 통합은 어떻게 진행되는가

1 마이클 폴라니, 김봉미·표재명 옮김, 《개인적 지식—후기비판적 철학을 위하여》, 아카넷, 2001; 한상기, 《지식의 조건》, 서광사, 1995, pp. 18~20; 강영안, 《인간의 얼굴을 가진 지식》, 소나무, 2002 등 참조.

2 피터 버크, 《지식》, p. 149.

3 김필동에 따르면, 지식 활동에는 세 가지 구성 요소가 있다. 첫째, 지식의 내용과 존재 형태(이에 따라 분석적 지식/통합적 지식이 나뉜다), 둘째, 지식의 담지자(주체), 셋째, 지식의 제도(화)의 문제다. 김필동, 〈지식 변동의 사회사〉, 한국사회사학회 엮음, 《지식 변동의 사회사》, 문학과지성사, 2003, pp. 17~20.

4 한편 현대 인식론의 영역에서는 '표상적 지식' 이라는 말이 사용된다. '대상적 지식 objective knowledge' 과 유의어로 쓰이는 이 말은 지식을 대상적 지식과 절차적(기술적) 지식으로 이분화할 때 사용된다. 김기현, 《현대 인식론》, 민음사, 1998, pp. 17~27. 이 구분은 지식의 수행성 여부에 따른 것이다. 김기현의 설명에 따르면, '자전거를 탈 줄 안다' 와 '지구가 둥글다는 것을 안다' 에서 '안다' 는 서로 다른 인식과 행위 체계를 나타내는 앎을 표시한다. 전자의 '안다' 는 능력과 경험의 소유를 의미하므로 '절차적 지식' 이라고 부르고, 후자의 '안다' 는 대상에 대한 표상의 소유를 의미하는 것으로 '표상적 지식' 이라고 부른다는 것이다. 표상적 지식 속에 '경험적 지식·선험적 지식·도덕적 지식' 이 포함된다고 한다. 후술되겠지만 이 책에서 말하는 표상화된 지식과는 의미가 좀 다르다. 표상화 작용은 집단적 심성과 공유되는 도덕률, 공통된 역사적 경험의 산물이기 때문이다.

5 사실적 지식은 '무엇이 어떠하다' 를 의미하는 것으로, 교과나 교과의 문제를 해결하기 위해 숙지해야 할 기본 요소로서 정보 단위에 대한 지식에 해당하며, 사물이나 사건의 용어, 구체적 사실과 요소 등을 포함한다.

개념이란 공통된 특성을 지닌 사물들의 집합 또는 상징들의 집합으로, '공통의 특성을 지닌 자극의 부류' 라 할 수 있다. 따라서 개념적 지식은 유사한 특성을 지닌 사물에 대한 유목과 분류 그리고 추상적인 것과 구체적인 것을 구별할 수 있는 지식에 해당하며, 이론, 모형, 구조, 형태 등이 포함된다.

원리는 어떠한 현상들이 발생하는 이유에 대해 설명하거나 또는 앞으로 일어나게 될 사태에 대해 예측하는 데 기초가 되는 관계나 상호관련성을 의미한다. 따라서 원리적 지식은 어떤 둘 이상의 관계에서 발생하는 사건이나 현상에 사용된 인과관계나 상호 관련성을 파악하는 지식에 해당하며, 자연적 사태의 순환적 관계, 사건의 원인과 결과, 법칙 등이 포함된다.

절차는 특정한 어떠한 수행의 단계들을 순서화한 계열 또는 과정을 의미한다. 따라서 절차적 지식은 사실적 지식이나 개념적 지식과는 달리 어떤 행위를 수행하는 구체적인 방법에 대한 지식에 해당하며 어떤 목적을 성취하거나 혹은 어떤 특정한 문제를 해결 및 산출물을 만들어내는 데 필요한 단계들을 순서화한 계열이라 할 수 있으며, 알고리즘, 도구를 작동하는 방법, 수학적 증명을 하는 방법 등이 해당된다.

인지 전략적 지식은 학습 과정에서 주의를 집중하고 지식을 조직하고 정교화하고 조작하고 기억하기 위한 정신적 책략으로, 연습, 정교화, 기억술, 시간관리, 동기유지방법, 자기이해 등 학습을 촉진하는 전략이 포함될 수 있다.

통합적 지식은 위에서 제시한 사실, 개념, 원리, 절차, 인지 전략을 비롯하여 인지 과제에 대한 지식, 자기지식 등을 포괄하는 지식에 해당한다.

6 지식사회학자 퀴블러는 '문화지식' 을 교양과 병기해서 쓴다.

7 경우에 따라 중복이 있을 수 있다. 2008년 4월의 통계다. 〈한국학술진흥재단〉의 연구분야 분류표를 보라. http://www.krf.or.kr/KHPapp/database/database_02_02.jsp?sub=menu_02

8 피에르 부르디외, 조흥식 옮김, 《과학의 사회적 사용》, 창작과비평사, 2002 참조.

9 〈과학논문 난해해 과학자들도 읽기 어렵다〉, 《한겨레》 2007년 11월 7일자. 《사이언스》의 편집위원장 도널드 케네디는 과학의 언어가 지금처럼 이해하기 힘들면 관련 정책의 결정도 그르칠 수 있다고 경고하면서 논문을 쉽게 풀어 쓴 '저자의 요약문' 을 받기로 결정했다고 말했다. "앞으로 물리학 논문을 생물학 편집위원도 평할 수 있게 하려는" 생각 하에 추진된 '실험' 이라는 것이다.

10 고미야마 히로시, 김주영 옮김, 《지식의 구조화》, 21세기북스, 2008, p. 46.

11 이 단락은 한양대 이상욱 교수의 다음 두 편의 글에 근거한 것이다. 이상욱, 〈과학

연구의 역사성과 합리성: 소칼 논쟁을 중심으로〉,《과학철학》5권 2호, 2002년 가을; 이상욱, 〈소칼의 목마와 낯선 문화 익히기: 과학전쟁의 역사와 미래〉, 이필렬 외,《새로운 인문주의자는 경계를 넘어라—자신 안에 갇혀 있는 지식인들에게 던지는 과학논객들의 제언》, 고즈윈, 2005.

12 송호근, 〈PD, 실험 가운을 입다〉,《중앙일보》2005년 12월 7일.

13 홍성욱의 성격 규정이다. 홍성욱, 〈과학기술학은 '황우석 사태'를 어떻게 읽어야 하는가?〉,《역사비평》74호, 2006년 봄.

14 황우석 사태의 대중현상에 대해서는 다음을 참고하라. 천정환, 〈'황우석 사태'의 대중현상과 민족주의〉,《역사비평》77호, 2006년 겨울; 강준만, 〈황우석 바람은 어떻게 불었던가?〉,《인물과 사상》94호, 2006년 2월.

15 랭던 위너, 강정인 옮김,《자율적 테크놀로지와 정치철학》, 아카넷, 2000, pp. 394~395. 또한 위너의 생각에 관해서는 다음을 참고하라. 홍성욱, 〈기술이 언제나 사람에게 지고 만다고?〉,《한겨레》2006년 4월 14일자; 홍성욱. 〈기술(비인간)도 인간과 같이 행동한다〉,《한겨레》2006년 5월 19일자.

16 황우석 사태와 민족주의/국가주의의 연관성을 설명한 것으로는 다음을 참고하라. 천정환, 〈'황우석 사태'의 대중현상과 민족주의〉; 진중권,《호모 코레아니쿠스》, 웅진지식하우스, 2007.

17 이 단락의 내용 중 특히 생명과학기술의 성격에 대한 설명은 이화여대 법학과 김현철 교수의 조언에 힘입은 바 크다.

18 칼 마르크스, 김수행 옮김,《자본론》1-하, 비봉출판사, 1988, pp. 610~613. 이는 《자본론》4편의 '제15장 기계와 대공업'에 속한 장이다.

19 이에 대해서는 피터 드러커와 노나카 이쿠지로 등의 책을 참고하라. 또한 다음 글도 참고하라. 임현진, 〈21세기 한국사회와 창조적 지식기반의 형성〉.

20 마르크스는《정치경제학 비판 서설》에서 이 변증법적 관계로부터 '일반 지성'의 개념을 도출한다. 이영준의 책은 오늘날의 기계·테크놀로지가 지식과 맺는 관계를 흥미롭게 잘 묘사하고 있다. 이영준,《기계비평—한 인문학자의 기계문명 산책》, 현실문화연구, 2006.

21 표상에 관한 가장 흔한 사전적 정의는 '마음 또는 의식意識에 현전現前하는 것'이다.

22 강영안, 〈'포스트모던 칸트'로서 레비나스〉, 한국칸트학회 엮음,《포스트모던 칸트》, 문학과지성사, 2006, p. 85. 칸트와 레비나스는 타자를 동일하게 하고 환원하고 가공하는 '비표상적 사유'의 영역을 사유 영역 밖에 설정하고 이를 윤리학

의 근거로 삼는다. 즉 영혼·신·자유 그리고 레비나스에게 있어서 타자는 우리가 완전하게 표상할 수 없다는 것이다. 레비나스는 내가 결코 지배할 수 없는 존재이며, 그 존재는 '얼굴'로서 나에게 윤리적 명령을 하는 존재로 나타난다는 것이다.

23 그래서 표상은 곧잘 '재현再現'으로 번역되기도 한다. 푸코는 고전주의 시대의 에피스테메를 설명하면서 표상이 어떤 대상에 대한 생각의 관계인 동시에 대상 그 자체의 드러남이라 했다. 무엇인가를 무엇인가라고 '가리키는 것' 그리고 그렇게 '나타내는 것'이 표상이다. 또한 그는 고전주의 시대 이래 표상과 표상작용이 독자적인 힘을 갖는다고 말했다. 미셸 푸코, 이광래 옮김, 《말과 사물》, 민음사, 1997. 3장 '표상하기'와 96쪽의 논의를 참조하라.

24 즉 대상을 포착하기 위한 "심적 현상을 가리킴과 동시에 구체적인 형상을 의미하기도 하는 개념"이다. 이효덕은 이에 대해 다음과 같이 보충 설명한다. 표상은 원래 "실재가 심적인 상황에서 또는 물리적 형상을 지닌 것으로 재현전화再現前化한 것을 의미한다". 이보다 더 재밌는 설명은 다음 구절이다. "'표상'에 역사적인 변화가 일어났다는 말은, 표상을 표상이게끔 만들어주는 사회문화적 표현코드에 돌이킬 수 없는 변동이 발생했다는 뜻이다." 이효덕, 박성관 옮김, 《표상 공간의 근대》, 소명출판, 2002, p. 19 등.

25 이런 측면에서 표상과 혼용되어 쓰이는 말이 '재현再現'이다. 양자가 혼용되는 것은 영어의 represent/representation을 옮기는 과정에서 빚어진, 피하기 어려운 혼란인 듯하다. 주석 4에서도 보듯이 표상(재현)의 문제는 반드시 주체와 타자의 문제를 동반한다. 특히 represent/representation은 '대의(대표)하다', '대의(대표)'라는 뜻도 갖고 있다. 대의제와 표상적 사유의 관계에 대해서는 가야트리 스피박Gayatri Spivak의 유명한 평문 〈하위주체가 말할 수 있는가〉에 설명되어 있다. 가야트리 스피박, 태혜숙 옮김, 〈하위주체가 말할 수 있는가: 다원주의의 문제들〉, 《세계사상》 4호, 1998.

26 그람시는 이를 각각 '열정'과 '이해'의 차이로 설명했다.

27 기독교가 '우상을 금지'하는 이유가 이 같은 표상작용의 한계에 대한 인식 때문이라 한다. 헤겔의 정신현상학에서도 표상은 특히 종교에 관한 장에 서술되어 있다. 헤겔의 견해는 표상에 관한 고전적인 태도를 보여준다. "표상하는 형식이야말로 교단 내에서 의식되는 정신의 기본적인 형식이다. 표상적인 형식 아래에서는 정신의 자기의식이 개념 그 자체의 형식으로까지 진전하지 못하고 매개작용이 거기에까지

미치지는 못한다. 그리하여 표상에 의한 존재와 사유의 결합에는 정신의 본질이 아
직도 화해 불가능한 피안과 차안으로 양분되는 결함이 따르게 마련이다." 게오르그
W. E 헤겔, 임석진 옮김, 《정신현상학》 2, 한길사, 2005, p. 314.

28 폴라니의 지식 구분론도 이와 유사한 발상에 근거한 것이다.

29 흥미롭게도 인공지능 연구 분야와 발달심리학에서 이와 같은 지식의 표상화에 관
심을 기울이고 있다고 한다.

30 천정환, 〈한국 '빨갱이' 약사〉, 이영준 외, 《정치 디자인, 디자인의 정치》, 청어람미
디어, 2006.

31 이영준, 《기계비평》, p. 161.

32 개념어가 성립되는 과정에 관한 연구의 의의와 동향에 대해서는 다음을 참고하라.
김현주, 〈근대 개념어 연구의 동향과 성과〉, 《상허학보》 19집, 2007.

33 케임브리지 대학 교수 아나벨 브레트Annabel Brett는 〈오늘날 지성사란 무엇인가?〉
에서 이와 유사한 말을 했다. 새로운 지성사는 관념사나 초월적인 '개념' 사를 거부
하고, '위대하지 않은' 텍스트들과 관용적이며 시각적인 표상들을 활용한다는 것
이다. 아나벨 브레트, 〈오늘날 지성사란 무엇인가?〉, 데이비드 캐너다인 엮음, 《굿
바이 E. H. 카》, pp. 210~212.

34 'B급 지식' 은 표상화된 지식, 그럼으로써 공통화되었지만 '오해된' 지식을 뜻한다.
〈'B급 과학' 과 예술적 상상력〉, 웹진 《크로스로드》(http://crossroads. apctp.org).

35 최재천, 〈옮긴이 서문―설명한다, 그러므로 나는 존재한다〉, 어드먼드 윌슨, 장대
익ㆍ최재천 옮김, 《통섭》, 사이언스 북스, 2005.

36 각각 다음을 참고하라. 김영식, 〈경직된 문과―이과 구분이 '황우석 사태' 낳았다〉,
《프레시안》(www. pressian. com/scripts/section/article. asp?article_num=60070124145117);
도정일ㆍ최재천, 《대담》, 휴머니스트, 2005; 이어령, 《디지로그》, 생각의 나무,
2007.

37 홍성욱, 《생산력과 문화로서의 과학 기술》, 문학과지성사, 1999.

38 이런 견지에서 2007년에 나온 이영준의 《기계비평》은 '한국 인문학' 의 좁은 지평
을 두 클릭 정도는 새롭게 넓힌 책이며, '가능한 통섭' 을 실제로 행한 케이스임에
분명하다. 또한 이 책은 이제껏 한국에 없었던 새로운 문화연구서이기도 하다.

39 최종덕, 〈통섭에 대한 오해〉, 《시민과학》 68호, 2007년 10월; 배식한, 〈가능한 통섭
과 불가능한 통섭: 통섭과 무법칙적 일원론〉, 최재천ㆍ주일우 편, 《지식의 통섭》,
이음, 2007; 이종관, 〈횡단인문학의 가능성으로서의 풍경현상학〉, 성균관대 인문과

학연구소, 《인문과학》 38집, 2006년 8월. 최종덕과 배식한은 환원주의의 위험성에 대해 주로 경계했다. 한편 이종관에 따르면, 윌슨의 시도는 "학문의 횡단이라는 시대적 요청에 대한 지금까지 나타난 유일한 방대한 시도"로 들뢰즈를 압도하는 면도 있다(p. 222)고 평가하면서 그러나 "귀납으로 얻어진 이론의 말단 결론과 다른 이론 체계의 말단 결론을 횡단하여 그 결론간의 정합성이 확보되면 통섭이 이루어진다는 주장"은 표피적이며 인정할 수 없는 것이라 했다(p. 226).

40 최종덕, 〈통섭에 대한 오해〉.

제3장 앎의 주체: 대중과 대중지성

1 최정운의 다음 책을 참고할 만하다. 최정운, 《지식국가론》, 삼성출판사, 1992.

2 홍성욱, 《과학은 얼마나》, 서울대학교 출판부, 2004, 5장 등 참조.

3 박기영 교수를 매개로 한 황우석 박사와 노무현 정권의 유착에 대해서는 김근배, 《황우석 신화와 대한민국 과학》을 참고하라.

4 《역사비평》 제74호(2006년 봄호)의 특집 "과학기술학(STS)자들이 '황우석 사건'을 본격 분석하다" 하다에 실린 김종영의 글과 그 외 홍성욱 등의 글, 그리고 강양구 · 김병수 · 한재각의 책을 참조하라. 김종영, 〈복합 사회현상으로서의 과학과 과학기술 복합동맹으로서의 황우석〉, 《역사비평》 제74호, 2006년 봄호; 강양구 · 김병수 · 한재각, 《침묵과 열광—황우석사태 7년의 기록》, 후마니타스, 2006. 한국 언론과 황우석 사태에 대해서는 한학수, 《여러분! 이 뉴스를 어떻게 전해드려야 할까요》, 사회평론, 2006; 이성주, 《황우석의 나라》, 바다출판사, 2006.

5 덧붙여 어떤 종류의 현대인들은 자신의 삶과 직접적인 관계가 없어 보이는 여러 가지 종류의 지식 · 정보와 역사, 지리, 인문적 교양 등의 백과전서적 지식도 필요로 한다. 지식 자체가 즐거움을 준다는 것이다.

6 이것이 레이먼드 윌리엄스의 《기나긴 혁명》의 내용이다. 《기나긴 혁명》은 또한 서구에서의 문자문화의 중기적 지속을 보여준다. 레이먼드 윌리엄스, 성은애 옮김, 《기나긴 혁명》, 문학동네, 2007.

7 일제시기의 문맹률에 대해서는 다음을 참조하라. 이여성 · 김세용, 《수자조선연구》 2집, 1930; 노영택, 〈일제시기日帝時期의 문맹률文盲率 추이推移〉, 국사편찬위원회, 《국사관논총》 51, 1994.

8 고병권 · 이진경 외, 《코뮨주의 선언—우정과 기쁨의 정치학》, 교양인, 2007, 1~2장

참조.

⁹ Raymond Williams, "Masses", *Keywords*(London: Fontana Press, 1983). 한편 이 책에서 레이먼드 윌리엄스는 요즘 네그리주의자들이 '대중mass' 을 대체하기 위해 쓰는 '다중multitude' 이 오히려 16~17세기에는 정치적 경멸이나 공포를 나타내는 개념으로 더 많이 쓰였다고 말한다.

¹⁰ 나아가 이러한 말도 덧붙인다. "대중은 신뢰하지 않는 집단의 말은 잘 받아들이려 하지 않는다. 정부가 말을 자주 바꾸고 어딘가 숨기는 구석이 있다고 느끼면 실제 위험보다 과장되게 위해성을 느낀다. 정부 관료와 전문가들이 대중 앞에 나서 불확실한 근거를 들이대며 안전하다고 말하면 사람들은 오히려 더 의심하는 눈초리를 보낸다. 과학적 사실에 대한 논의는 적대감이 없을 때 해야지, 잔뜩 분노한 상황에서는 실효성이 없다." 전상일(환경보건학 박사), 〈불확실 과학만 외치는 '광우병 정부'〉, 《한겨레》 2008년 5월 8일자.

¹¹ 홍성욱, 《과학은 얼마나》, 서울대학교 출판부, 2004.

¹² 그러나 하버마스 이전에 칸트가 이미 이성의 '공적사용' 과 '사적사용' 을 구별하는 논리를 펴고 있었다.

¹³ 위르겐 하버마스, 한승완 옮김, 《공론장의 구조변동―부르주아 사회의 한 범주에 관한 연구》, 나남출판, 2001.

¹⁴ 이는 《공론장의 구조변동》 5장의 결론부에 해당하는 내용이기도 하다.

¹⁵ 샤르티에는 처음으로 '공중' 의 아이디어를 내놓은 칸트와 프랑스 계몽사상가들이 '무식한 민중' 들의 등장에 놀라, 공중과 민중이 다른 것이며 규범성을 지닌 공중의 개념을 발전시켰다는 점을 지적했다. 로제 샤르티에, 백인호 옮김, 《프랑스혁명의 문화적 기원》, 일월서각, 1999, 2장, p. 60 전후를 참조.

¹⁶ 이에 관해서는 이효성, 《한국언론의 좌표》, 커뮤니케이션북스, 1996 등을 참조. 한편 체계이론가 루만 등이 소통합리성의 논리의 주의주의적 성격을 전면 비판했다. 니클라스 루만, 박여성 옮김, 《사회체계이론1 · 2》, 한길사, 2007.

¹⁷ Denis McQuail, *Media Performance: Mass Communication and the Public Interest*(London: SAGE , 1992); 이효성, 《한국언론의 좌표》에서 재인용.

¹⁸ 이를 '의사―공론장pseudo public sphere' 이라 폄하할 수도 있으나, 이 또한 공론장의 규범적 성격을 강조하는 개념이다.

¹⁹ 관련된 구절은 다음과 같다. "새로운 정신구조가 가장 생생하고 뚜렷한 형태로 나타나는 곳은 대중의 정치 행동이지만 그 핵심은 지성의 폐쇄성에 놓여있다. 평균인

은 견해에 생명을 불어넣는 세밀한 요소가 무엇인지에 관심이 없기 때문에 자신의 머리에서 '견해'를 발견하기는 하지만 견해를 만들어내지는 못한다." 오르테가 이 가세트, 황보영조 옮김, 《대중의 반역》, 역사비평사, 2005, 1부 8장.

[20] 예컨대 박은식, 〈동양東洋의 도학원류道學源流〉, 《서북학회월보》 제16호, 1909년 10월, p. 56. "도학자道學者는 천인합일天人合一의 도道라. 세간世間 각종各種 학문學問이 개인사상皆人事上과 물질상物質上에 취취就ᄒ야 기其 리理를 연구硏究ᄒ고 기其 용용用을 발달發達ᄒᄂ 바어니와 도학道學은 인위人爲와 형질形質에 부지不止ᄒ고 원원본본元元本本의 공부工夫로 지성지천知性知天ᄒ며 만학萬學의 두뇌頭腦를 립立ᄒᄂ 바라."

[21] 이와 관련된 '의무교육' 또는 '국민교육' 문제에 대해서는 후술한다.

[22] 피에르 레비, 권수경 옮김, 《집단지성―사이버공간의 인류학을 위하여》, 문학과지성사, 2002; 하워드 라인골드, 이운경 옮김, 《참여 군중: 휴대폰과 인터넷으로 무장한 새로운 군중》, 황금가지, 2003.

[23] 《경향신문》의 기획 '민주화 20년, 지식인의 죽음'(2007년 4월)과 퍼슨웹 기획, 《인텔리겐차―지금·여기 우리 지식인의 새로운 길찾기》, 푸른역사, 2002 등에서의 논의를 참고하라. 대중지성(혹은 다중지성)의 논점을 〈다중문화공간 왑waab〉이나 〈연구공간 '수유+너머'〉의 논자들이 주로 제기한다는 것은 이런 의미에서 상징적이다. 그들은 한국의 (대학)제도가 만드는 지식―권력의 체계에 도전하며 자본주의 '바깥'을 지향하는 새로운 형태의 실천적인 인문학 연구자들이기 때문이다. 〈수유+너머 연구실〉의 '대중지성 선언'은 다음과 같이 말하고 있다. "선언컨대 이제는 대중이 지식의 신체이고 대중이 지식을 생산하는 지성이다. / 지식은 어떤 개별 지식인의 천재적 두뇌가 아니라, 익명으로 존재하는 여러 두뇌들의 네트워크 속에서 태어나고 있다. / 지식은 아카데미의 강단이 아니라 대중적 네트워크를 타고 소통되고 있다. 회사원인 채로, 농부인 채로, 학생인 채로, 예술가인 채로 지식의 생산과 소통에 참여하는 일은 얼마든지 가능하다. 아카데미도, 지식인도 없지만, 가르치고, 배우고, 묻고, 읽고, 쓰는 일은 어느 때보다 활발하다."

[24] '집단지성'의 의미에 대해서는 피에르 레비, 《집단지성―사이버공간의 인류학을 위하여》를 참고하라. '무리(떼)지성'의 의의는 안토니오 네그리의 《다중―제국이 지배하는 시대의 전쟁과 민주주의》와 질 들뢰즈·안토니오 네그리 외, 서창현·김창훈 옮김, 《비물질노동과 다중》, 갈무리, 2005 등의 책을 참조하라.

[25] 칼 마르크스, 《정치경제학 비판을 위하여》.

[26] 볼프강 프리츠 하우크Wolfgang Fritz Haug, 곽노완 옮김, 〈'일반지성'과 대중의 지

성〉, 《진보평론》 28호. 인용부호 속의 구절은 *MEW* 42(《마르크스·엥겔스 전집》 42)의 《정치경제학 비판 서설》에서 하우크가 인용한 것이다.

27 이영준은 《기계비평》에서 이 일반지성의 문제를 5만 톤급 자동차화물선과 부산항의 물류 제어 시스템을 통해 설명한다.

28 빠올로 비르노, 조정환 옮김, 〈'일반지성'에 관하여〉, 질 들뢰즈·안토니오 네그리 외, 《비물질노동과 다중》, p. 209.

29 안토니오 네그리·마이클 하트, 《제국》, p. 465.

30 마우리찌오 랏짜라또, 조정환 옮김, 〈비물질노동〉, 마이클 하트 외 《비물질노동과 다중》, p. 182. 네그리의 경우 '일반 지성' 담론이 새로운 노동역능을 지성적이지만 신체적이지는 않은 것처럼 말하는 위험에 대해 거론하기도 한다. 안토니오 네그리·마이클 하트, 《제국》, pp. 465~466.

31 조정환, 《제국기계 비판》, 갈무리, 2005, p. 224.

32 예컨대 찰스 맥케이의 《대중의 미망과 광기》는 마녀사냥이나 십자군 원정 같은 서구 중세의 대중적 현상에 대해 다루고 있다. 찰스 맥케이, 이윤섭 옮김, 《대중의 미망과 광기》, 창해, 2004.

33 민족주의적 성격을 띤 반체제운동은 세계 체제의 견지에서도 언제나 대중적 현상으로만 존재했다. 윤해동, 〈식민지근대와 대중사회의 등장〉, 임지현·이성시 편, 《국사의 신화를 넘어서》, 휴머니스트, 2004, pp. 253~259.

34 유럽 민족의 정치화, 즉 민족주의와 국민국가의 등장에 대한 최근의 연구로는 장문석, 《민족주의 길들이기》, 지식의 풍경, 2007 등을 참조.

35 네그리와 자율주의 마르크스주의자들은 "대중은 공장을 헤게모니적 영역으로 하는 근대적 생산의 단계에서 노동계급을 중심으로 구축되었"다고 규정한 뒤, "주권 합성을 거쳐 나타나는 정치적 대중이 민중"이며 "민중은 정치적 경향성에 따라 민족—민중nation으로 나타나기도 하고, 계급—민중people으로 나타나기도 한다"고 주장한다. 조정환, 《제국기계 비판》, p. 219. 이는 근대의 '대중·민중·계급·민족'에 대한 요령 있는 설명의 하나라 생각된다.

36 물론 양자의 정치적 과정에는 많은 차이도 개재할 것이다.

37 근대 한국에서 '통속'이라는 말이 처음 쓰이기 시작했을 때, 통속은 '속된 것'과 '일반적인 것'의 의미를 다 가지고 있었다.

38 '공통감각'에 대해서는 나카무라 유지로, 고동호 옮김, 《공통감각론》, 민음사, 2003 참조.

³⁹ 그러나 소위 '순수' '본격' 예술도 이러한 역할을 수행한다. 다시 말해서 예술은 표상 형식으로서 앎과 현상 자체를 번역하고 보편화하는 중요한 양식이다.

⁴⁰ "대중 역시 하나의 통일성이나 하나의 동일성으로 환원될 수 없기 때문이다. 분명히 대중은 온갖 유형들과 종류들로 구성되어 있다. 그러나 실제로 우리는 다양한 주체들이 대중을 구성한다고 말하지 말아야 한다. 대중의 본질은 무차별성이다. 모든 차이들은 대중 속에 가라앉아 익사한다." 안토니오 네그리, 《다중》, p. 19.

⁴¹ 조정환, 《제국기계 비판》의 제2부를 참조하라. 또한 안토니오 네그리·마이클 하트, 〈다중의 존재론적 정의를 위하여〉, 《자율평론》 4호도 참조하라(http://jayul.net/view_article .php?a_no=180&p_no=1).

⁴² 17~8세기 대서양 민중의 역사를 새로운 관점으로 서술하고 있는 《히드라》는 근대의 대중과 후기근대의 다중을 굳이 구별하는 논리에 대한 보완이자 비판으로 보인다. 이 책에 의하면 다중은 17~8세기부터 존재했던 오늘날 다중의 기원이다. 다중은 원래 대중과 구별되기 어렵고, '대중' 이 된 집단과 교호하고 스며들었다는 것을 이 책이 보여준다. 마커스 레디커·피터 라인보우, 손지태·정남영 옮김, 《히드라—제국과 다중의 역사적 기원》, 갈무리, 2008.

⁴³ 다중이 multitude의 번역어로 선택되기 전, multitude는 '대중' 으로 번역되기도 했다. 윤수종이 옮긴 네그리와 하트의 《제국》을 보라. 이득재, 〈촛불집회의 주체는 누구인가〉(《문화과학》 55, 2008년 가을)에 의하면 일본에서는 '다중' 을 '군집-복수성' 으로 번역한다고 한다. 그런데 촛불집회의 예를 통해 다중론의 한계를 비판하고 있는 이 글은 지나치게 다중론의 의의를 격하한다.

⁴⁴ 자율주의를 둘러싼 기타 논점들에 대해서는 알렉스 캘리니코스 외, 김정한·안중철 옮김, 《제국이라는 유령—네그리와 하트의 제국론 비판》, 이매진. 2007 참조.

⁴⁵ 조정환에 따르면, 다중은 "언어를 사용하여 지식을 창조하고 지성을 공유하며 관계를 조절한다. 또한 이들은 자신들의 언어적이고 소통적인 생산활동을 놀이로 만드는 호모루덴스(유희인)이다". 조정환, 《제국기계 비판》, p. 219. 다중은 비물질노동을 한다. 상품의 '문화적 내용' 을 생산하는 활동과 관련하여 비물질노동은 보통 '노동' 이라고 인식되지 않는 일련의 활동들, 달리 말해 문화적·예술적 표준들, 유행들, 취미들, 소비규범들 그리고 더 전략적으로는 공공 여론 등을 정의하고 고정시키는 것에 수반되는 종류의 활동들을 포함한다.

⁴⁶ 아직 한국에서 이에 관한 논의는 충분하지 않다. 관련해서 이득재, 〈촛불집회의 주체는 누구인가〉 및 조정환, 김종엽 등이 《문학과학》과 《창작과 비평》(각 2008년 가을

호)등에 기고한 글을 보라.

47 이동연은 세대와 취향에 따라 나뉘는 이러한 문화적 주체들을 '문화부족'이라 개념화한다. 이동연, 《문화부족의 사회—히피에서 폐인까지》, 책세상, 2005.

48 통계청이 발표한 2006년 3·4분기 전국 비농어가 가구의 가계수지 동향에 따르면, 소득 최상위 10퍼센트에 해당하는 10분위 계층의 월평균 소비지출은 388만 1,651원으로 최하위 10퍼센트인 1분위 계층 91만 5,762원의 4.2배였다. 그러나 이들 계층 간 10개 주요 소비지출 항목의 격차는 교양·오락 지출이 10분위(28만 1,600원)가 1분위(2만 9,467원)의 9.6배에 달했다. 이는 전국 비농어가 가구의 가계수지 통계가 작성된 2003년 1·4분기 이후 가장 큰 격차다. 2003년 1·4분기에 6.7배였던 10분위와 1분위 계층의 교양·오락분야 지출 격차는 2004년 4·4분기에 6.1배까지 좁혀졌으나 다시 확대됐다. 〈여가문화 이대론 안된다—"누구는 해외여행 가는데" 여가도 소득 따라 양극화〉, 《국민일보》 2007년 1월 4일 등 참조.

49 정민, 《미쳐야 미친다》, 푸른역사, 2004; 안대회, 《조선의 프로페셔널》, 휴머니스트, 2007 등의 책을 보라.

50 근대 대중문화의 발전과 취미에 대해서는 천정환 외, 〈근대적 대중문화의 발전과 취미〉, 《민족문학사연구》 30호, 2006; 문경연, 〈한국 근대초기 공연문화의 취미(趣味)담론 연구〉, 경희대 박사학위 논문, 2008 등을 참고하라.

51 〈좌담: 길이 끝난 곳에서 길은 시작되고〉, 《녹색평론》 7·8월호, 2008 등을 보라.

52 〈이제는 개발사·게이머 모두 만족하는 '윈윈' 전략 필요하다〉, 《전자신문》 2008년 5월 7일; 〈뮤지컬 싸게 보기〉, 《한국경제》 2008년 4월 4일; 〈승리 준비하는 프런트〉, 《매일신문》 2008년 3월 14일.

53 '취미'는 원래 오래된 근대 지식의 한 형식이기 때문이다. 근대 초기부터 '문학청년' 중에서 한국문학사를 좌우할 소설가나 평론가가, 씨네필 가운데에서 영화작가가 나왔다.

54 안토니오 그람시, 이상훈 옮김, 《그람시의 옥중수고 2》, 거름, 1993, p. 171. 상식과 철학, 종교 등의 관계에 대해서는 《옥중수고 2》의 제2장을 보라. 한편 다음과 같은 설명도 그람시의 생각을 이해하는 데 도움이 된다. "그람시는 이데올로기를 상식과 철학의 두 층위로 구분하여 이미 사람들 마음속에 단단하게 자리를 잡고 있어 당연하게 여겨지는 상식 위에서 논리와 철학을 겸비한 새로운 세계관들이 경쟁한다고 본다. 그람시에게 이데올로기란 이런 경쟁의 산물이자 역사적 과정의 부분으로서 새로운 세계관들이 경쟁적으로 끼어드는 변혁의 터전이다." "그람시의 이데올로기

는 개인 행위의 기초를 이루면서 나아가 당대 대중의 의식을 현실적으로 형성하고 있는 개념들과 범주들이 계속 경쟁하는 가운데 치열한 헤게모니 싸움을 벌이는 생성의 지형terrain으로서 중요하다.” 태혜숙, 《탈식민주의 페미니즘》, 여이연, 2001, p. 75.

55 양승호, 〈알튀세르의 토픽 지식론—영미철학 지식론과의 대화〉, 《범한철학》 제27집, 2002년 겨울; 양승호, 〈알튀세르와 푸코의 지식론〉, 전북대 박사학위 논문, 1999.

56 이진경, 《철학의 외부》, 그린비, 2006 참조.

제2부 '아래로부터의 해방'과 근대적 앎의 성립

제1장 근대 계몽기 지식의 문화사

1 그러나 최근의 지식사 연구는 담론과 매체 및 사회적 상황 등 보다 폭넓은 문화–정치의 문맥을 통해 지식에 접근하기 시작한 것으로 보인다. 이화여대 한국문화연구원 편, 《근대계몽기 지식 개념의 수용과 그 변용》, 소명출판, 2004과 그 시리즈; 한국사회사학회, 《지식 변동의 사회사》, 문학과지성사, 2003; 《국민국가의 근대성과 그 문화제도—지식·학술·매체·공론장을 중심으로》, 성균관대 동아시아학술원 학술회의 자료집, 2006년 7월; 한기형 외, 《근대어·근대매체·근대문학》, 성균관대 동아시아학술원, 2006; 김현주, 〈근대 개념어 연구의 동향과 성과〉, 상허학회, 《상허학보》 19집, 2007 등을 참조하라. 서구 지성사의 새로운 상황에 대해서는 피터 버크, 박광식 옮김, 《지식—그 탄생과 유통에 대한 모든 지식》, 현실문화연구, 2006; 데이비드 캐너다인 편, 문화사학회 옮김, 《굿바이 E. H. 카》, 푸른역사, 2005 등을 참조하라.

2 한국의 경우를 예로 들면 근대 지성사와 그 전사前史를 북학파와 개화기의 새로운 지식인 몇몇의 사상에 대해 서술하는 방식으로 구성하는 것이 그러하다. 예컨대 신용하, 《한국근대지성사 연구》, 서울대학교 출판부, 2005; 정옥자, 《조선후기지성사》, 일지사, 1991; 최기영, 《식민지시기 민족지성과 문화운동》, 한울, 2003 등의 서술 방식을 참조하라.

3 이 절은 《상허학보》 22집(2008년 4월)에 실린 천정환의 〈근대적 대중지성의 형성과 사회주의[I] : 초기 형평운동과 〈낙동강〉에 나타난 근대 주체〉와 일부 내용이 같다.

4 김필동의 〈지식변동의 사회사〉에 따르면, 지식 활동에는 세 구성 요소가 있다. 첫째, 지식의 내용과 존재 형태(이에 따라 분석적 지식/통합적 지식이 나뉜다). 둘째, 지식의 담지자(주체). 셋째, 지식의 제도(화). 김필동, 〈지식변동의 사회사〉, 한국사회사학회 엮음, 《지식변동의 사회사》, 문학과 지성사, 2003.

5 이경, 〈비체와 우울증의 정치학〉, 한국여성문학학회 제17회 정기학술대회 자료집, 2007, p. 11.

6 이는 알튀세르 이래 탈구조주의자들의 이데올로기 개념이다. 이 책의 148~9쪽 TIP 4를 참조.

7 역인은 조선 시대 역에서 심부름하던 하인이고, 나장은 군아郡衙에 속한 사령使令이며, 역보는 서울의 각 관아에서 부리던 하인이나 나라에서 종친이나 공신에게 내려 주던 관노비다.

8 지승종의 〈갑오개혁 이후 양반신분의 동향〉은 주로 이 측면에서 신분제의 변화 문제를 분석한다. 지승종은 보수파가 개화파와의 권력 투쟁을 통해 갑오개혁의 일련의 조치가 보수적으로 적용되도록 하여 '위로부터의 개혁'을 좌절시켰다고 결론 내린다. 지승종, 〈갑오개혁 이후 양반신분의 동향〉, 지승종 외, 《근대사회변동과 양반》, 아세아문화사, 2000, p. 29.

9 이영호, 《동학과 농민전쟁》, 혜안, 2004; 박찬승, 《근대이행기 민중운동의 사회사》, 경인문화사, 2008; 한국정치외교사학회 편, 《갑오동학농민혁명의 쟁점》, 집문당, 1994; 동학농민혁명기념사업회 편, 《동학농민혁명과 농민군 지도부의 성격》, 서경문화사, 1997 등을 참조.

10 박찬승, 《근대이행기 민중운동의 사회사》, p. 281.

11 그 외에 '무명 잡세는 일체 거두지 않는다', '관리의 채용에는 지벌을 타파하고 인재를 등용한다', '왜와 내통하는 자는 엄징한다', '공사채를 물른하고 기왕의 것은 무효로 한다', '토지는 평균하게 나누어 경작케 한다' 등이 이 개혁안에 포함되었다. 최근 이 폐정 개혁안의 '실상'과 관련하여 진보-보수 학자들 사이에 논란이 있었다. 논란의 소재는 오지영의 《동학사東學史》에 기술된 사실을 얼마나 인정할 것인가였다.

12 〈양호우선봉일기兩湖右先鋒日記〉, 《동학란기록東學亂記錄》 상, p. 272 및 오지영, 《동학사東學史》, p. 157; 신용하, 《동학농민혁명운동의 사회사》, 지식산업사, 2005, pp. 150~1에서 재인용.

13 황현, 《오하기문梧下記聞》 제2필, p. 92; 신용하, 《동학농민혁명운동의 사회사》, p.

150에서 재인용.

[14] 〈독립신문과 만민공동회〉, 서재필 기념회 사이트(independent.culturecontent.com).

[15] 《독립신문》 1898년 11월 28일자.

[16] 김동택은 《독립신문》에서 '백성·인민·신민·국민' 등의 단어와 '민주주의·공화제·주권' 같은 새로운 개념지식이 어떻게 사용되고 있는가를 검토하여 《독립신문》과 〈독립협회〉가 가진 '개혁적' 의미를 재평가한다. 이 연구에서 김동택은 〈독립협회〉의 주도 세력인 양반 개화파들이 민주정이나 공화제, 인민 주권과 같은 개념이나 제도에 대한 지식을 충분히 갖지 못해서가 아니라 그들이 가진 보수성 때문에 여러 면에서 한계를 드러냈다고 평가한다. 따라서 《독립신문》과 〈독립협회〉는 근대적 민권운동과 민주주의 운동의 보루가 아닌 '개혁적 지배계급'으로서의 보수성을 가진 조직이자 매체였다고 주장한다. 김동택, 〈『독립신문』의 근대국가 건설론〉, 이화여대 한국문화연구원 편, 《근대계몽기 지식의 발견과 사유 지평의 확대》, 소명출판, 2006, pp. 200~201. 한편 신용하, 이경희, 신동준, 이황직 등은 〈독립협회〉가 관료와 양반 엘리트의 조직에서 출발했지만, 차츰 민중 세력에 의해 장악되어 갔다고 주장한다. 신용하, 《독립협회연구》(신판), 일조각, 2006; 이경희, 〈서재필의 교육개혁사상에 관한 연구〉, 《國民倫理研究》 54, 2003; 신동준, 《조선의 왕과 신하, 부국강병을 논하다》, 살림, 2007; 이황직, 《독립협회 토론 공화국을 꿈꾸다》, 프로네시스(웅진), 2007 등을 참고하라.

[17] 〈론설〉, 《독립신문》 1897년 5월 25일.

[18] 《독립신문》 1899년 1월 22일.

[19] 박주원, 〈1900년대 초반 단행본과 교과서 텍스트에 나타난 사회담론의 특성〉, 이화여대 한국문화연구원, 《근대계몽기 지식의 발견과 사유 지평의 확대》, pp. 140~144에 그 상세목록이 나와 있다. 또한 이 시기 학교의 교육내용에 대해서는 손인수, 《한국근대교육사》, 연세대 출판부, 1993; 이승원, 《학교의 탄생》, 휴머니스트, 2005, 3절 등을 참조하라.

[20] 김봉희, 《한국 개화기 서적 문화 연구》, 이화여대 출판부, 2004 참조.

[21] 〈성균관 경학과규칙〉(학부령 제2호, 1895년 9월 27일); 유마코시 토오루馬越徹, 한용진 옮김, 《한국 근대 대학의 성립과 전개》, 1997, 교육과학사, p. 46에서 재인용.

[22] 유마코시 토오루, 《한국 근대 대학의 성립과 전개》, pp. 46~7.

[23] 정일균, 〈전통적 지식의 지속과 변용—'소학'과 개화기 수신 교과서 비교 분석〉, 한국사회사학회 편, 《지식 변동의 사회사》, p. 103.

24 〈반상논란〉, 《독립신문》 1899년 2월 22일, 1~2면.

25 정일균, 〈전통적 지식의 지속과 변용—'소학' 과 개화기 수신 교과서 비교 분석〉, p. 104.

26 현채, 《한국개화기 교과서총서: 수신윤리편》, 아세아문화사, 1977, p. 16; 정일균, 〈전통적 지식의 지속과 변용— '소학' 과 개화기 수신 교과서 비교 분석〉, pp. 37~38 에서 재인용.

27 김종진의 〈개화기 이후 독본 교과서에 나타난 노동 담론의 변모양상〉에 《노동야학 독본》의 노동담론에 대한 논의가 자세히 소개되어 있다. 김종진, 〈개화기 이후 독본 교과서에 나타난 노동 담론의 변모양상〉, 《한국어문학연구》 제42집, 2004년 2월.

28 박찬승, 《근대이행기 민중운동의 사회사》, 8장을 참고.

29 강명관, 〈타락과 부정으로 얼룩진 양반들의 잔치〉, 《조선의 뒷골목 풍경》, 푸른역사, 2002을 보라. 컨닝, 대리시험 등을 비롯한 조선 말기 과거제도의 온갖 타락상에 대해 자세하게 나와 있다.

30 백승종은 《한국의 예언문화사》에서 《정감록》 등의 예언·비결을 민중적 저항과 연결시켜 논하고 있다. 백승종, 《한국의 예언문화사》, 푸른역사, 2007.

31 백승종의 《한국의 예언문화사》를 보라.

32 김구, 《백범일지》, 범우사, 2000, p. 35

33 유영익, 《동학농민봉기와 갑오경장》, 일조각, 1998; 박노자, 〈내가 동학을 사랑하는 방법〉, 《당대비평》 제25호, 2004년 3월. 이와 관련된 논의에 대한 평가는 김상준, 〈대중 유교로서의 동학—'유교적 근대성' 의 관점에서〉, 《사회와 역사》 제68권, 2005년 12월.

34 조선의 학부 편집국에서 순 한글로 번역하여 인간印刊한 서양사 교과서다. 원래 영국의 마간서馬懇西 원저原著로, 한문본漢文本과 한글본의 두 종류가 있다. 영국인 이제마태李提摩太가 중국에서 한역漢譯한 책을 1896년에 들여왔다.

35 김구의 기독교 수용에 대해서는 최기영, 《한국 근대 계몽사상 연구》, 일조각, 2003 의 3장을 보라.

36 전후 단락의 인용은 김일성, 《김일성 회고록—세기와 더불어》 1권 1장 '비운이 드리운 우리나라'.

37 김일성, 《김일성 회고록—세기와 더불어》 1권 1장 중 '나의 어머니'.

38 기독교 자체가 인민의 자기 해방 사상인지 또 다른 노예 사상인지는 불분명하다. 한국 기독교는 때로는 쉽게 지배의 이념으로 변질되었고, 봉건 지배계급을 대체할 새로운 근대적 지배계급을 창출해내는 기능도 수행했다. '기독교 상공인' 들이 이

에 해당할 것이다.

39 김일성, 《김일성 회고록—세기와 더불어》 1권 2장 '타도제국주의동맹' 등을 참조하라.

40 칼 마르크스, 김수행 옮김, 《자본론 1-下》, 비봉출판사, 1988, pp. 608~614.

41 하지만 노동자문화가 완전히 정립된 계급 사회에서는 이와 다른 양상이 벌어질 수도 있다. 폴 윌리스의 《학교와 계급 재생산》과 같은 탁월한 노동계급 '문화' 연구가 이를 잘 보여준다. 폴 윌리스, 김찬호·김영훈 옮김, 《학교와 계급 재생산》, 이매진, 2005. 그러나 이는 서구 특정 지역에서 나타난 계급 문화 혹은 약간 중립적인(?) 의미의 반反문화 또는 반학교문화의 성격을 띠는 것이라 보는 편이 더 적절하다고 생각된다. 기본적 인간됨과 교육을 연결시키려는 근대 이행기 동아시아 민중의 그것과는 다른 성격의 것이라 할 수 있다.

42 입신출세주의의 근대적 변용에 대해서는 이기훈, 〈일제하 청년담론 연구〉, 서울대 박사학위 논문, 2005; 소영현, 《부량청년 전성시대》, 푸른역사, 2008 등을 참고하라.

43 원문은 일어다. "これからの世の中は, 中學卒業位の學力がなければ渡れません. この講義は中學で敎へる凡ての科目を網羅し一年半の短かい時日に中學全科卒業出來る最も信用ある早稻田の講義錄です. 中學校へ入學しない小學卒業生はゼヒ是れで勉强なさい." 《동아일보》 1928년 4월 19일, 5면 광고.

44 《독립신문》 1899년 6월 27일, 1면.

45 들뢰즈의 '기계' 개념을 차용한 가야트리 스피박의 용어다.

46 조서는 "짐朕이 생각하건대, 조종께서 업을 시작하시고 통을 이으사 이제 504년이 지냈도다. 이는 실로 우리 열조의 교화와 덕택이 인심에 젖고 우리 신민이 능히 그 충에를 다한 데 있도다. 그러므로 짐이 한량없이 큰 이 역사를 이어나가고사 밤낮으로 걱정하는 바는 오직 조종의 유훈을 받들려는 것이니, 너희들 신민은 짐의 마음을 본받을지어다"로 시작된다.

47 해당하는 내용은 다음과 같다. "헛이름을 물리치고 실용을 취할지어다. 곧, 덕을 기를지니, 오륜의 행실을 닦아 속강俗綱을 문란하게 하지 말고, 풍교를 세워 인세人世의 질서를 유지하며, 사회의 향복을 증진시킬지어다. 다음은 몸을 기를지니, 근로와 역행力行을 주로 하며, 게으름과 평안함을 탐하지 말고, 괴롭고 어려운 일을 피하지 말며, 너희의 근육을 굳게 하고 뼈를 튼튼히 하여 강장하고 병 없는 낙樂을 누려받을지어다. 다음은, 지지知를 기를지니 사물의 이치理致를 끝까지 추궁함으로써 지를 닦고 성성을 이룩하고, 아름답고 미운 것과 옳고 그른 것과, 길고 짧은 데서 나

와 남의 구역을 세우지 말고, 정밀히 연구하고 널리 통하기를 힘쓸지어다. 그리고 한 몸의 사私를 꾀하지 말고, 공중의 이익을 도모할지어다."

48 《구한국관보》, p. 1126; 노인화, 〈대한제국 시기 관립학교 교육의 성격 연구〉, 이화여대 박사학위 논문, 1989, p. 55. 이 광고의 학생모집 규정에는 어떤 제한이 없었다 한다. 근거는 "보통교과와 외국어를 교수할 터이니 학도원부學徒願赴하는 8세 이상 15세 이하의 자는 그 부형이 대동하고 8월 초 5, 6일 사이에 이 본부에 와서 품고하여 허입장을 받을 것"이라는 광고다. '국민'을 내세웠을 뿐. 따로 입학 자격을 규정하지는 않았다는 것이다. 그리고 일각에서 남녀와 신분·계급 차별 없는 의무교육에 대한 주장이 제기되기도 했다고 한다.

49 노인화, 〈대한제국 시기 관립학교 교육의 성격 연구〉, pp. 59~62.

50 조선총독부, 《학사통계》; 허수열, 《개발 없는 개발》, 은행나무, 2005, p. 238.

51 1906년에 관·공립 보통학교의 생도 수는 1,924명에 불과했으나, 1910년에는 이보다 거의 10배가 많은 16,946명에 달했다. 이 통계 숫자는 자료마다 다소 차이가 있다. 1910년도 조선총독부의 《학사통계學事統計》에 따르면 1910년(1909년 4월) 관공립학교는 130개, 학생 수는 17,234명이었다 한다.

52 1905년 이후 본격적으로 조선인들은 사비를 들여 일본으로 유학가기 시작했다. 박찬승, 〈1890년대 후반 관비유학생의 도일〉, 《근대 교류사와 상호인식》, 고려대 아세아문제연구소, 2001; 권태억 외, 《한국 근대사회와 문화 1》, 서울대학교 출판부, 2003; 허수열, 《개발 없는 개발》.

53 류방란, 〈개화기 기독교계 학교의 발달〉, 권태억 외, 《한국 근대사회와 문화 1》.

54 총독부 연보를 재구성한 송규진 외, 《통계로 보는 한국 근현대사》, 아연출판부, 2003, p. 377.

55 한영우 편, 《대한제국은 근대국가인가》, 푸른역사, 2006의 대한제국 성격에 관한 논쟁을 참조하라.

56 1910년도 조선총독부의 《학사통계學事統計》. 허수열, 《개발 없는 개발》, p. 239.

57 1914, 1915년 총독부 관보. 교육신문사, 《한국교육100년사》, 교육신문사, 1999.

58 덧붙여 서울 새문안교회의 1910년대 교인을 조사한 연구에 따르면, 교인 222명(전체 교인 363명 중에서 학생 141명을 제외한 나머지) 중에서 상업 종사자는 70여 명, 단순 노동은 80여 명 등이었고, 의사·교사·언론인들은 소수였다고 한다. 윤경로, 《한국 근대사의 기독교사적 이해》, 역민사, pp. 105~135; 류방란, 〈개화기 기독교계 학교의 발달〉, p. 434에서 재인용.

59 1895년 195명, 1897년 64명, 1898년 47명, 1902년 33명, 1904년 50명 등이었다. 박태원은 소설에서 1895년의 유학생 중 100여 명이 공개 선발되었다고 쓰고 있다.

60 한편 지망을 묻는 후쿠자와 유키치의 질문에 최주사는 관료가 되겠다고 답했고, 이런 대답은 모든 조선인 유학생에게 한결같은 것이어서 후쿠자와 유키치가 실망했다는 회고도 나와 있다. 이 단락의 인용은 박태원, 〈낙조〉, 천정환 책임편집, 《박태원 단편선—소설가 구보씨의 일일》, 문학과 지성사, 2005, pp. 27~29.

61 〈사립 숭정학교〉, 《매일신보》 1914년 3월 14일.

62 《친목회회보》와 《대조선독립협회보》 중 무엇이 최초의 잡지인지는 문헌에 따라 다르다. 《친목회회보》를 최초의 한국 최초의 잡지로 간주하기도 하고, 《대조선독립협회보》를 최초의 잡지로 기술하기도 한다. 《친목회회보》가 9개월 먼저 발간되었지만 이 잡지가 소수의 동경 유학생들에 의해 일본에서 발간되었다는 사실 때문에 '최초'라는 타이틀이 《대조선독립협회보》에 돌아가야 한다고 생각하는 연구자들도 있다. 한편 외국인에 의해 외국어로 발간된 잡지 가운데 이들보다 먼저 발간된 것들도 있다. 1890년 7월에는 영국 조선 선교회Church of England Korean Mission가 *Morning Calm*을, 1892년 1월에는 미국인 선교사 올린저F. Ohlinger가 *Korean Repository*를, 1892년 9월에는 부산에 살던 일본인들이 《계림鷄林》이라는 잡지를 만들었다고 한다. 차배근, 《개화기 일본 유학생들의 언론 출판 활동 연구(1)》, 서울대학교 출판부, 2000, p. 217.

63 〈회지〉, 《친목회회보》 제1호; 번역은 인용자.

64 김인택, 〈《친목회회보》의 재독〉, 《제3회 성균관대–연세대 대학원생 학술교류캠프 자료집》, 2008 참조.

65 얼마 전부터 한국 일간지의 사설은 2면에서 31면(또는 32면)으로 이동했다.

66 언론매체의 일반적 발달과정은 정론지로부터 종합지, 오락지로의 발전이다. 우리나라 언론 매체 역시 마찬가지다. 《독립신문》이나 《동아일보》의 경우에도 사설은 처음부터 오랜 기간 동안 신문의 1면 맨 위에 실렸다. 그러나 신문이 다루는 정보가 많아지고, 정보를 단순히 전달하는 기능과 신문의 대중문화적·오락적 기능이 강화되면서 사설이 차지하는 비중은 변화했다. 《독립신문》의 경우 '논설'은 오랜 시간 1면 최상단을 차지했으나 마지막에는 '각국 명담'과 같은 기사에 자리를 내주었다. 반면 《대한매일신보》의 경우 '논설'은 끝까지 1면 가장 윗자리에 놓였다.
오늘날 잡지화된 무가지 일간 신문을 보면 사설이 없는 경우도 있다. 19세기 말~20

세기 초의 신문·잡지에서 '논설'은 '사설'과 구분되지 않은 채 사용되기도 했다. 《독립신문》, 《대한매일신보》, 《동아일보》 등과 같은 신문의 경우 자사의 사설을 '논설'이라는 제명으로 실었다.

67 1호에서 3호를 기준으로 한 이 비율은 차배근, 《개화기 일본 유학생들의 언론 출판 활동 연구(1)》에 의한 것이다.

68 南嶽山人 李沂, 〈湖南學會月報發刊序〉. 전후 단락 인용문의 번역은 민족문학사연구소 편역, 《근대계몽기의 학술·문예사상》, 소명출판, 2000, pp. 370~1을 따랐다. 원문은 다음과 같다. "古聖人立國之制에 莫不有四民ᄒ며 四民이 亦莫不有學焉이러니 自秦 漢已後로 敎化寢息ᄒ고 而支那(中國之稱) 文字尤難於攻習ᄒ야 惟士有學이오 而農商工은 不有學焉故로 民日益愚ᄒ고 俗日益味어든 而況我韓之爲漢文丐餘者乎아. 幸自近日新學之出로 各種 敎科가 無不畢具ᄒ야 如政治學 法律學은 是士之學也오 農桑學 種植學은 是農之學也오 商務學 經濟學은 是商之學也오 光學 聲學 重學 化學 機器學은 是工之學也오 家政學 國家學 兵學은 是又士農商工通共之學也라. 其敎之始에 雖號稱文明國民이라도 亦必以强制行之ᄒ야 人有子弟不就學者면 輒罰其父兄이ᄂ 然吾輩其可以此로 望於今日政府耶아."

69 〈동서양의 학문 비교〉, 《독립신문》 1899년 9월 9일 참조.

70 서이종, 《지식정보사회의 이론과 실제》, p. 3.

71 이필영, 〈일제하 민간신앙의 지속과 변화―무속을 중심으로〉, 연세대학교 국학연구원 편, 《일제의 식민지배와 일상생활》, 혜안, p. 349 참조. 그 외 무속신앙과 식민 권력의 갈등에 대해서는 한국역사민속학회 편, 《역사속의 민중과 민속》, 이론과 실천, 1990 등 참조.

72 이능화, 최남선, 손진태 등의 연구가 무속을 한국사회의 전통의 하나로 구제했다고 한다. 특히 1920년대 후반에 들어 갑자기 한꺼번에 무속 연구가가 나타났고, 이는 민족문화에 관한 관심과 연계된 것이었다. 조흥윤, 〈무(샤머니즘) 연구에 대하여〉, 《무와 민족문화》, 민족문화사, 1990. 손진태는 《조선민족문화의 연구》에서 "우리들의 눈에는 미신 음사이지만 과학이 없던 석일의 민중들은 오직 그들 맹인 무녀에 의하여 생활의 안심과 향락을 얻게 된 것. 그들의 사회적 기능은 결코 역사상 한각 閑却하지 못할 바이다"라고 말한다. 손진태, 《조선민족문화의 연구》, 을유문화사, 1947, p. 342; 이필영, 〈일제하 민간신앙과 지속과 변화―무속을 중심으로〉, p. 345에서 재인용.

73 그중 공업과에 50명이 배정되었다. 이들은 예과 과정에서 한국역사, 한국지지, 만

국역사, 화학, 물리학, 경제학, 산술, 도화, 외국어 등을 배웠다 한다. 김근배, 《한국 근대 과학기술인력의 출현》, 문학과지성사, 2005, 1부를 참조하라.

74 〈공업연구회 취지서〉, 《공업계》 1909년 1월; 김근배, 《한국 근대 과학기술인력의 출현》, pp. 60~1에서 재인용.

75 김종욱, 《한국 현대소설의 서사형식과 미학》, 역락, 2005에 관련된 논의가 있다.

76 〈尹治衡醫學博士歡迎會〉, 《동아일보》 1924년 6월 19일자 2면.

77 《삼천리》 제3호, 1929년 11월.

78 南嶽山人 李沂, 〈湖南學會月報發刊序〉, 민족문학사연구소 편역, 《근대계몽기의 학술·문예사상》, p. 370.

79 金碩桓, 〈축사〉, 《대한자강회월보》 창간호. 원문은 다음과 같다. "甞聞國之本은 在於民ᄒ고 民之本은 在於學術ᄒᄂ니 勿論 政治 宗敎 文學 經濟 兵備 及 農牧 商賈 工藝之 事爲國之 具에 精其學妙其術이라야 方可曰 國爲民이라ᄒ니 此ᄂ 爲國爲民之義務也요 西人有言曰 民均智識이면 爲國根基ᄒ야 其堪久永保之力이 固不可與英雄豪傑이 暴興倔起者로 同日而語也라 ᄒ니 此ᄂ 强國强民之至論也라 處今日而講究 其學術之要컨딘 莫先於智識이니 智識이 發達이면 其於 政治 宗敎 文學 經濟 兵備及 農牧 商賈 工藝之事爲國之具에 精其學妙其術은 可謂 網擧而目張矣라. 然則 今此自强會之刊行月報가 寔由 與二千萬同胞로 擴見聞均智識ᄒ야 二千萬爲一心ᄒ야 爲國義務를 均擔於二千萬雙肩之上ᄒ야 自强不息而聯合用力이면 不啻挽回國ᄒ고 鞏固邦 基而已라 抑亦烝烝同上ᄒ야 與環球列强으로 並驅而凌駕矣라 ᄒ노라."

80 박노자, 〈애국 계몽 운동은 '애국' 이었나〉, 《우리가 몰랐던 동아시아》, 한겨레출판사, 2007.

81 장 폴 사르트르, 조영훈 옮김, 《지식인을 위한 변명》, 한마당, 1999.

82 권보드래, 《1910년대, 풍문의 시대를 읽다―「매일신보」를 통해 본 한국 근대의 사회·문화 키워드》, 동국대학교 출판부, 2008, pp. 82~83. 또한 이 책에 실린 〈이문회의 창립〉, 《매일신보》 1912년 1월 10일; 〈공전절후 대원유회〉, 《매일신보》 1912년 7월 5일; 〈석일의 과거가 여사하던가〉, 《매일신보》 1917년 6월 19일 등의 자료를 참조하라.

1 권보드래, 《1910년대, 풍문의 시대를 읽다》; 김태웅, 〈1915년 경성부 물산공진회와 일제의 정치선전〉, 《서울학 연구》 16호, 2002; 김백영, 〈일제하 서울에서의 식민권력의 지배전략과 도시공간의 정치학〉, 서울대 박사학위 논문, 2004; 권태억 외, 《근대 한국 사회와 문화 1》; 정선태, 〈근대적 정치운동 또는 국민 발견의 시공간〉, 이화여대 한국문화연구원 편, 《근대계몽기 지식 개념의 수용과 그 변용》을 보라. 이와 관련하여 1898년 〈독립협회〉의 만민공동회의 시위와 그것에서 비롯된 '민중의 진출'을 3·1운동의 중요한 계기로 생각하는 견해도 있다.

2 〈삼백여 명의 노동자가〉, 《매일신보》 1918년 8월 10일; 김경일, 《한국 근대 노동사와 노동 운동》, 문학과지성사, 2004; 임경석, 〈3·1운동 전후 한국 민족주의의 변화〉, 역사문제연구소 편, 《역사문제연구》, 2000.

3 3·1운동 관련 피고소인은 무교가 43퍼센트, 천도교가 15퍼센트, 기독교가 22퍼센트에 이르렀다. 이중에서 교육정도별 분포를 보면 고등교육 수학자는 2퍼센트, 중등교육 이수자는 8퍼센트, 보통교육 이수자는 15퍼센트(신교육 25퍼센트), 서당과 한문 수학자는 19퍼센트, 무학자는 22퍼센트(확인 불가능이 32퍼센트)였다. 신용하, 《한국근대지성사 연구》, p. 197.

4 님 웨일즈·김산, 송영인 옮김, 《아리랑》(개정3판), 동녘, 2005, pp. 90~1.

5 임경석, 《잊을 수 없는 혁명가들에 대한 기록》, 역사비평사, 2008, p. 45.

6 김기진, 〈시감 이편〉, 《조선지광》 제70호, 1927년 8월.

7 단락의 〈낙동강〉 인용은 조명희, 이명재 책임편집, 《낙동강 외》, 종합출판범우, 2004. 김윤식·정호웅은 《한국소설사》에서 이 작품이 '지식인의 귀향 형식'을 취함으로써 역사적 현실에 대한 '전형적' 파악에 성공한 작품이라 평한다. 김윤식·정호웅, 《한국소설사》(개정증보판), 문학동네, 2000.

8 〈평안할지어다〉, 《별건곤》 43호, 1931년 9월호; 한만수, 〈근대적 문학 검열제도에 대하여〉, 《한국어문학연구》 39집, 2002년 8월에서 재인용.

9 1920년대 일제의 검열정책과 그 효과에 관한 연구는 근래 상당히 축적되었다. 한기형, 박헌호, 한만수, 정근식 등의 연구를 참고하라. 한만수, 〈일제시대 문학검열 연구를 위하여〉, 《배달말》 27호, 2000년 12월; 한만수, 〈식민시대 문학의 검열 대응방식에 대하여〉, 《현대문학이론연구》 15집, 2001년 6월; 정근식·최경희, 〈도서과의 설치와 일제 식민지출판경찰의 체계화 1926~1929〉, 동국대 한국문학연구소, 《한국문학연구》 제30집, 2006; 한기형, 〈문화정치기 검열체제와 식민지 미디어〉,

성균관대 대동문화연구원, 《대동문화연구》 51집, 2005년 9월; 한만수, 〈일제 식민지시기 문학검열과 원본 확정〉, 성균관대 대동문화연구원, 《대동문화연구》 51집, 2005년 9월; 정근식, 〈일제하 검열기구와 검열관의 변동〉, 성균관대 대동문화연구원, 《대동문화연구》 51집, 2005년 9월; 권명아, 〈풍속 통제와 일상에 대한 국가 관리〉《민족문학사연구》 33, 2007; 한기형, 〈식민지 검열장의 성격과 근대 텍스트〉, 《민족문학사연구》 34, 2007; 한만수, 〈식민지시기 검열의 드러냄과 숨김〉, 《배달말》 41호, 2007 등을 보라.

10 경남 진양군 수곡면의 두 마을의 역사를 연구한 정진상의 〈해방 직후 사회신분제 유제의 해체〉를 참고하라. 정진상, 〈해방 직후 사회신분제 유제의 해체〉, 지승종 외, 《근대사회변동과 양반》, pp. 191~194.

11 총독부 국세조사 결과다. 윤수종, 〈머슴 제도에 관한 일 연구〉, 한국사회사학회, 《한국사회사학연구》, 문학과지성사, 1991, pp. 144~147. 머슴제도는 내용을 달리하면서 농업노동 인구가 다수를 차지하던 1960년대까지 이어졌다. 머슴은 원래 노비였다가 농업프롤레타리아로 전환된 사람들을 일컫는 말이지만, 일반적으로 이러한 내적 변화와 상관없이 통칭 '머슴'이라 불렸다.

12 〈朝鮮의 社會階級의 推移, 貴族兩班階級의 社會的失墜와 第三階級(商工階級) 勃興〉(上下), 《동아일보》 1921년 5월 10일. 《동아일보》 1924년 3월 9일자 사설 〈兩班의 末路를 吊함〉은 제국주의의 침탈이 계급관계에 끼친 영향과 관련하여 사회제도의 필연적 변천으로 인해 구 계급도 몰락했다는 식으로 설명하고 있어 흥미롭다. "다만 조선에서는 그 급격한 변역(變易)이 자체 내부에 잇지 아니하고 외부에 잇섯슴으로 구제도하의 지배계급은 구제도의 몰락과 공히 비참한 몰락을 하얏스나 그에 대하여 신흥할 계급은 다시 ○○할 여지도 업시 동일한 압박하에 신음하게 된 특수사정"있다는 것이다.

13 〈兩班되는「靑衿錄」〉, 《동아일보》 1925년 8월 2일.

14 〈言爭끗혜 打殺, 상놈이 버릇업다고 殺人한 兩班〉, 《동아일보》 1927년 8월 24일; 〈兩班자랑〉, 《동아일보》 1927년 10월 11일. 그 외 〈弊習陋慣부터 改革하자(四) 族譜熱과 兩班心〉, 《동아일보》 1926년 9월 14일 등을 참조하라.

15 이에 관해서는 박태호, 〈근대적 주체의 역사이론을 위하여〉, 김진균·정근식 외, 《근대주체와 식민지 규율권력》, 문화과학사, 1998 등을 참조하라.

16 류준필, 〈1910~1920년대초 한국에서 자국학 이념의 형성과정〉, 《대동문화연구》 52, 2005; 천정환, 《근대의 책 읽기》, 푸른역사, 2003, 4장에서 고전문학 연구와 출

판의 예를 통해 '신문화' 종사자들에 의해 선별된 이것이 문학사의 정전 목록을 구성하는 데 중요한 한 축을 형성하게 된다는 점을 논했다.

17 1920~1930년대 문화민족주의 운동의 전환에 대해서는 박찬승, 《한국근대정치사상사연구》, 역사비평사, 1997; 류시현, 〈최남선의 '근대' 인식과 '조선학' 연구〉, 고려대 박사학위 논문, 2005; 전윤선, 〈1930년대 조선학 진흥운동 연구〉, 연세대 석사학위 논문, 1996 ; 채관식, 〈1930년대 '조선학' 의 심화와 전통의 재발견〉, 연세대 석사학위 논문, 2006; 백승국, 〈1930년대 국내 문화운동의 성격 변화에 관한 연구〉, 연세대 석사학위 논문, 2002; 이지원, 〈일제하 민족문화인식과 민족문화운동〉, 서울대 박사학위 논문, 2004 참조.

18 차혜영은 《문장》지가 아카데미즘이 환기하고 생산한 조선의 고전을 게재하여 이를 대중화하는 데 일조했다고 지적하고 있다. 차혜영, 〈'조선학' 과 식민지근대의 '지' 의 제도〉, 《국어국문학》 140호, 2005년 9월. 그러나 《삼천리》는 이러한 작용을 훨씬 빠른 시기에 더 대중화된 방식으로 수행한 것이라 할 수 있다.

19 한기형, 〈문화정치기 검열체제와 식민지 미디어〉, 《대동문화연구》 51집, 2005년 9월, p. 72; 천정환, 〈《삼천리》가 '기밀실' 을 열었을 때: 정보 · 통계라는 새로운 지식과 근대 잡지〉, 성균관대 대동문화연구원 국제학술발표회 〈지식의 근대기획, 미디어의 동아시아〉 자료집, 2007 참조.

20 〈표 4〉는 1901년에서 1945년까지 일본에서 생산된 한국 관련 단행본 수를 정리한 것이다.

〈표 4〉 1901년에서 1945년까지 일본에서 생산된 한국에 관한 단행본의 숫자

	1909~1909	1910~1919	1920~1929	1930~1939	소계	1946~1964
정치 군사 외교	9	22	51	68	150	21
산업 통상	75	95	196	323	689	3
역사 지리	78	140	191	349	758	80
행정	34	79	117	223	453	80
사회 교육	41	78	181	249	549	11
법	10	30	53	98	191	0
문화 예술	10	21	31	73	135	10
사상 종교 철학	6	4	32	44	86	1
어문학	14	18	34	50	116	19
기타	3	8	15	39	65	1
계	280	495	901	1516	3192	226

※ 출처: 최정태 외, 《20세기 한일간 지식정보의 생산과 흐름》, 부산대학교 출판부, 2003, p. 17을 재구성.

원 자료는 1974년 일본 아시아경제연구소에서 간행된 《구식민지관계기관간행물총합목록舊植民地關係機關刊行物總合目錄: 조선편朝鮮編》인데, 이를 그대로 가져온 것이라 한다. 따라서 수정·보완의 여지가 있을 것이다. 이는 식민지 경영에 나선 '제국'이 식민지에 대해 다룬 지식의 양을 보여준다. 《20세기 한일간 지식정보의 생산과 흐름》에 따르면, 김태진의 《일본의 발전》(1928)과 유정수의 《일본풍속사개설》(1931)이 식민지 시기 전체를 통틀어 일본에 대해 한국인이 쓴 단행본 전체라 한다.

21 박성진·이승일, 《조선총독부 공문서─일제시기 기록관리와 식민지배》, 역사비평사, 2007.

22 이 단락의 내용 중 일부가 천정환, 〈앎의 분화와 교양의 전회: 문학의 탄생〉, 《문예중앙》 113호, 2006년 봄에 실려 있다. 이찬갑의 소장 도서 목록과 삶에 대해서는 백승종, 《그 나라의 역사와 말─일제 시기 한 평민 지식인의 세계관》, 궁리출판, 2002의 도움을 받았다.

23 카터 에커트, 주익종 옮김, 《제국의 후예》, 푸른역사, 2008, p. 72. 에커트는 일제 말기 김성수와 연구 형제의 역할에 대해, "그들의(성수와 연수 형제) 민족의식이란 기본적으로 자신의 계급이익을 별 생각 없이 국가이익으로 간주하는 것이어서, 훗날 어려운 시험에 직면해서는 산산이 부서졌다"라고 평한다.

24 해외의 한인 운동가들이 사회주의에 접하고 최초의 한인 사회주의 조직을 건설하는 경위에 대해서는 임경석, 《한국 사회주의의 기원》, 역사비평사, 2003을 보라.

25 그러나 기원을 찾아 거슬러 올라가면 사회주의는 이미 19세기 말에 대중적으로 알려졌다고 한다. 《한성순보》가 〈각국근사各國近事〉에서 유럽 내 사회당의 분포와 이념에 대해 소개하면서 사회당을 "귀천과 빈부를 평등하게 하는 것을 주의로 삼는" "빈천한 무리"들의 당이라 했으며, 이에 따라 사회당과 사회주의가 제대로(?) 알려지기 시작했다는 것이다. 〈歐洲社會黨〉, 《한성순보》 9호, 1884년 1월 18일; 임경석, 《한국 사회주의의 기원》, p. 27에서 재인용. 《독립신문》 1899년 10월 19일자 4면에 실린, 러시아 국내 사정을 소개하는 기사 〈노국 내정 전호 연속〉에도 '샤회쥬의'라는 말이 쓰였다. 그러나 여전히 사회주의는 외국 소식에서 간헐적으로 등장하는 단어에 불과했다. 하지만 이러한 양상은 1907~1909년 사이에 발간된 《태극학보》 등의 학회지와 《대한매일신보》 등에서 '사회주의'라는 단어가 자주 사용되면서 그리고 일본에서 사회주의의 조류가 유입되면서 크게 달라진다. 이때 사회주의는 "국가적 사회주의의 비사맥比斯麥[독일 재상 비스마르크]"라든지 "일본은 명치가 유신에 기진其進이 태예太銳라 진보주의進步主義가 궐성厥性이 일변─變ᄒ야 사회주의와 자연

주의에 천류솔입遷流率入ᄒᄂᆞ는 점漸이 유ᄒᆞᆫ 고로"(일본은 메이지 왕이 유신을 매우 급격하게 추진하는 바람에, 진보주의의 성격이 일변하여 분위기가 사회주의와 자연주의로 점점 흘러드는 경향이 있었기 때문에)라는 말에서 확인할 수 있는 것처럼, 좀 더 가깝고 현실감 있는 단어가 되어 갔다. 金永基, 〈敎育의 新潮〉, 《대한흥학보》 제3호, 1909년 5월 20일(이어지는 구절은 "卓見 諸家가 是驚是愕ᄒᆞ야 大和魂 繼守說를 急呼絕叫ᄒᆞ니 此其 誰得誰失에 殷鑑이 昭昭로다"이다). 그러나 이 지식의 중간 매개지인 일본에서는 약간 달랐다. 사회주의가 마르크스-레닌주의를 주축으로 하는 소비에트 이데올로기로 정착하기 이전에, 유럽과 러시아의 공기를 접촉한 지식인 청년들이 다양한 경향의 사회주의를 들여왔다. 그리고 무정부주의자들이 이미 경찰과 심각한 갈등을 일으키고 있었다.

26 〈사상계의 신추향〉, 《조선일보》 1923년 1월 1일.

27 〈신흥 사조에 몰두한 조선청년의 독서열〉, 《조선일보》 1929년 10월 3일.

28 《동아일보》 1928년 6월 21일. 천정환, 《근대의 책 읽기》.

29 사회주의 수용에 관한 최근의 연구 중 이호룡, 《한국의 아나키즘—사상편》, 지식산업사, 2001; 임경석, 《한국사회주의의 기원》, 역사비평사, 2003; 박종린, 〈1920년대 전반기 사회주의사상의 수용과 물산장려논쟁〉, 한국역사연구회, 《역사와현실》 제47권, 2003년 3월; 전상숙, 《일제시기 한국 사회주의 지식인 연구》, 지식산업사, 2004; 박헌호, 〈1920年代 前半期 『每日申報』의 反-社會主義 談論 硏究〉, 《한국문학연구》 제29권, 2005년 12월; 박종린, 〈일제하 사회주의사상의 수용에 관한 연구〉, 연세대 박사학위 논문, 2006 등을 참조.

30 각 방면을 통한 무정부주의의 유입에 대해서는 이호룡, 《한국의 아나키즘—사상편》을 참조.

31 임경석, 《한국 사회주의의 기원》을 참조.

32 リム　マン·キムメンモ, 《3·1운동》, p. 37; 이호룡, 《한국의 아나키즘—사상편》, p. 94에서 재인용.

33 《한국사 15—민족해방운동의 전개 Ⅰ》, 한길사, 1994, 제2부 '3·1운동'.

34 강만길 외, 《한국노동운동사 1—근대 노동자 계급의 형성과 노동운동》, 지식마당, 2004.

35 이호룡, 《한국의 아나키즘—사상편》, p. 96에서 재인용.

36 〈조선노동총동맹〉의 강령은 다음과 같다. "1. 우리는 노동계급을 해방하여 완전한 신사회를 실현하는 것을 목적으로 함. 1.우리는 단결의 위력으로 최후의 승리를 얻

을 때까지 철저하게 자본가 계급과 투쟁할 것임. 1.우리는 노동자계급의 복리증진 및 경제적 향상을 꾀함."

37 정영순, 〈1921년 부산부두노동자 총파업에 관한 연구〉, 성균관대 석사학위 논문, 1990; 강재순, 〈일제하 부산지역에서의 노동자계급의 형성〉, 부산대 석사학위 논문, 1991.

38 역사학연구소, 《메이데이 100년의 역사》, 서해문집, 2004.

39 박헌호, 〈'계급' 개념의 근대 지식적 역학〉, 《상허학보》 22집, 2008년 2월.

40 이에 관한 최신의 연구로는 김현주, 〈사회주의의 수용과 비평의 패러다임 변화〉, 성균관대 대동문화연구원 주최 학술발표회, 《근대지식으로서의 사회주의와 그 문화2》, 2008. 그리고 지식과 문화로서의 사회주의에 대해서는 같은 책에 실린 이승희 · 김현주 · 이혜령 등의 논문을 참조.

41 박헌호, 〈1920年代 前半期 『每日申報』의 反-社會主義 談論 硏究〉, 《한국문학연구》 제29권, 2005년 12월 등을 참조.

42 《동아일보》 1925년 3월 7일.

43 재동경 신흥과학연구회가 경성여자상업학교 동맹휴업을 지지하며 보낸 격문. 윤경로, 《이현상과 1928년의 학생공산당 사건》, p. 367; 김성민, 〈광주학생운동연구〉, 국민대 박사학위 논문, 2007, p. 55에서 재인용.

44 이 절의 내용은 천정환, 〈낙동강-사회주의와 근대적 대중지성의 형성(1)〉, 상허학회 편, 《상허학보》 19집, 2008년 4월에서 발췌한 것이다.

45 김중섭, 《형평 운동 연구—일제 침략기 백정의 사회사》, 민영사, 1997, pp. 50~51.

46 김중섭, 《형평 운동 연구—일제 침략기 백정의 사회사》.

47 김중섭, 《형평 운동 연구-일제 침략기 백정의 사회사》, p. 103.

48 〈형평사 주지〉, 《조선일보》 1923년 4월 30일.

49 박중화, 〈조선노동공제회주지〉, 《공제》 1호, 1920년 9월.

50 김중섭, 《형평 운동 연구—일제 침략기 백정의 사회사》, p. 329.

51 〈형평사교육열〉, 《동아일보》 1925년 9월 19일.

52 이 책 362쪽 주석 71의 〈표 5〉 '1920~25년 사이의 각종 계급 · 계층운동 단체의 출현 현황' 을 참조.

53 〈계급생활과 사회적 해독-김해사건에 鑑하여(상)〉, 《조선일보》 1923년 8월 28일, 1면.

54 〈衡平運動의 意義, 一般社會의 自覺을 要함〉, 《동아일보》 1923년 5월 18일.

55 〈계급생활과 사회적 해독―김해사건에 鑑하여(상)〉, 《조선일보》 1923년 8월 28일, 1면.

56 김중섭, 《형평 운동 연구―일제 침략기 백정의 사회사》, p. 183.

57 이런 어구에서 '계급적' 이라는 말이 부정적인 뉘앙스를 가질 수 있었다는 점도 볼 수 있다.

58 각각 〈량반자랑하다가 衡平社員과 爭鬪〉, 《동아일보》 1924년 5월 17일; 〈자랑끗헤 볼난다〉, 《동아일보》 1924년 5월 20일. 본고의 그림 자료는 이승희 선생의 도움으로 찾은 것이다.

59 〈청년회를 비난. 군산청년회는 공공사업에 냉정하고 衡平社에서 기부한 돈을 더럽다고〉, 《조선일보》 1923년 6월 28일, 3면.

60 〈하동 형평 분사. 발회식장에 풍파, 노동조합원들이 반대운동을 하기 시작〉, 《조선일보》 1923년 8월 25일, 석간 3면.

61 〈제천 형평사원에게 강제로 平壤자, 분사 창립 축하식에 수백명의 노동자가 달려들어 사원 수십명을 무수난타〉, 《동아일보》 1923년 9월 11일.

62 형평운동은 1923년 8월 이후에는 서울과 기호 지방으로 번져나갔고, 충남 홍성과 부여, 경기도 수원 등에서 형평사원들에 대한 박해운동이 일어났다. 형평사와 민중의 갈등은 1925년 이후에도 중단되지 않았다.

63 〈돌잡이하는 형평아 잘 잘아기라〉, 《동아일보》 1924년 4월 27일.

64 이기훈, 〈1920년대 '어린이' 의 형성과 동화〉, 《역사문제연구》 8호, 2002년 6월; 박숙자, 〈아동의 발견과 모성 담론: 1920년대 아동문학 작품을 중심으로〉, 《어문학》 84호, 2004년 8월 등을 참조하라.

65 〈계급생활과 사회적 해독. 김해사건에 鑑하여(상)〉, 《조선일보》 1923년 8월 28일, 1면.

66 〈해방의 일꾼―형평사남선대회〉, 《동아일보》 1923년 5월 29일, 1면. 그 외 〈反衡平社運動, 互相協調의 解決을 望함〉, 《동아일보》 1923년 5월 31일 등을 보라.

67 예컨대 《무엇을 할 것인가》에서 레닌은 과학적 지식은 부르주아 지식인에게서 산출될 수 있으며, '과학' 이 외부로부터 노동계급에게로 주입되어야 한다고 주장한다. 그러나 이는 '당' 이라는 제도적·정치적 실체가 집합적 지성의 총화이자 '무오류' 의 뇌수腦髓라는 식의 사고에 기반하고 있다는 점에서 레닌-스탈린주의 당조직론에 심각한 문제를 야기한다. 비단 '당이 결심하면 우리는 한다' 에서 '당은 곧 장군님이시다' 로 나아간 북한식의 무지막지한 변용만이 아니라 현실사회주의 전체에

한계로 작용한 것이다.

68 베르톨트 브레히트는 교육서사극 〈조치Die Massnahme〉(1930)에서 대중지성과 당조직의 모순을 다음과 같은 몇 마디의 시구로 압축해서 보여준다.

> 개인은 눈이 두개이고 / 당은 눈이 천개이다.
>
> 당은 일곱 나라를 보고 / 개인은 도시 하나를 본다.
>
> 개인은 자신의 시간을 갖지만 / 당은 여러 시간들을 갖고 있다.
>
> 개인은 없애 버릴 수 있지만 / 당은 없앨 수가 없다.
>
> 당은 대중의 전위이며 /현실의 인식에서
>
> 길어낸 고전의 방법을 사용하여 /그들의 투쟁을 이끌기 때문이다.

69 관료화·국가화된 당과 사회주의 조직은 일방적 전유를 상징한다. 물론 오늘날 대중지성이라는 말을 통해 환기되는 것은 전일적이고 일사불란한 조직이 아니라 느슨하고 자유로운 주체들의 네트워크와 자발성이다.

70 예컨대 형평사는 일본 천민 해방운동 단체인 수평사와 곧잘 비교되고, 실제로 연대하기도 했다. 1924년 일본에서 열린 3차 전국수평사대회 회의 중 제안된 조선 형평운동과의 "연락"이 만장일치로 가결된 것이다. 〈全國水平社大會, 三日京都 公會堂에서〉, 《동아일보》 1924년 3월 5일 만평에서 일본인 "천민"은 먼저 형평사의 조선인에게 악수의 손을 내밀고 있고, 그 손을 아직 형평사는 맞잡지 않고 있다. 그림의 캡션은 "악수한 다음에는……"이라 되어 있다. 민족을 넘어 수평사와의 연대가 성립될 수 있을지는 알 수 없다는 것이다.

71 3·1운동 이후 노동계급의 진출에 대해서는 박종린, 〈일제하 사회주의사상의 수용에 관한 연구〉; 전명혁, 〈한국노동자계급 형성연구〉, 《역사연구》 11호, 2002를 참조하라. '여성'은 빠졌지만, 다음과 같은 자료는 위의 설명을 압축해서 보여준다.

〈표 5〉 1920~25년 사이의 각종 계급·계층운동 단체의 출현 현황

연도	민족주의	사회주의	노동	농민	청년	소년	합계
1920		11	33	0	251	1	296
1921		18	90	3	446	14	571
1922		19	81	23	488	25	636
1923		55	111	107	584	43	900
1924	1	86	91	112	742	81	1113
1925	1	83	128	126	847	127	1312

※ 출처: 朝鮮總督府 警務局, 《最近に於ける朝鮮治安狀況》, 1933, pp. 168~169; 김중섭, 《형평 운동 연구—일제 침략기 백정의 사회사》, p. 84에서 재인용.

72 사회주의와 형평운동의 결합의 시작에 관해서는 〈共産主義를 宣傳計劃.朝鮮에 衡
平運動을 機會로〉, 《조선일보》 1923년 6월 27일 기사를, 양자의 분화와 귀결 양상
에 대해서는 〈社會運動史上 大事件 衡平共靑盟 終瘇, 全朝鮮的 檢擧로 二年 만에
끝나, 十四名全部 有罪決定〉, 《동아일보》 1934년 12월 30일 기사를 참고할 수 있
다. 물론 '민족' 대 '계급'의 대립을 내재한 조직 내부의 갈등은 1924년 이래로 계속
되었다. 1934년의 사건은 형평사 내부의 공산주의자조직(형평공청)이 '유산 백정'을
배제하고 새로운 대중조직을 건설하는 한편, 스스로 공산협의체를 만드는 등의 새
로운 운동으로 전환하려다 일제에 핵심조직원들이 검속된 사건이다.

73 김희곤, 《이준태》, 국학자료원, 2003.

74 전후의 인용은 〈맹휴한 녀직공 今日에 演說會, 텬도교당을 빌어〉, 《동아일보》 1923
년 7월 5일; 〈資本主義의 毒焰, 同盟罷業으로 餓死同盟까지〉, 《동아일보》 1923년 7
월 9일. 그 외 《동아일보》 1923년 7월 7일 및 7월 16일 기사도 참조하라.

75 조은숙, 〈식민지시기 '동화회(童話會)' 연구──공동체적 독서에서 독서의 공동체로〉,
《민족문화》 제45호, 2006년 12월.

76 천정환, 《근대의 책 읽기》, 2장.

77 천정환, 《근대의 책 읽기》, 2장 참조.

78 소래섭, 〈백석 시에 나타난 음식의 의미 연구〉, 서울대 박사학위 논문, 2008; 임태
훈, 〈음경의 발견과 소설적 대응〉, 성균관대 석사학위 논문, 2008. 그 외 주은우,
《시각과 현대성》, 한나래, 2003 · 강심호, 《대중적 감수성의 탄생》, 살림, 2005 등의
연구를 참고하라.

79 임태훈, 〈음경의 발견과 소설적 대응〉, 성균관대 석사학위 논문, 2008 참조.

80 그러나 이를 '구술문화'라 단선적으로 말하기는 어렵다. 이를 일부 논자들이 말하
는 '2차적 구술성'과 관련시킬 수도 있을 것이다.

81 姜仁澤 速記, 〈강연월단講演月旦〉, 《개벽》 1921년 11월호.

82 예컨대 〈仁川警察署 衛生講演〉, 《동아일보》 1920년 5월 2일.

83 〈조선여자교육회 주최의 십일일녀자 강연회 성황, 즉석에서 긔투가 륙백원〉, 《동아
일보》 1920년 6월 13일.

84 〈서울靑年의 講演會禁止, 시사문뎨가 잇다고〉, 《조선일보》 1924년 5월 30일; 〈全州
靑年會主催 레닌 追悼講演會禁止, 時機尙早라고〉, 《동아일보》 1925년 1월 23일, 3
면 등을 참고하라.

85 이 절은 천정환, 〈1920년대 독서회와 '사회주의 문화'〉, 《대동문화연구》 63집,

2008년 12월(근간)과 일부 내용이 같다.

86 1922년 전라남도의 청년회 지도방침에 따르면, 기존 청년회 조직의 '건전한' 방향
으로의 유도와 건전한 청년회의 직접 설치를 큰 틀로 정하고, "2) 학력의 보충과 처
세상 필요한 지식을 얻기 위한 사업으로 야학회 · 강습회 · 강연회 · 연구회 · 조사
회 · 보고회 등을, 3) 공동의 정신을 존중하고 건전한 국민의 품격을 도야하기 위한
사업으로 공동 식림 · 개간 · 양잠 · 저축 · 구매 등을, 4) 지식욕의 향상과 독서취미
를 증진하기 위한 사업으로 독서회 · 신문잡지구독회 · 대출문고설치 등을" '설치
요령'으로 삼는다. 《青年會指導方針》, pp. 21~26. 박찬승, 《한국근대 정치사상사
연구》, 역사비평사, 1992, p. 241에서 재인용. 또한 pp. 225~6도 보라.

87 〈국제청년일과 기념〉, 《동아일보》 1925년 9월 13일.

88 18세기의 문화적 전환과 지식인의 새로운 움직임에 대해서는 강명관 · 안대회 · 고
미숙 등의 논의를 참고하라. 개화기 지식인의 독서회 활동에 대해서는 呂圭亨, 〈序
二〉, 《대동학회월보》 1호, 1908년 2월 등의 문헌을 보라.

89 김봉희, 《한국 개화기 서적문화 연구》, 이화여대 출판부, 1999 참조.

90 〈新聞雜誌縱覽所開設, 馬山俱樂部에서 同會舘內에(馬山)〉, 《동아일보》 1921년 7월
11일; 〈新聞雜誌購讀會組織, 東萊郡廳職員의 발기로(釜山)〉, 《동아일보》 1921년 11
월 25일 등의 기사를 참조하라.

91 예컨대 〈전북 金堤 소년독서회 창립〉, 《동아일보》 1927년 10월 13일; 〈경남 金海郡
進永소년회, 창립대회 개최하고 문맹퇴치 · 독서회〉, 《동아일보》 1928년 4월 24일;
〈蔚山讀書界의 好消息. 蔚山青年會와 斯界同志者로 조직된 蔚山讀書會가 去月八日
發會〉, 《조선일보》 1923년 10월 2일, 4면; 〈간도독서회 임시총회. 중요사항 결의〉,
《조선일보》 1926년 7월 31일, 조간 1면; 〈濟州島에も 讀書會事件? 朝鮮通信社〉, 《朝
鮮通信》 no. 1310, 1930; 〈日帝時代 江陵地方 抗日運動 研究〉, 《嶺東文化》, Vol. 5,
1994 등을 참조하라.

92 이와 관련해서 6 · 10의 조과연과 광주의 〈독서회〉는 가장 많이 거론되어온 예다.

93 물론 이 때에도 합법성을 띤 독서회는 존재했다. 북청농교는 학교당국으로부터 '교
과목 학습' 명목의 독서회 결성을 허락받아 독서회원을 전교생 중에서 선출했다. 그
러나 이 독서회도 이후에 '적색'이 되어 1929년 투쟁에 결합했다. 〈北青農校生 十一
名公判 조선○○의 필요를 력설〉, 《동아일보》 1929년 11월 20일 등을 참조하라.

94 〈兩讀書會組織, 婦人 農青〉, 《동아일보》 1927년 10월 13일.

95 홍천경찰서 〈李鳳均 신문조서〉 및 〈南宮現 신문조서〉, 《韓民族獨立運動史資料集

47(三・一運動一週年宣言文 配布事件・十字架黨 事件 1)》.

96 〈蔚山讀書界의 好消息〉, 《조선일보》 1923년 10월 2일, 석간 4면.

97 김윤경, 〈여학생의 독서현상 해부〉, 《신가정》 1934년 10월, p. 47.

98 김경일의 연구를 제외하면 식민지 시대 노동자문화에 관한 연구는 거의 진행되지 않았다.

99 《수자조선연구》의 저자들은 서당수학자와 보통학교 중퇴자를 반半문맹자로 취급했고, 무교육자는 완전문맹자로 계산했다. 이 결과 11퍼센트가 문식력을 가진 것으로 인정되었다. 이여성·김세용, 《수자조선연구》 2집, 1930, p. 117; 《조선토목건축협회회보》 17호, 1928년 1월, p. 15; 김경일, 《한국 근대 노동사와 노동 운동》, 문학과지성사, 2004, p. 184에도 인용되어 있다.

100 〈平壤五月靑年會 讀書會의 社會主義 글을 외인 事件公判〉, 《동아일보》 1925년 7월25일.

101 〈圖書部 新設, 端川 하자會서〉, 《동아일보》 1925년 8월 15일.

102 김경일, 《한국 근대 노동사와 노동 운동》, 문학과지성사, 2004; 김경일, 《일제하 노동운동사》, 창작과비평사, 1992를 참조하라.

103 김성민, 〈광주학생운동연구〉, p. 39, 52 등을 참조하라.

104 당시 학생 독서회와 사회주의 조직의 관계에 대해서는 경신학교에서 독서회를 통해 맹휴 투쟁에 참가한 권유근의 심문 조서를 참고할 만하다. 빙산의 일각에 불과하지만, 하나의 예로써 제시해본다.

> 문: 반복하여 다시 묻겠는데 그대가 학생 비밀 결사에 관계한 사실을 진술하라.
>
> 답: 소화 四년 九월 상순경이다. 儆新학교 안에서 柳丑運, 鄭種根, 나 三인이 회합을 하고, 학생운동은 이면에서 운동을 하는 것이 필요한 것이고, 좌경 학생을 교양하는 것이 필요하므로 독서회라는 것을 조직하고 학교 내의 학생운동을 지도함과 동시에 전반적인 학생운동을 전개할 필요가 있으므로 학교 안에 학생의 비밀 독서회를 조직하자고 협의를 하여 조직을 하고, 책임자로서 柳丑運을 선정하였다. 그리고 그 책임자로부터 지명을 받고 각자의 세포를 조직하였는데 나는 姜穆求의 소속 세포로 되었다.

〈權遺根 신문조서(제四회)─서울學生同盟休校檄文配布事件(二)〉, 《韓民族獨立運動史資料集 50 同盟休校事件 裁判記錄 2)》.

105 임종국, 채만식, 황순원, 김정한, 이원수(아동문학가), 박영준, 정비석, 윤이상, 신남철, 박완서, 이병주 등의 전기나 자전적 소설들을 보라.

106 〈구술자료─정진석 소장본〉, p. 279; 최선웅, 〈1915~1922년 社會革命黨 세력의

활동과 이념〉, 고려대 석사학위 논문, 2004, p. 31에서 재인용.

107 당시 읽힌 사회주의 관련 문헌의 종류와 양상에 대해서는 박종린, 〈일제하 사회주의사상의 수용에 관한 연구〉; 전상숙, 《일제시기 한국 사회주의 지식인 연구》 ; 천정환, 《근대의 책 읽기》; 박찬승, 〈식민지 시기 도일 유학생과 근대 지식의 수용〉, 한국사회사학회 편, 《지식변동의 사회사》, 문학과지성사, 2003를 보라.

108 김경일의 《이재유, 나의 시대 나의 혁명》에서 경성제대 경제학 교수 미야케나 정태식과 이재유의 결합과정을 보라. 김경일, 《이재유, 나의 시대 나의 혁명》, 푸른역사, 2006.

109 파울로 프레이리가 《페다고지》에서 제시한 개념이다.

110 피터 버크, 《지식》, 6장을 보라. 특히 통계를 중심으로 한 근대국가의 통치 작용을 '지식국가' 로 개념화한 논의로는 최정운, 《지식국가론》, 삼성출판사, 1992를 참조하라.

111 근대국가가 상시적인 '전쟁 국가' 라는 폴 비릴리오의 통찰이 흥미롭다. 그는 근대국가가 '지금 당장' 전투 상황에 있지 않더라도, 국가가 벌이는 공간 구획 사업들 즉 도로망의 확충이나 도시의 구축은 전쟁을 예비하고 '속도의 정치' 를 구현하는 기제라 설명한다. 상비군의 운영이나 군비경쟁과 같은 근대 국가의 상시적인 업무들도 더 말할 나위가 없다. 폴 비릴리오, 이재원 옮김, 《속도와 정치》, 그린비, 2004, 3~4장 참조.

112 최정운, 《지식국가론》.

113 박명규 · 서호철, 《식민권력과 통계: 조선총독부의 통계체계와 센서스》, 서울대학교 출판부, 2003, pp. 18~19면. 이에 따르면 서유럽 근대국가들은 19세기 후반 본국과 식민 지역에서 통계 기구를 설립하거나 정비하고, 인구와 자원에 대한 센서스census 를 경쟁적으로 실시했다. 이는 강력한 중앙행정지배와 국민경제의 형성, 관료주의의 발전이 뒷받침되지 않았다면 불가능한 일이었다. 사회현상에 대해 경험적으로 추상화하고, 그것을 '예측가능한 것' 으로 만들어야 한다는 사고가 작용한 것인데, 이에 따라 인구증가나 무역과 같은 거시적 영역뿐 아니라 노동 · 범죄 · 빈곤 · 위생 · 여가 · 교육 등과 같은 '국민' 의 생활 전체와 세세한 영역까지 통계의 대상이 되기 시작했다. 근대 이전의 인구조사가 조세나 부역 부과를 위한 것이었고, 따라서 조세나 부역의 대상이 아닌 인구에 대해서는 별로 관심을 두지 않았던 데 비해 근대국가의 조사는 인구현상의 거시 · 미시적 변동에 대한 관심을 기반으로 한 것이었다.

114 최정운, 〈근대 지식국가이론〉, 하영선 · 김상배 편, 《네트워크 지식국가》, 을유문화사, 2006, p. 355.

[115] 특히 2000년대 들어, 주류 정치학과 행정학 일각에서 국가와 정부는 더 이상 전통적인 의미에서의 국민국가의 통치체가 아니라 기업, 시민사회, 세계체제 등을 중개·중재하여 공공서비스를 조직하는 네트워크의 일종으로 이해되기 시작했다. '거버넌스governance' 개념의 진화는 이를 가장 잘 보여준다. 이종수·윤영진, 《새 행정학》, 대영문화사, 2005; 오연천, 《세계화시대의 국가정책》, 박영사, 2005, 2장. 한편 대한민국의 정보통신부는 'Ministry of Information and Communication'을 자신의 영문 명칭으로 한다.

[116] 모든 전체주의 국가는 곧 대외·대내적으로 '전쟁하는 국가'다.

[117] 오늘날의 정보사회론자들은 정보화가 진행될수록 국가가 지는 정보생산독점의 부담이 줄어든다고 주장한다.

[118] '언론 자유'의 하위 범주로서의 '알 권리'는 1940년대 이후에야 정초된 개념이다. 한국 언론이 '알 권리'라는 개념을 인식하게 된 것은 1960년대 이후다. 이재진, 〈저널리즘 영역에 있어서의 알권리의 기원과 개념변화에 대한 연구〉, 《언론과학연구》, Vol. 5 No. 1, 2005 참조.

[119] 박명규는 식민지 통치체제를 "피식민지민들의 정치활동은 전혀 보장되지 않은 상태에서 독자적 지배체제가 작동하는 경우"로 규정하고 이를 잠정적으로 "식민지 독재"라 부르자고 제안한다. 박명규, 〈1910년대 식민통치기구의 형성과 성격〉, 권태억 편, 《한국 근대사회와 문화 2》, 서울대학교 출판부, 2005. 한편 윤해동은 식민권력의 성격을 "식민지 의제국가"라 규정한다. 이는 대외주권도 없었고 인민 주권도 인정되지 않았지만 "국가의 실제적인 능력인 국가의 자율성을 제한적이나마 갖고 있"는 권력이다. 윤해동, 〈식민지근대와 대중사회의 등장〉, p. 244.

[120] 오성철, 《식민지 보통교육 연구》, 교육과학사, 2000 등을 참조하라.

[121] 오성철, 《식민지 보통교육 연구》, p. 125.

[122] 예를 들어 《신동아》 1933년 4월호 〈권두언〉을 보자. "해마다 이맘 때면 귀가 아프게 들리는 소리. 입학난, 구직난! 해마다 듣는 이 소리가 안 들리게 될 날은 과연 언제일까? 배우겠다는 정성은 극진하건만 배움을 얻을 기회가 거부되어 있는 허다한 아동들. 그리고 또 그 어려운 입학 난관을 겨우 돌파하고 없는 돈 있는 돈 다 긁어 모아 허덕허덕 공부를 마치고 나면 또 다시 배운 바 지식과 기능을 발휘할 기회가 거부되는 수많은 지식 청년들!"

[123] 안석영, 〈서울행진 5—오년간 중학생 학비 사백팔십 석〉, 《조선일보》 1928년 11월 7일 등을 보라.

124 오성철은 조선인들의 일본 공립학교 진학열을 분석하면서 근대적이며 계급적인 욕구, 즉 초등교육이 식민지인의 사회 진출을 위한 발판이라는 측면에 초점을 맞춘다.

125 일제 시대 야학을 연구한 조정봉, 〈일제하 야학의 교육적 실천〉, 경북대 박사학위 논문, 2001과 조정봉·김민남, 〈일제하 영주지역 노동야학에 관한 연구〉, 《한국교육》 4집 31호, 2004도 야학에 대한 민족주의적 해석을 비판하며 인민의 자발성을 강조했다.

126 동맹휴업의 발생 추이를 보면 1925~29년에 절정을 이룬다. 1927년 72건, 28년 83건, 29년 78건 등이었다. 김성민, 앞의 논문 〈광주학생운동연구〉, p. 30.

127 재동경 신흥과학연구회가 경성여자상업학교 동맹휴업을 지지하며 보낸 격문. 김성민, 〈광주학생운동연구〉. p. 55.

128 총독부는 학생의 강연회, 연설회 참가를 금지했으며 교원의 취미와 독서까지 비밀리에 '취체' 했다. 〈학생의 사회과학 연구 금후로 일층 취체?〉, 《조선일보》 1928년 2월 27일; 《조선일보》 1929년 2월 6일.

129 그럼에도 불구하고, 또는 그러하기 때문에 오히려 제도교육과 제도교육을 통해 얻는 상징자본인 '학벌' 이 필요 이상의 과기능을 수행하는 역설적인 결과도 부수적으로 낳았다고 볼 수도 있다.

130 관련된 논의는 김근배, 《한국 근대 과학기술인력의 출현》, 문학과지성사, 2005, pp. 156~160.

131 김근배, 《한국 근대 과학기술인력의 출현》.

132 류준필, 《형성기 국문학 연구》, 서울대 박사학위 논문, 1999; 김근배, 《한국 근대 과학기술인력의 출현》, 문학과지성사, 2005.

133 예컨대 기창덕, 《한국근대의학교육사》, 아카데미아, 1995; 한국사연구회, 《한국사학사의 연구》, 을유문화사, 1997; 최종고, 《한국법학사》, 박영사, 1990; 김유남. 《한국정치학 50년—정치사상과 최근 연구분야를 중심으로》, 한울, 2001.

134 윤해동, 〈대중사회의 등장〉, 《국사의 신화를 넘어서》, 휴머니스트, 2004, pp. 257~8.

135 〈일본 유학생사〉, 《학지광》 6호, pp. 12~3 참조

136 윤해동은 〈대중사회의 등장〉에서 1920년대 이래 "개인의 일상에서도 계산가능성이 증가하고 생활의 탈주술화가 진행되었던 것", "예를 들면 기업열, 교육열 등은 바로 합리성의 폭발을 상징하고 있는 것"이라 했다. 기본적으로는 동의하지만 합리성의 성장과 근대화·자본주의화에 관한 베버식의 논의에 지나치게 기대는 면도 없지 않다. 베버의 합리성 개념은 자본주의화를 근대화·합리화에 완전히 등치

시키는 경향이 있다. 그래서인지 베버의 논의는 상당히 보수적인 자본주의 옹호론으로 귀착된다.

137 천정환, 《근대의 책 읽기》, 5장을 참조.

138 〈新女性 求婚傾向〉, 《별건곤》 2호, 1926년 12월.

139 1920년대 조선 사회주의 지식인의 자기의식 형성 과정에 대해서는 이혜령, 〈지식인의 자기정의와 ‘계급’〉, 《상허학보》 22집, 2008. 그들의 사회적 신원에 관해서는 전상숙, 《일제시기 한국 사회주의 지식인 연구》를 보라.

140 ‘공론장의 구조변동’은 하버마스의 책에서 따온 말이지만 여기에서 공론장은 낭만적·이념형적으로 고안된 하버마스적인 부르주아적 공론장을 의미하는 것이 아니다. 대중지성의 개념은 공론장 개념을 보완하거나 대체할 수 있다. 이에 대해서는 이 책 112쪽 TIP 2를 참조하라.

141 풍운학인, 〈무산계급 문예운동의 전망〉, 《조선일보》 1927년 5월 25일.

142 아래 표에서 그러한 문화적 중층성의 양상을 조금 엿볼 수 있다. 〈표 6〉과 〈표 7〉은 1925, 30년 조선공산당 사건에서 검거된 사람들의 학력과 직업을 각각 나타낸 것이다. 서로 다른 계급과 지적 배경을 가진 사람들이 함께 조공 조직에 포괄되었음을 알 수 있다.

〈표 6〉 제1차 조공 사건(1925) 및 조선공산당 재건 사건(1930) 관련 피검자 학력별 분류

제1차 조공 사건(1925)	구분	무학	한문수학	보통학교 중퇴	보통학교 졸	중등학교 졸	전문학교 이상	해외유학	미상	계
		3	11	57	25	34	27	82	286	525
조선공산당 재건 사건 (1930)	구분	무학	한문수학	보통학교 중퇴	보통학교 졸	중등학교 졸	전문학교 이상	해외유학	미상	계
		4	7	33	50	24	22	106	449	695

※ 출처: 전상숙, 《일제시기 한국 사회주의 지식인 연구》, p. 92, 200.

〈표 7〉 제1차 조공 사건(1925) 및 조선공산당 재건 사건(1930) 관련 피검자 직업별 분류

제1차 조공 사건(1925)	구분	직공	농업	어업	기자	인쇄공	배달부	학생	교사	자영업	회사원	이발업자	기타	무직	미상	계
		26	63	3	120	9	1	23	13	24	6	5	19	86	127	525

조선공산당 재건 사건 (1930)	구분	직공	농업	노동	기자	인쇄공	배달부	학생	교사	서적상	상업	회사원	고용원	사진업	기타	무직	미상	계
		37	91	71	43	23	5	90	20	4	20	6	17	2	25	179	61	695

※ 출처: 전상숙, 《일제시기 한국 사회주의 지식인 연구》, p. 92, 200, 부록에서 재구성.

찾아보기

동호인 139~143
두 문화 56, 69, 96
드러커, 피터 10, 29, 30, 49
디지털 격차 56

【ㄹ】

롱테일 51, 141

【ㅁ】

마니아 51, 139~144, 146
마르크스, 칼 77~79, 87, 125, 126,
    128, 188, 189, 250
마르크스주의 10, 94, 130, 149, 243,
    256, 258
마이크로트렌드 141
만민공동회 159, 162~165, 279
맑스걸(마르크스 걸) 256, 257
맑스보이 256, 257
머슴 236
모름 14
무리지성 16, 122
《무정》 82, 84, 217, 219
문사철文史哲 60, 315
문원文苑 204, 208~210
《문학과 지성》 118
문화정치 86
문화콘텐츠학 11
미디어 융합 282
미디어 융합-복합수용 282, 285
미디어 테크놀로지 11, 281, 282

미래학 10
미신 156, 214~216
민간 학교 197, 198, 328
민족-대중 129, 130, 228, 230, 233,
    273
민족-대중-계급 130, 269, 272
민족주의/국가주의 42, 43, 76
민족지民族知 239~242, 246
민주주의 86, 129, 183, 186, 187, 197,
    198, 216, 220, 224, 235, 238~241,
    244, 246~248, 290, 323

【ㅂ】

박영효 200
박태원 199
반형평운동 265, 268
배재학당 167, 196
《백범일지》 178
백정 159, 161, 162, 165, 166, 201,
    259~262, 264~271
베버, 막스 77, 312, 317
복잡계 12
복합학 11
《부의 미래》 49
비물질노동 32, 126, 127, 133, 137
비물질노동의 헤게모니 35, 136
빨갱이 88, 89

【ㅅ】

사농공상士農工商 190, 211, 216, 237

대중지성의 시대

- 2008년 11월 29일 초판 1쇄 발행
- 2012년 12월 20일 초판 2쇄 발행
- 글쓴이   천정환
- 발행인   박혜숙
- 책임편집   정호영
- 디자인   조현주
- 영업·제작   변재원
- 인쇄   정민인쇄
- 제본   정민제책
- 종이   화인페이퍼
- 펴낸곳   도서출판 푸른역사
          우 110-040 서울시 종로구 통의동 82
          전화: 02)720 - 8921(편집부) 02)720 - 8920(영업부)
          팩스: 02)720 - 9887
          전자우편: 2013history@naver.com
          등록: 1997년 2월 14일 제13-483호

ⓒ 천정환, 2008

ISBN   978-89-91510-81-4   03900

· 잘못 만들어진 책은 교환해드립니다.